연구총서 28

부산 경남지방
기독교 연구

이상규 지음

한국기독교
역사연구소

연구총서 28

부산 경남지방 기독교 연구

초판 1쇄 인쇄: 2025년 6월 20일
초판 1쇄 발행: 2025년 6월 30일

지 은 이: 이상규
펴 낸 이: 이덕주
펴 낸 곳: 한국기독교역사연구소
주　　소: 서울 마포구 동교로 23길 118 열송재(悅松齋)
전　　화: (02) 2226-0850
팩　　스: (02) 325-0849
E-Mail: ikch0102@hanmail.net
홈페이지: www.ikch.org
등　　록: 1991년 5월 27일 제 2011-000173호
I S B N: 979-11-91974-06-5 93230　　값 28,000원

*파본은 구입하신 서점이나 연구소로 연락주시면 교환해 드리겠습니다.

추천사

연세대학교 명예교수 민경배

이번에 저의 외우(畏友) 이상규 박사님께서 『부산 경남지방 기독교 연구』를 상재(上梓)하시었습니다. 저자는 지금까지 부산과 경남지방 교회 역사에 관하여 소중한 여러 편의 논문과 압권(壓卷)의 저서를 간행하신 바가 있습니다. 한국교회의 신앙과 교회 형태는 지방에 따라서 역사적으로 그 형태와 특징이 달라서 지방신앙사(Geo-fideology)의 의미가 각별합니다. 가령 대략적으로 서북의 평안도는 예수교장로회 통합측(統合側), 황해도는 합동측, 경상도는 고신측(高神側), 함경도와 전라도는 기독교장로회 기장측(基長側), 기청(畿淸)은 감리교, 대개 이런 식의 구도였습니다. 이런 식의 조치와 지역구획은 한국에 선교하던 여러 서양 선교기관들의 교계예양(敎界禮讓 Comity Arrangement) 정책에 따라서 선교활동의 중복과 경쟁을 조정하기 위한 1893-1903년의 예양조치가 사실상 그 배경이었습니다. 따라서 이런 예양조치 이후에 한국에 들어온 선교기관들은 적지 아니한 어려움을 겪지 않을 수가 없었습니다. 한데 이런 선교지역 예양 구도가 묘하게도 한국교회 신앙과 신학의 다양한 구도 설정 형태와 겹친다는 우연이 있었습니다.

부산 경남의 교회 역사가 한국교회의 초대 역사와 밀접한 관계가 있다는 것이 저자의 확신입니다. 부산과 제물포가 서양 기독교의 한국 입국 루트이고, 사실 초대교회의 거점이 솔내, 서울, 평양, 부산이기 때문입니다. 부산에는 처음 캐나다 선교사 제임스 게일이나 거대 미국

북장로교의 윌리엄 베어드, 사보담, 그리고 의료선교사 휴 브라운, 찰스 어빈 등 여럿이 와서 선교하였고, 호주의 헨리 데이비스 등이 오게 됩니다. 1903년에는 마침내 이 지역이 호주선교부의 선교지역으로 최종 결정됩니다.

본서는 부산지방의 초대 기독교회 그리고 그 교인들의 발자취를 더듬어 갑니다. 한국 초대교회의 모습, 그리고 그 황량한 땅, 낯선 땅에 와서 헌신한 선교사들의 거룩한 모습들이 아련하게 그려지고 있습니다. 그리고 해방과 6.25 동란 때의 임시수도로서의 부산지역 교회의 정황을 역사적으로 살펴 가고 있습니다. 본서는 우리 한국 초대교회의 모습, 선교사들의 모습 그리고 피난 수도 부산에서의 교회 역사를 그리는데 감동과 감격의 눈물로 글들 하나하나 찍어간 흔적에 깊은 마음의 고동이 들리는 듯합니다. 시문(詩文)의 문향(文香)으로 시작하다가도 실록(實錄)의 증언으로 조리(條理)가 서면서 글들이 정렬한 모습이 사서(史書)의 무게로 빛나고 있는 것은 저자의 오랜 탁월한 역사서술의 이력 때문입니다.

본서는 지역교회 역사이지만 동시에 우리들 모두가 그들의 역사에 함께 동행한다는 절실한 온기를 느끼게 하여 주는 소중한 체험을 하게 하여 주고 있습니다. 그 역사가 한국교회 역사의 한 동맥(動脈)으로 주맥의 하나이기 때문입니다. 이상규 박사님의 부산 경남 교회 역사연구가 한국교회 역사의 모자이크 구도의 화폭(畫幅)을 범주화하고 빛낸 것이기 때문에 향후 한국교회 역사연구의 각론 이상의 의미를 가진 방법론 전개의 공로로 빛납니다. 본서의 간행으로 한국교회사의 서장(書欌)에 귀중한 보감(寶鑑) 하나가 더 올려지게 되었습니다. 이로써 치하의 글로 각필(擱筆)하며 추천의 사(辭)를 올립니다.

서문

이상규

이번에 '부산 경남지방 기독교 연구'라는 소품을 출판하게 된 것을 기쁘게 생각합니다. 책 제목이 암시하듯이 이 책은 부산 경남지방에서의 개신교 선교와 초기 선교사들의 활동, 교회 형성, 그리고 이 지방 기독교 역사와 현실에 대한 논설, 그리고 해방 이후 전쟁기까지의 기독교 역사와 인물에 대한 논문 혹은 논설을 편집한 것입니다. 샛강이 모여 큰 강을 이루고 그 강줄기가 다시 합류하여 대하(大河)를 이루듯이 개별교회가 모여 지역교회를 형성하고 지역교회가 한국교회사를 형성한다고 할 때 지역교회나 지방교회 연구는 건실한 한국교회사 연구를 위한 미시사적 접근이라고 할 수 있을 것입니다.

미시사(微視史, microstoria)란 전체적이라기보다는 개별적인 역사, 개인이나 소집단, 혹은 특정 영역을 탐구하는 연구방법을 의미하는데 서양사학계에서 1970년대 이후 거시사에 대한 상대적인 개념으로 출현했지만 거시사에 대한 보완적 성격을 지닌다고 할 수 있습니다. 그런데, 필자는 미시사적 접근이라는 그런 방법론적 차원에서 부산 경남지방 교회사를 연구한 것은 아니었습니다. 부산에 살고 있다는 이유 때문에 부산 경남지역 기독교 연원에 무관심할 수 없었고, 이 지역 교회와 역사에 대한 연구는 이 지역에 거주하는 학도로서 감당해야 할 책임이라는 일종의 연고주의적 의무감에서 경남지역 기독교의 연원과 발전을 공부하게 되었습니다. 이런 과정에서 여러 매체에 기고하거나 학회에서 발표했던 소품을 엮어 출판하게 되었습니다.

이 책은 전 3부로 구성되어 있습니다. 제1부는 부산과 경남지역에서 일했던 초기 선교사들에 대한 글입니다만 부산 경남지방 기독교의 연원을 추적한 글들이고, 이들이 부산 경남지방 기독교 형성에 어떤 역할을 했는가에 주목했습니다.

제2부는 부산 경남지역의 초기 역사 상황에 대한 기록으로서 한국인 수세자와 전도자들, 1907년 전후 부산교계 상황, 그리고 1919년 당시의 부산에서의 만세운동 등에 대해 소개했습니다. 제3부에서는 해방 이후 6.25 전쟁기의 몇 가지 주제에 대해 소개하면서 해방정국에서의 부산지방 교계 상황을 소개했습니다.

여러 가지로 부족한 글이지만 기꺼이 출판을 허락해 주신 한국기독교역사연구소에 감사드리며 이 책의 편집과 출판을 위해 수고해 주신 연구소의 연구원들에게 감사를 드립니다. 무엇보다도 여러 가지로 부족한 소품임에도 불구하고 과분한 추천의 글을 주신 존경하는 민경배 박사님께 깊은 감사를 드립니다.

여러 가지로 부족한 저작이지만 지역교회사에 관심을 가진 이들에게 작은 안내가 되기를 기대하고 기도합니다.

2025년 2월 10일

이 상 규

차례

추천사 / iii

서문 / v

제1부
부산 경남지방에 온 서양인들과 선교사들

제1장 부산을 방문한 첫 서양인은 누구였을까? / 3
제2장 부산 해관원 조너슨 헌트(Jonathan H. Hunt) / 23
제3장 부산에 거주한 첫 개신교 선교사, 제임스 게일(James Scarth Gale) / 35
제4장 부산에 온 첫 호주선교사, 헨리 데이비스(Joseph Henry Davies) / 53
제5장 부산의 첫 북장로교 선교사, 윌리엄 베어드(William Martyn Baird) / 79
제6장 부산의 첫 의료선교사, 휴 브라운(Hugh MacDermid Brown) / 117
제7장 전킨기념병원의 설립자, 찰스 어빈(Dr. Charles Husted Irvin) / 129
제8장 제임스 아담스(James Edward Adams)의 부산에서의 활동, 1895-1897 / 147
제9장 미국 북장로교 선교사 시더보탐(Richard H. Sidebotham) / 169
제10장 부산 경남지방에서 일한 미국 북장로교(PCUSA) 선교사들 / 185

제2부
부산지방에서의 초기 기독교

제1장   부산 복병산과 진주 평거동에 묻힌 선교사들 / 229

제2장   부산 경남지방 첫 수세자는 누구인가? / 253

제3장   부산지방 초기 전도자들: 서상륜·서경조 형제와 고학윤 / 265

제4장   호주 여선교사들의 어학 선생 박신연(朴信淵) / 283

제5장   부산진 일신여학교 교사(校舍)는 언제 세워졌는가? / 291

제6장   1907년 전후 부산 경남지방에도 부흥이 있었을까? / 299

제7장   부산진 일신여학교에서의 만세운동 / 317

제8장   영남지방 기독교 문화유산 / 327

제3부
해방 이후 부산지방 기독교

제1장   해방정국과 부산지방 기독교 / 349

제2장   용두산 신사(神社)는 누가 불태웠는가? / 373

제3장   해방 전후 윤인구 목사의 경남지역에서의 활동 / 381

제4장   부산YMCA는 언제 창립되었는가? / 421

제5장   6.25 전쟁 중 부산에서 있었던 회개 집회 / 431

제6장   6.25 전쟁기 부산에 설립된 피난민 교회들 / 449

찾아보기 / 471

부산 경남지방 기독교 연구

제1부

부산 경남지방에 온 서양인들과 선교사들

부산경남지방 기독교 연구

제 1 장

부산을 방문한 첫 서양인은 누구였을까?

임진왜란과 세스뻬데스의 내한

부산 앞바다와 오륙도가 훤히 보이는 연구실 창문 넘어 넘실거리는 바다 위에 한 척의 배가 길을 떠난다. 어디로 가는 선박일까? 무엇을 싣고 가는 것일까? 이런 저런 의문과 함께 수많은 선박들이 오고 갔을 부산 앞바다를 보며, 잊혀진 세월을 생각하게 되었다. 수많은 이양선(異樣船)이 지나갔을 그 뱃길을 따라 이곳 조선과 부산에 최초로 상륙한 유럽인은 누구였을까? 그의 자취를 따라 서방세계에 소개된 부산은 어떠했을까? 이 주제로 우리들의 긴 이야기를 시작하고자 한다.

1

포르투갈 상인들의
예기치 못한 조선 방문

예수회 신부로서 인도 고아를 거쳐 1549년 이후 일본에서 활동했던 프란시스코 데 하비에르(Francisco de Xavier, 1506-1552)와 꼬스매 데 또레스(Cosme de Torres)는 1548년 이전에 조선의 존재를 알고 있었다고 한다. 그러나 조선땅을 밟은 첫 유럽인은 1578년 이전에 작은 선박을 타고 온 포르투갈 상인들이라고 한다.[1] 이탈리아인으로 일본에서 선교하던 안토니오 쁘레네스띠노(Antonio Prenestino)에 의하면, 포르투갈 상선 산 세바스치안(San Sebastian) 호의 선장 도밍고스 몬떼이로(Domingos Monteirro)는 이미 두 번에 걸쳐 일본까지 항해한 바 있는 유경험자였으나 1578년 출항하자마자 경미한 사고로 11일간 지체하였는데, 곧 순풍을 타고 20일간 순항하였다. 그러나 일본 땅을 약 250여 킬로 앞두고 갑자기 역풍에 밀려 대륙쪽으로 떠밀려 갔고, 이틀 동안 가공할만한 태풍에 휘말리면서 침몰 직전에 놓이게 되었다. 배는 표류하기 시작했고, 선체는 물결에 떠밀려 조선 해안의 한 곳(串)에 닿았다. 그곳이 어디인지에 대해서는 말하고 있지 않지만 이것이 유럽인의 첫 조선 상륙이었다고 한다. 화란인 얀 벨트브레(Jan Janesz Wel-

---

[1] 메디나(박철 역), 『한국 천주교 전래의 기원』 (서울: 서강대학교 출판부, 1989), 20. 이 글의 주요 정보는 이 책에 의존하였음. 박철, 세스뻬데스(서울: 서강대학교 출판부, 1993), 218-9 참고.

tevree)가 표류하던 중 제주도로 상륙하기 49년 전의 일이었다.

그런데, 안토니오 쁘레네스띠노와 포르투갈인 신부 알폰소 데 루체나(Alfonso de Lucena)의 기록에 의해 유럽인들의 예기치 못한 조선방문 사실이 밝혀지게 된 것이다. 바람에 밀려 어느 해안에 닿은 이 배는 화승총의 공격을 받았고, 이로 인해 작은 보트에 타고 있던 포로 7명과 3명의 천주교도, 그리고 4명의 회교도가 죽임을 당했다고 한다. 그러나 이 당시 조선에 화승총이 없었다는 점에서 두 이국인 신부는 중국을 조선으로 착각했을 가능성도 없지 않다. 이때 선장과 일행은 겁에 질려 상륙하지 못했고, 두려움으로 조선 해안에 머물렀다고 한다. 이 사건이 발생하고 3개월이 지난 후 쁘레네스띠노는 다음과 같이 회상했다. "그곳에는 야만적이고 무자비한 종족이 살고 있고 어느 나라와도 교류하려 하지 않았다. 과거 포르투갈 선박이 그곳에 정박했었으나 이 무자비한 종족은 그 산판(刪板) 배와 선원들을 붙잡아 모두 불태워 죽였다고 한다."[2] 비록 부정확한 정보로 사실을 왜곡하고 있으나 이것이 조선에 대한 유럽인의 첫 기록이었다. 포르투갈 상인의 조선 도래는 우연한 일이었고, 특별한 의미가 없었다.

---

[2] 메디나, 20.

2

그레고리오 데 세스뻬데스 내한의 배경

실제로 조선을 방문한 첫 유럽인은 이로부터 약 15년이 지난 1593년 조선을 방문한 그레고리오 데 세스뻬데스(Gregorio de Cespedes, 1551-1611) 신부였다. 조선이라는 나라가 외부세계, 특히 유럽인들에게 알려진 것은 이보다 훨씬 이전의 일이었다. 이미 13세기 마크로폴로의 『동방견문록』을 통해 한국이 유럽에 소개되었고, 그보다 앞서 8세기 경에도 한국이 유럽에 소개된 몇 가지 흔적이 있다. 마르코폴로는 카르피니,[3] 루브룩[4]에 이어 동양을 방문한 세 번째 서양인으로 알려져 있는데, 그는 베니스의 상인의 아들로 출생했다. 1275년 아버지를 따라 몽고에 가서 쿠비라이 칸의 측근으로 지냈다. 1295년에는 인도지나, 자바, 세일론과 페르샤만, 흑해를 거쳐 지중해를 지나 고향으

---

[3] 플라노 드 카르피니는 1190년경 이탈리아 동북부 페루자 인근인 플라노 카르피니(Plano Carpini)에서 출생했다. 이탈리아식 본명은 조반니(Giovanni)이지만, 그의 고향 이름을 따라 '카르피니'라고 불렸다. 카르피니는 교황 인노켄티우스 4세의 명으로 1245년 4월 16일 리옹을 출발하여 몽골 제국으로 향했고, 1246년 2월에는 키예프를 출발하여 7월 22일에 카라코룸 부근에 도달했고 새로운 대칸의 즉위식에 참석하여 동방을 방문한 두 번째 서양인으로 알려져 있다. 그의 일행은 1246년 11월 13일에 귀환 길에 올랐고, 1247년 11월에 리옹에 도착하여 교황을 알현했다. 카르피니는 달마디아 지방의 안티바리의 대주교가 되었고, 1252년 8월에 타계했다.

[4] 프랑스령 플랑드르 출신의 프란체스코회 수사였던 빌럼 판 루브뢱(Willem van Rubroeck, Gulielmus de Rubruquis: 1220?-1293?)은 1253년 5월 안티오키아를 출발하여 5천마일의 긴 여행 끝에 1254년 몽골 제국의 수도 카라코룸에 도착했던 프란치스코회 선교사이자 탐험가였다. 1255년 8월 트리폴리에 귀환하여, 후에 동양 각지의 지리·풍습·종교·언어 등을 저술한 여행기를 썼다. 자신의 동방 방문기를 프랑스 왕 루이 9세에게 보고하는 형식으로 서술하였다.

로 돌아갔다. 그러다가 1298년 제노아와의 전쟁에 참여하여 포로가 된 그는 옥중생활을 하면서 『동방견문록』을 집필하게 되는데, 이 책을 통해 중국이 서방세계에 보다 분명하게 소개되었다. 이 『동방견문록』에서 마르코 폴로는 한국을 Caoli로 불렀다. 이 카올리라는 이름은 '고려'를 중국어 발음으로 표기한 것으로 보이는데, 이것은 10세기 이후에 '고려'를 Cory로 표기한 경우와 함께 한국에 대한 가장 오래된 로마자적 표기로 알려져 있다. 이보다 앞서 8세기경에 신라를 찾아온 아랍 상인들은 우리나라 남해안의 섬들을 자기들의 해도에 Sila라고 표기한 일이 있고, 이것이 1154년에 간행된 알 이드리시의 『로제왕의 책』과 같은 지리 해설서에 수록된 일이 있었다.[5]

그런데, 세스뻬데스가 조선으로 오게 되는 것은 그 연원을 따진다면 일본에서 선교활동 하던 예수회 신부들로부터 시작된다. 일본에서 최초로 선교활동을 시작한 이들은 천주교 신부들이었다. 즉 1549년 세 사람의 예수회 신부들, 곧 프란시스코 데 하비에르(Francisco de Xavier), 꼬스매 데 또레스(Cosme de Torres), 후안 페르난데스(Juan Ferna´ndez)가 일본에 도착하여 '전교활동'을 시작했는데, 이들은 이미 조선에 대해 알고 있었다. 그래서 조선에 대한 소식은 1549년 7월에는 리스본에, 그해 9월에는 로마에까지 알려졌다.[6]

일본 선교를 위해 파송되었지만 하비에르 신부는 조선에 대해서도 커다란 관심을 가지고 가고시마(鹿縣島)에 일 년간 체류하면서 조선에 대한 자료들을 수집하기 시작했다. 1550년에는 히라도(平戶)에서도 동일하게 조선에 대한 정보를 수집했다. 히라도는 쓰시마(對馬島)

---

[5] 서정철, 『서양고지도와 한국』(서울: 대원사, 2000), 27.
[6] 오인동, 『꼬레아, 코리아, 서양인이 부른 우리 국호의 역사』(서울: 책과함께, 2008), 76.

를 통해 일본 열도와 중국 대륙, 그리고 한반도를 연결하는 해상무역의 전진항구였다. 특히 그가 1550년부터 1556년까지 야마구찌(山口)에 머물면서 조선에 대한 생생한 정보를 수집할 수 있었다. 당시 야마구찌에서는 오우찌 요시다까(大內義防), 1552년 이후에는 그의 후계자 오우찌 요시나가(大內義長)가 조선 사신의 화려하고 긴 가마 행렬을 영접했는데, 하비에르와 동료 선교사들은 이런 광경을 직접 목격할 수 있었다고 한다.[7]

이런 상황에서 일본에 체류하던 천주교 신부들, 특히 하비에르의 후임자인 또레스 신부는 한반도에도 선교사를 보낼 생각을 하고 있었는데, 이때가 1556-1566년 무렵이었다. 또 또레스 신부의 후임자인 빌렐라(Gaspar Vilela)도 1559년 당시 일본의 수도였던 교또(京都)에 도착한 이래로 조선에 관한 자료를 수집하고 이 자료에 근거하여 조선을 장래 선교지역으로 지목했다. 이로부터 5년 후인 1571년 11월 3일 인도 서부 해안의 고아(Goa)에서 예수회 총장 프란시스코 데 보르하(Francisco de Borja) 신부에게 쓴 편지를 통해 이 사실을 공개했다. 이 서한에서 빌렐라 신부는 중국과 일본 사이에 위치한 꼬레아라는 나라에는 타타르인들이 살고 있는데, 일본어도 아닌 중국어도 아닌 저들의 고유한 언어를 사용하고 있고, 문자는 중국문자를 사용하고 있으므로 글을 가지고는 서로 소통할 수 있다고 지적하고, 그들은 활동성이 강하고 활을 잘 쏘며 활을 이용한 기마전에 능하다며 아래와 같이 소개하고 있다.[8]

---

[7] 메디나, 15.
[8] 山口正之, "耶蘇會 宣敎師의 入鮮計劃", 「靑丘學報」 3(1931), 137-140.

저는 총장신부님께 일본의 외곽, 그리 멀지 않은 어떤 나라에 관하여 알려드리려고 합니다. 그곳에 선교단을 파송하신다면 훗날 좋은 결실을 맺으리라 확신합니다. ... 이틀 동안 가면 중국과 일본 사이에 한국이라고 불리는 왕국이 있습니다. 저희들은 그들을 타타르라고 부르고 있습니다. 그들의 언어는 일본어도 아니고 중국어도 아닙니다. 그들은 중국인들이 사용하는 문자를 가지고 있어서 그것을 이용하여 쉽게 서로 의사소통을 할 수 있습니다. 그들은 용맹스럽고 화살을 잘 쏘며 온갖 종류의 무기를 가지고 있으며 특히 활로 무장하여 말을 타고 싸우는데 매우 익숙해 있습니다. 이들과 교역을 하며 매년 그곳에 가는 일본인들은 그 왕국이 매우 크다고 말합니다.

제가 조사한 바에 따르면 그 왕국은 매우 높은 산맥의 경계에까지 이르고 있으며 다른 편에는 백색인종이 사는데, 산에 살고 있는 많은 맹수들의 위험 때문에 교역을 할 수 없다고 합니다. 추측해 보건데, 반대편에 있는 땅은 독일인(러시아를 잘못 쓴 것으로 보임. 인용자 삽입)인 것 같습니다. 이 타타르인들은 심성이 매우 온순하다고 합니다.

그쪽에 사제를 보낼 수 있는 일을 알아보는 것이 뜻깊은 일로 꼬스매 데 또레스(Cosme de Torres) 신부에게 받아드려지는데 5년이 걸린 것 같으며 마침내 제가 그 같은 일을 해야 하는 사제로 임명되었습니다. 그런데 저는 그 나라로 가는 길목에서 일본인과 다른 사람들 간에 있는 많은 전쟁 때문에 장애를 받아 제 소망을 이룰 수 없었습니다. 오히려 더 정확한 이유는 후에 저의 일본 체류로 인하여 그 계획이 중단되었기 때문에 아마도 주님의 뜻이 아닌가 합니다. 그 보물 같은 땅은 그곳을 가치 있다고 여기는 누군가를 기다리고 있을 것입니다. 만일 사제들이 그곳으로 간다면 주님께 많은 봉사를 해야 할 것이라고 생각합니다.⁹ 그리고 일본 제후들의 도움으로 많은 노력이 없이도 그곳으로 쉽게 갈 수 있습니다. 그리고 일본으로부터 필요한 물품을 공급하면서 그곳에 거주할 사제들을 도울 수 있습니다. 왜냐하면 매년 일본 상인들이 그 땅을 방문하기 때문입니다. 또 그 왕국의 항구(부산을 칭함. 인용자 삽입)를 통해 중국의 황제가 살고 있는 북경이라고 불리는 도시까지 갈 수 있습니다. 저희가 그곳에 들어간다면 적절한 시기가 될 때 많은 결실을 거둘 수 있을 것입니다. 비록 많은 노력이 요구될지라도 여기서부터 들어가는 것이 쉬울 것입니다. 그리고 멀리서 생각할 때처럼 많은 장애가 놓여 있는 것은 아닙니다. 저는 저희 모두가 총장 신부님께 대해 갖는 의무 때문에 많은 일들에 관하여 총장 신부님께 알려드렸으며, 또한 그것을 들어주신 점에 대하여 감사하게 생각합니다.¹⁰

비록 부정확한 정보이지만 그는 조선에 대한 선교적 이상을 가지고 일본을 떠나 조선으로 오르는 장도에 올랐으나 중도에 포기했다고 기록하고 있다. 이 편지 속에는 조선에 복음을 전하려는 강렬한 의지가 드러나 있다. 또레스 신부의 뒤를 이어 일본 예수회의 주임신부가 된 사람이 프란체스코 데 가브랄(Francesco de Cabral) 신부였다. 그의 재임 시에 있었던 일이 앞에서 소개한 포르투갈 상선의 사고였다.

이런 상황에서도 일본에 있던 예수회 신부들은 과거 빌렐라 신부가 유순하다고 말했던 야만스런 종족을 개종시키기 위해 조선에 선교사 파견을 궁리하고 있었다. 이들은 당시 일본을 통일시킨 권력자 오다 노부나가(織田信長)와 접촉을 시도했다. 예수회 신부들은 1569년 봄 제3자의 중제를 통해 일본의 국가적 영웅인 오다 노부나가와 접촉

---

⁹ 메디나, 165-166.
¹⁰ 메디나, 165-6.

을 시작하여 1582년 그가 죽을 때까지 긴밀한 친분관계가 계속되었다. 1580년에서 1582년 사이에는 더 깊은 의견교환이 이루어졌다. 오다 노부나가의 관심은 조선을 정복하는 것이었고, 예수회 신부들은 그를 힘입어 조선에 선교사를 보내는 것이었다. 양자의 공통적인 관심은 '조선'이었다. 예수회 신부들은 노부나가에게 그의 조선 징벌 계획이 성공할 경우, 조선과 중국에 대한 선교사업을 허락해 달라고 요청하기에 이르렀다.[11]

그러나 이 계획은 수포로 돌아갔다. 오다 노부나가는 1582년 살해되고 도요또미 히데요시(豊臣秀吉)가 권력을 차지했다. 평민출신으로 일본 최고의 권력을 획득한 도요또미는 조선을 정복함으로 귀족 출신도 하지 못한 일을 했다는 영예와 함께 뿌리 깊은 열등감을 보상받고자 했다. 1586년 5월 4일 오사까에서 도요또미를 접견했던 루이스 프로이스 신부의 표현처럼 일본 전역을 평정한 그는 "정사를 동생 미노도노(美濃殿)에게 맡기고, 자신은 조선과 중국을 정복할 야욕을 불태우고 있었다."

실제로 도요또미는 조선 침략을 구상하고 있었다. 예수회 신부들은 무력에 의한 강압적 선교활동이 바람직하지 않다는 점을 인식하고 있었다 하더라도, 도요또미 히데요시의 전쟁을 통해 조선과 중국에 복음을 전할 수 있으리라는 기대로 위안을 삼았다. 이 기대는 곧 현실화되었다.

---

[11] 메디나, 22.

3

일본의 조선 침략: 임진왜란

1592년(임진년) 4월 13일 도요또미 히데요시는 조선을 침공했다. 이보다 앞서 1592년 음력 1월 도요토미 히데요시는 쓰시마 도주(島主)에게 조선으로 하여금 일본에 복속할 것과 명(明)나라 정복을 위해 일본군의 길잡이를 맡으라고 명령했다. 쓰시마 도주는 정명가도(征明假道), 곧 명나라 정복을 위해 길을 빌려달라는 말로 바꾸어 조선과 교섭했으나 조선은 이를 단호하게 거절하였다. 교섭이 결렬되자 도요토미 히데요시는 1592년 음력 4월 13일 약 20만 명의 군대를 조선으로 파견했다. 왜군이 부산에 상륙하자 부산 첨사 정발(鄭撥)과 동래부사 송상현(宋象賢)은 죽음으로써 부산과 동래를 지켰으나 부산진성과 동래성을 함락한 왜군은 한성(서울)로 향해 북상했다. 일본군은, 육군은 종래 일본 사절단이 조선에서 이용하던 세 경로를 따라 북상하고, 수군은 조선 남해안을 돌아 서해안으로 따라 올라가면서 물자를 조달하고 육군과 합세하는 것이었다. 고니시 유키나가(小西行長)를 선봉으로 하는 제1군은 부산·밀양·대구·상주·문경을 거쳐 충주에 이르고, 가토 기요마사(加藤淸正)가 이끄는 제2군은 울산·영천을 거쳐 충주에서 제1군과 합세하여 한양으로 진군하였다. 구로다 나가마사(黑田長政)의 제3군은 김해를 지나 추풍령을 넘어 북상하였다. 일본군이 물밀듯이 북상해 오자 왕실과 조정은 한양을 떠나고 북쪽으로 피신하였다.

음력 4월 24일 순변사 이일(李鎰)이 상주에서 일본군에서 패하고, 10일만에 경상도가 함락되었다. 조정은 도순변사(都巡邊使) 신립(申砬)에게 일루의 희망을 걸었으나 음력 4월 28일 그가 충주 탄금대에서 일본군에게 패하고 전사하자 선조는 의주로 도피했다. 두 왕자를 함경도와 강원도로 보내 근왕병(勤王兵) 모집을 시도하였으나 모병에 응하는 자가 없었고, 두 왕자는 왜병의 포로가 되었다. 이와 같은 암담한 무방비 상태에서 왜군은 전국을 휩쓸었다.

음력 5월 2일 일본군 제1군과 제2군은 개전한 지 20일 만에 충주·여주·양근을 거쳐 한양을 점령하여 본거지로 삼았다. 조정은 도원수 김명원(金命元)에게 도성의 수비를 맡겼으나 5월 3일 도성은 손쉽게 함락되었다. 왜군은 다시 군대를 나눠 고니시 유키나가의 군대는 평안도로, 가토 기요마사의 군대는 함경도로, 각각 한반도 북부까지 쳐들어갔다. 음력 6월 13일에 평양이 함락되었다. 왕은 도성을 버리고 도피했으나 백성들은 산발적으로 저항하였다.

그러나 이런 왜병의 활동은 처음 2개월에 지나지 않았다. 바다에서 왜군의 활동이 저지되고 각처에서 의병이 봉기하였기 때문이다. 전라좌수사 이순신은 적선과 대치하여 옥포(玉浦)에서 첫 승리를 거둔 후 당포(唐浦), 당항포(唐項浦), 한산도(閑山島), 부산 등지에서 큰 전과를 거두었다. 특히 한산도 앞에서의 해전은 임진왜란의 3대첩의 하나로 꼽히고 있다. 이순신의 활약으로 조선군이 해상권을 장악하였고 해상으로 북진하여 육군과 합세하려던 왜군의 작전은 분쇄되었다. 곡창지대인 전라도 지역이 안전할 수 있었던 것은 이순신의 공로였다. 말하자면 적의 보급로를 차단한 것이다.

육지에서는 의병들이 일어나 대항하였다. 정부의 모병에는 소극적이었으나 스스로 향토의 방위를 위해 무기를 들고 일어나 부대를 편성하였다. 의병장은 대체로 지방에서 명망 있는 사림(士林)들이었는데, 조헌(趙憲)은 충청도 옥천에서 일어나 청주의 왜병을 격퇴하고 금산의 왜병을 공격하다가 전사했다. 곽재우(郭再祐)는 최초로 의병을 일으킨 인물인데, 경남 의령에서 병사를 모아 의령, 창녕 등지의 적을 물리치고 진주에서 김시민(金時敏)과 함께 적을 물리쳤다. 전라도 장흥에서 일어난 고경명(高敬命)은 금산을 공격하다가 전사했다. 김천일(金千鎰)은 수원에서 적과 대치하다가 후에 진주전에서 전사하였다. 함경도에서 활약한 정문부(鄭文孚)는 경성(鏡城), 길주 등을 확보하고 관동지방의 적도 축출하였다. 이런 상태에서 명나라의 이여송(李如松)이 이끄는 5만명의 원군이 도착하여 평양 탈환에 성공하여 남으로 왜군을 추격하였다. 그러나 벽제관에서 패하여 평양으로 돌아갔다. 이 때 권율(權慄)은 행주산성에서 고립되어 있었으나 왜군을 격퇴하였는데, 이 방어전의 승리는 임진왜란의 3대첩의 하나로 기록되고 있다. 이때 명과의 화의(和議)가 진행되어 왜군은 전쟁을 잠시 중단하고 경남 해안 일대로 물러나게 되었다. 명나라와의 협상이 결렬되자 왜군은 정유년(1597)에 다시 출동하였으나(丁酉再亂, 선조 30년, 1597) 그 활동은 경상도에 머무는 정도였다.

이 무렵 이순신은 원균의 상소와 서인(西人)의 모함을 받고 옥에 갇혀 있었으나 원균은 왜군과의 해전에서 계속 패배하게 되자 백의종군하던 이순신을 다시 3도수군 통제사로 임명하였다. 전함은 12척 남아 있었다. 그러나 이순신은 전라남도 해남 앞바다 명량에서 12척의 배로 133척의 왜군과 싸워 크게 승리하였다. 이것이 유명한 명량대첩이다. 그러다가 도요또미가 사망하자 이를 핑계로 왜군은 철퇴하게 된다. 철퇴하는 왜군은 경상남도 남해 앞바다 노량에서 이순신의 해군에 의해 크게 격파되는데, 이 전투에서 이순신은 전사하였다. 이로서 7년

간의 전쟁은 막을 내리게 된다. 임진왜란으로 우리나라는 상당한 인적 물적 피해를 입었고, 귀중한 문화재가 소실되었다. 조선왕조실록도 전주에 보관된 것(全州史庫本) 외에는 불타버렸다.

정리하면, 임진왜란은 1592년(임진년, 선조 25) 일본이 조선을 침략하면서부터 시작되어 1598년(선조 31)까지 7년간 이어진 전쟁인데, 왜군은 개전 초반에 한성을 포함한 한반도의 상당 부분을 점령하였으나 개전 1년여만에 창원 이남으로 패퇴하였으며 결국 조선군과 의병의 강렬한 저항, 명나라의 조선 지원, 조선 수군의 대 활약에 의해 7년만에 패배하여 완전히 철수하게 된다. 그러나 이 전쟁을 계기로 조선은 천주교와 접촉하는 기회가 되었고, 조선이 서양에 알려지는 중요한 기회가 된다.

4

그레고리오 데 세스뻬데스 신부의 내한

임진왜란 당시 약 20만 명의 왜군이 부산에 상륙했는데, 이 중 약 2천여 명은 천주교도로 알려져 있다.[12] 이들의 주둔지가 진해 근처 웅천(熊川)이었다. 천주교도로서 아우구스띠누스라는 세례명을 가졌던 왜장 고시니 유끼나가(小西行長)는 1593년 4월 조선에 와 있는 천주교도들을 위해 일본 예수회의 코메즈(Pierre Comez)에게 신부파견을 요청하였고, 이 요청에 의해 스페인 신부 세스뻬데스(Gregorio de Cespedes)[13]와 일본인 수사 레오 후칸(不干)이 내한했다. 그들이 조선의 남해안에 도착한 날이 1593년 12월 27일이었고, 웅천에 도착한 것은 다음날인 28일이었다.[14] 세스뻬데스는 한국 땅을 밟은 첫 천주교 성직

---

[12] 박철, 『세스뻬데스』, 50.
[13] 한국외국어 대학교 서반어학과 박철 교수에 의해 그에 대한 자료가 발굴되어 그의 가계와 생애 여정을 보다 정확하게 알 수 있게 되었다. 세스뻬데스는 1551년 마드리드에서 출생하였다. 그의 아버지 세스뻬데스 데 알까르데떼는 국왕 까를로스 1세 통치기간(1517-1556) 중인 1550년 11월 24일 수도인 마드리드 시장에 취임했을 정도로 부유하고 귀족적인 가정이었다. 그의 아버지는 이때부터 1557년까지 시장 겸 치안관으로 일했다고 한다. 세스뻬데스는 살라망까 예수회 신학교에 입학하여 5년간 신학을 공부하였고, 1569년 1월 28일에는 예수회에 입회하였다. 그 후에는 순방신부였던 알레한드로 발리그나노(Alejandro Valignano)를 따라 인도의 고아지방으로 가서 일년 6개월간 체류한 바 있다. 신부가 된 후 1577년 일본으로 옮겨가 주로 메아꼬(京都)에서 활동하게 되었다. 그는 42년간 예수회에서 활동했는데, 1577년 일본에 도착한 이래로 1611년 12월 고꾸라(小倉)에서 60세를 일기로 사망하기까지 34년간 일본의 천주교 전파를 위해 일했다. 박철, 『세스뻬데스』(서강대학교 출판부, 1993), 9-12.
[14] 박철, 46; 홍의섭, 『홍의섭 전집 3』(서울: 연세대학교 출판부, 1994), 13.

자이자 임진왜란을 목격한 유일한 서양인이었다. 또 그의 내한이 한국과 천주교와의 첫 접촉이었다. 흔히 그를 한국 땅을 밟은 첫 서양인이라고 말하지만, 한국 땅을 밟은 최초의 유럽인은, 앞에서 지적했듯이, 1578년 이전에 작은 선박을 타고 온 포르투갈 상인들이었다.[15] 그러나 실제적인 기여를 생각한다면 세스뻬데스는 조선에 온 첫 서양 선교사였고 부산을 방문한 첫 서양인이었다.

일본에 천주교가 전래된 것은 종교개혁이 시작된 지 30여년이 경과한 1549년 7월이었다. 종교개혁을 통해 교리적인 도전과 함께 프로테스탄트들에 의해 많은 지역을 상실한 천주교는 이를 만회하기 위해 소위 '반종교개혁'(Counter-Reformation)을 통해 천주교 신앙회복운동을 전개했는데 특히 예수회(Jesuit, the Society of Jesus)는 프로테스탄트들의 손이 미치지 않는 곳에 선교사를 파송함으로서 천주교 세력을 확산하려고 했다. 예수회는 천주교가 강한 지역에서는 종교재판을 통해 개신교도를 탄압하고, 천주교가 미약한 지역에서는 학교를 설립하여 천주교 부흥을 꾀하고, 천주교도 개신교도 소개되지 않는 지역에는 먼저 선교사를 보내 그 지역을 장악하고자 했다. 그래서 당시 해상권을 장악하고 있던 스페인과 포르투갈의 도움에 힘입어 여러 곳에 선교사를 파송하였는데, 그 결과로 하비에르를 비롯한 여러 예수회 선교사들이 동양으로 파송되었다. 그래서 16세기에 일본에 천주교회가 소개된 것이다.

하비에르는 익나티우스 로욜라(Ignatius de Loyola, 1491-1556)와 함께 1534년 예수회를 창설했던 인물인데, 그 자신이 선교사가 되어 1541년 이후 인도 고아지방에서 활동했다. 이곳에서 약 8년간 일한

---

[15] 메디나(박철 역), 『한국천주교전래의 기원』 (서울: 서강대학교 출판부, 1989), 27.

그는 일본을 '땅 끝'이라고 인식하고 일본행을 결심했다. 그래서 그는 인도를 떠나 1549년 7월 일본 규슈(九州)로 갔는데 그는 극동아시아에 온 첫 선교사였다. 그를 통해 일본에는 천주교가 소개되었고, 일본에 전래된 천주교는 통치자의 비호 아래 선교활동을 할 수 있었다. 도요또미 히데요시(豊臣秀吉) 치하(1536-1598)에서도 비교적 자유롭게 선교 할 수 있었다.

그 결과 일본에 체류하던 세스뻬데스는 종군신부로 내한하여 약 1년 간 조선에 머물게 된다.[16] 그는 일본어를 구사할 수 있었고, 일본의 고위층과도 폭넓은 교분을 유지하고 있었다. 아우구스띠누스라는 세례명을 가진 고시니 유끼나가와는 근친한 관계로 일생을 살았다. 그는 경상도 일대의 해안 일대, 특히 그로다 나카마사(黑田長政)이 주둔하고 있던 기장성(機張城)을 왕래하면서 노상에서 아사한 아이들의 시체를 보고 그들의 영을 위하여 영세를 주고 승천토록 미사를 올렸다고 한다.[17]

그는 경남지방 해안 일대에 머물면서 당시의 상황에 대한 4통의 서간문을 남겼는데, 이 편지는 한국외국어대학교 박철 교수에 의해 발굴되어 당시의 정황을 헤아릴 수 있는 중요한 자료가 되고 있다.[18] 4통의 서간문은 1593년 12월(일자 불명), 1594년 1월(일자 불명), 2월 7

---

[16] 그가 조선에 체류한 기간에 대해서는 학자들 간의 상이한 견해가 있으나 일 년 미만으로 추정되어 왔다. 세스뻬데스는 1597년 2월 26일자로 쓴 편지에서 자신은 조선 땅에서 1593년 12월 27일부터 약 1년동안 체류했다고 기록하고 있는데 아마도 이 기록이 가장 신뢰할만한 것으로 볼 수 있다.
[17] 홍의섭, 13.
[18] 세스뻬데스는 1577년부터 1611년까지 34년간 극동지방에서 선교사로 활동했는데, 외국어대학교 박철 교수는 이 기간동안 쓴 서신 14통을 발굴했는데, 4통은 한국에서 나머지 10통은 일본 땅에서 쓴 서신이라고 한다. 이들 서간문 중에서 세스뻬데스가 직접 쓴 자필 원본은 3통뿐이며 나머지는 스페인어 사본이거나 포르투갈어 역본들이라고 한다. 박철, 『세스뻬데스』, 129-130.

일, 1594년(월, 일자 불명) 웅천에서 기록했는데 이 4통의 서신 수신인은 일본 부관구장 꼬메스(Pedro Gómez)였다고 한다.[19]

칠년간 계속된 전화 속에서 일본에 잡혀간 조선인 포로 혹은 노예 중에 천주교에 입교한 이들이 많았고 도꾸가와 이에야스(德川家康, 1542-1616) 치하의 박해에서 다수의 조선인들이 신앙을 지키며 순교자의 길을 갔다고 한다. 더 세심한 연구가 요구되지만 임란 중에 일본에 잡혀간 조선인 중의 한 사람은 이태리로 가서 신학을 공부했다는 주장도 있다. 세스뻬데스는 일본으로 돌아간 후 고꾸라(小倉)에서 여생을 보내다가 뇌출혈로 쓰러졌고, "하나님 감사합니다."는 등 몇 마디를 남기고 1611년 12월 어느 일요일 오전 세상을 떠났다고 한다.

임진왜란을 통해 천주교, 그리고 천주교 신부와 접촉하게 되지만 그 이상의 접촉이나 발전에 대해서는 알려져 있지 않다. 그러나 이때부터 조선의 상황은 극동으로 진출했던 예수회 신부들에 의해 서구사회에 점차 알려지기 시작하였다. 또 조선에서도 서양에 대하여 그리고 서양 기독교에 대해 점차 눈을 뜨기 시작한다. 비록 제한적이고 일부의 계층이라 할지라도 이 점을 보여주는 한 가지 사례를 17세기 중엽의 문헌에서 확인할 수 있다. 비록 서양 기독교에 대한 인식은 보편적이지 못했지만 적어도 1653년 이전에 우리나라 관계(官界)가 그리스도교를 알고 있었음은 분명하다. 그 한 가지 흥미로운 단서를 하멜 일행의 내한과 그 심문 기록에서 찾을 수 있다. '네델란드의 마르코 폴로'로 일컬어지는 하멜(Hendrick Hamel)과 그의 일행 64명이 1653년 7월 30일 대만을 떠나 일본 나가사끼로 항해하던 중 예상치 못한 암초에 부딪쳐 표류하던 중 그해 8월 16일 36명이 제주도에 상륙했다. 이

---

[19] 박철, 182.

들은 8월 21일 조선인 '총독'의 심문을 받았는데 하멜이 '총독'으로 칭했던 이가 다름 아닌 제주목사 이원진(李元鎭)이었다. 이원진은 이들을 조사한 보고서를 조정에 올렸는데, 이 보고서가 효종실록(孝宗實錄) 제11권, 효종 4년 8월 6일(戊辰)조에 기재되어 있다. 이날을 양력으로 환산하면 1653년 9월 26일이었다. 이 보고서에는 아주 흥미로운 대목이 나와 있다. 배가 좌초한 경위, 언어와 풍습의 차이, 선적물, 화란인들의 복장 등에 대해 보고한 후, "왜말 하는 자들을 시켜 '당신들은 서양의 길리시단자들인가?'라고 물어 보았더니 일동 모두가 '야야'라고 대답했다."(使解 倭語者問之曰 爾是西洋吉利是段者乎 衆皆曰 耶耶)고 보고했다. 사실 이들은 암스테르담 출신으로 기독교 신자였으니 이것은 거짓이 아니었다.

우리에게 흥미를 끄는 부분이 바로 이 '길리시단자'(吉利是段者)라는 단어인데, 이 말은 크리스천을 의미한다. 『다시 읽는 하멜 표류기』를 쓴 강준식에 의하면 이 단어는 포루투갈어 크리스땅(Christáo)의 음가를 복사한 일본어 '기리시딴'(吉利支丹)에서 온 말이라고 한다. 그 기원이야 어떻든 '길리시단'이라는 말은 야소(耶蘇), 곧 '예수'라는 말이고, 임진왜란 후 왜나라 관계 실록에 자주 등장하는 단어라는 점에서 한국의 조정이나 관리들이 기독교의 실체를 어느 정도 인식하고 있었음을 보여준다. 특히 이원진이 '서양의'라는 수식어를 쓰고 있는 것을 보면 그가 기독교를 서양에서 기원한 종교로 인식하고 있음을 알 수 있다. 이원진이 천주교와 개신교를 구별할 수 있는 안목이 있었는가는 알 수 없으나 당시 조선 관리들이 기독교를 인식하고 있었다는 사실은 놀라운 일이 아닐 수 없다. 이때는 알렌이 입국하기 231년 전의 일이었다.

부산경남지방 기독교 연구

제 **2** 장

부산 해관원 조너슨 헌트
(Jonathan H. Hunt)

부산지방에서 일한 초기 선교사들의 행적을 뒤지다 보면 한 사람의 이국인과 마주하게 된다. 선교사는 아니었으나 선교사역에 영향을 주었고, 선교사들의 왕래와 부산 정주에도 도움을 주었던 인물, 그러면서도 서양인들의 인적 연쇄의 중심에 있었던 인물. 그가 바로 세관원 헌트(何文德, Jonathan H. Hunt)라는 인물이다. 그는 영국인으로 알려져 있으나 사실은 영국계 미국인이었다.

우리나라에서 세관(稅關)을 처음에는 해관(海關)으로 불렀는데, 1904년부터 지금의 세관(稅關)으로 불리기 시작한다. 부산에서의 해관은 따지고 보면 강화도조약으로부터 시작된다. 일본은 1875년 5척의 군함으로 부산에서 무력시위를 벌이고 강화도에서는 운요호사건(雲揚號事件)을 계기로 1876년 2월 27일 이른바 '강화도 조약'을 체결한다. 조선은 20개월 이내에 부산항 이외에 2개 항을 개항하고 일본 상인들의 자유 보장, 일본영사의 주재, 일본인 범죄행위에 대한 영사재판권을 인정하기로 체결했다. 부산항 개항업무는 동래부사가 주무로 관장했고, 조정에서 파견한 감찰관이 동래부사와 협의하여 외교업무를 처리했다.

1883년 8월 19일, 외교 및 통상 사무를 위해 부산에 감리(監理)를 두었고, 동래부사 이헌영(李憲永)이 겸직하였다. 1883년 7월 3일, 혹은 11월 3일에는 부산해관이 설치되는데,[20] 이때를 근대 부산세관 역

---

[20] 부산해관이 문을 연 때는 1883년 11월 3일이라는 주장도 있다. 부산세관은 공식적으로 이날을 세관 설치일로 보고 있다. 그러나 윤광운, 김재승 등은, "부산해관은 7월 3일 개청하고, 일본 상인들에게 관세징수를 처음 시작한 것이 11월 3일이라고 해석하는 것이 논리적으로 타당하다. 따라서 부산해관 개설 일자는 당연히 7월 3일로 개정되어야 한다."고 주장한다[윤광운, 김재승 외, 『근대부산해관(1883-1905)과 고빙 서양인 해관원에 관한 연구』(부산: 도서출판 전망, 2006), 67]. 그러나 웨인 패터슨(Wayne Patterson)은 제1대 부산세관장 윌리엄 로바트가 1883년 10월 5일 부산으로 와 11월 3일 공식적인 업무를 시작했다고 말하고 있다. 특히 부산은 세 개항장 중 가장 늦게 개항했다고 말하고 있다. Wayn Patterson, *In the Service of His Korean Majesty* (Regents of the University of California, 2012), 42.

사의 시작으로 보고 있다.

부산해관은 본정(本町) 2가 3번지(지금의 동광동)[21]의 일본인 가옥을 빌려 개청했는데, 얼마 후 인근 일본인 가옥으로 이전했다. 이곳이 부산 본정 2정목, 곧 지금의 중구 동광동 2가였다. 본정(本町)이란 거주지의 으뜸이란 뜻인데, 일본인 거주지 중심을 본정으로 불렀다. 서울의 경우 지금의 충무로1-3가 지역이었다. 이곳이 일제시기 최고의 번화가였다. 1885년에는 부산해관이 현재의 부산데파트(중구 동광동 1가 1) 자리에 목조 2층 청사와 보세창고 1동을 지어 이전하게 된다.[22]

독립관서로서 감리서(監理署)가 설치된 때는 1890년이었다. 감리서란 개항장의 외교·통상 업무와 재외 거류민 관계 업무를 관장할 목적으로 설치된 관청인데, 초기에는 동래 부사가 감리를 겸임하였다. 부산 감리서는 1895년 5월 1일 폐지되었다가 1896년 8월 7일 다시 설치된다. 부연하면 인천해관은 1883년 5월 12일에, 원산해관은 그해 10월 1일에 설치된다.

그런데 부산해관이 설치되고 부임한 첫 해관장이 영국계 미국인 넬슨 로바트(魯富, William Nelson Lovatt, 1838-1904, 재임기간 1883-1886)였다. 그는 1883년 10월 5일 45세의 나이로 부산으로 부임하였고,[23] 11월 3일에는 부산 해관의 공식적인 업무를 시작했다. 1884년 7월에는 부인과 4살 되는 딸이 부산으로 왔는데, 이들이 부산

---

[21] 동광동은 부산포 초량왜관의 일부였던 동관이 위치했던 것에서 유래한 이름이다. 이곳을 일제하에서 본정(本町, 혼마치)이라고 불렀다. 해방 이후 일제 지명이 청산될 때 본래라면 지명을 동관동으로 환원해야 했지만 '동관동'은 발음이 어렵고 광복동의 동쪽에 있다는 의미에서 동광동으로 개칭하였다. 법정동은 동광동1가·동광동2가·동광동3가·동광동4가·동광동5가이다.
[22] 윤광운·김재승 외, 69.
[23] Wayn Patterson, 35, 42.

에 온 그리고 부산에 거주한 첫 서양인 가족이었다. 로바트는 2년 8개월 간 근무하고 1886년 5월 이임하게 된다.[24]

2대 해관장은 프랑스인 피리(Alexandre Theophile Piry, 1851-1918)였는데, 1886년 6월 1일 부임하여,[25] 1888년 7월 26일까지 2년 간 근무했다. 공식직함은 Acting commissioner, 곧 海關稅務司補였다.

3대 해관장으로 부임한 이가 조나단 헌트(Jonathan H. Hunt, 재임기간 1888-1898)였다. 김재승, 윤광운 등 해관 관련 연구자들이 그를 영국인으로 기술하고 있으나 그는 영국인이 아니라 영국계 미국인이었다. 나는 20년 전에 쓴『부산지방기독교전래사』에서 그의 이름을 '존 헌트'라고 썼으나 최근 입수한 웨인 패터슨의 저서, *In the Service of His Korean Majesty*(이 책은 '폐하의 분부를 받들어'라고 번역될 수 있을 것이다)를 통해 헌트의 이름이 존이 아니라 조나단임을 알게 되었다. 그는 1885년 10월 3일의 신임 총세무사 헨리 메릴(Henry F. Merrill)을 수행하여 1886년 1월 5일 부산으로 입국하여 서울의 총해관에서 서기로 근무하던 중 부산 세관으로 오게 된 것이다.

그는 1888년 7월 27일 부임하여 1898년 2월 18일까지 10년간 재임했다. 부임 당시 그의 공식적인 명칭 또한 해관세무사보였다. 당시 조선 정부는 관세행정 및 해관운영 등에 관한 경험이 전혀 없었으므로, 청국의 이홍장(李鴻章)이 추천한 독일인 묄렌도르프(Möllendorff, 穆麟德)를 통리교섭통상사무아문 협판으로 고용해 해관 창설과 운영에 관한 업무를 총괄하게 했다. 그런데 그의 권고로 위에서 소개한 외국인들을 해관장으로 초빙하게 된 것이다.

---

[24] 윤광운·김재승 외, 71.
[25] 부산세관박물관의 '부산 세관 역대 세관장 안내'에는 T. Piry의 부임이 1884년으로 기록되어 있다.

3대 해관장 헌트는 이홍장의 추천으로 부산으로 왔고, 그의 재임기 중구 중앙동에 있던 부산해관부지 매축공사(釜山海關敷地埋築工事)를 했다. 부산해관이 개설된 당시 부산항만 설비 혹은 시설로는 일본 전관 거류지 동쪽 용미산(옛 부산시청 자리, 현 부산 롯데백화점 자리) 아래 약 2만 3140m²(7,000평)의 선류장(船留場)이 있었을 뿐이다. 그러나 무역의 발달에 따라 소형 선박의 정박에 이용되는 선류장이 아니라 대형 선박이 정박할 수 있는 항만이 필요했다. 그래서 부산해관 북쪽 해안의 매립 공사를 의도하게 된 것이다.

헌트는 1887년 조선 정부에 부산 해관터를 넓히기 위해 매축허가를 요청하였고 공사비 1천양을 지원받아 해관부지 부근 일대를 매축

부산세관장 조나단 헌트(앞에서 둘째줄 중앙)와 직원들

했다. 청나라 기술자가 설계하고 공사를 착공했고, 공사는 1888년 4월 29일 완공되었다. 이것이 부산해안의 첫 매축이었다. 1889년 10월에는 조선정부로부터 2,546량을 지원받아 매축지와 연결된 해관잔교(海關棧橋)와 보세창고를 건축했다. 헌트가 이임한 이후의 일이지만 1902년에는 부산매축주식회사가 기존의 선류장(船留場)에서 구 부산본역(현 부산광역시 중구 중앙동 교보 빌딩과 무역 빌딩 근처)에 이르는 곳까지 매축하여, 1908년 8월 총면적 약 13만 5777m^2[4만 1375평]의 매축을 완료하였다.

그런데 그동안 청나라가 부산해관의 주도권을 행사했으나 1894-5년의 청일전쟁에서 일본이 승리하게 되자 부산해관에 관한 실권은 일본이 장악하게 되었고, 1905년 을사조약 체결 이후 1906년 1월부터는 일본인이 해관장에 임명되고 이름도 해관에서 세관으로 개칭된다. 이렇게 볼 때 헌트는 부산 해관 역사 초기의 중요한 인물이었고, 이 시기 부산을 왕래한 선교사들과 접촉하며 상호교류했던 중요한 인물이었음을 알게 된다.

노해리(Harry A. Rhodes)에 의하면 1891년 9월 당시 부산에 정주하던 유일한 서양인은 영국인 세관원 헌트 가정과 하디 의사 가정뿐이라고 말한다.[26] 이 시기 내한하여 부산으로 입국하여 다른 선교지로 이동했던 이들은 헌트의 도움을 받았다. 헌트는 조선어도 잘 했다고 한다. 러시아 첩보 장교로 1895년 12월 8일 부산을 방문했던 카르네프 육군중령은 이 점을 증언하고 있다. 그는 보좌관 육군 중위 미하일로프를 대동하고 7일 나가사끼를 떠나 이세마루호(伊勢丸)로 부산에 왔는데, 작은 만의 해안에 있는 일본인 거류지의 2층 집에 살고 있던 미

---

[26] Rhodes, 126.

국인 L. F. 스미드를 만난 이후 헌트를 만났는데 이런 기록을 남겨주고 있다.

"스미드 씨 집으로 숙소를 정한 후 나는 세관으로 향했다. 그곳의 책임자는 전형적인 영국인으로 이름은 J. H. 헌트이고 10년간 부산에 살고 있는데, 조선말을 잘 하였고, 이 나라에 대해서 그리고 이 나라가 지니고 있는 능력에 대해서도 잘 알고 있었다. ... 헌트 씨는 탐험대가 말(馬)과 그 밖의 것들을 구입하고 임대하는데 필요하다면 기꺼이 도와주겠다고 했다. 다음날 나는 다시 헌트 씨를 만나러 갔다. 그의 집은 일본인 구역의 동북쪽, 이른바 외국인 거류지에 있었다. 가는 도중에 우리는 험한 기슭 오른편에 M. G. 셰벨레프가 사들인 부지를 지나가게 되었다. 그 부지 아래에는 조선인들의 농가가 몇 채 있었다. 헌트 씨의 집 앞으로는 포대가 위치하기 좋고 모든 만으로 나갈 수 있으며, 만을 향하여 총을 쏠 수 있는 산이 만(灣)쪽으로 향하여 돌출되어 있었다. 일본인들이 막대한 자금을 들여 이 산을 사고자 했으나 조선의 조정은 헌트씨의 조언에 따라 이 산을 팔지 않았다고 한다. 나는 헌트 씨와 스미드 씨와 함께 부산에서 지금껏 살아온 주석윤 동래 관찰사를 찾아갔다. 산에서 내려와 반 베르스타 쯤 가서 우리는 관찰사가 거주하는 초량이라는 마을로 들어갔다."[27]

선교사들의 기록을 보면 헌트와 관련된 일화가 적지 않다. 초기 선교사들은 선교지 답사를 위한 지역 순회 여행을 다녔는데, 평양에 처음으로 선교여행을 갔던 이는 아펜젤러로 알려져 있다. 아펜젤러는 1887년 4월 24일 평양을 방문했는데, 이때 동행했던 이가 다름 아닌 부산에 체류하던 세관원 헌트였다.[28] 언더우드가 평양에 처음 간 때는

---

[27] 카르네프 외, 『내가 본 조선, 조선인』(서울: 가야넷, 2004), 20-21.
[28] H. Rhodes, 84. 박용규, 『평양산정현교회』(서울: 생명의말씀사, 2006), 20.

1887년 가을이었다. 이때 언더우드는 평양, 의주, 소래, 송도로 첫 여행을 갔고, 언더우드는 1889년 3월 릴리아스 홀튼과 결혼하게 되자 신혼여행을 겸해 다시 평양을 방문한 일이 있다. 헌트가 아펜젤러와 같이 평양을 방문한 목적이 무엇이었을까? 선교를 위한 지역 순회는 아니었을 것이다. 1885년 10월 입국한 헌트는 서울에서 근무하던 중 부산으로 왔는데, 그도 평양을 가보고 싶었을 것이다. 그래서 아펜젤러와 동행한 것으로 보인다. 헌트가 기독교 신자였던 것은 분명하다.

헌트의 딸 리즈(Leeds)가 콜레라에 감염된 사소한 일이 선교사들에게 영향을 준 일도 있었다. 1890년 5월의 일인데 헌트의 딸이 아프게 되자 부산에 있던 게일은 서울에 와 있던 헤론 의사(Dr. John W. Heron, 체한기간 1885. 6-1890. 7)에게 부산으로 와 치료해 주도록 부탁했다. 이 소식을 들은 헤론은 그를 치료하기 위해 급히 부산으로 내려오게 된다. 이때 동행했던 이가 캐나다 침례교 출신 독립선교사 말콤 펜윅(Malcolm Fenwick)이었다. 이 점에 대한 유일한 기록이 리차드 럿트(Richard Rutt)의 기록이다.[29] 부산에 온 헤론은 헌트의 딸을 치료해 주었고, 이때 당연한 일이지만 부산에서 일하고 있던 게일도 만나게 된다. 열악하고 비위생적인 환경에서 일하고 있는 게일에게 헤론은 서울로 올라가서 같이 일하자고 제안한다.

그래서 게일은 부산에서의 활동을 접고 그해 5월 말경 서울로 올라가게 된다. 서울로 간 미혼의 게일은 헤론의 집에 체류하게 된다. 마펫이, 헤론의 집은 "모든 신임 선교사들이 집이었고 거의 모든 사람

---

[29] 리차드 럿트의 기록은 다음과 같다. "... in May, the daughter of J. H. Hunt, the commissioner of Customs in Pusan, fell ill, and he sent to Seoul for Dr. Heron, the King's American physician, who came overland by fast courier service, accompanied by Malcolm Fenwick." Richard Rutt, *History of the Korean People* (Seoul: Taewon Pub. 1972), 16.

이 그들과 함께 하숙을 했다."라고 엘린우드에게 썼을 만큼(1890년 7월 24일자 편지) 헤론의 집은 임시 거주지였다. 그런데 두 달 후인 7월 26일 토요일 오전 8시 헤론은 한국에서 5년간의 사역을 마감하고 34세의 나이로 급성 이질로 사망하게 된다. 제중원에서의 격무로 건강을 잃었지만 다른 선교사들과의 인간관계의 파괴에서 오는 스트레스가 죽음에 큰 영향을 주었다고 마펫은 해석했다.[30] 헤론의 부인 하티 깁슨(Hattie Gibson)은 과부가 되었고, 두 딸 애니(Annie) 그리고 제시(Jessi)와 함께 살게 되었는데, 약 2년이 지난 1892년 4월 7일 게일은 헤론의 부인과 혼인하게 된다.

헌트와 관련된 또 한 가지 일은 그가 캐나다에서 온 의료선교사 하디(Dr. Robert Hardie)를 부산세관에서 일하도록 배려한 일이다. 1890년 9월 30일 부산항을 통해 내한했던 하디 의사는 제중원의 임시원장으로 일했는데, 이때 본국으로부터의 후원이 원활하지 못해 경제적으로 어려움을 겪고 있었다. 이를 알게 된 헌트는 그를 부산으로 오도록 초청해 주었고 세관전용 의사로 세관의 선박검역관으로 일하도록 배려해 주었다. 그래서 하디 의사는 1891년 4월 14일 부산으로 오게 된다. 그로부터 4개월 후 서울에 있던 부인과 두 딸이 부산으로 와 함께 부산에서 살게 되지만 생활이 안정적이지 못했다. 이때 하디는 호주선

---

[30] 『마포삼열 자료집1』 (서울: 새물결플러스, 2017), 258, 259. 마펫은 선교부 내의 선교사들 간의 오해, 동기에 대한 의심, 신뢰의 부족 등을 언급한 후 헤론의 죽음에 대해 이렇게 썼다. "저는 헤론 의사를 죽음으로 몰고 간 것이 다른 것 보다, 과로보다, 바로 이것이라고 믿지 않을 수 없습니다. … 그는 자신의 동기가 의문시 되고 자신의 헌신이 의심받고, 자신의 사역이 오해받는다는 생각에 이루 형언할 수 없이 초조하고 걱정하며 슬퍼했는데, 자존심이 강한 성격이라 정신적 갈등이 더 심해서 쇠약해졌습니다." (I could not help believing that it was this- more than overwork- more than anything else that let to Dr. Heron's death. … but irritated & worried & grieved beyond expression at the thought that his motives were questioned, his consecration doubted & his work misunderstood, his mental conflicts more severe from the fact that he was proud spirited wore him out).

교사 매카이(James H. Mackay)를 통해 호주선교부로 이적을 고려했을 정도였다. 이런 상황에서 헌트의 배려는 큰 위로가 되었지만 그것이 자신의 소명에 만족을 주지 못했다. 하디는 1892년 11월 18일 원산으로 떠나기까지 1년 6개월간 부산에서 체류했다.

헌트와 관련된 흥미로운 기록은 헌트의 딸 리즈와 한국인 권순도(權順度, 1870-?)와의 열애사건이다. 이 점에 대한 기록은 부산의 향토사가였던 박원표의 기록뿐이므로 고증이 필요하지만 사실이었던 것으로 보인다.[31] 권순도는 경남 양산시 상북면 대석리 출신인데, 서양문물에 관심을 가진 진취적인 청년이었다. 이런 연유로 부산 해관장 관사에서 일하게 되는데 이런 관계로 해관장 헌트의 딸을 알게 되었고, 두 사람은 사랑에 빠지게 된다. 사랑에 취한 두 사람은 도피행각을 벌이기까지 했으나 부모의 반대로 헤어지게 된다. 부산에서 10여 년 간 일 했던 헌트가 1898년 2월 부산을 떠나게 되자 딸 리즈도 한국을 떠나게 되지만 그해 리즈는 아들을 낳았고, 그 후 리즈는 아들 소식과 함께 권순도에게 편지와 돈을 보냈다고 한다. 해관을 나온 권순도는 포목상을 열어 부자가 되었고, 친구 이재영(李宰榮)과 함께 가홍정(駕虹亭)이라는 정자를 지었다고 한다. 또 이런 이야기도 있다. 시간이 흘러 8·15 광복 직후 하와이에서 열린 한국인 동포 모임에 영국인 장교 한 사람이 나타났다. "제 어머니는 영국 사람이지만 아버지는 부산에 살고 있는 한국 사람이라고 들었습니다. … 한국인 여러분, 행운이 있길 빕니다."

부산해관에서 10년간 근무했던 헌트는 1898년 2월 19일 부산을

---

[31] 이 건과 관련하여 참고한 유관 기록으로는 박원택, 『향토부산』 (부산: 현대출판사, 1967); 이용득, 『부산항 이야기』 (부산: 유진북스, 2019), 150-152, 최해군, 『부산항』 (부산: 지평, 1992). 274-277; KBS 부산재발견 제작팀, 『부산재발견』 (부산: 우진, 2012), 233-241 등이 있다.

떠나 청나라 황주해관으로 이동했다. 이곳에서 약 2년 간 근무했던 헌트는 1901년 5월 23일 런던으로 돌아갔다. 그런데 경북 칠곡에서 출생했으나 곧 부산 좌천동으로 이주하여 성장한 출신 독립운동가 장건상(張建相, 1882-1974)이 1908년 미국유학을 떠날 때 게일의 추천장을 가지고 연해주와 시베리아, 유럽을 거쳐서 미국에 도착하게 되는데 런던에서 헌트를 만났다는 점을 밝히고 있다. 이를 보면 헌트는 런던에서 노후를 보낸 것 같다.

부산경남지방 기독교 연구

제3장

부산에 거주한 첫 개신교 선교사, 제임스 게일
(James Scarth Gale)

부산에 거주했던 첫 개신교 선교사는 제임스 게일(James Scarth Gale, 奇一, 1863-1937)이었다. 그는 자신의 한국어 이름만큼이나 기이(奇)한 생애를 살았다. 선교사면서도 탁월한 언어학자였고, 저술가이자 번역가였고, 역사가이자 민속학자였다. 또 성경번역자이며 목회자였다. 특히 그는 한국의 역사, 문화, 민속, 언어에 해박했던 한국학의 개척자였다. 그의 삶의 여정과 그가 남긴 편린들은 한국의 역사와 문화, 그리고 기독교회에 많은 영향을 끼쳤다. 그의 선교사로서의 삶은 부산에서 시작되었다.

1
출생, 학교생활, 선교사 지원

게일은 1863년 2월 19일 캐나다 온타리오(Ontario)주 알마(Alma)에서 6남매 중 5번째로 태어났다. 그의 아버지 존 게일(John George Gale, 1819-1923)은 스코틀랜드 인으로 13살 때인 1822년 가족을 따라 미국으로 이민을 가 농장을 경영했다. 그의 어머니 마이아미 브랏트(Miami Bradt)는 화란계 미국인이었다. 이런 점 때문에 후일 배위량(William Baird)는 게일을 가리켜, "반(半)는 스코틀랜드인이고, 반은 화란인이지만 완벽한 영어를 구사했다"라고 말한 적이 있다. 농부의 아들이었던 게일은 농장에서 일을 배우며 어린 시절을 보냈다. 교실이 한 칸뿐인 작은 마을 학교에서 초등학교 교육을 받고, 인접한 엘로라(Elora)에서 중등학교를 다닌 그는 21살 때인 1884년 토론토대학에 입학했다. 대학 2학년 때인 1885년 5월에는 영국을 거쳐 프랑스 파리로 가서 그곳의 선교기관(McCall Mission)에서 약 6개월간 체류하게 된다. 단기 선교여행이었다. 이때 이곳에서 그는 학교에서 공부한 불어를 실생활을 통해 배우게 된다.

다시 토론토로 돌아갔는데, 당시 북미대륙에서는 해외선교를 위한 학생자원운동(Student Volunteer Movement)이 일어났고, 캐나다에도 큰 영향을 끼치고 있었다. 학생자원운동은 "이 세대에 세계를 복음화 하자"(The Evangelization of the World in this Generation)는 표어를 내걸고 해외선교에 대한 책임을 강조하고 있었다. 1887년에는 학생자원운동의 지도자들이 캐나다를 방문하기도 했는데, 게일은 이런 선교운동의 영향을 받아 토론토대학 청년연합회(YMCA)에 해외 선교사를 자원하였다.[32] 1888년에는 중국내지선교회(CIM)의 창립자인 허드슨 테일러가 온타리오주를 방문했는데, 이때 게일은 그를 사적으로 만났고, 그가 자신을 위해 기도해 주었을 때 큰 감명을 받았다고 한다.

---

[32] J. Earnest Fisher, *Pioneers of Modern Korea* (Seoul: CLS, 1977), 94.

2
내한, 초기 활동, 부산에서의 생활

    1888년 6월 12일 문학사 학위(BA)를 받고 토론토대학을 졸업한 그는 모교의 YMCA와 향후 8년간 연 500달러의 보수계약을 맺고 평신도 선교사로 내한하게 된다.[33] 당시 내한했던 선교사들의 일년 급여가 1천 달러가 넘었으나 게일의 급료는 그 절반에도 미치지 못했다.[34] 이때 그는 다른 선교단체(Corean Union Mission)의 파송을 받은 로버트 하크니스(Robert Harkness)[35] 부부와 동행했다. 당시 캐나다에서 한국으로 오는 여정은 약 한 달이 소요되었는데, 토론토에서 밴쿠버까지 기차로 가서 거기서 1888년 11월 13일 선편으로 태평양을 횡단하여 일본 나가사끼를 거쳐 그해 12월 12일 부산에 도착하였다. 이때 그가 부산에 체류한 시간은 28시간이었다. 다시 선편으로 인천을 거쳐 15일 서울로 들어갔다.[36] 이때 그의 나이는 25세였다.

---

[33] Richard Rutt, *History of the Korean People* (Seoul: Royal Asiatic Society, 1972), 10.
[34] 이진호, "문서선교의 대가 게일", 「빛과 소금」 6(1985. 9), 192.
[35] Robert Harkness(1858-1938)는 게일과는 오랜 친구이자 동료로서 함께 토론토대학에서 수학하였고, 같이 한국으로 오게 되었으나 그의 한국체류는 약 1년에 불과했다. 건강 때문에 1889년 8월 한국을 떠나 일본으로 가서 북장로교 선교부 관할 하에서 이시카와현(石川県)의 현청 소재지 카나자와(金沢)와 오사카(大阪)에서 사역하였다. 1895년 본국으로 돌아갔고, 후일 캐나다연합교회(UCC) 목사로 일하다가 1938년 사망했다.
[36] *The Varsity* (9, February, 1889), 96. Young Sil Yoo, *Earlier Canadian Missionaries in Korea* (The Society for Korean and the Related Studies, 1987), 31. 그가 한국에 도착하여 쓴 첫 편지는 제물포로 가는 선상에서 쓴 1888년 12월 14일자 편지인데, 이 편지에서 그는 12월 12일 3시경 부산

그는 지금의 오륜동인 오릿골의 한옥에서 첫 밤을 지냈는데, 온돌방은 뜨겁고, 빈대가 많아 서울에서의 첫 밤은 고통스러웠다는 흥미로운 기록이 남아 있다.[37] 그는 언더우드 집에 기거하면서 우선 어학 공부를 시작하였고, 3개월이 지난 1889년 3월 12일 서울을 떠나 내지 답사를 겸한 순회 여행을 시작했다. 즉 3월 17일 황해도 해주를 경유하여 3월 말 장연군 소래로 갔는데, 이곳에서 게일은 그의 평생의 동역자 이창직(李昌稙, 1866-1936)[38]을 만나게 된다. 해주의 양반 가문의 사람으로 소래교회 교인이었던 한학자 이창직은 후일 게일의 선교사역, 특히 성경번역을 도왔던 조력자였으며, 게일의 가족처럼 일생의 동반자가 되었다. 소래에서 안창평의 집에서 3개월 체류하면서 이창직에게 한글을 배우고, 1889년 6월 이창직과 함께 서울로 돌아온 게일은 약 2개월 동안 언더우드를 도와 한영ᄌᆞ뎐(韓英字典)을 편찬하였다. 사전편찬을 도울 만큼 한국어 실력을 인정받은 것이다. 295쪽으로 구성된 이 사전은 명치 21년 곧 1890년 일본 요꼬하마에서 출판되었는데, 안 표지에 이 책 편집을 도와 준 호머 할버트, 제임스 게일의 이름이 명기되어 있다.

게일은 서울에 체류하면서 3차례의 전도여행을 다녔는데, 1891년 2월의 3번째 여행은 가장 광범위한 여행이었다. 서울을 떠나 송도, 평양, 의주를 지나 만주까지 갔고, 봉천에서는 로스(John Ross) 선교사를

에 도착하여 28시간을 체류했다고 했고, 주로 해변가에 머물렀다고 한다. 그가 본 첫 한국인들은 흰 옷을 입고 있었고, 일본인 보다 키가 크고, 모두가 담뱃대를 들고 다니며 담배를 피웠다고 썼다.
[37] 이진호, 193.
[38] 해주 출신 초기 신자인 이창직이 게일을 만났을 때가 23세였다. 그는 양반직 자제로서 한학을 공부한 유능한 청년이었으며, 게일의 친구이자 동역자로 가족처럼 지냈다. 어학 선생이 된 후 『텬로역정』 번역사업에 참여하고(1892), 성경번역위원이 되어 성경번역에 참여하였다(1906). 그가 게일을 도와 번역한 책이 『유몽천자』, 『예수의 재림』 등이다.

만났다고 한다. 또 그곳에서 백두산까지 갔으나 그 산에 오르지는 못했다고 한다. 다시 함흥 원산을 거쳐 서울로 돌아오는 3개월간에 걸친 1,400마일에 이르는 긴 여행이었는데, 사무엘 모펫과 다른 선교사들이 동행했다고 한다.[39]

게일은 1889년 8월 서울을 떠나 부산으로 향하게 된다. 즉 그는 어학선생 이창직과 일본인 소년 쿠사바 카츠타로와 동행하여 제물포로 가서 일본 증기선 '히꼬 마루'(Higo Maru)로 부산으로 향했다.[40] 서울과 원산에 일시 거주했으나 그가 정착한 곳은 부산이었다. 그는 선교사가 없는 부산에 정착할 의도가 있었던 것으로 보인다. 그는 이때부터 부산항과 일본인 거류지 사이에 위치한 초량에 살았는데, 리차드 러트는 게일이 이때부터 1891년 봄까지 약 1년 반 동안 부산에 체류했다고 말하지만,[41] 이것은 정확하지 않다. 게일이 1890년 12월 1일자로 파송기관인 토론토대학 YMCA에 보낸 편지에서 이미 자신은 서울에 와서 한국인의 배려로 한옥에 거하고 있다고 기록하고 있다. 이 점을 고려해 볼 때 때 적어도 1890년 12월 이전에 부산을 떠났음을 알 수 있다.[42] 따라서 게일의 부산 체류 기간은 1889년 8월 이후 1년 남짓한 기간이었다.

---

[39] Rutt, 20.
[40] Richard Rutt, *History of the Korean People* (Seoul: Royal Asiatic Society, 1972), 15.
[41] Richard Rutt, 15ff.
[42] Gale's letter, December, 1, 1890, *The Varsity*, 호수 및 게재일 미상. 이 편지는 필자가 토론토대학 고문서관에 요청하여 수득한 문서로서 호수와 게재 일이 기재되어 있지 않아 확인할 수 없었다. 게일이 1890년 12월 이전에 부산을 떠나 서울에 거주하고 있었음은 윌리엄 베어드의 기록을 통해서도 확인할 수 있다. 1891년 1월말 대한한 베어드는 2월초 서울에 체류하던 선교사들의 이름을 거명하면서 게일도 언급하고 있다. W. M. Baird, "Incidents of Early Missionary Life", *The Korea Mission Field* (이하 *KMF*로 표기함), Vol. XXVI, No. 8 (August, 1930), 157.

게일의 부산 체재기 활동에 대한 구체적인 기록이 없어[43] 당시 활동 상황을 정확히 알 수는 없지만, 한국어 공부에 전념하면서, 언더우드의 한영자전(韓英字典) 편집과 인쇄를 위해 협력하였고, 호주의 첫 선교사 데이비스의 임종과 장례를 관장한 것으로 보인다. 그의 부산 체류기간이 짧았기 때문에 구체적인 선교활동을 전개하지는 못했으나 부산에 주재한 첫 개신교 선교사로서 이 지역 선교를 위한 탐색과 후일의 선교활동을 위한 준비에 몰두한 것으로 보인다.

그가 부산에 오기 이전에 자신의 어학 선생 이창직과 더불어 언더우드의 한영자전 편집을 도왔을만큼 한국어 실력이 있었으나 한국에서의 활동을 위해서는 한글뿐 아니라 한문과 일어도 익혀야 했고, 이들 언어공부에 힘을 쏟았다. 언어공부 외에도 그의 부산 체류기 중요한 한 가지는 언더우드의 『한영자전』 편집뿐만 아니라 인쇄와 출판을 위해 기여했다는 점이다. 언더우드는 『한영자전』은 두 부분 곧, 첫 부분(part I, 1-197쪽)은 '한영사전'(Korean-English Dictionary)으로, 두 번째 부분(Part II, 1-293쪽)은 영한사전(English-Korean Dictionary)으로 구성되어 있는데, 첫 부분은 게일이, 두 번째 부분은 호머 헐버트가 도움을 주었다고 언더우드는 서문에서 밝히고 있다.[44] 그런데 게일은 이 사전편찬을 위해 도움을 주었을 뿐만 아니라 인쇄를 위해서 일본 요꼬하마로 가서 몇 개월 체류한 것으로 보인다. 사전 편찬이 완료되고 언더우드가 서문을 썼을 때는 1889년 11월이었고, 이 책이 일본 요고하마에서 출판된 때는 1890년 5월 1일이었다. 그래서 부산에 체류하던 게일은 이 사전 인쇄를 위해 1889년 말에서부터 1890년 4월 이

---

[43] Rutt, 15-16.
[44] H. G. Underwood, 『한영ᄌ뎐』(1890), II.

전까지 일본 요코하마로 가 출판 실무를 도왔음을 알 수 있다. 당시 한국에서는 사전을 편찬하고 인쇄할 인쇄소가 없었고 출판할 능력이 없었기 때문이다. 요코하마의 인쇄업자는 무라오카 해이키치(村岡平吉, 橫濱市 太田町五丁目 87番地)였는데, 사전편찬을 이 업자에게만 맡겨 둘 수 없었기 때문이다.

게일은 명치 30년(1897) 자신의 『韓英字典, Korean-English Dictionary』을 출판했는데, 이때도 인쇄업자는 무라오카 해이키치(村岡平吉)였고 게일은 일본 요코하마에 체류하면서 교정작업을 한 바 있다. 이 책의 증보 제2판은 1,152쪽에 달하는데 명치 44년(1911) 6월 출판된다. 이때도 게일은 수개월 간 일본에 체류하면서 교정과 보완작업을 한 바 있다.[45]

그가 부산에 체류하는 동안 호주의 첫 선교사인 데이비스(J. H. Davies)가 부산으로 왔고, 데이비스의 최후의 순간을 지켜보고 그를 매장한 일은 특별한 일이었다. 그는 이 당시의 상황을 기록으로 남겼는데 이 기록 덕분에 우리는 데이비스의 최후에 대한 정보를 얻게 되었다. 데이비스가 부산에 도착한 날은 1890년 4월 4일이었다. 그러나 이전 5일간은 아무것도 먹지 못한 채 기진맥진한 상태였다. 천연두에다 폐렴까지 겹쳐 건강은 회복되기 어려웠다. 영주동에 위치한 일본인 호텔에 도착한 데이비스는 게일에게 "빨리 와 달라"는 전갈을 보냈다. 위급한 소식을 접한 게일은 그에게 달려가 그를 자기의 거처로 옮겨왔다. 그리고는 일본인 거류지의 일본인 의사 키타무라(Kitamura)의 왕진을 청해 치료를 요청하고 그를 다시 일본인 병원으로 옮겼다. 그러

---

[45] 원한경(H. H. Underwood)의 『鮮英文法, An Introduction to the Korean Spoken Language』은 大正 4년(1915) 1월 출판되는데 이 책 역시 일본 요토하마의 인쇄업자 村岡平吉가 출판했다.

나 이튿날인 4월 5일 오후 1시경에 데이비스는 34세의 나이로 세상을 떠났다. 게일은 이날의 상황에 대해 한 통의 편지글을 남겼다. 즉 부산으로의 여행에 동참하지 않고 서울에 남아 있던 데이비스의 누나 메리(Mary T. Davies)에게 데이비스 목사의 죽음에 대해 쓴 4월 6일자 편지는 한 선교사의 부산 도래와 죽음에 대한 생생한 기록으로 남아있다.[46]

데이비스가 사망하자 게일은 그를 복병산(伏兵山)에 매장했다.[47] 이로부터 18년이 지난 1908년 게일은 이렇게 회상했다. "얼굴이 까무잡잡한 한국인 한두 사람의 도움을 받으며, 나는 한국을 위해 자신의 생명을 마친 이 용기 있고 진실한 그리스도인 데이비스가 남긴 모든 것을 멀리 떨어진 외로운 언덕바지에다 묻었다."[48] 데이비스의 죽음이 젊은 선교사였던 게일의 여정에서 선교가 무엇이며 어떤 희생을 요구하는지를 깊이 인식하는 계기가 되었을 것이다.

---

[46] 이 편지의 전문은 Edith A. Kerr & George Anderson, *The Australian Presbyterian Mission in Korea, 1889-1941*, 174-5에 게재되어 있음.
[47] 이 점에 대한 더 자세한 논의는, 이상규, 『부산지방 기독교 전래사』 (부산: 글마당, 2000), 251-4을 참고할 것.
[48] J. Gale, *Korean Sketches*, 249-50.

3

결혼, 문서사역, 성경번역

1890년 말경 캐나다 토론토대학 YMCA 선교부가 해체되자, 게일은 미국북장로교 선교부로 이적을 고려하였는데 이 일은 1891년 8월 31일에야 실현되었다. 이때부터 게일은 1929년 6월 한국을 떠날 때까지 북장로교 소속 선교사로 일했다.

미혼이었던 그는 1892년 4월 7일, 의료선교사였던 헤론의 미망인 (Mrs. Harriet Gibson Heron)과 결혼했고,[49] 두 달 후 게일 부부는 새로운 선교지부인 원산으로 옮겨가 선교사 스왈론(W. L. Swallen)과 함께 일했다. 이때 그는 이창직의 협조를 얻어 성경번역에 관여하고 저술과 번역사업을 시작했는데, 대표적인 번역이 1895년 출판된 『텬로역정』이었다. 『텬로역정』은 한국 근대문학사에서 최초로 역간된 서양

---

[49] 헤론(Dr. John William Heron)은 29세의 나이로 1885년 6월 북장로교 선교사로 내한했던 의료선교사였다. 제중원에서 의사로 일했고, 알렌이 선교사직을 사임하자 원장으로 봉사했다. 그러나 과로로 이질에 감염되었고, 부인과 두 어린 딸 에니(Annie)와 제시(Jessie)을 남겨두고 1890년 7월 26일 34세의 나이로 사망했다. 그는 서울에서 사망한 최초의 외국인이었다. 정부는 외국인을 위한 묘역을 제공하지 않을 수 없게 되었는데, 그 결과로 양화진은 외국인의 묘지가 되었다(Rutt, 18). 헤론의 부인은 1892년 4월 7일 게일과 재혼했고, 1908년 3월 48세의 나이로 결핵으로 한국에서 사망했다. 2년 후인 1910년 4월 7일 게일은 일시 일본에 거주했던 영국 실업인의 딸 아다 루이사 세일(Miss Ada Louisa Sale)과 일본 요꼬하마에서 재혼했다. 흥미로운 일은 헤론의 딸 에니는 게일이 세일(Sale)과 결혼한 지 6개월 뒤에 게일의 조카인 에손 게일(Esson Gale)과 결혼했다는 점이다. 또 헤론의 둘째 딸 제시는 언니의 남편인 에손의 친구 찰스 카롤(Charles Carroll)과 결혼했다. J. E. Fisher, 95.

문학서였다. 이때 그는 아침 6시에 일어나 오후 4시까지 저술에 몰두했을 정도로 연구와 집필에 집중했다.

당시 그는 한영사전을 편집하고, 1895년 12월에는 이 원고를 가지고 일본 요꼬하마로 건너가 1897년 3월까지 1년 4개월 동안 체류하면서 수정과 교정 끝에 미국 북장로교와 남장로교 선교부의 공동출자로 1897년 『한영자전』이란 제목으로 출판했다. 제1편 한영부(韓英部)와 제2편 한영(漢英部)로 구성된 이 사전은 당시의 유일한 영어사전으로 한국에서의 학술연구에 값진 기여를 했다. 이 책은 그 후에 다른 사전이 출판되기까지 약 50여년간 유일한 사전이었고, 그 이후의 사전은 바로 『한영자전』에 근거하여 편찬되었다는 점이다.

1897년 첫 안식년으로 미국으로 돌아간 그는 그해 5월 13일 마펫의 천거로 인디아나주 뉴 앨버니 노회에서 목사안수를 받았다. 정규 신학교육은 받지 않았으나 그의 신학과 교회 일반에 대한 이해와 식견은 자타가 인정하는 바였다.

4
후기의 활동, 한국학 연구

안식년 후 1898년 4월 다시 내한한 그는 원산에 머물면서 선교와 연구, 집필에 진력했으나 선교공의회에 의해 원산을 포함한 함경도 지방이 캐나다장로교 선교지역으로 획정됨에 따라 게일 가족은 원산을 떠나게 되었다. 비록 게일은 캐나다인이었으나 그는 미국 북장로교 선교사였기 때문이다. 1898년 9월 9일 원산을 떠난 게일은 서울로 가서 지금의 연지동인 연못골에 정착했다.

1900년부터는 연동교회 목사로 부임하여 초대목사가 되었고, 1927년 한국을 떠날 때까지 목회자로 일했다. 그는 설교문을 작성하고 그것을 보고 설교하는 일이 없었다고 한다. 그래서 그의 설교가 출판된 적이 없고, 단지 그의 간단한 설교노트가 남아있을 뿐이다.

목회와 함께 교육사업을 관장했는데, 그 결실이 경신학교와 정신여학교였다. 게일이 서울에 온 이후 고종황제의 고문으로 추대되었고, 당시 고위층 인사들과 접촉하게 된다. 1900년에 왕립아시아학회(Royal Asiatic Society) 한국지부가 창립되었을 때 간사로 봉사했고, 1916년까지 한국지부장으로 일하면서 한국의 역사와 문화, 문학을 연구하고 집필했다. 1904년 5월 31일에는 미국 와싱톤 소재 하워드대학교로부터 명예신학박사 학위를 받았는데, 이것은 그의 끊임없는 연구와 집필, 특히 성경번역에 대한 공적인 인정이었다.

게일은 1908년 첫 부인을 잃고 2년 후인 1910년 4월 7일 영국 실업인의 딸 아다 루이사 세일(Miss Ada Louisa Sale)과 일본 요꼬하마(橫浜)에서 재혼했는데 게일의 훌륭한 조력자였다. 서울에서 일하고 있던 게일은 독노회를 비롯한 교회 기관과 여러 사역과 기관에 관여하였다. 특히 1919년 3번째 안식년을 보낸 이후 한국의 역사, 풍속, 문화, 종교 등 다양한 분야의 엄청난 양의 저술과 역서를 출판했다. 특히 1925년 발행된 그의 사역(私譯) 신구약 성경은 하나님의 말씀에 대한 애정을 보여준다. 성경 번역 방침에 대한 의견 차이로 그의 사역 성경은 그가 관계했던 성서공회에서 출판되지 못하고 윤치호의 후원으로 기독교 창문사에서 출판되었다.

1888년 내한하여 39년간 한국 선교사로 일했던 게일은 1927년 6월 22일 한국을 떠났다. 그렇다고 해서 완전히 은퇴한 것은 아니었다. 마지막 안식년을 겸해 한국을 떠난 그는 오랜 친지들, 선교의 후원자들을 만나고 교회를 순회했다. 미국으로 가 북장로교 선교사업과 기금 모집을 위해 약 1년간 일한 후 1938년 8월 31일자로 공식적으로 은퇴했다. 그리고는 부인의 고향인 잉글랜드 베스(Bath)로 가서 여생을 보냈다. 그가 흠모했던 찰스 디킨스(Charles Dickens)가 살았던 바로 그 집에서 살았다고 한다. 그러나 후에 오르몬드 로지(Ormond Lodge)라는 양노원에서 1937년 1월 31일, 74세를 일기로 세상을 떠났다. 그의 부인은 16년 후인 1953년 1월 25일, 77세를 일기로 세상을 떠났다.[50]

---

[50] Rutt, 85.

5
그가 남긴 것

게일은 리차드 럿트의 표현대로 "선구적인 선교사"이자, "왕성한 번역가"였으며, "선교사이자 위대한 학자였다."[51] 초기 선교사역(1888-1897), 교육자로서의 활동(1898-1910), 한국학 연구(1910-1920), 그리고 문서 사역자로서 활동(1920-1927)은 그의 생의 큰 토막들이다. 그의 한국에서의 사역은 특히 5가지 영역, 곧 지역순회와 전도, 목회(연동교회에서의 목회), 교육(예수교학당, 경신학교 전신, 평양신학교), 한국학 연구, 그리고 성경번역 등 5가지 측면으로 대별될 수 있을 것이다. 지역적으로 부산(1889-1891), 원산(1892-1897), 서울(1900-1927), 평양 등지에서 일했다.

그는 걷거나 말을 타고 한반도를 25회 여행하였다. 그는 한국에 온 11번째 미국북장로교 선교사였는데, 초기 한국 선교사들의 지역순회는 선교지역 탐사가 주된 목적이었다.

그는 9권의 영문 저서, 30여권의 한국어 저서와 엄청난 번역서와 논문을 남겼다. 대표적인 영문 저서로는 *Vanguard*(1904), *Korea in Transition*(1909), *Korean Folk Tales*(1913) 등이 있고, 그리고 *History of the Korean People*(1926)는 대작에 속한다. 한국어 저서나 번역서로

---

[51] Rutt, 85ff.

는 텬로역정, 로빈슨 크로스 등이 있고, 조선야소교서회가 출판한 '나사렛 예수'(1927), '성경요리문답'(1929) 등이 있고, 구운몽, 춘향전 등을 영역하여 한국문학을 외국에 소개하기도 했다.

특히 그는 우리나라 최초의 한영사전이라 할 수 있는『한영자전』(1897, 1911, 1930)을 편찬한 일은 큰 공헌이 아닐 수 없다. 조선성교서회(대한기독교서회) 창립위원이기도 했던 그는 우리나라에서의 문서사역의 기초를 놓았다. 무엇보다도 그는 성경번역가로 엄청난 영향을 끼쳤다. 그의 한국에서의 사역 중에서 성경번역은 가장 중요한 업적이라고 해도 과언이 아닐 것이다. 그는 남장로교 선교부 레이놀즈(W. D. Reynold)와 더불어 1892년부터 1925년까지 33년이라는 가장 긴 기간 동안 성경번역위원으로 활동했다.

내한 초기에 사도행전을 번역한 이래 3년에 걸쳐 갈라디아서, 에베소서, 고린도서, 요한 일서를 번역했고, 1925년에는『신역 신구약전서』라는 이름의 사역본(私譯本) 성경을 출판하기도 했다. 그가 성경을 번역할 때 호레이스 언더우드(원두우)는 영어의 God (Deus)를 '천주'로 번역하자고 주장했으나, 게일은 마펫과 함께 '하나님'을 고집하여 관철시켰다고 한다.[52]

그 외에도 그는 1903년 10월 27일 창립된 황성기독청년회(YMCA)의 창립자 중의 한 사람이었고, 초대 회장을 지냈다. 또 왕립아시아학회(Royal Asiatic Society) 창립자의 한사람으로, 그 회의 간사로, 혹은 한국지부장(1911-1916)으로 봉사했고,「그리스도신문」주간(1897. 4-)으로,「기독신보」주필 및 편집인으로(1900-1911), 그리고 영문잡지 *The Korea Magazine*(1917-1919) 등 여러 간행물의 편집인으

---

[52] Rutt, 26; 연동교회,『연동교회 100년사』(서울: 연동교회, 1995), 130.

로 일하기도 했다. 그의 부산에서의 체류기는 이 모든 사역을 위한 준비 기간이었다.

　그의 지칠 줄 모르는 연구와 저술, 그가 남긴 업적과 공헌, 그리고 영향력은 측정하기 어렵다. 기일(奇一)이라는 한국명은 자신이 지은 이름이지만 그가 40년에 가까운 기간 동안 한국에 체류하면서 직접적으로 복음을 전하는 일보다 한국학 연구와 저술에 몰두하는 것을 이상히 여겨 그를 부정적으로 보는 동료 선교사도 있었고, 그에게 기이상(奇異常)이라는 별명으로 붙이기도 했다. 그에 대한 타인의 시선과 상관없이 그는 한국의 정신을 서방세계에 소개한 가장 위대한 해석자였다는 점은 아무도 부인하지 못할 것이다.

부산경남지방 기독교 연구

제4장

부산에 온 첫 호주선교사, 헨리 데이비스
(Joseph Henry Davies)

호주에서 내한한 첫 선교사인 조셉 헨리 데이비스(Joseph Henry Davies, 1856-1890)는 1989년 10월 내한하였고, 내한하여 한국에 정착한 지 불과 6개월 후에 사망하였다.[53] 그의 체한 기간은 정확하게 말해서 183일에 지나지 않았으나 그의 죽음은 호주장로교회의 한국선교를 가능하게 했고, 그의 죽음이 호주장로교회의 선교사 파송 기관의 조직을 가져왔다는 점에서 그의 내한과 짧은 사역, 그리고 부산에서의 죽음은 의미 있는 여정이었다.

데이비스는 1889년 10월 2일 그의 누나인 메리 데이비스(Mary Tabor Davies, 1853-1941)[54]와 함께 부산으로 입국함으로써 호주 장로교회의 첫 한국 선교사가 되었고 한국 선교의 문을 열었다. 우리는 흔히 "호주 장로교회의 한국선교"라고 말하지만 적어도 1901년 이전 시기에 한정해서 말할 때 이것은 정확한 표현이 못 된다. 왜냐하면 "호주 장로교회(PCA)"는 1901년 조직되었고, 한국에 선교사를 파송했던 교회는 이보다 앞서 1839년에 조직된 빅토리아주 장로교회(PCV: The Presbyterian Church of Victoria)였기 때문이다. 이때는 호주 연방이 형성되기 전이었고, 빅토리아는 영국의 독립된 식민지였다. 그러다가 1901년 호주연방정부가 구성된 후 장로교회도 이 영향을 받아 전국적인 조직인 호주장로교회, 곧 "The Presbyterian Church of Australia"를 조직하게 된다. 1901년 이후에도 한국 선교를 주도한 교회는 빅토리아주 장로교회(PCV)였다.

---

[53] 이 글은 본래 "한국에 온 첫 호주선교사 데이비스"라는 제목으로 「미스바」(고신대학교 교지편집국, 1991), 86-94에 게재된 바 있으나, 데이비스의 사망과 그의 묘지에 관한 사항을 첨가하였다. 필자가 영문으로 쓴 "J. H. Davies, The First Australian Missionary in Korea", 「고려신학보」 19(1990), 122-138 또한 데이비스의 생애와 내한 및 죽음에 대한 기록이다.
[54] 메리는 1853년 6월 28일 뉴질랜드 왕가라이에서 출생하여 1941년 5월 25일 카오필드에서 사망했다.

데이비스는 한때 인도 선교사로 일한 경험이 있고, 내한하기 전까지는 유망한 사립학교의 교장이었다. 그는 복음에 대한 열정과 예리한 지성을 겸한 선교사였다. 그가 한국으로 향할 당시 여권의 직업란에는 '학자'(man of letters)로 기록되어 있었을 만큼 그는 지식인이었다. 예기치 못한 일이었으나 그는 한국에 온지 겨우 6개월 후인 1890년 4월 5일 토요일, 부산에서 세상을 떠났다. 부활주일을 하루 앞둔 날이었다.

그의 갑작스런 죽음은 호주 빅토리아주 장로교회의 한국선교에 대해 새로운 인식을 심어주었고, 그의 이루지 못한 꿈을 계승하려는 교회의 의지는 한국선교 운동을 촉진하는 결과를 가져왔다. 즉 데이비스의 헌신과 죽음때문에 호주 교회의 한국선교가 계속되었고 지난 130년간 약 126명의 선교사를 파송하게 된 것이다.

한국의 첫 호주 선교사였던 데이비스에 관해서는 깊이 연구된 바 없었고, 그에 대한 단편적인 기록에는 오류가 적지 않았다. 한 가지 예를 들면 호주장로교 선교부의 공식 보고서인 『호주 장로교회의 한국선교』(Australia Presbyterian Mission in Korea)에서 데이비스의 한국명을 '대(代)목사'라고 기록하고 있으나 사실 그의 한국명은 '덕배시'(德倍時)였고, 한국에 도착한 지 얼마 안 되어 당시 영국 영사관 서기관이었던 캄벨(Campbell)씨가 작명해 준 것이었다.

데이비스의 한국 체류 기간이 짧기 때문에 그가 한국에서 무엇을 이루었으며 어떤 선교의 열매를 남겼느냐 하는 것보다는 그의 짧은 생애와 죽음이 호주교회와 한국 선교운동에 어떤 영향을 미쳤는가를 살피는 일이 더욱 의미 있는 작업일 것이다.

1
출생과 성장배경, 인도에서의 사역

조셉 헨리 데이비스는 1856년 8월 22일 뉴질랜드의 왕가라이(Wangarai)에서 9남 3녀 중 차남으로 출생하였다. 그가 4살 때인 1860년 부모를 따라 호주 멜버른으로 이주하였다. 그의 부모는 영국 쉬레스버그(Shrewsburg) 출신으로서 흔히 '형제교회'라고 불리는 '플리머스 형제단(Plymouth Brethren)'에 속한 경건하고도 열심 있는 신앙인이었다. 특히 그의 부모는 플리머스 형제단 운동의 초기 지도자였던 다비(J. W. Darby), 뉴톤(B. W. Newton), 뮐러(George Muller) 등의 가르침에 직접적인 영향을 받았을 뿐만 아니라, 이 운동의 확산을 위해 이민의 길을 택했던 만큼 자녀들에 대한 신앙 교육은 철저하였다. 이때의 가정에서의 신앙 교육은 데이비스 형제들에게 영향을 준 것이 분명하다. 그의 12남매 중 (장남은 어린 나이에 죽었음) 4사람, 곧 조셉과 누나 메리(Mary)가 한국 선교사로, 동생 타보르(Tabor)와 사라(Sarah)는 인도선교사였고, 남동생 존(John)이 장로교회 목사가 된 것만 보아도 그렇다. 조셉의 동생 존의 기록에 따르면 조셉은 이미 11살 때 신앙이 확고했고, 그 후 계속하여 신실하게 믿음을 지키며 복음에 대한 열정으로 살았다고 술회하였다.

언제부터인지 정확하게 말하기는 어렵지만 조셉 자신의 표현대로 '어릴적부터' 선교사로서의 생애를 결단했던 것으로 보인다. 그의 아버지는 학식과 교양을 겸비한 분으로 법률 사무소에서 변호사(Solicitor)로 일했으나 불행하게도 조셉이 겨우 12살 때 세상을 떠났다. 그의 어머니 또한 병약한 상태였으므로 그는 이때부터 대가족을 이끌어가야 하는 힘겨운 임무가 부과되었다. 그는 이미 11살 때부터 아버지의 법률사무소에서 일한 경험이 있었으므로 아버지 친구들의 도움을 받으며 법률서기로 일하면서 가족을 부양하였고, 이름 그대로 주경야독의 젊은 날들을 보냈다. 이 기간 동안에도 조셉에게는 복음에 대한 열정이 식지 않았다. 후일의 선교사가 되기 위해서는 법률관계 직종이 유익하지 않을 것으로 판단한 그는 법률서기직을 그만두고 당시 멜버른의 대표적인 남자학교였던 투락 칼리지(Toorak College)의 교사로 일하면서 멜버른대학교 문과에 등록하였다.

그러던 중 1876년 곧 그의 나이 20세 때 직접적으로 주의 복음을 위해 일할 목적으로 호주 씨엠에스(CMS: Church Missionary Society) 소속 인도선교사로 자원하였다. 이것은 선교사로서의 그의 생애의 시작이었다. 그의 이와 같은 결단 배경에 자신의 종교적 신념도 있었지만, 직접적으로는 그의 누이동생의 영향도 적지 않았다. 그의 여동생 사라는 아직 10대 소녀에 지나지 않았으나 1875년 남부 인도의 벨로레(Vellore)에 씨엠에스 선교사로 파송됨으로써 인도에 파송된 호주 역사상 최초의 여선교사가 되었다. 조셉은 동생으로부터 인도에 선교사가 매우 부족하다는 소식을 전해 듣고 인도로 향했다. 이날을 회상하며 쓴 그의 일기 속에는 "선교사는 그가 택한 사역을 결코 후회하지 않는 법이다. 선교사의 길이야말로 내가 어릴 적부터 꿈꾸어 왔던 희망이며, 나의 청년기의 목표이며, 아직 주님을 알지 못하는 이들 가운데서 주를 위해 일하는 것은 나의 간절한 소망이었다"라고 쓰고 있다. 정확한 자료가 없어 분명히 말하기는 어렵지만 아마 이때를 전후하여 데이비스의 가족들은 오랫동안 몸담아 왔던 플리머스 형제단을 떠나 카오필드(Caulfield)에 위치한 성공회(The Church of England) 소속인 성 메리교회(St. Mary)로 이적한 것으로 보인다.

인도에서의 그의 사역은 성공적이지 못했다. 복음에 대한 그의 가슴은 뜨거웠으나 선교사로 일할 만큼의 충분한 자질을 갖추지 못했던 것이 첫째 이유였다. 그뿐만 아니라 그동안 플리머스 형제단에서 받아온 신앙 교육이 성공회 소속 선교단체인 씨엠에스의 조직 속에서 조화를 이루지 못했던 것도 또 다른 원인이었다. 그러나 결정적인 문제는 그의 건강이었다. 건강의 악화로 더 이상 선교지에 남아 있을 수 없게 되자 그는 결국 선교사로서 우선 합당한 자질과 소양을 갖추어야 한다는 귀중한 교훈을 얻고 1878년 5월 21일 멜버른으로 돌아왔다. 인도에서 보낸 21개월은 앞으로의 생애를 위한 중요한 교훈을 남겨준 것이다.

2
대학 교육과 교육사업

멜버른으로 돌아온 조셉 데이비스는 다시 멜버른 대학에 복학하였고, 고전어에 조예가 깊어 헬라어와 라틴어를 공부하였다. 제2학년 과정을 마칠 때는 고전어 부분 특별상(Classical Exhibition)을 수상하였다. 그 다음 해에는 고전어 외에도 자연과학 분야, 곧 지학, 화학, 식물학, 비교 해부학 그리고 귀납 논리 등을 공부하고 1881년 3월 멜버른 대학을 졸업할 때는 고전어 부분 최우수상(An Exhibitioner and Honour Man in Classics)과 자연과학 부분 특별상(a Scholar in Natural Science)을 수상했다. 그의 학적 능력을 인정하여 멜버른대학교 트리니티 칼리지의 리퍼(Leeper) 박사가 그를 사강사(Tutorship)로 초청하였으나 그는 이를 거절하고 한 가지 중요한 결정을 하기에 이르렀다. 즉 그는 선교지로 갈 수 있는 적절한 때가 오기까지 교육 사업을 시작하기로 작정하고 1881년 4월 자신이 출석하던 카오필드의 성 메리교회 인근에 카오필드문법학교(Caulfield Grammar School)를 설립하고 교장에 취임하였다. 이 학교는 한국의 중등학교와 같은 학교였다. 이때 그의 나이 25세 때였다.

이때로부터 1888년까지 8년간 교장으로 재직하는 동안 카오필드학교는 명문 사립학교로 발전하였고, 자신의 개인적인 명성을 물론 경제적으로도 안정되어 있었다. 그러나 일단 쟁기를 잡은 그는 뒤를 돌아보지 않았다. 교육사업은 선교를 위한 일종의 준비 사역이었을 뿐 그의 생애 목표는 아니었다. 학교를 운영하면서도 항상 인도로 돌아갈 날을 고대하였고 그날을 준비하고 있었다. 현재 카오필드 학교 역사관에 보관된 그의 일기 속에 이 점이 선명하게 반영되어 있다.

내한 당시의 데이비스 남매(1889)

3

한국 선교사 지원과 신학수업, 목사안수

조셉 데이비스의 어린 동생들이 장성하여 자립하게 되었을 뿐만 아니라 1886년에 그의 어머니가 세상을 떠나게 되자 더 이상 가정사에 매여 있을 필요가 없게 되었다. 그는 다시 선교지로 돌아가기로 작정하고 지난 7년간 키워 온 학교를 성공회 목사였던 바르넷(Rev. E. J, Barnett)에게 인계하고, 1888년 4월 인도선교사로 다시 자원하였다.

이 무렵 중국 푸쵸(Foochow, 福州)에서 선교하던 시엠에스 소속 월푸(Archdeacon John R. Wolfe) 선교사가 한국의 부산을 방문한 이후 한국선교의 필요성과 긴박성을 호소했는데, 그의 편지가 호주 멜버른의 성 메리 교회의 멜카트니(H. B. Macartney)목사에게 전달되었고, 이 편지는 그가 편집, 발행하는 「국내외 선교(*The Missionary at Home and Abroad*) 1888년 5월호에 발표되었다. 이 호소는 데이비스가 한국으로 향하게 하는 결정적인 계기가 되었다. 데이비스는 자신이 속한 교회 담임목사가 편찬하는 이 잡지에 게재된 월푸의 호소를 읽고 인도가 아니라 한국으로의 길을 모색하게 된 것이다. 필자는 호주의 여러 도서관을 수색하며 「국내외 선교」 월푸의 편지 게재호를 추적했는데, 2009년 4월 호주 빅토리아주 시립도서관(State Library of Victoria) 고문서실에서 찾았다. 어떤 기록에는 월푸 주교가 직접 멜버른을 방문하고 성공회의 한국 선교를 위해 호소했다고 적혀 있으나 이 점은 분명치 않다.

한국 선교에 대한 월푸의 호소는 매우 충격적이었다. 당시 한국에는 1885년 이래로 미국 북장로교와 북감리회가 선교를 시작했으나 아직까지 소수의 선교사만이 사역하고 있었으므로 인도보다 더욱 긴박한 선교지라고 파악되어 데이비스는 호주성공회에 한국 선교사로 지원하였다. 그러나 호주성공회는 데이비스가 안수받은 목사가 아니며 아직 한국에는 씨엠에스 선교부가 설치되지 않았다는 이유로 거절하였다.

> NEWS FROM CHINA.
> IMPORTANT LETTER FROM VEN. ARCHDEACON WOLFE.
> Foo Chow, October, 1887.
>
> YOU will be glad to hear that I have been able to pay another visit to the Corea, and I am thankful to say that, although no fruit in the way of conversion to Christ has yet appeared, the native brethren are holding their ground, and gaining influence. A small band of literary Coreans has gathered round Mr. Yick, the senior missionary, and he has won their confidence and their love. This is a good beginning, and I have great hopes for the future. These brethren have not as yet made very great proficiency in the language. A Chinaman does not know how to go about learning a language as well as a European. They can, of course, converse in writing, for the literary Coreans can write and read Chinese just as well as the Chinese themselves; but the spoken Corean language is very different from any dialect spoken in China, and the Chinese find it very difficult. I spent ten days with them visiting the towns and villages in the neighbourhood of Fusan. I was much pleased with the cordial

데이비스가 한국으로 오도록 동기를 준 영국교회선교회(CMS) Wolfe의 편지.
이 편지는 *The Missionary at Home and Abroad* 1888년 5월호에 게재되었다.

이일은 데이비스의 생애에 있어서 커다란 변화를 가져 왔다. 즉 그는 한국 선교사가 되기 위한 목적으로 성공회를 떠나 빅토리아주 장로교회(PCV)로 이적하게 된다. 그토록 오랫동안 인도 선교를 꿈꾸어 오던 그가 한국 선교를 자원하고 성공회를 떠나 장로교 신자가 된 것이다.

이 과정에서 멜버른의 투락(Toorak)장로교회의 젊은 목사였던 존

이윙(John F. Ewing)의 역할이 지대하였다. 스코틀랜드에서 투락교회로 부임한 젊고 유능한 이윙 목사는 빅토리아주의 젊은이들의 가슴 속에 선교의 이상을 심어주었다. 또 이윙 목사는 데이비스를 장로교회로 인도하였을 뿐만 아니라 1888년 11월 22일 장로교 총회에 전(前) 일본 선교사였던 딕슨(W. G. Dixon)과 맥크라렌(S. G. McLaren)을 포함하여 17명의 지도급 총대원들의 서명을 받아 데이비스를 한국 선교사로 갈 수 있도록 인준해 달라는 청원서를 제출했다. 이 청원서는 신중히 검토되었고 멜버른 남노회는 데이비스가 에딘버러에서 6개월간의 신학교육을 마치고 시험에 합격하면 목사로 안수하는 것을 가결하기에 이르렀다.

당시 에딘버러의 뉴 칼리지(New College)는 스코틀랜드자유(장로)교회(Free Church of Scotland)의 신학 교육기관이었다. 목사안수를 위한 신학공부를 위해 데이비스는 이곳으로 갔고, 5개월 동안 오직 신학공부에 전념하였다. 데이비스 자신의 회고에 의하면, 이때야말로 오직 공부 한 가지 일에만 전념했던 유일한 날들이었고 가장 복된 날들이었다고 회상했다. 이곳에서 일정 교육을 마치고, 1889년 5월 13일 멜버른으로 돌아왔다.[55] 그가 당시 빅토리아 장로교회가 발행하는 주일학교 아동들을 위한 잡지 「주일학교와 선교」(Sabbath School and Missionary Record)라는 잡지에 쓴 편지를 보면, 에딘버러에 체류하는 동안 마침 휴가 중이었던 한국선교의 선구자 존 로스(John Ross, 1842-1915)를 만났고 그를 통해 한국에 관한 유익한 정보를 얻을 수 있었다고 한다.

그는 멜버른 남노회가 실시한 목사 고시에 우수한 성적으로 합격

---
[55] The Missionary at Home and Abroad vol. XVII, no. 6 (June, 1889), 82.

하였고, 빅토리아주 장로교회 설립 50주년 총회기념인 1889년 8월 5일 빅토리아주에서 가장 오래된 교회이자 이곳 장로교회의 모체 교회라고 할 수 있는 스카츠 장로교회(Scots Church)에서 목사 안수를 받았다. 이때 그의 은사이자 뉴 칼리지의 학장이었던 레이니 박사(Dr. Robert Rainy, 1826-1906)가 요한복음 4장 35-36절을 본문으로 설교했다. 이 당시로 볼 때 명문 사립학교의 설립자가 교장직을 버리고 한국 선교사로 가는 일은 일종의 이변에 속하는 일이었으므로 당시 멜버른의 대표적인 일간 신문이었던 「데일리 텔레그라프 *Daily Telegraph*」는 데이비스의 목사 안수식을 이례적으로 보도하였다.

빅토리아장로교회 목사가 된 그는 1년 전 창립된 청년연합회인 YMFU(Young Men's Sabbath Morning Fellowship Union)의 재정지원 하에 한국 선교사로 파송을 받았고, 그의 누나 메리 데이비스는 뜻있는 그리스도인들로 구성된 멜버른교외 기독교연합회(Suburban Christian Union)의 지원 하에 함께 한국으로 향하게 된 것이다. 그러므로 한국 선교는 빅토리아주 장로교회 해외선교부를 통해 시작된 것이 아니라, 창립 일주년 밖에 안 된 26개 교회, 청년 300여 명으로 구성된 청년연합회를 통해 시작되었다. 이때로부터 청년연합회는 1907년 장로교회 해외선교부가 정식 선교사를 파송, 지원할 때까지, 후에 언급될 장로교 여전도회 연합회(PWMU)와 더불어 해외 선교를 위해 기여하였다.

1880년대 한국은 극동의 고집스런 나라였고 외국과의 모든 활동이 단절된, 그리피스(W. E. Griffis)의 표현대로, '은둔국'(Hermit Kingdom)이었다. 1876년 개항으로 쇄국정책이 파기되었으나 아직도 오랜 전통의 굴레 속에서 반외세적 성향을 지니고 있었다. 특히 선교의 자유가 공적으로 인정되기 이전이었으므로 빅토리아주 장로교회는 한국

선교의 필요성은 인정했으나 현실성에 대해서는 여전히 부정적이었다. 그래서 데이비스를 선교사로 인준하였지만 재정적으로 지원하면서까지 한국 선교부를 설치할 계획은 없었다.

영국인의 이민으로 이루어진 호주는 사회의 모든 분야가 영국의 영향 하에 있었다. 장로교회의 경우, 스코틀랜드 장로교회의 모습을 그대로 답습하고 있었다. 빅토리아주의 경우 스코틀랜드 장로교회의 전통과 교회 조직을 계승한 여러 독립적인 교회들이 1859년 연합함으로써 '빅토리아주 장로교회'(PCV)를 형성하였고, 그 이듬해 총회 내에 '해외선교부'(Heathen mission)를 조직함으로써 빅토리아주 장로교회의 선교운동이 구체화 되었다.

빅토리아장로교회의 초기 선교운동은 호주 원주민 선교와 지금은 '자유의 나라'라는 뜻의 바누아투(Vanuatu)라고 불리는 폴리네시아의 섬나라 뉴 헤브리즈(New Hebrides)에 국한되어 있었다. 그러므로 한국 선교부를 설치할 여력이 없었다. 이런 점들을 고려해 볼 때 호주 교회의 한국 선교는 데이비스의 개인적 결단이 크게 작용했다고 할 수 있다. 그 배경에는 월프(John R. Wolfe) 주교의 호소, 메칼트니 목사(H. B. Macartney)의 역할, 이윙 목사(John F. Iwing) 목사의 후원과 격려, 그리고 청년 연합회의 희생적인 지원이 있었다.

4
한국에서 보낸 6개월

한국 선교사로 지명된 데이비스는 이제 지체할 이유가 없었다. 1889년 8월 16일 금요일 저녁 멜버른 시내 YMCA 홀에서 거행된 환송회를 끝으로 멜버른에서의 모든 공식적인 일정을 마치고 8월 21일 데이비스 남매는 멜버른을 떠났다. 이것이 한국으로 향한 첫 여행이자 다시 돌아올 수 없는 마지막 여행이 될 줄은 아무도 알지 못했다. 시드니에 도착하여 며칠을 보낸 후 다시 8월 28일 증기선 '치난' 호(S. S. Tsinan)로 시드니를 떠났고, 이로부터 40여일 간의 지리한 항해를 끝내고 10월 2일 이른 아침 부산항으로 입항하였다.

항해 도중 데이비스 남매는 일시 본국에 귀국했다가, 다시 임지인 서울로 돌아가는 당시 육영공원(育英公院) 교사였던 벙커(D. A. Buncker) 내외를 만나 한국 정세에 관한 이야기를 들을 수 있었다. 또 그의 안내로 부산을 둘러본 후 다시 출항하여 4일 오전 11시에 제물포에 도착하였다. 이때 마중 나온 감리교 선교사 존스(G. H. Jones)를 만났고 곧 이어 헐버트(H. B. Herbert) 등을 만났다. 다음 날 아침 8시경 말을 타고 서울로 향했고, 도착한 첫날 의사 헤론(Dr. J. W. Heron), 스크랜튼부인(Mrs. Scranton), 그리고 데이비스보다 5주 앞서 입국한 맥길 의사(Dr. W. Mcgill) 등 미국 선교사들을 만나 평안한 마음으로 서울에서 첫 밤을 지낼 수 있었다.

이때로부터 서울에서 보낸 5개월간 데이비스는 한국어 공부에 매진했다. 그에게 있어서 언어의 습득은 가장 중요한 과제이자 가장 긴박한 요구였다. 12월 26일자로 쓴 그의 편지를 보면 '조선말'(Chosen Mal) 공부에 바빠 가족들에게 편지 쓸 시간조차 없다고 썼다. 그는 언어습득 능력이 있었으므로 한국어 실력은 급속도로 진전되었고 5개월이 지난 때에는 일상의 대회는 물론 가벼운 설교까지 가능할 정도였다고 한다. 데이비스와 접촉했던 동료선교사들의 기록을 종합해 보면 그는 복음 증거에 대한 열정이 강했으므로 언어의 습득 또한 빨랐다고 쓰고 있다.

이 기간동안 데이비스는 북장로교 선교사와 함께 지내며 사역하였지만 특히 언더우드와는 각별한 사이였다. 언더우드는 자신이 만난 선교사 중에 데이비스가 가장 우수한 선교사였다고 평했을 만큼 데이비스의 인품과 실력과 능력을 신뢰하고 있었다. 특히 뜨거운 가슴과 함께 예리한 지성을 겸한 그에게서 언더우드는 동지적 의식을 느끼며 자신과 함께 서울에서 일해 주기를 여러 번 간청하기도 했다. 데이비스는 고전어에 상당한 실력이 있었으므로 아펜젤러 등과 함께 성경 번역하는 일에 전념해 주기를 간청하였으나, 당장 그리스도를 증거 해야 한다는 의식 때문에 후일의 사역을 위해 준비할 마음의 여유가 없었다.

데이비스는 서울에 도착한 그다음 날부터 거리에 나가 전도하려고 했을 만큼 성격이 급하고 고집스런 면이 없지 않았다. 이잉 목사의 기록에 의하면 그러면서도 그는 학문과 지성을 겸비하고 있었으므로, 결코 완고하거나 자의식에 빠지지 않았고, 도리어 굽힐 줄 모르는 의지와 강한 집념으로 복음을 위해 자기희생적인 생을 살았다고 했다. 이런 점에서 데이비스와 언더우드는 유사점이 많았다. 언더우드의 부인

이 쓴 『한국의 언더우드 Underwood of Korea』에 보면 데이비스는 언더우드와 동일하게 복음에 대한 열심과 정력, 성경언어에 대한 은사가 있었고, 두 사람은 기도의 능력을 신뢰했을 뿐만 아니라, 언더우드 방에서 함께 기도하는 모습을 여러 번 보았다고 회상하였다. 언더우드의 아내 릴리아스는 데이비스에 대해 이렇게 기술하고 있다.

> 그는 언더우드와 똑같은 열정적인 정신, 똑같은 힘, 똑같은 언어의 영역의 재능을 지닌 사람이었다. 이 두 사람은 완전히 마음이 통했으므로 언더우드는 그와 같은 조언자와 조력자로부터 앞으로 큰 축복과 도움을 받기를 원했다. 물론 이 두 사람은 모두 기도에 강한 신앙인들이었기 때문에, 두 사람이 하고 있는 사업과 그들이 구원하기를 갈망하는 수백만의 사람들을 위해 함께 언더우드의 서재에서 기도하곤 했다.[56]

데이비스는 서울에서 지낸 5개월 동안 동료선교사는 물론 서상륜 등 한국인 매서인(賣書人) 전도자와 함께 과천, 수원, 용인 등 서울을 중심한 인접 지역을 답사하고 선교를 위한 구체적인 노력을 강구하였다.

데이비스는 그가 입국한 이후 서울 지역에는 이미 선교를 개시한 선교부 외에 또 다른 선교사들이 입국할 전망이었으므로 바울의 선교원리를 따라 선교사가 없는 지역으로 가서 일하기로 작정했다. 그는 한때 군산 지방으로 가서 선교할 것을 신중히 고려하기도 했다. 만일 그가 군산으로 갔었다면 호주 교회의 한국선교나, 한국교회사의 판도가 크게 달라졌을 것이다. 그러나 그는 선교지역을 결정하기 전에 답사 여행을 하기로 하고 일단 부산으로 가기로 작정하였다. 그것은 부

---

[56] H. L. Underwood, 『언더우드』 (서울: 뿌리깊은 나무, 1978), 107.

산이 한국의 관문일 뿐만 아니라 당시 한국의 대표적인 항구 도시이며 일본과 인접해 있어 보다 더 효과적인 선교가 가능할 것으로 보았기 때문이다. 그래서 그는 내한 다음 해인 1890년 3월 14일, 누나 메리는 서울에 남겨둔 채 어학 선생과 하인, 그리고 매서할 문서와 약간의 약품 등을 준비하여 서울을 떠났다.

이제는 추운 겨울도 물러갔다고 보았던 그의 판단은 그의 불행한 죽음의 원인이었다. 3월이라고 하지만 추위는 계속되었고, 잦은 비가 겹쳐 먼 길을 도보로 여행하는 일은 안심할 수 없는 형편이었다. 서울을 떠난 그는 수원, 공주, 남원을 거쳐 경상남도 하동을 거쳐 부산까지 300마일, 곧 483Km에 이르는 약 20일 간의 답사 여행을 마치고 목적지인 부산에 도착했을 때는 매우 절망적인 상태였다. 이 기간동안의 매서(賣書)전도 활동은 기대 이상으로 성공적이었고, 복음에 대해 매우 수용적인 현실을 직접 경험할 수 있어서 적지 않은 격려를 받았으나 무리한 도보 여행으로 인해 천연두에 감염되었고 곧 폐렴이 겹쳐 마지막 5일간은 아무것도 먹지 못했다.[57]

데이비스가 택했던 부산까지 이르는 이 도보 여행길은 서구인으로서는 시도하기 어려운 무리한 여행이었다. 유독 추웠던 1890년 3월의 기후와 불편한 잠자리, 맞지 않는 음식은 허약한 육신을 지탱하기 어려웠다. 그러나 복음을 위해 감내해야 할 몫으로 보았기에 1889년 8월 21일 멜버른을 떠나 시드니, 홍콩, 일본을 거쳐 한국에 이르는 긴 여정과, 서울 도착, 언어 공부, 선교지역 답사, 부산까지 이르는 긴 여정, 그리고 그가 죽기 불과 5일 전인 1890년 3월 31일까지 기록된 8개월 간

---

[57] M. S. Davies, "The Pioneer Australian Missionary to Korea", Korea Mission Field (Feb., 1921), 25.

의 일기 속에는 어떤 형태의 불평도 찾아볼 수가 없다. 도리어 전도자의 벅찬 감격이 그의 행로를 따라 언급되고 있을 따름이다.

데이비스가 부산에 도착한 날은 4월 4일 금요일이었다. 이날도 억수같이 비가 쏟아졌다. 데이비스는 초량에 있던 일본인 호텔에 여장을 풀었다. 당시 부산에 있던 유일한 서구인이었던 캐나다 출신 선교사 게인(J. S. Gale)은 데이비스가 위급함으로 "빨리 와 달라"[58]는 전갈을 받고 급히 달려가 그를 자기 집으로 옮겼다. 데이비스는 곧 회복될 것이라고 도리어 게일을 위로하였으나 회복이 거의 불가능하게 보였다. 게일과 데이비스 이 두 사람은 함께 기도했다. "건강하든지 병들든지, 살든지 죽든지 오직 하나님께 영광이 되게 하소서"라고. 일본인 의사가 와서 그를 급히 일본인 거주지 내의 병원으로 옮겼으나 불안한 하루를 지내고 다음 날인 4월 5일 오후 한 시경, 데이비스는 평화로운 모습으로 하나님의 부름을 받았다. 데이비스가 카오필드학교를 설립했을 때 정했던 교훈이자 자신의 생의 신념이었던 말 "열심히 일하라, 그리하면 쉼을 얻으리라(Labora ut Requiescas: Work so that you may rest)"처럼 그는 영원한 안식을 누리기 위해 봉사의 날들을 끝내고 하나님의 부름을 받은 것이다. 그가 한국에 온 지 6개월, 좀 더 정확히 말하면 그가 한국 땅을 밟은 지 꼭 183일째였다. 인간적인 시각으로 볼 때는 짧은 생애였으나 하나님의 경륜 안에서는 가장 적절한 때였을 것이다. 멜버른을 떠나기 전 청년 연합회가 주관한 환송회에서 복음의 진보를 위해 생명을 던질 각오가 되어 있다고 답사하였던 데이비스의 고백은 진실이었다.

게일은 데이비스의 시신을 부산항이 굽어 보이는 복병산(伏兵山)

---

[58] James S. Gale, *Korean Sketches* (Fleming H. Revell Co., 1898), 248-249.

에 안장하였는데, 그의 장지는 후일 호주장로교의 한국 선교부를 위한 약속의 땅이 되었다. 그로부터 8년이 지나 후 출판된 저서에서 제임스 게일은 "얼굴이 검게 탄 한국인 한두 사람의 도움을 받으며, 나는 한국을 위해 자기 생명을 마친 이 용감하고 진실한 마음의 그리스도인, 데이비스가 남긴 모든 것을 멀리 떨어진 외로운 언덕에 묻었다"[59]고 회고했다. 그 산이 바로 복병산(伏兵山)이었고, 데이비스가 묻힌 복병산 자락은 지금은 남성여자중고등학교 운동장이 되었지만 이곳이 부산에서의 첫 외국인 묘역이 되었다.

데이비스의 최후를 지켜보았던 게일은 데이비스의 장례를 치르고 그날 서울에 남아 있던 조셉 데이비스의 누나 메리에게 다음과 같은 내용의 편지를 보냈다.

한국, 부산. 1890년 4월 6일

사랑하는 데이비스 양에게

저에게는 가장 슬픈 일이지만, 당신이 가장 소중하게 여기는 이의 병고와 죽음에 관해 직접 듣고 싶어한다는 사실을 알기에 이 글을 드리지 않을 수 없습니다. 어떤 이가 저를 찾아온 날은 비가 억수같이 쏟아지던 그저께였습니다. 한 한국인이 서 있었는데, 데이비스 씨가 왔는데 지금은 여기서 얼마 떨어지지 않은 한 호텔에 있는데 많이 아프다고 말했습니다. 저는 그와 함께 아마도 1마일가량 떨어져 있는 일본인 호텔로 급히 달려갔습니다. 거기서 저는 처음으로 당신의 동생을 만났습니다. 그의 얼굴은 햇빛으로 그을려 있었기 때문에 그가 환자라고 여겨지지 않았습니다. 저는 당신을 오랫동안 보기를 원했는

---

[59] James S. Gale, *Korean Sketches* (Fleming H. Revell Co., 1898), 249-250.

데, 당신의 아픈 모습을 보니 마음이 아프다고 말했습니다.

그러나 그는 "오, 당신이 이곳까지 와 주어 매우 반갑다고"고 말하더군요. 그리고 내 팔을 잡으면서 "지금 바로 갑시다"라고 말하더군요. 그러나 저는 "지금 당신은 멀리 걸어갈 수 없습니다"라고 말하자 그는 "그렇긴 합니다만 당신에게 기대어가면 걸어 갈 수 있습니다"라고 대답했습니다. 그래서 저는 그를 내 방에 맞아들이고 키타무라(Kitamura)라는 일본인 의사를 불렀습니다(그는 독일인 교수 밑에서 훈련받은 숙련된 의사입니다). 의사가 오기 전에 저는 그에게 차 한 잔과 약간의 토스트를 드렸습니다. 그는 조금 먹은 후 좀 쉬면 괜찮을 것이라고 말하더군요. 저는 그에게 전도 여행에 대해 물어보았는데, 처음 두 주간은 좋은 시간이었으나 그 후에는 그렇게 좋은 여행은 아니었다고 대답했습니다. 한 도시에서는 편협한 지역 관원들이 무례하게 대했지만 그것 말고는 모든 여행이 '풍성한 축복'(richly blessed)이었다고 했습니다.

지난 열흘 동안 비록 그의 건강이 그렇게 좋은 편은 아니었지만 불평할 정도는 아니었다고 말했습니다. 그때 의사가 도착하여 검진을 했습니다. 그는 곧 병명이 '천연두'라고 말하면서, 그냥 이곳에 머물 것인지 아니면 병원으로 옮겨 갈 것인가를 물었습니다. 당신의 동생은 병원으로 가고 싶다고 했고, 병원이 가까워 곧 병원에 도착했습니다. 저는 매우 미숙한 간호였지만 할 수 있는 한 그를 편하게 해주려고 노력했습니다. 그는 좀 더 쉬기를 원했고, 좀 자겠다고 했습니다. 그때 저는 집으로 돌아왔습니다.

약 6시경이었고 한 시간 후에 그가 필요할 것이라고 생각되는 것을 가지고 다시 그에게 갔습니다. 제가 없는 동안 의사가 다녀갔더군요. 저는 늦은 시간까지 거기 머물러 있었습니다. 그는 너무 지쳐서 말을 할 수 없었습니다. 그래서 우리는 사랑하는 주님께서 건강하든지 병약하던지, 살든지 죽든지 주 영광을 위해 모든 일을 주관해 달라고 기도했습니다.

  지난 이틀을 뒤돌아보면 제게는 꿈만 같았습니다. 만약 그것이 우리 주 예수님을 위한 것이 아니었다면 실로 어두운 이틀이었을 것입니다. 그러나 저는 이 순간 그리스도께서 부활하셨고 우리 또한 부활할 것이라는 하나님의 말씀을 상기합니다. 저는 저의 가장 신실한 동료인 한국어 선생을 보내 남은 밤 동안 그를 보살피도록 했고 만약 병세가 악화되면 제게 연락하도록 부탁해 두었습니다. 저는 다음날 아침 7시에 다시 병원으로 갔습니다. 그는 좀 밝은 표정으로 말했는데, 간밤에 잠은 조금 잤으나 목이 조금 붓고 아프다고 말하더군요. 무엇보다도 그는 "당신의 어학 선생이 제게 아주 친절하게 해 주었다"라고 말했습니다. 그런데 의사는 데이비스가 피를 토했다는 사실을 심각하게 생각하고 있었습니다. 의사는 데이비스가 여행 중에 감기 때문에 폐렴에 걸렸고 회복은 거의 힘들다고 말하더군요.

  일본인 의사가 염려하기에 저는 그가 가지고 있는 것들을 살펴보았고, 그의 소지품이 없어지면 안 되겠기에 제가 점검하였고, 이것들에 대하여 헤론에게 보낸 편지에 기록해 두었습니다.

  나는 그에게 먹을 것을 가져오기 위해 9시경 병원을 나왔습니다. 10시에서 11경 사이에 다시 돌아왔다가 잠시 자리를 비우게 되었습니다. 그런데 제게 급히 병원으로 오라는 의사의 전갈을 받았습니다. 제가 그곳에 갔을 때 의사는 "그는 곧 세상을 떠날 것이다"(Er wird bald sterben)라고 말했습니다. 그는 아직 의식이 있었고, 그는 죽어가면서도 제게 말을 했습니다. 그는 1시에 예수 그리스도에 관해 무언가 중얼거리면서 평화로운 모습으로 세상을 떠났습니다.

  오후에 일본 영사와 모든 관리들이 병원으로 왔고, 매우 친절하고 규모 있게 거주지법에 따라 장례가 준비되었습니다. 오늘 아침, 만(灣)이 내려다보이는 산언덕 작은 외국인 매장지에 그는 우리 주 예수 그리스도께서 다시 나타나실 때까지 조용히 안장되었습니다. 제가 하고 싶은 말을 제대로 표현하지 못했지만 제가 얼마나 깊이 당신의 슬픔에 동참하고 있는지 하나님은 아실 것입니다. 그는 내가 만나 보기를 심히 원했던 나의 진정한 형제였습니다. 더 이상 쓸 수가 없 군요.

그리스도 안에서 형제된

제임스 S. 게일[60]

---

[60] 이 편지의 원문은 Edith A. Kerr & George Anderson, *The Australian Presbyterian Mission in Korea 1889-1941*, 174-5에 편집되어 있고, 필자는 이 편지의 복사본을 멜버른에 살고 있는 Kerr의 조카를 통해 입수하였다. 게일은 그의 *Korean Sketches*에서 그의 어학 선생이 "이 씨라는 성을 가진 사람이었음"을 말하고 있는데, 그는 게일의 평생의 동료였던 이창직(李昌稙, 1866-1936)임이 분명하다. 게일에 의하면 이창직이 사경을 헤매는 데이비스의 이마를 닦아 주고 병고를 참아 낼 수 있도록 도와주었다고 말한다.

5

그의 죽음이 남긴 것

데이비스의 죽음과 함께 그의 누나 메리도 폐렴으로 얼마간 고생했으나 헤론 의사의 치료로 건강을 회복한 다음 한국을 떠나 그해 7월 18일 멜버른으로 돌아갔다. 이때 동생의 유품을 들고 갔다. 그 유품 중 하나가 1889년 8월 21일부터 1890년 3월 31일까지 98일 간의 '데이비스의 일기'였다. 이 일기는 빅토리아장로교회로 이관되었는데, 후에 시드니의 주립도서관 내 미첼도서관에 기증되었다.

호주교회의 첫 선교사 조셉 헨리 데이비스가 사망하고 그의 누이가 멜버른으로 돌아가자 빅토리아주 장로교회의 한국선교는 끝나는 것처럼 보였다. 그러나 끝이 아니라 새로운 시작에 불과했다.

데이비스의 죽음은 세 가지 면에서 호주장로교회로 하여금 한국선교를 계속하도록 동기를 부여하였다. 첫째, 데이비스처럼 유능하며 실력 있는 청년 선교사의 죽음은 호주 교회의 한국 선교의 필요성을 일깨워 주었고, 한국선교를 계승해야 한다는 각성을 불러일으켰다. 5월 6일 멜버른 시내 스카츠교회에서 거행된 데이비스의 생애를 감사하는 기념 예배에서는 데이비스의 자기희생적인 모범이 강조되었고, 한국 선교가 중단될 수 없는 교회의 사명임을 확인하였다.

둘째, 친목과 교제를 위해 시작된 청년연합회가 선교사 파송 기구(Missionary sending organization)로 확고한 변화를 가져왔다. 당시 이

연합회 회장이었던 질레스피(Gillespie)는 데이비스의 선교 자취를 따라 가지고 호소하였고, 1890년 7월 23일 소집된 집행위원회에서는 한국에 선교사를 파송, 지원하는 일을 계속하기로 결의하였다. 그리하여 1891년에는 존 매카이 목사(Rev. J. H. Mackay) 부부를, 1894년에는 앤드류 아담슨 목사(Rev. A. Adamson) 부부를, 1902년에는 휴 커를 의사(Dr. Hugh Currell) 부부를 파송하면서 한국선교를 계속하였다.

셋째, 한국선교를 위한 또 다른 조직으로서 장로교 여전도회 연합회(PWMU: Presbyterian Women's Missionary Union)의 조직에 동기를 부여하였다.

한국에서 본국으로 돌아온 메리 데이비스는 한국선교의 문이 활짝 열려 있음을 말하고 이때야말로 선교를 시작할 적기임을 강조하는 한편 한국 선교사로 지원하는 사람을 위해 써 달라고 50파운드를 기증하였다. 또 데이비스의 동생 사라(Sarah, 이때는 선교지에서 본국으로 돌아와 케언스 Cairns 목사와 결혼하여 발라랏 Ballarat에 있는 장로교회에서 목회하고 있었음)는 발라랏에서, 그리고 데이비스의 동생 존 데이비스의 부인은 질롱(Geelong)에서, 하퍼 부인(Mrs. Harper)은 멜버른에서 각각 독립적으로 선교운동의 조직화를 위한 어떤 조직을 구상하고 있었다.

이 일련의 움직임이 함께 어우러져서 1890년 8월 25일 장로교여전도회연합회(PWMU)를 조직하게 된다. 무엇보다도 흥미로운 사실은 데이비스의 형제들 가운데서 이 운동이 발의된 점이다. 이 장로교 여전도회 연합회는 처음부터 선교운동을 중요한 목적으로 삼았고, "여성들에 의해서 여성들을 선교하는 단체"(Mission work among women by women)임을 분명히 했다. 그리하여 여전도회 연합회(PWMU)는 1891년 세 사람의 미혼 여선교사인 멘지스(Miss B. Menzies), 페리

(Miss J. Perry) 그리고 퍼셋(Miss Mary Fawcett)을 시작으로 하여 약 40여 명의 여선교사들을 한국에 파송하여 한국선교에 커다란 공헌을 남겼다.

그래서 빅토리아주 장로교회는 데이비스의 파송보다 50년이나 앞서 뉴 헤브리디즈(New Hebrides) 선교를 시작하였으나, 1900년대 이후 한국은 뉴 헤브리디즈를 제치고 호주 장로교회의 가장 중요한 선교지역이 되었고, 1941년 제2차 세계대전의 발발로 선교부가 철수할 때까지 78명의 선교사를 한국에 파송하였다. 이중에는 데이비스의 두 조카인 마가렛 데이비스(Miss Margaret Davies, 대마가례, 1910-1940년까지 사역)과 진 데이비스 의사(Dr. Jean Davies. 대지안, 1918-1941년까지 사역)도 약 30여년 간 한국 선교사로 일했다.

마치 캐나다의 독립 선교사였던 멕켄지의 죽음으로 캐나다장로교회(후에 캐나다연합교회)가 한국선교를 시작했던 것처럼, 데이비스의 죽음은 호주 장로교회로 하여금 한국선교를 계속하게 했다. 이런 점에서 데이비스의 죽음은 무의미하지 않았고, 그에게 있어서 "사는 것이 그리스도니 죽는 것도 유익하였다."

부산경남지방 기독교 연구

제 5 장

부산의 첫 북장로교 선교사, 윌리엄 베어드
(William Martyn Baird)

1891년 1월에 내한한 윌리엄 베어드(裵緯良, William Martyn Baird, 1862-1931)는 부산(1891-5), 대구(1895-6), 서울(1896-7), 그리고 평양(1897-1931) 지방에서 사역했던 북장로교 선교사로서 부산지부와 대구지부를 개척했고, 평양에 숭실학교를 설립하는 등 한국교회에 크게 기여했던 선교사였다. 특히 그는 부산지부를 개척하며 부산에 주재했던 최초의 북장로교 선교사로서 동일한 시기 사역했던 호주장로교 선교사들과 함께 초기 부산과 경남지방 기독교 형성에 크게 기여한 인물이었다.

그럼에도 불구하고 그의 부산지방에서의 활동에 대해서는 깊이 숙고되거나 논구된 바 없으며 서울과 평양에서의 사역에 대해서만 논자들의 관심을 끌었다. 그의 초기 사역에 대한 약간의 기록이 있으나 그것은 북장로교 부산 선교부의 시원에 대한 언급이라는 한계를 넘어서지 못했다. 윌리엄 베어드의 생애 여정과 활동을 일관된 연속적 맥락에서 이해하기 위해서는 내한 후 시작된 그의 부산에서의 활동에 대해서도 균형 있게 이해할 필요가 있을 것이다. 바로 이런 필요에 따라 이 글에서는 윌리엄 베어드의 부산에서의 초기 사역에 대해 정리해 두고자 한다.

윌리엄 베어드

1
베어드의 내한과 부산에서의 정착

선교사로의 길:
윌리엄 베어드의 가정배경, 교육

윌리엄 베어드는 존 베어드(John Martyn Baird, 1818-1904)와 낸시(Nancy Faris Baird, 1827-1891) 사이의 4남매 중 막내로 1862년 6월 16일 인디애나주 찰스타운(Charlestown) 근처의 클라크 카운티(Clark County)에서 출생했다.61 베어드의 조상은 1600년경 스코틀랜드에서 아일랜드로 이주하였고, 약 200년 후에는 다시 미국으로 이주하였던 스코틀랜드계 미국인이었다. 그의 조부 존 베어드는 1810년 뉴톤 리마바디(Newton Limavady)를 떠나 미국으로 이주하여 필라델피아에서 가업이었던 방직업에 종사하였다. 그러나 사업에 성공하지 못하자 1818년 이곳을 떠나 테네시, 오하이오, 켄터키 주 등으로 전전하였고, 1843년에는 인디에나 주 찰스타운 근처 클라크 카운티에 정착하게 된다.

베어드의 부친 존 베어드는 의학 교육을 받았던 의사(physician)

---

61 그의 가계, 이력, 선교활동 등에 대한 주요한 정보는 북장로교 해외선교부에 제출된 개인 파일(이 자료는 북장로교 역사관, Presbyterian Historical Society, 425 Lombard St., Phila, PA에 보관되어 있음)과 Richard H. Baird, *William M. Baird of Korea, a Profile* (Oakland: n.d. 1968)에 기초함.

이자 농장을 경영했던 농부이며 방직기술자이기도 했다. 그래서 그는 자신의 농장을 경영하면서도 방직공장을 경영하던 그의 형제들의 일을 돕기도 했다. 종교적으로는 장로교 전통에서 성장한 장로교도로서 후일 교회 장로로 시무한 바 있다. 베어드의 어머니 낸시는 인디아나 주에 정착했던 첫 정착자 중 한 사람의 딸로서 언약도(言約徒, Covenanters)[62]의 후손이었다. 즉 그는 스코틀랜드적 배경의 엄격한 장로교 전통에서 성장하였고, 베어드를 포함한 자식들에게 언약도 전통의 종교적인 영향을 끼쳤다.[63] 베어드가 의사였던 아버지로부터 생물학과 천문학 등 자연과학에 대한 관심을 배웠다면, 엄격한 언약도 신앙과 경건생활은 그의 어머니로부터 온 것이었다.

베어드는 인디애나 주 클라크 카운티의 지방학교에서 초등교육을 받고(1868-1881), 1881년 하노버대학(Hanover College)에 입학하여 예비과정 1년과 학부과정 4년을 이수하고 1885년 문학사(BA)학위를 받고 졸업하였다. 하노버대학은 기독교 교육과 성직자 양성을 목표로 1827년 설립된 기독교 대학으로서 인디애나에 설립된 최초의 사립대학이었다. 베어드가 이 학교에 재학했던 당시 학생수는 500여 명 전후의 소형대학에 불과했다.

대학을 졸업한 베어드는 직접적으로 하나님의 교회를 위해 일하기로 작정하고 1885년 시카고에 있는 맥코믹신학교(McCormick Seminary)에 진학하였다. 맥코믹신학교는 1829년 설립된 복음주의적인 신학교육기관으로 인디애나의 하노버대학 신학과로부터 독립하여 시카

---

[62] '언약도' 혹은 '언약파'로 번역될 수 있는 Covenanters에 대해서는, 이상규, "17세기 스코틀랜드의 언약파, 1",「교회사학 연구」1(1993), 23-49, 혹은 이상규,「교회개혁과 부흥운동」(서울: SFC, 2004) 제13장, "국가권력과 교회: 17세기 스코틀랜드 언약도들의 저항과 투쟁"(201-230)을 참고할 것.
[63] R. Baird, 1, 2.

고에 설립된 학교였다. 맥코믹신학교는 목회자 양성이 일차적인 목표였지만, 1880년대 이후는 선교사양성과 파송에 역점을 두고 있었다. 따라서 시카고지역과 메코믹신학교는 1870년대와 1880년대 무디에 의해 주도된 복음주의 운동, 학생자원운동(SVM)의 중심지였고, 북미 기독교인들에게 심대한 영향을 끼치고 있었다. 베어드는 4년간의 교육을 받고 1888년 이 학교를 졸업하였다.

베어드는 학생자원운동을 통해 선교사의 길을 결심하게 되었고,[64] 이 학교 재학 중에 복음주의 신학과 해외 선교에 대한 확신을 얻고, 후일 한국 선교사로 자원하게 된다. 그의 동기생인 사무엘 마펫(Samuel Austin Moffett, 1864-1939), 기포드(Daniel L. Gifford), 가드너(Sarah Gardner) 등이 한국으로 왔고, 다른 동기생들이 중국, 인도, 일본 선교사를 자원한 것을 보면 당시 해외선교운동과 맥코믹신학교의 학풍을 헤아려볼 수 있다.[65]

북장로교 선교부 총무였던 로버트 스피어(Robert E. Speer)에 의하면 맥코믹신학교가 설립된 1829년부터 1884년까지 55년간 배출된 617명의 졸업생 중 해외 선교사로 파송된 이는 불과 17명에 지나지 않았다. 그러나 1886년부터 1888년까지 3년간 17명의 졸업생이 해외 선교사로 파송되었고,[66] 1886년부터 1929년까지 45년간 253명의 졸업생이 해외선교사로 파송되었다[67]는 사실에서 1880년대 이후 미국에서 일어난 학생자원운동(SVM)과 맥코믹신학교의 해외 선교에 대한

---

[64] R. Baird, 5.
[65] R. Baird, 5.
[66] McCormick Speaking, No. 3, Vol. VIII (December, 1954), 12.
[67] 대한예수교장로회 총회 교육부, 『마포삼열 박사 전기』 (대한예수교장로회 총회 교육부, 1973), 63.

관심을 엿볼 수 있다. 이런 학생자원운동과 선교지향적인 대학 내외의 환경이 베어드의 선교적 형성(missionary formation)에 영향을 주었음이 분명하다.

이 당시 맥코믹신학교가 선교 헌신자들에게 상당한 영향을 주었다는 점은 내한한 선교들 중에 맥코믹 신학교 출신이 다수였다는 점에서도 확인된다. 미국 장로교회의 한국선교 25주년이 되는 1909년 당시 주한 북장로교 소속 선교사는 39명이었는데, 이중 프린스톤 출신이 16명이었고, 맥코믹출신은 11명,[68] 그리고 샌 안셀로(San Anselmo) 출신이 4명이었다. 비록 수적으로는 프린스톤 출신이 맥코믹 출신의 선교사들보다 5명 더 많았으나 선교지에서보다 큰 영향을 기친 이들은 맥코믹 출신들이었다는 주장[69]은 설득력이 있다. 1909년 당시 평양신학교에서 5년 이상 근속한 선교사 교수로는 마펫(Samuel Moffett), 그래함 리(Graham Lee), 스왈른(W. L. Swallen) 등인데 이들은 다 메코믹 출신이었다. 맥코믹 출신들이 한국에서의 신학교육에 끼친 영향력은 평양신학교 교수단의 인적 구성에서도 드러나는데, 1916년 당시 이런 현상은 더욱 심화 된다.[70] 그래서 평양의 장로교신학교는 1938년 1학기를 끝으로 폐교 때까지 '한국의 맥코믹신학교'라고 불릴 만큼 맥코믹 출신들이 영향이 지대했다.[71]

베어드는 신학교를 졸업한 후에도 하노버대학에 적을 두고 공부하

---

[68] 내한한 메코믹 신학교 출신 선교사로는 William Baird, Samuel Moffett, Graham Lee, William Swallen, James Adams, Cyril Ross, C. F. Bernheissel, William Blair, Charles Allen Clark, Alexander Pieters, Roger E. Winn 등이다.

[69] 박용규,『한국장로교사상사』(서울: 총신대 출판부, 1992), 66.

[70] Robert Culver McCaughey, A Survey of the Literary Output of McCormic Alumini in Chosen (BD thesis, Presbyterian Theological Seminary, Chicago, 1940), 28-29.

[71] R. C. McCaughey, 91; C. A. Clark, Letter to McCaughey, April 15, 1939. 박용규, 74에서 중인.

여 1889년에는 문학석사(MA) 학위를 받았고, 한국에서 사역하는 동안에도 계속 공부하였다. 특히 첫 안식년 기간(1899-1900)동안 캔사스주의 토페카(Topeka)에 체류하면서 공부한 결과 1903년에는 하노버대학으로부터 철학박사(PhD) 학위를 받았다. 그의 한국에서의 봉사에 대한 공로로 명예신학박사(DD) 학위를 받게 된 것은 1913년의 일이었다.

베어드는 하노버대학 재학 중에 그의 아내를 처음 만나게 되는데, 그의 나이 28세 때인 1890년 11월 18일 결혼했다. 그의 아내 애니 라우리 아담스(Annie Laurie Adams, 安愛理, 1864-1916)는 후일 웨스턴여자대학(Western College for Women)으로 개칭되는 피바디여자신학교(Peabody's Female Seminary, Oxford, Ohio, 1882-3)에서 1년간 수학하고 하노버대학으로 옮겨갔다(1883-4). 그리고 와쉬번대학(Washburn College, 1884-5)으로 이적하여 졸업하였다. 애니 아담스는 베어드에 비해 유복한 가정 출신으로서 당시 여성으로는 높은 수준의 교육을 받았다. 대학 졸업 후 애니는 캔사스주 YMCA 간사로 일하던 중 학생자원자대회(Student Volunteer Convention)에 참석하여 베어드를 다시 만나게 되었고, 이런 계기로 베어드와 결혼하게 되었다.[72] 이 글에서는 자세히 언급하지 못했으나 애니는 문필가로서 혹은 찬송시 번역가로서 베어드 못지않게 한국교회에 크게 기여하였다.

선교사 지원, 내한

1888년 맥코믹 신학교를 졸업한 베어드는 선교사로 떠나기에 앞서 수학기간 동안 형에게 입은 도움을 되돌려 주어야 한다고 생각하고

---

[72] R. Baird, 5.

일단 목회자로 출발했다. 비록 형은 빚 갚기를 원치 않았으나 '엄격한 스코틀랜드적인 양심'을 지닌 베어드는 빚을 갚지 않고는 해외로 나갈 수 없었다.⁷³ 베어드는 마침 담임목사가 공석이었던 미조리 주 오스세올라(Osceola)의 장로교회에 임시목회자로 가서 일하게 되었다. 그곳에서 일하던 중 해외선교사로 가는 것을 포기한다면 공식적으로 담임목사로 청빙하겠다고 제안했으나 베어드는 이를 거절하고, 콜로라도 주 델 노르테(Del Norte)에 있는 더 작은 교회로 옮겨갔다. 이 교회서 목회하면서 국내전도부(Home Mission Board)가 운영하는 멕시코인들과 스페인계 젊은이들을 위한 작은 기독교학교인 델 노르테학교(Del Norte College)의 교장직을 겸하게 되었다. 비록 짧은 기간이라 할지라도 소수민족 젊은이들을 위한 교육 경험이 후일 숭실학교 설립과 교육에 적지 않는 도움을 주었을 것이다.

그러나 선교사로의 삶을 지원한 그가 국내 목회자로 남아 있을 수 없었으므로 베어드는 형에게 진 빚을 다 갚지는 못했으나 가능한 빠른 시일에 갚기로 약속하고 북장로교 해외 선교부에 선교사로 자원하였다. 마침 호레이스 언더우드(元杜尤)의 형인 언더우드 타자기 창업자 존 언더우드의 후원을 얻게 되어 베어드는 선교사를 지원하였고, 1890년 여름 인준을 받았다.

그는 원래 중국 닝보(寧波, Ningpo) 지역에 가도록 예정되어 있었으나, 북장로교 선교본부는 한국 부산에서 일해 주도록 요청하였다. 당시 북장로교 해외선교부 총무였던 엘리우드(F. F. Ellingwood)는 베어드에게 다음과 같은 내용의 편지를 보냈다.⁷⁴

---

⁷³ R. Baird, 5.
⁷⁴ H. A. Rhodes, 125; W. Baird, "The Opening and Early History of Fusan Station", (n. d.), 1.

우리는 한국에 또 하나의 새로운 선교지부를 열 계획입니다. 그렇게 함으로써 다른 선교지에서 있었던 것처럼 선교사의 지역적 집중화 정책이 빚은 과오를 피하려고 합니다. 우리는 선교사들을 필요로 하는 여러 지역으로 분산함으로써 가능한 빠른 시일 안에 여러 지역이 복음화 되도록 해야 하겠습니다. 우리는 조선의 남부지방에 또 하나의 선교지부를 마련하려고 합니다. 당신은 이 새로운 지역에 위험을 무릅쓰고 선교지역을 개척할 분이 아닌지요?

한국 선교사로 인준을 받은 그는 1890년 11월 18일 결혼식을 올리고, 바로 그날 부인 애니와 함께 토페카(Topeka)를 출발하여 서부로 이동하였고, 한 달 후에는 태평양을 항해하는 우편선 '더 차이나'(The China) 호에 승선하였다. 호놀룰루에 도착했을 때는 12월 25일이었다. 다시 여행을 떠나 1891년 1월 8일에는 일본 요꼬하마에 도착했다. 한국으로 가는 일본 증기선이 1월 25일 고베항에서 출발하기 때문에 약 2주간 일본에 체류하게 되었다. 이 기간 동안 베어드는 도쿄와 오사까를 방문하였고, 맥코믹신학교 동기이자 한국 선교사였던 가드너(Sarah Gardner), 일본 주제 선교사들인 랜디스(Landis), 녹스(Knox), 헵번(Hepburn) 가족과 헨리 루미스(Henry Loomis) 등을 만날 수 있었다. 이 기간 동안 베어드 부부는 한국과 인접한 동양 사회와 문화를 체험할 수 있었고, 한국에 대한 필요한 정보와 충고를 들을 수 있었다.

베어드 부부는 예정대로 1월 25일 오와리 마루(Owari Maru, 尾張丸)로 고베를 출발하여 나가사끼, 쓰시마를 거쳐 1891년 1월 29일 부산항에 도착하였다. 그날은 겨울비가 내리고 있었다. 여기서 베어드는 서울의 모펫에게 자신의 도착을 알리는 전보를 쳤다. 그의 눈에 비친 조선 땅 부산의 첫 모습은 높은 언덕과 좁은 길, 흰옷을 입은 한국인들의 행렬, 일본인들의 거주 등 새로운 경험이었다.[75] 제물포에 도착한 날은 2월 1일 주일 저녁이었다. 고베를 출발하여 제물포에 도착하기까지 8일이 소요되었다. 마중 나온 모펫의 안내를 받아 서울에 도착한 날은 다음 날인 2월 2일이었다. 일단 한국에 도착한 베어드는 기왕의 친구이자 독신이었던 모펫의 집에서 한국생활을 시작했다.

선교사 연례회의

매년 개최되던 북장로교 선교사들의 연례회의는 베어드의 입국시까지 연기되어 오던 중 베어드의 서울 도착 다음 날인 2월 3일 개최되어 7일까지 계속되었다. 이 당시 한국 주재 북장로교 선교사는 막 도착한 베어드 부부를 포함하여 9명에 불과했다.[76] 이 회의에서는 서울 이외의 평양과 부산에도 선교지부를 설치키로 하고 평양에는 모펫을, 부산에는 베어드를 파송하기로 결의하였다. 이미 예정된 것이지만 베어드는 공식적으로 부산지부 선교사로 임명된 것이다.[77]

그리고 언더우드와 베어드에게 부산에 선교부지를 매입하는 임무도 부여하였다. 그래서 이들은 한국인 어학선생 이씨(Mr. Yi)와 함

---

[75] 그가 부산항에서 처음 보는 조선 땅 부산과 부산 사람들에 대해 이런 기록을 남겨 두고 있다.
"The hills seemed high and barren. We could see streams of people treading what seemed to be cow paths over the hills, and all dressed in white, apparently like ghosts or like people parading in the day time in their night dresses. Fusan was then said to be a colony of about 5,000 Japanese settlers living in the port. Three miles away along the coast was the old Korean walled city of Poosan (Fusanchin). At the time of my arrival, foreigners were permitted to enter it, but I was later informed by a visitor from China that some months before the time of my arrival they had shut the gates in his face to prevent his entrance. Korea was just awakening from being a hermit." W. Baird, "The Opening and Early History of Fusan Station", (n. d.), 1.

[76] 이들은 다음과 같다. Mrs. Heron, Underwood 부부, Gifford 부부, Miss Doty, Rev. Moffett, 그리고 Baird 부부였다.

[77] William Baird, "The Opening and Early History of Fusan Station", 1.

께 2월 25일[78] 부산으로 와 2주일간 체류했으나 부지를 확보하지 못했다. 그러던 중 1891년 9월 주한 미국 영사관 관리(Mr. A. Heard)의 특별한 배려로 일본인 거주지 밖의 영선현(瀛仙峴)[79]의 '세 필지의 땅'(three parcels of land)을 '외국인 거주지'(Foreign Settlement)란 이름으로 매입하게 되었다. 이곳은 초량 왜관을 약간 벗어난 곳으로 항구가 배려다 보이는 언덕배기 땅이었다.[80] 바로 이곳이 북장로교 선교부의 부산지역 선교를 위한 '약속의 땅'이 되었다. 바로 이곳에 1891년 9월 24일부터 선교관을 짓기 시작했다. 선교부지의 확보와 함께 베어드가 1891년 9월 부산에 옴으로써 이 지방 최초의 북장로교 선교사가 된 것이다.

베어드의 부산 정착

한국에 온 베어드는 우선 조선말 공부에 주력했으나, 선교부의 결정에 따라 1891년 9월 초 부산으로 이주했다. 이 당시 이국인이나 선교사의 눈에 비친 1890년대의 부산의 모습은 한적한 해안 도시에 불과했다. 거리는 불결했고, 주거환경은 위생적이지 못했다. 1893년 부

---

[78] R. Baird, 13쪽에서는 이날이 2월 25일이라고 기록하고 있으나, Baird, "The Opening...."와 Baird, "Incidents of Early Missionary Life", KMF, Vol. XXVI, No. 8 (August, 1930), 158쪽에서는 3월이라고 기록하고 있다.

[79] 지금의 대청동과 영주동 사이의 고갯길 터(일명 영선고개)인 이곳을 영서현(暎署峴)이라고도 한다. 그러나 이곳을 '영선'이 아니라 '용선'(容膳)이 옳다고 보는 이도 있다. 그것은 일본 사람들을 고관에 이주시킨 후 1년에 몇 차례씩 감령(監領)과 선물교환이 있었는데 이 선물을 주고받는 것을 용인(容認)한다는 뜻에서 유래한 이름이 용선현(容膳峴)이라고 주장한다. 그래서 일본 사람들과의 물물교환, 항연소(饗宴所)를 이곳에 두었으며, '용선고개' 밑에 동관문(東關門)이 있었다고 한다. 선물을 주고받을 때는 감영의 허가가 필요하고 통역관이 여기까지 와서 입회했기 때문에 "용선고개"라고 했다고 한다(이상규, 『부산지방기독교전래사』 51). 『朝鮮예수교長老會 史記』(조선예수교장로회 총회, 1928), 22면에서는 이곳을 '영서현'이라고 기록하고 있다.

[80] 베어드는 이 땅을 두 번 매입했다고 한다. 첫 번째는 '외국인 거주지'(foreign quarter)로 사용하기 위해 정부로부터 이 땅을 샀고, 두 번째는 이 땅의 실 소유자에게도 땅 값을 지불했다고 한다. R. Baird, 21.

산을 방문했던 영국의 여류여행가 이사벨라 비숍(Isabella Bishop)은 부산의 인상을 이렇게 기록했다.

  한국인들이 사는 부산 구 시가지는 비참한 장소였다. 하지만 그 후의 경험은 내게 이곳이 일반적인 한국의 소도시들보다 더 비참한 것도 덜 비참한 곳도 아님을 보여주었다. 부산 구 시가지의 좁은 거리는 초라한 오두막집들로 채워져 있었다. 그 오두막집들은 창문이 없는 진흙으로 된 담벽과 짚으로 된 지붕의 깊숙한 처마를 가졌다. 모든 벽에는 지상으로부터 60센티미터 정도 되는 높이의 굴뚝의 역할을 하는 검은 연기구멍이 나 있었다. 오두막집들 바깥에는 고체와 액체의 쓰레기들이 벌려져 불규칙한 도랑이 있었다. 도랑 옆에는 옴이 오르고 털이 빠진 개들과 눈이 짓무르고 때 비늘처럼 벗겨지는 아이들이 있었다. 아이들은 완전히 발가벗거나 반쯤 발가벗은 채로 들끓는 악취에도 아랑곳하지 않고 두터운 먼지와 진흙 속에 뒹굴거나 햇빛 속에서 헐떡거리며 눈을 껌뻑거리고 있었다.[81]

  1901년에 부산에 왔던 북장로교 선교사의 눈에 비친 부산도 다르지 않았다. 그는 부산의 인상을 말하면서, "손을 뻗치면 지붕이 닿은 흙벽의 초가집들, 그 사이로 띄엄띄엄 기와집들이 있었다. 사람들은 더러운 옷을 입고, 머리카락은 불결했다. 아이들은 거리에서 벌거벗은 채로 놀았고, 얼굴은 주름살이 지고 검게 타 있었다."라고 하면서, "부산은 도시라고 불릴만한 점이 없다"고 했다.[82] 1890년대의 부산은 이보다 더 열악했을 것이다.

---

[81] Bishop, *Korea and Her Neighbours* (London: John Murray, 1898), 21. 비숍 (이인화 역), 『한국과 그 이웃 나라들』(살림, 1994), 35-6.
[82] R. H. Rhodes, *History of the Korean Mission Presbyterian Church U.S.A.* Vol. I (1884-1834, 1934), 124.

당시 부산(부산부와 동래부를 합친) 인구는 약 2만 명으로 추산된다. 1895년 발간된 『영남읍지』(嶺南邑誌)에 의하면 1894년 부산지방의 방리(坊里)는 8면(面) 101방리였으며, 인구는 20,356명(남자 11,110, 여자 9246명)에 불과했다.[83] 이 자료에는 방리별 인구가 나타나 있지 않으므로 당시 부산지역의 지역별 인구를 알 수 없다. 그러나 영주동과 초량지역, 부산진, 고관지역이 인구 밀집 지역이었다. 부산부(釜山府)의 인구는 약 4천 명 정도로 파악된다. 당시는 인구조사가 시행되지 못했는데 1889년 부산을 방문했던 일본인이 남긴 수기형식의 기록에 의하면, 부민동 및 영도 지역에 50호, 초량지역 100호, 고관 150호, 부산진에 400호가 있었다[84]고 하여 약 700호로 파악되는데 가구당 인구를 6명으로 볼 경우 4,200여 명으로 추산된다.

이 당시 일본인 거주자가 상대적으로 많아 부산은 왜색(倭色)이 짙은 도시로 인식되었다.[85] 그것은 부산은 일본과 인접해 있었고, 1876년 개항으로 일본인 거주자가 급증했기 때문이다. 1876년 개항 당시 부산에 거주하는 일본인은 82명에 불과했으나, 1890년 당시 일본인은 약 4천명에 달했다.[86] 세관 당국의 보고서에 의하면 이 당시 부산에 체류했던 외국인은 총 4,184명으로 집계되어 있다. 즉 영국인 4명, 중국인 47명, 독일인 1명, 이태리인 1명, 일본인 4130명이었다.[87]

---

[83] 부산직할시 시사편찬위원회, 『부산시사』 제1권 (1998), 868.
[84] 日本東京東邦協會編, 『朝鮮彙報』(1893. 11)에 근거함.
[85] Rhodes, 19; Bishop, 19; cf. Horace Allen's Diary, 14, September, 1884. William Baird, "The Opening and Early History of Pusan Station."
[86] 이 당시 부산에 거주했던 일본인에 대한 상이한 통계 자료가 있다. 1890년 4344명, 1891년에는 5254명, 1900년에는 6.067명으로 증가되었고, 1910년에는 21,928명에 달했다. (표1) 참고. 孫禎睦, 『韓國開港期 都市變化過程研究』(1882), 106.
[87] China Imperial Maritime Custom Report (1890), 621.

표 1 부산거주 일본인 연도별 통계

연 도	호 수	인 구	연 도	호 수	인 구
1876	—	82	1895	952	4,953
1879	—	700	1896	986	5,423
1880	402	2,066	1897	1,026	6,065
1881	426	1,925	1898	1,055	6,242
1882	306	1,519	1899	1,100	6,326
1883	432	1,780	1900	1,082	6,067
1884	430	1,750	1901	1,250	7,029
1885	463	1,896	1902	1,352	9,691
1886	488	1,957	1903	1,582	11,711
1887	—	2,006	1904	1,891	11,996
1888	—	2,131	1905	2,363	13,364
1889	628	3,033	1906	2,981	15,989
1890	728	4,344	1907	3,423	18,481
1891	914	5,254	1908	4,213	21,292
1892	938	5,110	1909	4,284	21,697
1893	993	4,750	1910	4,508	21,928
1894	906	4,028			

孫禎睦, 『韓國開港期 都市變化過程硏究』(1882), 106.

즉 베어드가 내부했을 당시 부산부의 인구는 외국인 4천여 명, 내국인 4천여 명, 도합 8천여 명으로 약간의 오차를 감안한다면 1만 명 정도가 살고 있었다고 볼 수 있다. 1876년 개항 이래 초량왜관(草梁倭館)으로 불리는 일본인 거주지역이 있었는데, 이곳이 용두산 공원을 중심으로 남포동, 광복동, 동광동 지역이었고, 오늘까지 일본식 주택이 남아 있다.

베어드가 부산에 왔을 때는 게일이 부산을 떠난 후였기 때문에 서구인이란 영국 세관원인 헌트(Jonathan H. Hunt, 河文德)와 하디 의사(Dr. R. Hardie, 河鯉泳) 가족뿐이었다. 하디는 거처할 마땅한 집이 없어서 세관 당국에 의해 영도(deer island)에 세워진 피병원(避病院)에 기거하고 있었다.[88] 이 집은 원래 선박으로 입국하는 외국인의 임시 거주지였고, 또 콜레라에 감염되었을 경우 격리 치료하기 위한 목적으로 세운 병원이었다. 이 당시 부산, 경남지방에는 콜레라가 만연하였는데, 베어드의 일기를 보면 "거의 매일 이 무서운 전염병으로 죽어가는 사람을 화장하는 연기가 이곳저곳에서 하늘로 치솟는 것을 보았다."[89]라고 했을 만큼 전염병의 피해가 심각하였다. 그런데, 하디가 부산에 왔을 당시 피병원에는 환자가 없었으므로 임시로 이 집에 거주하도록 배려했던 것이다.

이제 막 부산에 도착한 베어드는 6주 동안 영도의 하디 집에 유하였고, 하디가 이태리인 시빌리니(Civilini)로부터 일본인 거류지역인 지금의 용두산 근처 초량 왜관(倭館)에 새로운 집을 구하게 되었을 때, 베어드도 함께 옮겨갔다. 이때 서울에 있던 베어드 부인이 부산으로 와 남편과 함께 지내게 된다.[90]

외국인에게 있어서 거주지의 확보는 일차적인 현안이었다. 이런 상황에서 호주선교사 제2진 5명, 곧 제임스 매카이 목사(Rev. James H. Mackay) 부부와 멘지스(Miss Belle Menzies), 페리(Miss Jean Perry) 그리고 퍼셋(Miss Mary Fawcett)이 1891년 10월 12일 부산에 도착했다. 아무런 예고 없이 내한한 이들은 마땅한 거처가 없어 임시로 일본인 거류지 내의 창고를 얻어 거주했는데, 한국에 온지 3개월 후인 1892년

---

[88] R. Baird. 19; W. Baird, "Incidents of Early Missionary Life", *KMF*, Vol. XXVI, No. 8 (August, 1930), 158.
[89] R. Baird, 19; W. Baird, 159.
[90] R. Baird, 19.

1월 27일 매카이의 부인 사라(Sarah)는 폐렴으로 세상을 떠났다. 주거 환경이 겨울을 나기에는 적절치 못했으므로 이들 호주 선교사들은 우선 하디의 집으로 옮겨갔다. 하디의 집에는 가로, 세로 3미터에 지나지 않는 4칸의 작은 방이 있었는데, 하디 부부와 두 아이, 베어드 부부, 매카이 목사 그리고 세 사람의 미혼 여선교사, 그리고 한국어 선생과 일본인 가정부가 함께 살기에는 너무 협소했다.

이런 현실에서 베어드는 선교관 완공을 서둘지 않으면 안 되었다. 2월 5일에는 선교관 지붕에 기와를 얹었고, 비와 바람을 막을 수 있게 되자 베어드는 하디 집을 나와 선교관의 광(godown)으로 이전하였고, 4월 15일에는 아직 완성되지 못했으나 선교관으로 이사하였다. 선교관 건립은 예정보다 오래 지체되었다. 베어드가 한국말을 잘 하지 못한 이유도 있지만, 중국인 건축업자와 공사 계약을 맺었고, 업자는 일본인 무역항의 중국인 인부들을 고용했으므로 언어 소통에도 문제가 있었지만 건축업자의 불성실과 부정직이 더 큰 이유였다. 베어드는 건축 자재를 일본에서 가져왔으나 건축업자는 그것을 사용하지 않고, 그보다 훨씬 못한 재료를 사용했다. 결과적으로 베어드는 계약 때 정한 금액보다 훨씬 더 많은 대금을 지불했고, 선교관은 1892년 6월 경 완공되었다. 이렇게 세워진 베어드의 선교관은 1887년에 세워진 세관 건물에 이어[91] 부산에 세워진 두 번째 서양식 건축물이었다. 이 집은 부산을 거쳐 가는 거의 모든 선교사들의 임시 숙박소였고, 한국에 오는 신임 선교사들이 이 집을 거쳐 갔다.[92] 이곳에서 베어드의 첫 아이 낸시 로즈(Nancy Rose)가 1892년 7월 5일 태어났다. 그는 부산의 유

---

[91] R. Baird, 19.
[92] W. Baird, "The Opening and Early History of Fusan Station", 17.

일한 외국인 아이였으나 2년 후인 1894년 5월 13일 뇌척수막염으로 사망하였고, 그도 데이비스의 묘지가 있는 복병산(伏兵山)에 묻혔다.

William Baird가 건축하고 거주했던 주택

2

부산에서의 활동

부산에 정착한 베어드는 자신의 사역 방향을 4가지로 구상했다. 첫째, 기독교 신자 가정을 찾아 이들을 보호, 후원한다. 둘째, 사랑방을 통하여 지역 주민과의 접촉과 유대를 강화한다. 셋째, 성경과 기독교 문서의 보급을 통해 복음전파와 문맹퇴치운동을 병행한다. 넷째, 경상도 지역의 순회 전도여행을 통해 지역 주민들과의 광범위한 접촉을 유지하며 한국인의 생활과 정서에 대한 이해를 도모한다.[93] 이상의 4가지 영역 중에서 지역답사를 위한 순회전도여행이 베어드가 가장 중시했던 영역이었다.[94] 이것은 초기 개척자로서 가질 수 있는 자연스런 관심이었을 것이다. 베어드가 반드시 이상의 4가지 원칙을 따른 것은 아니지만, 광의적으로 볼 때 그의 사역은 이런 범주에서 이해될 수 있다.

순회전도

초기 개척 선교사들에게 있어서 순회 전도는 가장 주요한 선교방식이었다. 베어드에게 있어서도 이 점은 동일했다. 베어드는 순회 전

---

[93] R. Baird, 27.
[94] "Fusan Report, 1891-2", 3.

도여행을 "현지 탐사와 전도여행"(exploratory and evangelistic journey)이라고 불렀듯이[95] 선교대상 지역을 답사하고 전도하는 것을 주된 목적으로 삼았다. 베어드가 부산에 체류하면서 세 차례의 전도여행을 떠났는데, 첫 번째 여행은 1892년 5월 18일부터 시작되었다. 이 때 서상륜(徐相崙, 1848-1926)이 동행하였다. 서상륜이 부산에 온 것은 베어드가 부산에 도착(1891년 9월 초)한 지 약 8개월이 지난 1892년 5월 15일이었다. 그는 부산에 온지 3일 후인 5월 18일부터 베어드와 동행하며 경상도 지역을 순회하기 시작하였다. 이때 이들은 김해, 창원, 마산, 진해를 거쳐 고성, 통영지방까지 답사하였다. 서상륜은 베어드와 함께 이들 지역을 순회하며 조수로서, 통역관으로서, 보호자로서 혹은 매서 전도자로 봉사했다. 그러나 서상륜이 부산서 일한 기간은 한 달 밖에 되지 않았다. 건강이 좋지 못하여 그는 1892년 6월 17일 서울로 돌아갔다.[96]

베어드의 제2차 순회전도 여행은 1893년 4월 17(월)일부터 5월 20일까지 경상도 북부지방을 순회하는 400마일의 여정이었다. 이 여행에서는 서경조(徐景祚, 1852-1938)와 고용인 박재용, 그리고 두 사람의 마부가 동행하였다. 서상륜의 동생 서경조는 베어드의 요청을 받고 1893년 4월 초순 부산에 왔다. 베어드는 서경조의 도움을 받으며 4월 15일 부산 선교관을 떠나 4월 17일(월요일) 동래를 거쳐 경상도 북부지방으로 향하여 범어사(19일, 수요일), 양산읍내, 물금, 밀양(20일, 목요일), 청도(21일, 금요일)를 거쳐 대구에 도착하였고(22일, 토요일), 칠곡, 성주를 거쳐 상주(28일, 금요일), 풍산(5월 4일, 목요일), 안동(5

---

[95] R. Baird, 28-9.
[96] R. Baird, 13.

일, 금요일), 영천(8일, 월요일), 의성(12일, 금요일)을 거쳐 5월 13일 (토요일)에는 경주에 도착하였다. 다시 여행을 계속하여 울산(18일, 목요일)을 거쳐 부산에 도착하였다.[97] 서경조는 베어드와 함께 한 달가량 약 1,200리의 거리(400마일 정도)를 여행하면서 문서를 배급하며 개인 접촉을 시도했다. 이때의 일을 서경조는 이렇게 회고했다.

    일천팔백구십삼년 春에 고윤하의 솔권ᄒᆞ야 가ᄂᆞ 륜션을 갓치 트고 부산에 ᄂᆞ려가셔 수삭 동안 잇다가 젼도ᄎᆞ로 빅목ᄉᆞ와 ᄀᆞ치 량산으로 대구로 룡궁으로 안동으로 젼의로 경쥬로 울산으로 동ᄅᆡ로 도라오ᄂᆞᆫᄃᆡ 대구셔는 령ᄶᆡ라 ᄎᆡᆨ 권이나 주엇스나 젼도는 홀 수 업더라. 디명은 미샹ᄒᆞ나 부산셔 밋기로 작정ᄒᆞᆫ 一人을 차ᄌᆞ니 셩명은 김긔원이라. 죵쳐병이 즁ᄒᆞᆫ 것을 보고 위로를 ᄒᆞ고 셥셥이 ᄯᅥ나니라. 샹쥬에셔 四五日 류ᄒᆞ며 젼도ᄒᆞᄂᆞᆫᄃᆡ 일일은 향교에 가셔 직쟝의게 젼도ᄒᆞ고 덕혜입문 ᄒᆞᆫ 권을 주고 왓더니 그 이튿날 도로 가지고 와셔 잘 보앗노라 하고 도로 주고 가더라. 경쥬에셔도 四五日 류ᄒᆞᄂᆞᆫᄃᆡ 젼도는 잘 홀 수 업고 구경군의 욕셜과 관인들의 놀님가음만 되고 도라오니라. 도라온 후로 별안간 집으로 올ᄆᆞᆷ이 나셔 회심홀 수 업ᄂᆞᆫ지라.[98]

서경조는 "젼도는 잘 홀 수 업고 구경군의 욕셜과 관인들의 놀님가음만" 되는 어려운 상황을 경험하고 낙담했다. 이 점도 3개월 후 부산을 떠나게 된 요인으로 보인다. 그는 1893년 6월 4일 베어드의 사랑방에서 회집한 최초의 공식모임, 곧 초량교회의 시작이라고 볼 수 있는 집회에 참석하는 등 베어드의 어학 선생이자 동역자로 활동했으나

---

[97] 이상과 같은 베어드와 서경조의 순회일정은 베어드의 일기(Diary of William Baird)에 기초함.
[98] 서경조, "徐景祚의 傳道와 松川敎會 設立歷史", 93-4.

부산에 온 지 약 3개월 후인 8월 5일 서울로 돌아갔다.[99] 서경조가 부산을 떠난 후 베어드와 함께 일한 전도자는 황해도 장연 출신인 고학윤(高學崙, 1853-1937)[100]으로 그는 1893년 이후 베어드의 조력자로 봉사하였다.

3차 전도여행은 1893년 9월 25일부터 10월 11일까지 부산에서 서울까지 가는 여행이었는데, 동행자는 안서방, 용규, 정서방, 그리고 서(徐) 씨라는 성을 가진 마부였다. 두 마리의 말에 침구, 옷가지, 식량, 그리고 170냥을 싣고 여행을 떠났다.[101] 9월 26일 모라를 떠나 김해로 갔고, 28일에는 장유를 거쳐 창원으로 갔다. 창원에서 일박하고 마산으로 갔고, 의령을 거쳐 10월 3일에는 남원에 도착했다. 다시 전주를 지나 10월 6일에는 계룡산을 거쳐 10월 7일 공주, 수원을 거쳐 10월 11일 서울에 도착했다.

사랑방 전도

사랑방 전도는 베어드의 독특한 전도방식이었고, 그의 선교관 건축으로 가능하게 되었다. 베어드는 한국생활을 통해 남성들의 대화와 교제 공간으로서의 사랑(舍廊)방의 기능을 이해하게 되었다. 그래서 그는 가족이 거주하는 본체와 함께 사랑채를 짓고 그곳을 개방하여 누구든지 자유롭게 모일 수 있는 공간으로 개방하였다. 이곳을 베어드는

---

[99] Diary of Baird, 5, Aug., 1893. 리차드 베어드는 어학 선생이자 매서 전도자로 베어드와 동역했던 서경조가 "건강이 좋지 못하여 부산에 온 지 두 달 만인 6월 16일 부산을 떠나 서울로 돌아갔다."고 기록했으나(R. Baird, 13) 오기인 것 같다. 베어드의 일기를 보면 그해 8월 5일까지 함께 일했음을 알 수 있다. 따라서 서경조의 부산 체류기간은 약 3개월이었다.
[100] 선교사들의 기록에는 고윤하로 되어 있으나, 민적에는 고학윤(高學崙)으로 기록되어 있어 고학윤이 정확한 이름이라고 할 수 있다. 고학윤에 대한 더 자세한 기록은, 이상규, 『부산지방 기독교 전래사』, 343-345를 참고할 것.
[101] R. Baird, 39.

옴니버스 하우스(Omnibus house)라고 불렸다.

베어드가 일본인 거류지에서 거주할 때와는 달리 선교관의 건축과 이곳으로의 이주는 한국인과의 접촉을 가능하게 했고, 또 베어드의 집은 부산을 거쳐 가는 모든 외국인들의 임시거처를 제공했다. 이곳에서 한국인과의 접촉은 1892년 11월부터 시작된 것으로 보인다. 한국인들에게 있어서 이국인의 삶은 호기심의 대상이 되어 베어드의 사랑은 한국인과의 접촉의 폭을 확대해 갔다. 이곳에서 집회, 기도 모임, 주일예배가 드려졌고, 기독교 문서를 번역하기도 했고, 또 방문자들에게 기독교 문서를 배포하기도 했다.

베어드가 얻은 최초의 개종자는 그의 집에서 일하는 소년(house-boy)이었다. 베어드 가정 세탁부의 조카이기도 했던 그는 서울에 있을 때 요리를 배우기 위해 베어드 가정에 들어왔고 베어드가 부산으로 오게 되자 함께 내려온 소년이었다. 그가 베어드 가족 기도 모임에 참석하고 베어드 부인과 접촉하는 과정에서 기독교 신앙을 받아드렸으나 병으로 곧 사망하였다.[102]

사랑방 방문객은 인근 지역 만이 아니라 먼 거리에서 오는 '탐문자'도 없지 않았다. 1893년 7월 14일자 일기에서는 통도사에서 온 스님과 부산서 50마일 떨어진 김해에서 온 김종함이라는 인물을 언급하고 있다.[103] 1893년 9월 11일자 일기에서도 베어드는 이 점을 기록하고 있다. 즉 김해에서 온 배씨 노인, 제주도에서 온 맹인, 10마일 떨어진 동래에서 온 박씨, 만주국경에 접해 있는 400마일 떨어진 함경도에서 온 남자가 그런 경우였다. 제주도에서 온 한 사람은 그 후에도 여러

---

[102] R. Baird, 27.
[103] 이상규, 『부산지방 기독교 전래사』, 117-8.

번 사랑방을 방문하여 책자와 약품을 받아 갔다고 기록하고 있다. 또 1894년 4월 6일자 일기에서는 동래(東萊)에서 돌아와 감기 걸려 있었으나 한국인들과 3시까지 대화했고, 또 『텬로지귀』(Chullo Chikwi, 天路指歸) 번역본을 수정했다고 기록하고 있다. 동래의 박서방이라는 이가 매주일 예배에 참석하고 있다는 점이나 부산 인근의 송씨와 김씨의 내왕에 대해서도 기록하고 있다. 이런 일련의 접촉을 통해 경남지역에서 기독교가 소개되고 있었다.

일례를 소개하면, 1893년 9월 11일자 일기에서 언급했던 김해의 배씨는 배성두인데 1893년 7월 14일자 일기에서 언급됐던 김종함씨와 함께 김해지방 초기 신자가 되었고 김해지역 첫 교회인 김해읍교회을 설립했다.[104] 『조선예수교장로회 사기』는 이 점을 학인해 주고 있다.

"김해읍교회가 성립하다. 선시(先是)에 본지인(本地人) 배성두(裵聖斗)가 부산에서 복음을 득문(得聞)하고, 귀가 전도하야 신자 십여명이 계흥(繼興)함으로 교회가 수성(遂成)하니라."[105]

배성두는 1893년 9월 11일 이후 베어드와 그 주변의 한국인 전도자들과의 접촉을 통해 신자가 되었고, 향리인 김해로 돌아가 전도하여 동료 2, 3인과 함께 정기적인 집회를 시작했는데, 이것이 후일 김해읍교회로 발전했다. 이 교회가 김해지방 최초의 교회였다. 이처럼 사랑방 전도는 부산과 인근 지역 기독교 운동의 기초를 제공한 것으로 보인다.

---

104 이상규, 『부산지방 기독교 전래사』, 118.
105 『조선예수교장로회 사기』, 49.

수세자들과 초량교회의 설립

회심자를 얻어 세례를 베푸는 일은 선교사에게 있어서 가장 신나는 일이라고 할 수 있다. 교제와 예배의 공간이었던 베어드의 사랑에서 시행된 최초의 세례식은 1893년 8월 6일에 있었던 선교사 자녀들에 대한 유아 세례식이었다. 이날 선교사들과 일부의 한국인들이 참석한 가운데 휴가차 서울에서 내려온 마펫은 베어드의 첫 아이 낸시 로우즈(Nancy Rose)에게, 베어드는 에비슨의 아들 더글라스(Douglas)에게 유아세례를 베풀었다.

부산지방에서 한국인에 대한 첫 세례는 1894년 4월 22일 부산진의 호주선교사의 한옥에서 시행되었다. 세 사람의 회심자, 곧 심상현, 이도념, 김귀주는 호주선교사들의 결실이지만 호주선교부에 목사 선교사 없었으므로 집례는 베어드가 맡았다. 그는 이들에 대해 두 차례 세례문답을 하고 믿음을 확인한 후 세례를 베풀었다.[106] 베어드가 1894년 4월 16일자 일기에서 세례청원자들에 대한 면접에 대해 소상하게 기록하고 있는 것을 보면 이 일에 특별한 의미를 두고 있음을 알 수 있다. 이때의 세례식이 부산지방에서 있었던 첫 세례식이지만 직접적으로 베어드의 결실은 아니었다. 이때로부터 3개월이 지난 1894년 7월 15일 베어드는 자신이 고용하고 있던 두 사람에게 세례를 베풀었는데, 이것은 북장로교 선교부가 얻은 첫 결실로서 부산지방에서의 두 번째 세례식이었다. 이때 세례를 받은 두 사람은 베어드의 어학선생이었던 서초시(Saw Cho Si)[107]와 베어드 집의 가정부 곽수은(Kwak Soo

---

[106] 이 점에 대한 자세한 논의는, 이상규, 『부산지방 기독교 전래사』, 83-98을 참고할 것.
[107] 베어드의 어학 선생 안 서방이 1894년 1월 고향으로 가게 되자 그가 돌아오기까지 서초시는 임시로 베어드의 어학 선생이 되었으나(Diary of Baird, 3, Jan., 1984), 그 후 정식으로 어학 선생으로 고용되었다(Diary of Baird, 28, Feb. 1894). 그러나 그해 6월 어학 선생직을 그만두게 되었고(Diary of Baird, 19, June 1894), 그해 11월에는 베어드의 매서 전도자로 채용되었다(Diary of

Eun)이었다.[108] 베어드의 사랑에서 모인 이날 세례식에서 베어드는 로마서 12장 1-2절을 중심으로 설교했고, 서초시와 곽수은에게 차례로 세례를 베풀었다.[109] 이들은 초량교회 초기 신자들이었다. 이날 설교자는 임지에 온지 1달이 채 되지 않았던 호주선교사 아담슨(A. Adamson)이었다. 설교를 마치고 7명의 한국인과 9명의 외국인은 함께 성찬의 떡과 잔을 나누었다. 어쩌면 이날의 성찬식이 부산에서의 첫 성찬식이었을 것이다.[110]

구도자들과 회심자가 생겨남에 따라 베어드의 사랑을 중심으로 자연스럽게 교회로 발전하게 되었다. 베어드가 1892년 4월 15일경 입주한 자신의 사랑방을 중심으로 전도하고, 하디 의사가 이 일을 도우므로 신자가 생겨나게 되어 이들을 중심으로 공집회(公集會)가 시작되었는데, 이것이 영선교회, 영서현교회, 혹은 영주동교회였다. 또 호주선교사 매카이 목사는 초량에 거주하면서 전도했는데, 건강의 악화로 1893년 9월 한국에서 은퇴했고, 1894년 5월 20일 부산에 온 아담슨(Rev. A. Adamson, 孫安路) 목사가 이 일을 계승하였다. 그 결과 1894년 9월초 초량지역에 별도의 신앙공동체가 형성되어 아담슨의 관할

Baird, 7, Nov. 1894). 1895년 2월에는 베어드가 설립한 남자학교(The Chinese School)의 교사로 채용되었다. 이 당시 학생수는 약 20명에 달했다(Diary of Baird, 6, Feb. 1895).
[108] Dairy of Baird, 1894. 7. 16일자.
[109] Baird, 13. 이때의 상황은 배위량의 일기(1894년 7월 16일)에 기록되어 있다.
[110] 베어드가 그의 일기 속에서 이날 참석한 인원과 인적사항에 대해 자세히 언급하고 있는 것을 보면 이날이 특별한 '역사적' 의미가 있다고 보았기 때문일 것이다. 이 성찬식에 참여한 7명의 한국인 중에서 4사람은 남자였는데, 타지방에서 온 두 조사, 곧 안씨와 고씨, 그리고 최근 세례를 받은 심상현과 서초시였고, 3사람의 여자는 지난 4월 22일에 세례를 받은 이도염과 김귀주, 그리고 이날 세례를 받은 곽수은이었다. 그리고 9명의 외국인은 배위량 선교사 부부, 어빈 의사 부부, 아담슨 선교사 부부, 그리고 세 사람의 호주 미혼 여선교사, 곧 멘지스, 페리, 무어였다. 이들 수찬자 외에도 50-60여 명의 한국인들이 이 예식에 참석하였다.

하에 있었다.[111]

그런데, 미국북장로교회와 호주장로교 선교부 간의 선교구역 협정에 따라 초량지역이 북장로교 관할지역으로 개편됨에 따라 아담슨은 초량지역의 교회를 북장로교 선교부로 이관하게 된다. 그 결과 호주장로교 선교사들에 의해 시작된 초량의 교회와 베어드에 의해 시작된 영주동의 교회가 통합되었고, 이것이 지금의 초량교회로 발전하게 된다. 『조선예수교 장로회 사기』 상권에서는 초량교회의 설립에 대해 다음과 같이 기록하고 있다.

> 부산 초량교회가 성립하다. 선시(先是)에 미국 북장로회 선교사 배위량(裵緯良) 부부가 영서현(英署峴)에 내왕하고 그 후에 하디 의사 부부가 적래(赤來)하야 동시전도함으로 신자가 점기(漸起)하고, 시년(是年)에 선교사 손안로(孫安路)가 초량(현금 예배당 기지)에 왕래하야 교회를 설립하니라 (그 후에 손안로가 마산에 이주할 시에 영서현교회와 병합하얏고 예배당을 영주동에 이전하니라).[112]

초량교회에서는 윌리엄 베어드에 의해 1892년 11월 교회가 설립되었다고 말하고 있으나,[113] 이를 증명할 근거가 없다. 베어드는 자신의 일기에서 토착 신자들의 모임으로서 최초의 집회가 사랑방에서 시작된 것은 1893년 6월 4일이었다고 기록하고 있다. 즉 윌리엄 베어드

---

[111] Adamson's letter dated 27, May 1895 in *The Fellowship Messenger*, Aug. 1895, 70. 아담슨에 의한 초량지역에서의 교회설립에 대해서는 이상규, 『부산지방 기독교 전래사』, 61-77, 99ff.를 참고할 것.

[112] 『대한예수교 장로회 사기 상』, 22.

[113] 초량교회100년사 편찬위원회, 『초량교회 100년사, 1892-1992』 (부산: 초량교회, 1994), 70. "베어드 선교사는 아내의 산후(産後) 조리가 끝나는 11월부터 자신의 집에서 선교활동을 시작하여 한국 사람들에게 복음을 전하는 등 그간의 노력의 결로 몇 사람과 더불어 기도하며 말씀을 전하는 집회형태를 갖게 되었는데, 이것이 우리 초량교회의 최초의 예배가 되었다."

는 "사랑방에서의 사역이 시작되다"(Began work in Sarang)라는 제목
으로 시작되는 1893년 6월 4일(주일)자 일기에서 다음과 같은 기록을
남겨주고 있다.

처음으로(for the first time) 사랑방에서 예배드리기 위해서 함께
모였다. 참석자 중에 어학선생과 하인들 외에는 오직 한 사람의 남자
뿐이다. 어학 선생은 서 서방, 고 서방, 그리고 그의 동생 안 서방이
었고, 하인으로는 용규, 세기, 인수, 그리고 게일의 하인인 감영이 참
석했다. 이날 방문한 사람은 손 씨인데, 그는 그 후에도 얼마동안 우
리의 안식일 모임에 참석했다. 그래서 이날 참석한 한국인 전체는 9
명이다. 서 씨가 성경 몇 구절을 설명했으나, 본문의 뜻을 제대로 설
명하지 못한 것이 아쉬웠다. 그리고 나서 그는 하나님의 집을 봉헌하
는(dedicating) 기도를 했다.[114]

베어드는 1892년 5월 18일부터 일기를 썼는데, 그의 일기에서 예
배드리기 위한 회집에 대한 언급은 이 날짜 일기가 처음이다. 이 일기
에서 베어드는 공식적인 회집으로써 예배를 위한, 혹은 예배로 드리는
최초의 모임이었다는 사실을 분명히 밝히고 있다. 특히 이날의 첫 집
회에 참석한 한국인에 대해 구체적으로 언급하고 있는 것은 이날의 회
집이 특별한 의미가 있다는 점을 강하게 암시하고 있다. 일기에서 말
하는 서 서방은 서경조를, 고 서방은 고학윤(고윤하)을 의미하는데, 이
때는 (1892년 5-6월에 걸친 순회전도여행에 이어) 1893년 4-5월에 걸

---

[114] 1893년 6월 4일자 베어드의 일기 원문은 다음과 같다. "Assembled for the first time in the Sarang for worship. There were present only one man besides the teachers and servants. The teachers were Saw Sawbang, Ko Sawbang and his brother, An Sawbang, the servants were Yong Kyou, Sayki, Insou and Mr. Gale's servant Kam Yongi. The visitor was Mr. Son who has been present at our Sabbath services for sometime past. Total present of Koreans were nine. Mr. Saw explained several passages of scriptures, but I fear with not enough pointedness. He then offered a prayer dedicating the house of God."

친 순회전도 여행을 마친 이후였다. 말하자면 베어드는 두 차례에 걸친 광범위한 선교여행을 마감하고 이제 공식적인 정기 모임을 시작하였음을 알 수 있다.

물론 여기에서 말하는 "처음으로"라는 언급이 새로 건축된 사랑방에서의 첫 집회로 해석될 여지도 있다. 또 6월 4일 이전에도 주일예배가 있었음을 암시하고 있으나 베어드의 일기에서 6월 4일 이전의 예배에 대한 분명한 기록은 없다. 이 일기에서 '하나님의 집'(house of God)을 하나님께 드리는(dedicating) 봉헌기도를 했는데, 건물을 하나님께 봉헌하는 의미도 있겠지만 부산에서 교회가 시작되었음을 알리는 중요한 암시라고 볼 수 있다. 따라서 기록상으로 볼 때 1893년 6월 4일을 초량교회의 설립일로 볼 수 있을 것이다.

베어드는 6월 4일 이후의 일기에서는 주일 집회에 대해 상당한 주의를 기울이고, 집회 참석자의 수, 인적사항에 대해서도 언급하고 있다. 예컨대, 최초의 공식적인 집회가 있었던 그 다음 주일, 곧 6월 11일(주일) 집회에 대해 기록한 6월 19일(월요일) 일기에서는, 6월 4일 처음 시작된 공식 모임이 계속되고 있다는 점을 언급하고 있다.

> 6월 11일 안식일 우리는 사랑방에 모였고, 나는 은혜가 누구에게로부터 오며, 우리에게 어떤 일을 하시며, 누가 그 은혜를 받을 수 있으며, 그것을 어떻게 확신할 수 있는가에 대해 말하는 히브리서 4장 16절을 읽었다. 그날 손 씨는 아파서 예배에 참석하지 못했다. 다른 참석자들은 지난주 참석자들과 동일했다. 주간에는 사랑에서 성경공부를 했고, 방문자들이 이야기하고 책을 나누어주었다. 어제 6월 18일 주일, 우리는 사랑방에서 회집했는데, 몸이 아파 참석하지 못한 고서방 외에는 지난 6월 4일 주일에 모였던 사람들과 철승이가 참석했다. 참석하는 사람들이 많아지도록 기도해야겠다. 서서방이 내가

전날에 부탁했던 심판날에 관한 성경을 읽고 참석자들에게 하나님과 화목하기 위해 그날을 우직하게 기다려야 한다는 점을 아주 평이하게 설명했다. 나는 두 나이 든 소년, 곧 게일의 하인과 나의 요리사가 자기 자신이 영혼의 문제를 깊이 숙고하기를 기대해 본다.[115]

또 7월 4일자로 시작되는 일기에서도 6월 4일, 11일, 18일 주일에 이어 6월 25일, 그리고 7월 1일의 집회와 그때의 설교 본문에 대해 기록하고 있다.[116] 그 이후에도 집회에 대한 언급이 계속되고 있고, 그리고 점차 타 지역에서 찾아오는 탐문자들도 있다는 사실을 언급하고 있다. 즉, 그의 일기를 보면(괄호 안은 베어드의 일기의 날짜임), 동래에서 온 홍 서방, 경주에서 온 남 서방(7월 4일), 밀양에서 온 박 씨, 함양에서 온 김 씨(7월 10일), 김해에서 온 김종함(Kim Chong Ham, 7월 14일), 전라도에서 온 임 씨 일행(8월 5일), 김해에서 온 배 씨, 동래에서 온 박 씨, 제주도에서 온 시각장애자, 함경도에서 온 한 사람(9

---

[115] Diary of Baird, 19 (Monday), June, 1893. 원문은 다음과 같다. "On sabbath June 11th we assembled in Sarang and I gave a Bible reading on grace showing from whom it comes, what it does for us, who may receive it, and how it is to be secured, Heb. 4:16. Mr. Son was sick that day and did not attend. Others present were the same as previous Sabbath. During the week studied in sarang and talked to visitors, distributed books. In yesterday June 18th we assembled in Sarang - present - all who were present June 4th and Chulsoongi, except Ko sawbang who was sick. We must pray that the number be increased. Saw sawbang took a Bible reading which I had given him the day before on the subject of the Judgement Day, and spoke very plainly to all present about the folly of waiting until that day in order to make peace with God. I hope the two older boys - Mr. Gales' boy and my cook are considering the question of their own souls....."

[116] Diary of Baird, Tuesday, 4, July, 1893. "Services were held on each of the two previous Sabbaths in the Sarang. The first subject was on faith, the second Matt 22:1-14 - the call - its rejection, the punishment. My time has been spent in study and in talking with visitors. Almost every day men have come to talk - some of them evidently mockers, some seemed interested in their enquiries. Yesterday Hong sawbang of Tongnai and others came and talked with some interest. This morning Nam sawbang from near Kyungjoo listened with more understanding than usual for men hearers."

월 11일)도 있었다고 한다. 후에 이들은 해 지방 기독교운동을 선도하였던 중요한 인물이 된다는 사실은 흥미로운 일이 아닐 수 없다.

이상의 점들을 고려해 볼 때 1893년 6월 4일 처음으로 회집하여 예배를 드리기 시작함으로써 교회라는 하나의 신앙공동체가 형성되었음을 짐작해 볼 수 있다. 6월 4일의 첫 모임에서는 어학선생과 선교부에 고용된 하인 외에는 단 한 사람뿐이었으나 점차 그 수가 증가되기 시작하였고, 1894년 1월 3일자 일기에서는 주일 예배에 참석자가 다소 유동적이지만 10명에서 18명에 이른다고 했다. 1월 18일자 일기에서는 지난 두 주일 동안의 예배참석자는 12명 정도였다고 기록하고 있다. 베어드의 사랑방 전도와 그의 활동이 교회설립의 기초가 되었음을 알 수 있다.

한문학교의 설립

베어드와의 관계에서 간과할 수 없는 한 가지는 그가 경남지방에서 처음으로 부산에 있는 소년들을 위한 학교(School for boys of primary grade)를 개교한 일이다.[117] 1895년 1월 베어드의 사랑방에서 시작된 이 학교는 '한문서당'(The Chinese School)으로 불렸다. 당시 모든 한국인 부모들이 자식들에게 한문을 가르치기를 원했기에 이런 이름을 사용했던 것으로 보인다. 이 학교는 한문 외에도 조선어, 산수, 지리 등과 더불어 성경을 가르쳤고, 매일 예배를 드렸다. 첫 학생은 5명이었으나, 그해 2월 중순경에는 20여 명으로 불어났고, 베어드의 어학 선생이었던 서초시는 교사로 임용되었다.[118] 또 서초시의 아들은

---

[117] R. Baird, 14, 44; Edith A. Kerr and G. Anderson, 46. 이 학교에 대한 자료의 결핍으로 더 이상의 정보를 확인할 수 없다.
[118] Diary of Baird, 2, June 1985. 서초시의 본명은 서두엽이었다(이상규, 『부산지방에서의 초기

보조교사로 채용되었다.

비록 선교부에 의해 설립되었으나 선교학교(mission school)로 보기에는 미흡했다. 이 학교는 학비가 전혀 없는 학교로서 전도를 위한 자선사업의 성격이 짙었다. 베어드는 지역 순례로 출타하는 일이 많았으므로 이 학교는 베어드의 부인과 어빈 의사의 부인, 그리고 한국인 교사가 학교 일을 주관했다. 베어드가 부산지부를 떠난 후 이 학교는 곧 폐교되어 이 지방 교육에 영향을 주지 못했다.

이로부터 몇 년 후인 1897년에는 역시 부산에 거주하던 미국 북장로교 선교사인 어빈부인(Mrs. Bertha Irvin)이 고아나 극빈 여아들을 위한 소규모의 야학교(夜學校)를 개교하였으나 이 학교도 곧 중단되었다.

부산지방과 경남지방에서 교육활동은 호주선교사들에 의해 주도되는데, 1891년 호주선교사 제2진이 부산에 도착한 이후 아동과 여성에 관심을 두고 자선 및 교육사업을 시작한 것이 이 지방 기독교교육의 구체적인 시원이 된다. 호주선교사들은 1892년 세 사람의 여자 고아를 양육하기 시작하였는데 이 자선, 봉사 사업은 이 지방 최초의 고아원, 곧 미오라고아원(Myoora 孤兒院)으로, 그리고 1895년 10월에는 부산진 일신(日新)여학교로 발전하였고, 1925년에는 고등과를 병설하여 동래(東萊) 일신여학교가 되었다. 일신여학교는 이 지방 최초의 여성교육기관이었다.[119]

기독교』, 165-169.
[119] Edith A. Kerr & Anderson, 47.

문서 활동

베어드는 부산에서 체류하는 1893년에 3권의 소책자를 편찬했다. 그 첫 책이 1893년 여름에 발행된『텬로지귀 天路指歸』였다. 이 책은 미얀마 선교사였던 저드슨(A. Judson)의 *Guide to Heaven*를 번역한 것이었다. 1894년에는 전체적으로 다시 개역되었고,[120] 1905년 조선야소교서회에 의해 14쪽의 소책자(17, 8cm)로 출판되었다.

그가 번역한 두 번째 책은 중국어에서 번역한『구셰진쥬 救世眞主』였다. 원전은 그리피스 존(Griffith John, 1831-1912)[121]의 *True Saviour of the World*인데, 베어드는 처음으로 중국문자를 배우고 번역한 것이라고 말하고 있지만[122] 전적으로 그가 번역했다고 볼 수 없다. 아마도 영문판을 중국어본과 대조하면서 번역했을 가능성이 높다. 이 책은 1897년 11쪽의 소책자로(11, 23cm) 출판되었다.

그가 편찬한 세 번째 문서가『그리스도의 속업』인데, 이 책은 영서 *The Atonement*를 역간한 것이다. 이 책은 1917년 조선야소교서회에 58쪽의 책(18, 9cm)으로 다시 출간되었다.

그 외에도 또 한권의 소책자가 26쪽으로 구성된 "기독교회는 일부다처주의자들을 용납할 것인가?"(*Should Polygamists be admitted to the Christian Church?*)였다.[123] 이 책은 장로교공의회(Presbyterian Council of Korea)에서 토론을 위한 목적에서 1896년 출판되었지만, 그가

---

[120] "Evangelistic Report of Fusan Station, 1893-94", 8.
[121] 웨일즈 출신의 런던선교회(LMS) 소속 중국 선교사이자 번역가였다. 성경과 여러 기독교 문서를 중국어로 번역한 위대한 선교사였다. 그가 저술한『상데진리 *The True Doctrine of God*』는 1891년 언더우드에 의해 한국어로 출판되었다.
[122] 베어드는 이렇게 말하고 있다. "『구셰진쥬 *True Saviour of the World*』 was translated from the Chinese after first learning the Chinese characters of the original tract."
[123] 참고,『基督敎古文獻展示目錄』(서울: 연세대학교중앙도서관, 1967), 70.

부산에 체류하는 동안 집필한 원고였다. 당시 한국에는 중혼한 신자들이 있었고 이들에 대한 문제는 조상제사 문제와 더불어 초기 선교사들에게 있어서 심각한 토론의 주제였다. 초기 선교사들은 한국의 구도자들에게 한국의 전통이나 관습을 어떻게 평가하며, 이런 전통과는 다른 기독교적 가치 중에서 어떤 것을 기본적인 교리로 강조해야 할 것인가를 결정해야 했다. 이런 필요성에서 장로교공의회는 베어드에게 이 책의 집필을 요청했다. 베어드는 이 책에서 성경과 교회역사, 그리고 한국의 전통에 기초하여 논의를 전개하였고, 일부다처제는 성경의 가르침에 위배된다고 지적했다.[124]

이상의 소책자들은 초기에 간행된 전도문서 혹은 교리서로서 한국인 독자들에게 기독교의 기본교리, 그리고 그리스도인의 생활에 대한 지침서의 역할을 했다. 성경 이외의 기독교 문서가 국내에서 출판된 것은 1889년경부터인데, 이 해에 언더우드의 『속죄지도 贖罪之道』, 아펜젤러의 『성교촬요 聖敎撮要』가 출판되었다.[125] 1890년에는 올링거(F. Ohlinger)의 『라병론 癩病論』, 아펜젤러의 『미이미교회강례 美以美敎會綱例』, 언더우드의 『성교촬리 聖敎撮理』 등이 출간되었다. 이런 책들 외에는 베어드가 역간한 문서가 초기 문서였으므로 그의 문서 활동의 의의는 부산경남 지역에 국한 할 수 없을 것이다.

비록 후기이지만 배위량의 부인(Annie L. A. Baird, 安愛理)도 문

---

[124] 본래 이 글은, 윌리엄 베어드가 *The Korean Repository* 1896년 7, 8, 9월호에 기고했는데, 중혼자의 세례와 입교에 대해 관용적인 입장을 취했던 스왈른(W. L. Swallen)의 견해에 대한 반박으로 기록되었다. 서지 사항은 다음과 같다. "Should Polygamists be admitted to the Christian Church?" Part 1, 3:7(July, 1896), 194-198, Part 2, 3:8(August, 1896), 229-239, Part 3, 3:9(September, 896), 256-266. 이 글은 이상규에 의해 번역되어 숭실대학교 기독교문화연구원의 「한국기독교문화연구」 12집(2019. 12), 343-381과 13집(2020. 6), 207-261에 게재되었다.
[125] 이만열, 『한국기독교문화운동사』, 332.

필 활동을 통해 한국교회에 큰 영향을 끼쳤다.[126] 베어드는 부산에서 사역한 기간인 1892년 5월 18일부터 1895년 4월 1일까지 일기를 썼는데, 이것은 사적인 기록을 넘어 당시의 부산, 경남지역의 상황과 선교 활동, 그리고 그 기간의 부산 경남 지역의 교회와 역사를 헤아리는 데 중요한 자료가 되고 있다.[127]

대구지부의 개척

베어드는 1895년 말부터 개항지가 아닌 내지 대구로 진출하였다. 그는 선교여행을 통해 내륙선교의 필요성을 절감하고 서울과 부산 중간의 대구가 가장 적절한 곳이라는 결론을 얻었다.[128] 배어드는 선교지 개척을 위해 1896년 초 대구 남문 근처의 가옥 한 채를 사비로 매입한 후 그곳에 잠정적으로 진출했으며 미국의 선교본부는 그것을 승인했다.[129] 베어드의 보고에 의하면 가옥을 매입하는데, 주민들은 매우 우호적이었으며 외국인의 존재를 반기며 매우 우호적인 것 같았다고 보고했다.[130] 그러나 베어드가 대구로 영구적으로 이주하려고 준비하는 중에 서울로 전출되었고 그 대신 그의 처남으로서 부산선교부

---

[126] 1911년에는 36면의 순한글 전도서적인 『고영규젼』(高永規傳)을 출판했는데, 이 책은 고영규라는 가상의 인물을 통해 그의 타락한 생활을 청산하고 기독교신자가 되는 과정을 그린 작품이다. 또 「부부의 모본」이라는 소책자도 저술했는데, 이 책은 박명실과 양진주라는 가상 인물의 결혼, 가정생활을 통해 기독교적 가정과 부부상을 제시하려고 하였다. 위의 두 소책자는 합본되어 Two Short story라는 영문으로 출판되었다(참고, 『책속에 담은 복음과 나라사랑』, 93). 그 외에도 Leigh Richard의 작품을 번역한 『우유쟝ᄉ의 딸이라』(야소교서회, 1911, 54pp.), 『식물학』(평양: 야소교서원, 1913, 237pp.), 『만국통감 이권』(야소교서회, 1915, 194pp.) 등을 출판했다.
[127] 이 일기 또한 북장로교 역사관(Presbyterian Historical Society)에 소장되어 있다.
[128] W. M. Baird to Ellinwood, Dec. 9, 11, 1895.
[129] Mrs. W. M Baird to Ellinwood, Jan. 18, 1896; W. M. Baird to Ellinwood, Jan. 28, March, 31 April, 14, 1896.
[130] W. M. Baird to Ellinwood, March, 18, Aapril 14, 1896,

에 있던 제임스 아담스(James E. Adams)가 대구로 임지를 옮기게 된다.[131] 아담스는 1895년 입국하여 부산지부에서 베어드와 함께 활동해 왔으나 대구로 이주하게 되어 베어드가 준비한 주택을 그에게 인계하여 주었다. 아담스는 1897년부터 대구에서 본격적으로 활동했는데 그해 11월 초에 가족과 함께 대구로 완전 이주하였다.[132] 대구지부의 설치는 베어드가 남긴 기여라고 할 수 있다. 후일 베어드는 평양으로 이거 하였고, 1897년 10월 10일 평양 신양리 자택에서 13명의 학생을 데리고 숭실학당을 설립했는데, 1906년 10월 10일에는 숭실전문학교(Union Christian College, Pyung Yang)로 발전하였다. 이 학교에서 1908년 5월 13일에는 두 학생이 졸업하면서 한국에서 최초로 학사학위 수여자를 배출하게 되었다.[133]

맺으면서

베어드는 1891년 29세의 나이로 입국한 이래 32세가 되는 1895년까지 만 4년간 부산에서 사역하였다. 그가 부산에서 일한 4년간은 부산에서의 북장로교 선교활동의 시원이 되며, 부산지방 기독교운동의 기원이 된다. 부산에서만이 아니라 그 후의 베어드의 한국에서의 활동에서 1880년대 맥코믹신학교의 복음주의적 선교 열정과 엄격한 언약도의 신앙 전통은 그의 신앙과 삶, 그리고 선교사역을 이끌어 갔던 신학적 동인이었다.

베어드의 부산에서의 선교 활동은 앞에서 언급한 바와 같이 호주

---

[131] J. E. Adams to Ellinwood, Nov. 11, Dec. 30, 1896.
[132] J. E. Adams to Ellinwood, March 30, May 29, Sep. 29, 1897.
[133] W. M. Baird, "History of the Educational work", Quarto Centennial Papers, 70.

선교들과 함께 부산 경남지방 기독교 형성에 초석을 놓았다고 평가할 수 있다. 북장로 선교부로 볼 때 베어드가 부산지부를 개척하고 그 기초를 세웠기에 북장로교 선교부가 부산에서 철수하게 되는 1914년까지 23년간 21명의 선교사들이 부산에서 활동할 수 있었을 것이다.[134] 베어드의 활동에서 간과할 수 없는 한 가지는 한국인 조력자들의 헌신과 봉사였다. 특히 서상륜, 서경조, 고학윤 등의 도움이 있었기에 그의 선교활동이 가능했다.

베어드 개인으로 볼 때도 부산에서의 초기 사역은 서울, 평양에서의 순회전도, 학교설립, 문서 활동에 유효한 경험과 영향을 준 것이 분명하다. 그가 내한 선교사 중 영향력 있는 선교사로 지도력을 행사하게 된 것도 부산지방에서의 사역에서 얻는 경험의 결과일 것이다.

종합적으로 고려해 볼 때, 베어드는 언더우드, 마펫, 에비슨, 게일 등과 함께 초기 한국에 온 선교사 중에 탁월한 한 사람이었다. 이 점은 클라크(C. A. Clark)의 증언 속에 나타나 있다.

> 한국은 자국에 처음 온 선교사들의 자질과 관련하여 볼 때 특별한 은총을 받은 나라이다. 언더우드는 대단히 열정적이고 창의적인 사람이었고, 마펫은 전도자로서 그 열정이 충만한 사람이었고, 에비슨은 의료분야의 지도적 인사였고 의과대학을 설립했다. 베어드는

---

[134] Harry A. Rhodes, 641; 이상규, 『부산지방 기독교 전래사』, 60. 부산지부에서 일한 21명의 선교사는 다음과 같다(괄호 안은 한국명, 부산지부 체류 기간임). Rev. William Baird (배위량, 1891-1895), Mrs. Baird(1891-1895), Dr. Hugh Brown(1891-1894), Mrs. Brown(1891-1894), Dr. C. H. Irvin(어빈, 1893-1911), Mrs. Irvin(1893-1911), Rev. J. E. Adams(안의와, 1895-1896), Mrs. Adams(1895-1896), Miss M. Louise Chase(1896-1901), Rev. Cyril Ross(노세영, 1897-1902), Mrs. Ross, MD(1897-1902), Rev. Richard H. Sidebotham(사보담, 1900-1909), Mrs. Sidebotham(1900-1909), Rev. Walter E. Smith(심익순, 1902-1912), Mrs. Smith(1902-1912), Rev. Ernest Hall(1903-1905), Rev. George H. Winn(위철치, 1909-1914), Miss Anna S. Doriss(도신안, 1909-1913), Rev. Rodger E. Winn(인노철, 1909-1914), Mrs. R. E. Winn(Catherine Lewis, 1909-1914), Mrs. G. H. Winn(Blanche Essick, 1910-1914).

인문대학의 설립자였고, 게일은 오늘에 이르기까지 그 누구도 필적할 수 없는 탁월한 번역가이자 학자이다. 선교 초기에 이와 같이 재능 있는 인적 자원으로 시작된 선교지는 거의 찾아볼 수 없다.[135]

---

[135] C. A. Clark, *The Nevius Plan for Mission Work Illustrated in Korea* (CLS, 1937), 81-2; 곽안련 (박용규, 김춘섭 역), 『한국교회와 네비우스선교정책』(서울: 대한기독교서회, 1994), 95.

부 산 경 남 지 방 기 독 교 연 구

제**6**장

부산의 첫 의료선교사, 휴 브라운
(Hugh MacDermid Brown)

부산에 온 첫 의료선교사는 미국 북장로교회가 파송한 휴 브라운(Hugh MacDermid Brown, MD, 1867-1896) 부부였다. 1891년 12월 8일 내한[136]한 그는 윌리엄 베어드에 이어 부산에 온 두 번째 북장로교 선교사이기도 했다. 그런데 그의 체한 기간이 길지 못해 그에 대한 기록은 거의 남아 있지 않고 그에 대한 정보는 매우 제한적이었다. 필자는 2001년에 출판한 『부산지방 기독교 전래사』에서 이렇게 썼다.

"베어드에 이어 두 번째로 부산에 부임한 북장로교 선교사는 휴 브라운(Dr. Hugh M. Brown) 부부였다. 부부가 의사였던 이들은 1891년 12월에 부산에 왔다. 베어드의 요청으로 부산에 온 첫 의료선교사인 이들은 자기 집에 작은 시약소(dispensary)를 마련하고 의료선교사로서의 사역을 시작하였다. 그러나 브라운 의사의 예기치 못한 결핵의 감염으로 더 이상 선교지에 남아 있을 수 없었다. 그래서 부산에 온지 2년 후인 1893년 말까지 사역하고 1894년 1월 8일 귀국하였다. 그가 본국으로 돌아간 후 2년이 채 못 되어 1895년 뉴욕 덴빌(Danville)에서 병사함으로써 북장로교 첫 희생자가 되었다."[137]

그에 대한 정보는 고작 이것이 전부였다. 그런데 마포삼열이 1891년 12월 16일자로 엘린우드 박사에게 보낸 편지를 통해 브라운 의사가 미시간대학교 의과대학을 졸업했다는 사실을 알게 되었고, 또 브라운은 윌리엄 가드너 의사(Dr. William Gardner)와 함께 3년 간 미시간

---

[136] *The Korean Repository* (Feb. 1892), 68. 그의 내한에 대한 기사는 다음과 같다. "Dec. 8, 1891, at Seoul Dr. and Mrs. Hugh M. Brown from Delaware, Water Gap PA. to join the Presbyterian. Mission."
[137] 이상규, 『부산지방기독교 전래사』, 58, 210.

의대를 함께 다녔다는 사실[138]을 알게 되었다.

미시간 의대를 졸업했다는 정보는 중요한 단서였다. 필자는 그의 삶의 여정을 확인하기 위해 미국 미시간 주 앤 아버(Ann Arbor)에 소재한 미시간대학교 의과대학에 브라운에 대한 정보 소장 유무를 문의했고 그에 대한 자료를 수득하기 위해(물론 다른 목적도 있었지만) 2018년 6월 미시간대학으로 갔다. 7월초 미시간대학교의 아르카이브라고 할 수 있는 벤틀리 역사도서관(Bentley Historical Library)과 접촉했다. 그리고 어렵게 이 도서관에 브라운 의사 관련 자료가 있다는 사실을 알게 되었다. 여러 절차를 거쳐 이 자료들을 PDF파일로 수득하게 되었다. 이 새로운 자료의 발굴을 통해 희미하게 알려진 휴 브라운과 그의 부인 패니(Fannie Hurd Brown, MD), 그리고 그들의 내한과 브라운 의사의 질병, 귀국, 귀국 이후를 정확하게 파악하게 되었다.

휴 브라운은 미국 출생이 아니라 캐나다 온타리오주 사르니아(Sarnia) 출신이었다. 그런데 지리상으로 멀지 않는 미시간으로 와 미시간대학교 의학과에 입학하였고 이곳에서 함께 수학하면서 부인 패니를 만나게 된다. 그런데 휴 브라운의 누나인 메리는 휴 보다 앞서 미시간대학 의학과에서 수학하고 1889년 졸업하여 의사가 되었다. 이를 보면 브라운 남매는 우수한 학도였음을 알 수 있다.

미시간대학은 1837년 설립되었는데 의학과가 설립된 것은 그로부터 약 10년 뒤였다. 1848년 1월, 5명의 교수단으로 의학 및 외과(Medical and Surgery Department)가 설치되었다. 과장은 여성 및 아동 질병을 전공한 아브람 사거(Abram Sager) 교수였다. 당시 미국에서도 의학과가 많지 않았으나 미시간대학교의 의학과는 수준 높은 학

---

[138] 『마포삼열 자료집1』, 255.

교로 인정받고 있었고 점차 학생 수가 불어났다. 그래서 설립 20년이 된 1867년 당시 의학과 학생 수는 525명에 달했다.[139] 1879년에는 2년 과정이 3년 과정으로 개편되었고,[140] 전공과목 외에도 라틴어와 그리스어까지 요구했을 정도였다.[141] 미시간대학은 당시 미국의 관례대로 남자들만 입학하는 학교였는데, 1851년부터 여자 입학을 허용하는 안을 검토하기 시작했고, 1870년부터 여학생도 입학할 수 있게 했다. 말하자면 이때부터 남녀공학 대학이 된 것이다. 따라서 의학과도 여학생의 입학을 허용하게 된다. 이것이 미국에서 남녀공학을 허용한 미국의 주요 의대 중 첫 번째 사례가 된다.[142] 미국에서 여자로서 처음으로 의학 학위(medical degree)를 얻은 이는 엘리자베스 블랙웰(Elizabeth Blackwell)인데, 이때가 1849년이었다. 그는 Geneva Medical College에서 학위를 받았다. 그런데 미시간대학교 의학과에서 첫 여성 의학 학위 취득자가 배출된 때는 1871년이었고, 1872년에는 6명의 여자가 의학과를 졸업하였다.[143] 여성 입학생 수는 점차 증가하여 1881년에는 전체 의학과 학생 중 20%에 달했다. 그러나 여전히 여학생은 남학생들과 구별되었고, 1893년 전후까지 수업 시간에 남자 좌석이 구별되어 있었을 정도였다.[144] 바로 이런 시기에 휴와 패니는 미시간대학교 의학과에 입학하게 된 것이다.

휴 브라운의 부인 패니 허드(Fannie Burton Hurd, 1867-1945)는

---

[139] Dea H. Boster & Joel D. Howell, *Medicine at Michigan* (Ann Arbor: Univ. of Michigan Press, 2017), 26.
[140] Dea H. Boster & Joel D. Howell, 26.
[141] Dea H. Boster & Joel D. Howell, 27.
[142] Dea H. Boster & Joel D. Howell, 29.
[143] Dea H. Boster & Joel D. Howell, 30.
[144] Dea H. Boster & Joel D. Howell, 32.

1867년 10월 23일 의사였던 윌슨 허드(F. Wilson Hurd, ?-1913)와 어머니 한나 존슨(Hannah Johnson)의 둘째 딸로 뉴욕 덴스빌(Dansville)에 있는 잭슨 의원(Jackson Sanitorium)에서 출생했다. 아버지가 의사로 일하는 병원이었다. 언니 안나(Anna)는 패니가 출생한 후 얼마 안되어 펜실바니아주 이스트 스트로우즈버리(East Stroudsburg)에서 3마일(4.8 km) 거리의 작은 동내(Delaware Water Gap)에 새로운 의원을 설립했다. 패니는 이곳에서 성장했고 후에는 오하이오주의 오벌린 대학(Oberlin College)에 입학했다. 1833년 설립된 오벌린 대학은 미국에서 최초로 여성 및 흑인 학생의 입학을 허락한, 가장 오래된 남녀공학대학이었다. 찰스 피니가 이 대학의 제2대 학장으로 일한 기간이 1851년부터 1866년이었다. 오벌린에서 수학한 패니는 1888년 10월 미시간대학교 의학과에 입학하게 된다. 아버지가 의사였으므로 의료인의 길을 선택한 것으로 보인다. 이때 같이 입학한 동료 델핀 한나(Delphine Hannah)는 후일 오벌린대학의 유명 인사가 되었고 50여년 간 교수로 활동했다. 패니는 같이 입학한 여학생 엘리자베스 뉴콤(E. Newcomb), 델라 피어스(Della P Pierce)와 같이 앤 아버에서 같이 생활 했는데 이들은 후에 모두 의사가 된다.

이곳 의학과에서 3년간 수학한 패니는 의사면허(MD)를 받고 1891년 6월 25일 졸업했다. 그 동료가 바로 휴 브라운이었다. 휴 브라운과는 같이 입학하여 같이 졸업한 동료였는데 졸업한 이들은 7월 6일 조선 선교사로 임명되었고, 그해 10월 1일에는 결혼했다.[145] 이들이 선교사의 길을 가게 된 것은 휴 브라운의 가족사와 관련이 있다. 휴 브라운의 누나인 메리 브라운(Dr. Mary Brown)은 휴보다 앞서 1889년

---

[145] 박형우 편역, 『올리버 R. 에비슨 자료집 II』(서울: 도서출판 선인, 2019), 162.

휴 브라운 의사(뒷줄 중앙, 1893)

미시간의대를 졸업하고 중국선교사로 일했다. 이 무렵 코넬대학의 학생이었던 존 모트(John Mott)와 로버트 슈피어(Robert Speer)는 대학을 순방하며 선교동원운동을 전개하고 있었는데, 특히 의대를 순방하여 선교 열정을 고취시켰다. 이런 영향 하에서 휴와 패니는 한국선교를 자원하게 된 것이다.

이들이 한국 선교사로 파송될 때 디트로이트장로교선교회(Detroit Presbyterian Missionary Society)의 후원을 받았다. 이들은 1891년 12월 7일 제물포에 도착했고, 부산으로 왔을 때는 1892년 10월 8일이었다. 브라운 의사는 자기 집에 시약소를 설치하고 의료 사역을 시작했다. 첫 조수가 고학윤(高學崙, 1853-1937)이었다. 이들은 디트로이트 장로교선교회의 후원으로 거주할 집을 건축했는데, 이 주택이 북장로교 선교부의 두 번째 건물이었다. 이 주택에 대해서, 진 페리는 1894년 1월 26일자로 쓴 편지에서 "이 병원이 얼마 전에 건축되었다"고 말하고 있지만, 실제로 이 주택은 1893년 9월 말에 완공되었다.

브라운 의사 부부는 한국에서 남매를 출산했는데, 첫 아이가 도널드(Donald)였고, 둘째가 아그네스(Agnes)였다. 그런데 한국에 온 지 겨우 2년 만에 휴 브라운은 결핵에 감염되었고, 한국을 떠나게 된다. 선교사역을 계속할 수 없었기 때문이다. 그런데 패니가 1899년 3월 24일자로 미시간대학의 영문과 교수였던 아이작 데이몬(Isaac Demmon) 교수에게 보낸 편지[146]를 보면 휴 브라운은 긴 순회 전도여행을 했는데, 이 일로 이질과 폐렴에 감염되었고, 곧 결핵으로 발전했다고 한다.

부인 패니는 1893년 8월 17일자로 페르시아 선교사 출신으로 미국북장로교 선교부 부총무였던 뉴욕의 벤자민 라바리 목사(Benjamin Labaree, 1834-1906)에게 보낸 편지에서 이렇게 썼다.

> "에비슨 박사가 부산에 왔을 때 그는 브라운 의사를 철저하게 진찰했습니다. 그는 폐의 하좌측부에서 분명한 둔탁한 부위를 발견했습니다. 에비슨 박사는 이것이 일 년 전 의주에서 얻는 폐렴 및 늑막염의 불완전한 치료에 의해 초래된 아급성 늑막염(a subacute pleurisy)이라고 생각하고 있습니다. 이 부위는 습기 차고 곰팡이 냄새 나는 공기에 의해 다시 염증이 생겼습니다. 에비슨 박사는 폐 조직에 실제 질병이 있는지는 아무도 말할 수 없을 것이라고 했습니다. 그러나 그는 '장마철의 습기 차고 변덕스러운 공기에서 나와 더 좋은 곳으로 즉시 여행할 것'을 강하게 권했습니다."[147]

---

[146] 아마도 패니가 의학과에 재학하고 있을 당시 아이작 교수와 가깝게 지낸 것 같고, 아이작 교수는 패니에게 한국선교와 휴의 죽음 등에 대해 궁금하여 패니에게 편지를 보낸 것 같다. 이에 대한 답신으로 기록된 편지가 바로 이 편지인데, 미시간대학교 벤틀리역사관에 보관되어 있다.
[147] 박형우 편역, 『올리버 R. 에비슨 자료집 II』, 160.

에비슨의 진단에 의하면 꼭 결핵이라고 할 수 없지만 폐의 이상이 생겨 더 이상 선교지에 남아 있을 수 없었다. 일정 기간 휴양이 필요하다고 하여 블라디보스토크로 가서 지내고 1893년 8월 25일 부산으로 돌아왔다. 건강이 회복되는 듯했다. 그래서 그는 그해 10월 17일부터 27일까지 개최된 북장로교 한국선교회 연례회의에 참석할 수 있었다. 브라운은 1893년 12월 5일 미국북장로교 해외선교부 총무 엘린우드에게 보낸 편지에서, "블라디보스토크로부터 돌아온 이후 저의 건강이 지속적으로 회복되고 있으며, 그래서 연례회의에 참석하기 위해 서울에 있을 때 저의 외모나 실제 상태가 뚜렷하게 회복된 것에 대해 에비슨 박사가 상당히 놀라워 했다"라고 기록했으나[148] 근본적인 문제는 그대로 남아 있었다. 휴 브라운은 1893년 8월 30일자로 호주 선교사 매카이 목사(Rev. James H. Mackay)의 건강에 대한 소견서를 쓰면서 한국에 체류할 만한 건강상태가 아니라고[149] 판단했는데 이제 자신이 그런 상태가 된 것이다.

결국 휴 브라운은 한국을 떠나지 않으면 안 된다고 판단했다. 그래서 그는 1893년말까지 만 2년간 부산에서 사역하고, 아내와 두 아이를 남겨둔 채 1894년 1월 8일 부산을 떠났다. 부인과 동행할 수 없었던 이유는 둘째 아이 아그네스를 출산한 지 오래지 않아 어린 딸과 같이 여행할 수 없었기 때문이다.

부인 패니도 딸 아그네스가 여행할 수 있게 되었을 때 부산을 떠나 귀국길에 올랐다. 그래도 어린 두 아이를 데리고 여행하기 어려웠으므로 한국인 보모 한사람이 동행했다. 미국에 간 첫 유학생 윤치호가 미

---

[148] 박형우 편역, 247.
[149] Messenger (1893. 11. 1), 371, 이상규, 『부산지방 기독교 전래사』, 273.

국에 도착했을 때가 1888년 9월이었는데 1894년 봄에 부산의 한 여성이 미국으로 간 일은 예사로운 일이 아니었다. 그 여인은 그 후 어떻게 되었을까?

본국으로 돌아간 패니는 캘리포니아로 돌아가 요양 중인 휴와 재회하여 일정 기간 함께 지냈으나 건강이 더 악화되자 휴는 뉴욕 덴빌의 잭슨요양원으로 옮겨 갔다. 그곳은 패니의 삼촌 부부 재임스 잭슨(Dr. James Jackson, Dr. Kate Jackson)이 일하는 곳이었다. 이곳에서 휴 브라운은 1896년 1월 6일, 29세로 생을 마감했다. 부산을 떠난 지 2년 된 때였다. 그는 덴빌(Danville)의 묘지에 묻혔다.

남편이 사망하자 패니는 두 아이를 데리고 친정 아버지가 의사로 있는 뉴욕 캐스타일(Castile)의 워터 갑 요양원(Water Gap Sanitorium, North Water Gap)으로 갔다. 여기서 아버지를 돕는 보좌 의사로 일하게 된다. 그런데 아버지는 나이가 많아 1913년 사망했고 패니가 아버지 일을 대신하게 된다. 그러다가 1916년에는 뉴욕 캐스타일에 있는 요양원 의사로 가서 1940년 6월 30일부로 은퇴하기까지 25년간 일했다. 이곳에서 일하는 기간인 1926년 전후 몇 년간은 피셔 의사(Dr. Fisher)와 함께 뉴욕의 엘리미라(Elmira)의 보건원(Gleason Health Resort)에서 지내기도 했으나 캐스타일에서 의사로 오랜 기간 봉사했다.

1940년 73세의 나이로 현역에서 은퇴한 패니는 아버지가 설립했던 델라웨어 워터 갑(Delaware Water Gap)의 요양원으로 돌아가 지내던 중 1945년 1월 24일 펜실바니아 주 미니슁크 힐스(Minisink Hills)에서 78세의 나이로 세상을 떠났다. 그의 장례식은 거주하던 곳에서 가까운 하우저빌(Hauserville)에서 거행되었고, 그도 남편이 묻힌 뉴욕의 덴스빌에 묻혔다.

패니는 한국을 떠난 이후에도 일생동안 복음전도 혹은 선교에 깊은 관심을 가지고 살았다. 그가 캐스타일에서 환자들을 돌보는 한편 영국교회 선교회(CMS) 혹은 요양원선교회(Sanitarium Missionary Society) 혹은 여성절제회(프렌체스 윌야드 여성절제회)에 깊이 관여했다. 또 지역교회의 성경학교 교사로 봉사했다. 그 외에도 Eastern Star라는 단체의 회원으로, Wyoming Community의료협회, 뉴욕주 의사협회, 미국의사협회 회원으로 활동했다. 패니는 지역사회 문제에 관여하고 헌신적인 봉사자로 활동했다. 또 미시간대학 의과대학 동창회 모임에도 참여하였기에 그에 관한 문서가 남아 있게 되었고, 동창회 사망자 파일(Necrology file)이 약 70년이 지난 필자에게까지 소개된 것이다. 패니의 일생은 베푸는 삶이었고, 이웃을 위한 섬김의 삶이었다. 그는 고상한 여성이었고 열정적인 크리스천이었다.

그렇다면 그의 슬하의 남매는 어떻게 되었을까? 패니가 사망할 당시 아들 도널드는 군 복무 중이었고 East Stroudsbury에 살고 있었다. 딸 아그네스(Agenes Lyon Brown)는 부모를 이어 의사가 되었고 켄터키주에 살았는데, 그도 부모를 따라 선교사역에 동참했다. 1947년 4월 초에는 18개월 간 봉사하기로 하고 유엔국제부흥기구(UNRRA: United Nations Relief and Rehabilitation Administration)에 자원하여 중국에서 일했다. 이 단체는 제2차 세계대전의 참화를 복구하는 광범위한 사회복지계획을 수행하기 위하여 44개국의 합의로 1943년 설립되었는데, 주요업무는 식량·의류·연료·거주지·의약품과 같은 구제물자의 배급과 구제사업이었다. 또 농업·경제 부흥 원조와 난민들의 보호와 본국송환을 위해 수용소·인력·식량 등을 제공하는 단체였다. 1945년에는 유엔기구가 되었다. 아그네스 의사는 와싱톤에서 훈련을 마치고 중국에 가서 일했으나 UNRRA 활동이 1947년에 거의 정지되었기 때문에 그가 중국에 오래 체류하지는 못한 것으로 보인다. 귀국한 그는 뉴욕의 로체스터 병원에서 17년간 일했고, 1938년 6월에는 뉴욕 뉴브른스웍의 라트거스대학(Rutgers College)에서 여성의료분과 책임자로 일하면서 대학에서 건강관리업무를 수행했다. 대동아전쟁 기간 중 3년은 켄터키주에 거주하며 미국보건성(US Department of Health)에서 봉사했다고 알려져 있다.

제7장

전킨기념병원의 설립자, 찰스 어빈
(Dr. Charles Husted Irvin)

부산에 온 첫 미국북장로교 선교사는 윌리엄 베어드였는데, 1891년 9월부터 1895년까지 4년간 부산에서 일하고 대구에서 잠시 체류한 후 서울로 옮겨갔다. 2년 후 1897년에는 다시 평양지부로 이동하여 숭실학교를 설립하는 등 한국교회를 위해 크게 기여하였다. 그가 부산에서 일한 4년간은 북장로교 부산지역 선교의 시원이자 부산지방 기독교운동의 기원이 된다.

베어드에 이어 두 번째로 부산에 부임한 북장로교 선교사는 1891년 12월 부산에 온 휴 브라운(Dr. Hugh M. Brown, 1867-1896) 의사 부부였다. 이들은 부산에 온 첫 의료선교사로서 자기 집에 작은 시 약소(dispensary)를 마련하고 의료활동을 시작하였으나 브라운의 예기치 못한 결핵 감염으로 부산에 온 지 2년 후인 1893년 말까지 사역하고 1894년 1월 8일 본국으로 돌아갔다. 본국으로 돌아간 그는 2년 후인 1896년 1월 6일, 29세의 나이로 뉴욕에서 병사했다. 그의 부인은 한국으로 돌아오지 못했다.

브라운에 이어 부산에 온 북장로교 의료선교사가 찰스 어빈(Dr. Charles Husted Irvin, 漁乙彬, 1869-1933)이었다. 그런데 어빈에 대해서는 잘못된 정보가 많고 근거 없는 이야기가 회자되고 있어 그에 대한 보다 정확한 안내가 필요하다. 그래서 여기서는 북장로교 선교부에 제출된 자료에 근거하여 정확하게 정리해 두고자 한다.

오하이오주 슈리브(Shreve)에서 1869년 2월 15일 출생한 어빈은 1888년 6월 슈리브고등학교를 졸업하고 오하이오주 컬럼부스에 소재한 오하이오의과대학(Ohio Medical University)에 입학했다. 이 학교는 Starling Medical College와 합병하여 1907년에는 Starling-Ohio Medical College로 개칭되었다. 1914년에는 오하이오 주립대학 의과대학(Ohio State University College of Medicine)으로 발전했다. 우리가 잘 아는 알렌은 1881년부터 1년 간 Starling Medical College에서 공부했고, 1882년부터는 Miami Medical College로 옮겨가 수학하고 1883년 졸업하였다.

그런데, 어빈은 1893년 3월 오하이오의과대학을 졸업하고 의사(MD)가 되었다. 당시 거주지인 오하이오주 만스필드(Mansfields)의 제일장로교회에 출석하던 그는 의료선교를 자원하였고, 1893년 4월 3일 선교사로 임명되어 그해 10월 30일 아내와 함께 미국을 출발하여 11월 한국에 도착했다. 24세의 나이었다. 어빈은 선교사로 임명된 후인 1893년 8월 10일 베르타 키메러(Bertha Kimerer, 1868-1940)와 결혼했는데, 베르타는 1868년 7월 29일 생으로 오하이오주 슈리브에 거주하던 여성이었다.

내한한 어빈은 1894년 3월 부산으로 와 의료활동을 시작하였다. 그는 의료활동 외에도 베어드와 함께 지역 순회활동에 동참하는 등 적극적으로 의료, 전도 활동을 전개했다. 어빈은 이때로부터 1910년 10월까지 약 16년간 선교사로 일하고, 1911년 4월 1일자로 선교사직을 사임하였다. 사실은 그의 사임은 1910년 7월 28일 처음 거론되었고, 10월 17일 회의에서 어빈의 사임을 결정하되, 1911년 4월 1일부로 사임을 수락하기로 한 것이다. 북장로교 선교부가 관리하던 어빈 개인 파일에 사임이 10월 17일로 기록된 것은 그날 회의에서 사임을 결정했기 때문이고 공식적인 사임일은 1911년 4월 1일이었기 때문에, 노혜리(Rhodes)의 『미국북장로교회의 한국선교사』 1권 625쪽의 기록은 틀린 것이 아니다. 그가 선교사직을 사임하게 된 것은 가정사와 깊이 관련되어 있는데, 그 가정사란 베르타와의 이혼과 한국인 여성과 결혼하게 되는 일련의 불행한 사건이었다.

어빈 의사가 부산에 온 지 얼마 안 되어 부산에는 '메리 콜린스 휘

팅시약소'(Mary Collins Whiting Dispensary)가 건립되었는데, 이곳은 북장로교 부산지부 의료선교의 중심지가 되었다. 이 시약소는 1903년까지 계속되었다. 1903년 9월에는 정킨기념병원(Junkin Memorial Hospital)이 초량에 건립되었는데, 이 병원은 부산, 경남지방에서의 최초의 근대식 병원이었다. 이 병원 헌당예배는 1904년 9월 8일 드려졌다. 서울의 세브란스병원(1904년 9월 23일) 보다 2주 빨랐다. 이 병원은 어빈 의사의 모교회인 미국 뉴저어지주 몬트클레어(Montclair)에 있는 제1장로교회 성도들의 헌금으로 건립되었다. 이 교회는 전임목사였던 전킨 목사(Rev. William F. Junkin, DD)를 기념하여 병원건립 기금을 보냈던 것이다.[150] 어빈 의사를 재정적으로 후원한 것도 바로 이 교회였다. 로드스(Rhodes)는 그의 책 『미국 북장로교의 한국 선교사』에서 "전킨기념병원은 한국에서의 첫 근대식 병원(the first modern hospital)이었다."라고 기록하였다.

부산의 향토사학자 박원표 선생은 전킨기념병원이 초량에 있었다고 회고했으나,[151] 이곳은 베어드의 주택과 멀리 않는 영선현의 양관에 위치하고 있었고, 그 건물 사진이 남아 있다. 북장로교의 부산지부 의료선교는 매우 성공적이었다. 1890년대 부산에는 약 5,000명의 일본인이 거주하고 있었고, 제생의원(濟生醫院, 후일 共立병원, 公立병원으로 불림)과 일본인 의사는 있었으나 한국인을 위한 병원이나 의사는 없었다. 또 부산지방에는 많은 질병과 유행병(특히, 콜레라)이 있었으므로 전정킨병원의 역할은 지대하였다. 북장로교 선교부의 1901년 보고서에 의하면 전킨기념병원이 설립된 이후 약 8년간 약 6만 명의 환자가 치료를 받았는데 그중 9천 명은 어린아이들이었다고 했다. 또

---

[150] Baird, 128.
[151] 박원표, 『개항 90년』(부산: 태화출판사, 1966), 32.

2,500회의 수술을 시행하였고 4,400회의 왕진을 했다고 한다.[152]

어빈은 이 병원의 책임자로 일했는데 당시 한국인 조수로는 조지우(Cho Ti You)씨가 있었는데 그는 능력 있는 보조 의사이자 전도자였던 것으로 알려져 있다. 당시 어빈은 한국인 고명우(高明宇, Koh Myung Oo)에게 하루 다섯 시간씩 영어를 가르치며 의료교육을 시키기도 했는데 후일 그는 세브란스 의전을 거쳐 유명한 의사가 되었고 연세대학교 의과대학 외과학 교수가 되었다. 1923년에는 서울 남대문교회 장로가 된다. 그가 바로 부산지방의 초기 한국인 전도자였던 고학윤(高學崙)의 아들이었고, 서울여자대학교의 설립자인 고황경(高凰京)의 부친이었다. 어빈이 선교사직을 사임한 때인 1911년까지 연 평균 6,000-10,000명의 환자를 치료한 것으로 보고되었다.

선교병원답게 진료를 시작하기 전에 매일 예배로 시작하였고, 환자들에게 복음을 전할 목적으로 약 처방전, 약 포장지, 병원 벽면, 의료관계 상자 등에 성경말씀을 부착하거나 인쇄하여 배부하였다. 이 병원은 비록 부산에 위치하고 있었으나 전국적으로 명성을 얻고 있었다.

어빈이 사임한 후에는 밀스(Dr. Ralph G. Mills)와 비거(Dr. John Biggar) 등이 이 병원에서 의사로 봉사하였다. 1913년 말로 북장로교의 부산지역에서의 사역은 중단되었고 선교 사역지를 밀양, 대구 등지로 옮겨갔다. 이것은 부산, 경남지방에서 함께 선교하던 호주 장로교 선교부와의 선교지역 재조정 협약에 따른 조치였다.

한국에서의 나환자 보호시설

초기 부산지방에서 북장로교 및 호주선교부의 가장 중요한 사역

---

[152] Baird, 128.

은 나환자들을 위한 의료 사역이었다. 나병은 예나 지금이나 인간이 당하는 가장 고통스러운 병이었다. 환자들은 사회적 멸시와 천대를 받았다. 심지어는 가족들로부터도 버림받고 유랑하거나 일반 사회로부터 격리된 외딴곳에서 살 수밖에 없었다. 뿐만 아니라 필요한 의료 혜택을 누릴 수 없었고, 적절한 치료나 보호 없이 방치되고 있었다. 이런 아픔을 안고 절망 속에 살아가는 이들에게 복음과 일용할 양식, 그리고 가능한 의료적 혜택을 베푸는 일은 고결한 사역이었다.

1904년 어빈과 빈톤 의사(Dr. C. C. Vinton), 스미스(Dr. W. E. Smith) 등 북장로교 선교사들은 나환자들을 돌보는 일을 위한 위원으로 임명되었고 이때부터 나환자를 위한 사역을 준비하였다고 한다. 그 후 시더보탐(Rev. Richard H. Sidebotham)이 이 일에 협력하였고, 어빈은 1908년 1월 나병선교회(Mission to Lepers in India and the East)[153]의 베일리(Wellesley C. Bailey, 1846-1937) 대표에게 나환자들을 위한 보호시설 건립에 필요한 재정지원을 요청하는 편지를 보냈다.[154] 그 결과 부지(敷地)와 시설 건축비, 그리고 관리비를 지원받게 되었다. 그 기금으로 1909년 부산의 한적한 감만동 지역의 땅을 확보하고 우선 12명을 수용하였고, 또 그곳에 40명의 남녀 환자를 수용할 수 있는 건물(Leper Asylum)을 1909년 11월 건립하였다. 공식적인 개원은 1910년 5월이었다. 병세가 심한 환자순으로 입주 환자를 수용했는데, 1910년 11월까지 34명이 입주했다.[155] 이곳이 부산시 남구 감만동 성창기업 맞은편에 자리한 지금의 이마트 자리였다.

나병선교회는 부지와 건축비용 등 운영 전반의 경비를 제공하되

---

[153] '救癩宣敎會'로 번역되기도 하지만 이 글에서 '나병선교회'로 번역하였다.
[154] Annual Report, Mission to Lepers, 1909.
[155] C. Irvin, *Without the Camp* (Oct, 1911), 93.

현지 선교사들이 관리와 행정 등 운영을 책임지도록 하는 정책을 지향했는데, 앞에서 지적한 바와 같이 부산에서 이 일은 북장로교 선교사들에 의해 추진되고 병원이 설립되어 어빈 의사가 책임을 맡았으나 북장로교 선교부 내의 문제, 특히 어빈 의사의 가정사로 그가 1911년 사임하게 되자 북장로교 선교부는 이 보호소의 운영을 호주선교부에 위임하였다. 짧은 기간 엥겔이 책임을 맡았으나, 1910년 2월 21일 내한한 노블 매켄지가 1912년 5월부터 이 수용소의 원장이 되어 이 일을 전담하게 된다. 매켄지가 원장으로 취임하면서 이 보호시설은 상애원(相愛園)으로 불리게 되는데, 취임할 당시 환자 수는 54명에 불과했다.[156] 그 수는 급속히 증가되어 1914년에는 80명, 1916년에는 150여 명으로 증가 되었다. 또 1921년에는 180명, 1922년에는 208명,[157] 1924년에는 363명으로 증가되었고, 1930년대는 580여 명, 1937년에는 600명에 달했다.[158] 1934년 당시 전국적으로 2만여 명의 한센병 환자가 있었는데 경남지역에 7천 명의 환자가 있었던 것으로 추정한다.[159]

1913년 11월에는 나병선교회의 베일리 회장 부부가 선교회 총무였던 앤더슨(W. H. P. Anderson) 부부와 함께 부산 상애원을 방문했는데, 아래와 같은 기록을 남겨주고 있다.

"우리는 작은 항만 건너편에 있는 나환자의 집을 볼 수 있었다. 배를 타고 약 45분 소요되어 우리는 그곳에 도착할 수 있었다. 그리고 반쯤 갔을 때 선상에 있는 우리 일행을 보고 환영하기 위해 언덕

---

[156] Annual Report, Mission to Lepers (1912), 13.
[157] 헬렌 매켄지, 265.
[158] 이만열, 761.
[159] Annual Report, Mission to Lepers, 1934.

에서 내려오는 환자들을 보았고, 우리들은 먼저 관리인과 그의 두 아들을 만났다. 이 관리인은 깊은 경의를 표하면서 우리를 맞이하였고, 두 아들은 손을 이마에 올리고 머리가 땅에 닿도록 몇 번이고 절을 했다. 그리고 우리는 첫 남자 환자 집단을 만났는데, 그들은 우리를 환영하는 찬송가를 불렀다. 대부분의 입주 환자들은 흰색 한복을 입고 있었다.

우리들은 잠시 건물들을 둘러보고 아담하게 보이는 구내 교회에 도착해 보니 남자들은 정면을 향해 왼쪽에, 여자들은 오른쪽에 앉아 있었다. 남녀석 사이에는 한국의 관습을 따라 휘장으로 구분해 두었다. 예배가 시작되고 찬송과 기도가 끝난 후 나는 그들에게 설교했는데, 통역은 윈(Winn) 선교사가 담당했다. 찬송을 부를 때 어린 소년은 노인이 찬송가의 구절을 따라 부를 수 있도록 도와주는 것을 보고 감동을 받았다. 이 집에 살고 있는 여자와 아이들은 글 읽기를 열심히 배우고 있었다. 이곳에는 돌보아주지 못하고 방관할 수밖에 없는 환자들이 대문 밖에 많이 있었다. 정말 돌같이 차가운 심장이라 할지라도 눈물을 흘릴 지경이었다. 나는 이들보다 더 열악한 상황을 본 적이 없다. 이곳에는 숙소가 모자라 받아 줄 수 없는 입주 희망자들이 많다는 사실을 생각하면 정말 슬픈 일이 아니고 무엇이겠는가?"[160]

이때 받은 감동으로 베일리는 한국의 나병원의 시설을 위해 더 많은 기금을 보냈다. 실제적으로 수용시설에 들어오기 이전에는 다수가 예수를 믿지 않았으나 이곳에서 지내면서 그리스도의 사랑에 기초한 참된 사랑을 경험하고 기독교로 개종하는 이들이 적지 않았다. 그래서 가족으로부터는 버림받았으나 복음 안에서 인간 대접을 받았고 감

---

[160] W. Bailey, "Most Interesting Visit to Fusan in 1913", *Without Camp*, 1913.

사하여 이런 병을 앓지 않았다면 예수를 알지 못하고 살았을 것이라고 말하면서 질병으로 기독교 신앙을 갖게 된 것을 감사하는 이들이 적지 않았다고 한다.[161]

매켄지가 책임을 맡은 이후 첫 세례식은 1912년 거행되었는데, 7명의 여자와 3명의 남자가 세례를 받았고, 1917년 무렵에는 성찬식에 참여하는 인구가 66명에 이르렀다.[162] 1921년 초 상애원에는 111명의 세례교인과 40여 명의 학습 교인이 있었고,[163] 10년 후인 1931년에는 234명의 세례교인이 있었다.[164] 상애원의 교회에서는 1926년부터 전도자를 채용하여 경남동부 지역을 순회하며 개척 전도하게 했는데 그가 바로 손양원(孫良源, 1902-1950) 전도사였다.

26년간 일했던 노블 매켄지가 은퇴하고 1938년 2월 18일 부산을 떠나게 되자 호주장로교의 마틴 트루딩거 목사(Rev. Martin Trudinger)가 책임을 맡아 병원을 운영했으나, 1940년 상애원은 군용지역으로 수용되어 결국 폐쇄되었고, 일부는 부산시 남구 용호동의 공동 주거지로 이전하였다. 환자 중 300여 명은 1916년에 설립된 소록도로 이송되었다.

부산의 나병원에 이어 광주에서는 미국남장로교 선교부의 윌슨 의사(Dr. R. M. Willson)에 의해 두 번째 한센병자 보호소가 설립되는데, 1910년 말 윌슨 의사는 나병선교회 베일리에게 광주에도 나환자 수용소를 짓도록 재정지원을 요청하였다. 이 후원으로 1912년 11월 15일

---

[161] 헬렌 메켄지, 『매켄지의 발자취』 (서울: 대한기독교서회, 2006), 246.
[162] 헬렌 매켄지, 247.
[163] J. N. Mackenzie, "Leper Work in Fusan", 83.
[164] J. N. Mackenzie, "Leper Progress at Fusan", *Korea Mission Field* (Oct. 1931), 209.

광주군 효천면 봉선리에 나병환자 전용 병원을 건립하게 되었다.[165] 이곳의 땅은 포사이드(Willy H. Forsythe)의 조사였던 최흥종(崔興琮, 1880-1966)이 헌납한 곳이었다. 첫 입원 환자는 22명이었다.[166] 이 작은 시작이 윌슨에 의해 광주 나병원으로 발전하였고, 1926년 여수로 이전하여 오늘의 '애양원'으로 존속하고 있다.

대구에서는 1913년 나병원이 세워지게 된다. 처음에는 '대구문동병원' 혹은 '대구나병원,' '대구나환자병원'으로 불리다가 1924년부터 애락원(愛樂園)으로 개칭되었다. 이 병원은 1909년 내한하여 1910년 대구 제중원(현 동산병원) 원장이 된 미국 북장로회 선교사 플레처(Dr. A. G. Fletcher)가 대구 부임 직후 남성정(南城町)의 제중원(후에 대구동산병원으로 개칭됨) 근처에 초가집 한 채를 마련하고 1913년 3월부터 나환자 20여 명을 수용한 것에서 출발했다. 플레처는 치료 받기를 원하는 대구 인근의 다수의 나환자들을 발견하고 이들을 위한 구라사업의 필요성을 인식하게 된다. 처음에는 이들을 모아 격리 보호하는 정도에 불과했으나, 1913년 12월 나병선교회의 베일리 부부가 부산나병원을 거쳐 대구를 방문했을 때 병원건립을 위한 지원을 요청했고, 플레처 원장은 1914년 베일리가 보내 준 건축기금 5천 달러로 1915년 달성군 달서면(현 대구시 서구) 내당동에 1만 8천여 평 부지를 확보하고 1916년 1백 명을 수용할 수 있는 벽돌 건물을 짓고, 1917년 1월부터 환자를 수용하여 치료하는 병원을 개설했다. 이 보호소가 '애락원'으로 불리게 되는데, 한국에서의 세 번째 나환자보호시설이었다.

한국에서의 나병원의 건립과 선교에 큰 도움을 준 나병선교회

---

[165] 헬렌 매켄지, 238.
[166] 차종순, 『손양원』 (서울: KIATS, 2007), 81.

는 1874년 아일랜드(영국) 더블린에서 웰레스리 베일리(Wellesley C. Bailey, 1846-1937)에 의해 Mission to Lepers in India and the East라는 이름으로 창립되었다.[167] 그는 인도에서 나병으로 고통당하는 이들을 목격하고 이들에게 기독교적 사랑을 실천하기 위해 이 선교회를 조직했는데, 앞에서 설명한 바와 같이 한국의 3개 처에 나병 시설을 건립하도록 재정적으로 지원했다. 이 선교회가 *Without the Camp*라는 계간지를 발간했는데, 이 간행물은 나병선교회의 활동에 관한 중요한 자료가 되고 있다.

베일리는 구라(救癩) 활동을 위한 기금 확보를 위해 동서양을 여행했는데, 1892년에는 미국과 캐나다를 방문하고 후원을 요청했다. 1893년에는 시카고에서 열린 세계선교협회(World Congress of Missions) 연사로 초대받는 등 한센병자 선교의 전문가로 활동했다. 1906년에는 아시아 지역을 순방하며 이 사역을 홍보하였다. 특히 1913년 베일리는 부인 엘리스와 함께 중국, 뉴질랜드, 호주, 필리핀, 일본을 거쳐 그해 11월에는 한국을 방문하였고, 그후 중국, 말레시아, 싱가폴을 거쳐 인도로 돌아갔다. 이 기간동안 베일리는 150여 회 강연하며 여러 정부 관료들을 만나고 한센병자 시설을 방문하고 도움을 주었다. 이런 활동으로 한국을 비롯한 아시아 여러 나라가 나병선교회의 재정적 후원을 받게 된 것이다. 베일리는 50여 년간 나병 선교회를 위해 헌신하고 71세가 되던 1917년 은퇴했다. 그가 은퇴할 당시 나병선교회는 인도 중국 일본 한국 등 12개국에 87개의 보호소(Asylums)를 건립하였고, 1만 4천 명의 나병환자들을 보호하고 도움을 주고 있었다. 그가 은

---

[167] 이하의 베일리와 나병선교회에 관한 중요한 정보는 Cyril Davey, *Caring Comes First: The Leprosy Mission Story* (Marshall Pickering, 1987)에 근거하였음.

퇴한 후 그간 선교부 총무로 일했던 앤더슨(W. H. P. Anderson)이 선교회의 대표직을 계승했다. 베일리는 1937년 91세의 나이로 하나님의 부름을 받았다.[168]

북장로교의 의료선교사 어빈 문제(Fusan Problem)

부산에서 일한 북장로교 의료선교사 어빈(Dr. Charles Irvin, 1862-1933)은 특이한 인물이자 논쟁적인 인물이었다. 1894년 3월 부산으로 와 1911년 4월까지 17년간 의료선교사로 활동했고, 선교사직을 사임한 후에는 부산광역시 중구 동광동 5가 영선고개에 '어빈의원'을 개원했던 의사. 만병수(萬病水)라는 만병통치약을 계발하여 돈을 벌었고, 상해임시정부에 독립운동자금을 보냈던 서양인. 부인 베르타와 이혼으로 선교사직을 사임한 후 무려 26여년 연하였던 양유식(1888-?)이라는 한국여성과 재혼하는 등 특이한 삶을 살았던 인물. 40년간 한국에 체류하고 1933년 2월 9일 부산에서 사망한 서양인이 어빈 의사였다. 성격이 독특하여 다른 이들과 융화되지 못해 선교부 내의 골칫거리가 되기도 했다. 이런 그의 행태와 이로 인한 선교부 내부의 문제를 헤아릴 수 있는 문건을 발견했다.

미국북장로교 동아시아 담당자였고 후에는 선교부 총무가 되는 아서 브라운(A. J. Brown)은 1903년 7월 14일자로 웰본(Arthur G. Welbon) 선교사에게 쓴 편지에서 이렇게 썼다. 오월번(吳越瑞)으로 불린 웰본은 1900년 내한하여 안동지부에서 일하던 선교사였다.

---

[168] 그는 두 권의 책을 남겼는데, *A Glimpse at the Indian Mission-Field and Leper Asylum, 1886-87* (John Shaw, 1888)과 *The Lepers of Our Indian Empire: A Visit to Them in 1890-91*(Edinburgh: Damien Press, 1899)이 그것이다. 그에 대한 전기로는 Paul Nadar, *Wellesley Bailey, 1846-1937, The father of lepers: Founder of The Leprosy Mission* (India: Eternal Light Tracts, 2017)이 있다.

"친애하는 웰본 씨,

... 저는 어빈 의사 건과 부산지부 문제(the case of Dr. Irvin and the question relating to the Fusan station)에 대한 웰본 씨의 4월 23일자 편지를 주의 깊게 읽었습니다. 아시는 바처럼 당시 선교부 통신을 맡으셨던 엘린우드 박사께서 건강이 좋지 못해 휴가 중이신데, 이러한 난처한 문제로 그분께 편지를 쓴다는 것은 현명한 일은 아니라고 봅니다. 선교부 이사회 또한 대부분의 이사들이 시외로 휴가를 떠났기 때문에 9월까지 회의는 열리지 않습니다. 웰본 씨께서 지적하신 문제들은 이사회에서 철저히 검토하여 공식적으로 결의된 바 있고, 어빈 의사는 다시 선교지에서 일하고 있습니다(Dr. Irvin is again on the field). 게다가 엘린우드 박사도 부재중이신데, 제가 부산 사안을 사적인 편지를 통해 제기한다 해도 이사회에서 관심을 가져줄지 확신이 없습니다. 웰본 씨께서도 저와 마찬가지로 한국을 위한 선교부 총무인 제가 미래지향적인 쪽으로 고개를 돌리는 것이 더 바람직할 것이라고 여기실 것입니다. 저는 과거의 모든 견해차(past differences of opinion)는 영원히 묻어두고 사무실에 있는 저희나 현지 선교사들이나 할 것 없이 모든 관계자들이 우리 앞에 놓인 위대한 사역을 위해 새로운 단결과 헌신을 다짐해야 한다는 매우 긴박한 소망을 가지고 있습니다. 웰본 씨의 말씀처럼 우리는 선교사들이 기도하는 마음과 양심으로 최선이라고 여긴 것을 행하였음을 추호도 의심하지 않고 이사회 임직원 또한 동일한 양심으로 최선이라고 여기는 것을 행했으리라 확신합니다."[169]

이 편지를 보면 어빈 의사 건으로 부산 선교부 혹은 주한 북장로교 선교부에서 문제가 되었고 이 점이 웰본 선교사를 통해 북장로교 해외

---

[169] 프리실라 웰본 에비, 『서울장로교선교사들의 일상』 (에스더재단, 2017), 70.

선교본부에 보고되었음을 알 수 있다. 구체적인 문제를 알기 위해서는 웰본이 1903년 4월 23일자로 쓴 편지를 찾아야 하는데, 이 점은 필자의 숙제로 남아 있다. 그런데 웰본 선교사의 손녀인 Priscilla Welbon이 엮은 『서울 주재 북장로교선교사들의 일상생활, 1903-1905』에 보면 흥미로운 기록이 남아 있어 부산선교부의 어빈 문제에 대한 보다 중요한 사실을 알 수 있다.

어서 브라운의 편지에서 언급된 어빈 문제는 당시 '부산문제'(Fusan Question), '부산 사안'(Fusan Matter), '부산 사례'(Fusan Case), 혹은 '부산 난제'(Fusan Problem) 등으로 불렸는데 이런 다양한 이름만큼이나 문제가 복잡했다. 이 문제와 관련하여 1897년부터 1910년 사이에 여러 주한 선교사들과 미국북장로교 해외선교부 담당자 간에는 많은 편지가 오고 갔는데, 그 내용은 다른 사람들은 알아차리지 못하게 하는 그런 식으로 기술했는데 이 점은 당시 사태의 심각성을 헤아릴 수 있다. 외부로 알려질 경우 선교본부나 선교후원자들, 그리고 선교 현지 교회에도 영향을 줄 수 있었기 때문에 자기들만이 통하는 그런 기술을 했음(were mostly guarded in their language)을 알 수 있다. 문제가 심각했음인지 1907년에는 어빈과 관련된 모든 "결정사항을 삭제하고 기록을 말소하자"는 결정을 했고(all records of the action be wiped out and that the records be expunged) 이 결정에 따라 많은 기록이 폐기되었다. 이 점은 짧은 기간 부산에 체류했던 어네스트 홀의 기록을 통해 확인할 수 있다.

1903년 9월 내한하여 2년간 부산에서 활동했던 에네스트 홀(Ernest F Hall)은 1907년 3월 21일자로 북장로교 총회 해외선교부에 보낸 서신에서 이 점을 언급하고 있다.[170] 말하자면 어빈에 대한 그리고 어빈을 둘러 싼 은혜롭지 못한 기록들은 폐기된 것이다. 그렇다면 어빈의 문제는 무엇이었을까? 프리실라 웰본은 이렇게 말하고 있다.

"어빈 의사는 매우 독자적인 인물로서(a very independent man) 충분한 재정적 지원을 확보하고 또 고위층과의 연계를 통해 한국 선교부 밖에서도 많은 일을 할 수 있었다. 그래서 그는 해외선교부 집행위원회의 결정과 지시를 무시하기도 했다. 부산선교부의 높은 교체율에서 보여주듯이 그의 많은 동료들이 그와의 동역을 힘들어 했다. 한 편지에는, '지부 사역과 생활 분위기와 상태를 이해하는 사람은 그 누구도 주께서 그곳의 사역을 위해 부르신다는 것을 느낄 수 없고, 그곳에 있던 사역자들은 한사람씩 상황의 중압감을 견디다 못해 전출을 요청했다'고 썼다."

이런 편지를 쓴 이가 다름 아닌 사무엘 마펫이었다. 마펫은 해외선교부 이사회에 보낸 1909년 1월 28일 편지에서 어빈 의사와 관련된 선교부의 고충을 떨어놓은 것이다. 부산지부에 배속된 선교사들은 어빈과 같이 일하기를 꺼려했다는 점을 보여준다. 어네스트 홀이 부산지부에서 2년도 못되 서울지부로 옮겨 간 것도 어빈과의 불편한 관계 때문이었을 것이다. 프리실라는 이렇게 부연한다.

"상황이 격화되자 한국선교부는 북장로교 해외선교부에 어빈 의사를 사역에서 제외 시켜 줄 것을 요청했다. 이로 인해 이사회가 매우 예민한 상태에 이르게 되었는데, 그 이유는 어빈의 모교회인 뉴저지 몬트클래어 제일장로교회(The First Presbyterian Church of Montclair, NJ)는 이런 논란에 대해 매우 흥분했기 때문이다. 이 교

---

[170] 프리실라 웰본 에비, 『서울장로교 선교사들의 일상』, 71.

회는 어빈을 후원하고 그가 운영하는 병원 운영비도 후원하고 있었기 때문이다. 당시 어빈은 언더우드, 에비슨, 그리고 한국 선교를 위해 후원을 아끼지 않았던 세브란스의 지원을 받고 있었다."

이런 기록을 볼 때 선교 현지인 부산지부에서 어빈은 상당한 문제를 일으켜 그의 선교사직 사임을 요구할 정도였으나 미국 본분에서는 어빈을 해임할 수 없었다. 그의 고향의 모교회인 몬트틀래어 제일장로교회는 그의 사역을 전폭적으로 지원하고 있었고, 어빈은 서울 지부에서도 영향력 있는 인물로 인정을 받고 있었기 때문이다. 그래서 해외 선교부 이사회는 어빈의 해임 요청건을 기각한 것이다. 이런 결정으로 해외 선교부 이사회는 재정적인 영향을 고려하여 선교지의 영적 조건을 해쳤다는 비난을 받게 되었다. 주한 선교부, 특히 부산 선교부는 이 점에 대해 불만을 토로했다.

그런데 1911년 결국 어빈 자신에 의해 문제가 일단락되었다. 어빈이 부인 베르타와 이혼하고 선교부를 떠났기 때문이다. 결국 본국 선교부는 어빈에게 사임을 권유하였고, 1911년 4월부로 어빈의 사임을 결정한 것이다. 따지고 보면 어빈에 대한 부산 선교부의 판단이 옳았다는 점이 늦게나마 인정을 받은 셈이다. 이런 당시 정황을 고려해 볼 때 어빈은 의사로서는 유능했으나 독특한 성격의 자기중심적 인물로서 독선적인 면이 있었고 이런 점들이 다른 이들 간의 평화와 화합을 헤치는 결과를 가져와 부산 지부를 어렵게 만든 것으로 보인다. 그래서 '부산 문제'는 Fusan Question, Fusan Matter, Fusan Case, 혹은 Fusan Problem 등 여러 이름으로 회자될 만큼 논란을 일으킨 것으로 보인다.[171]

---

[171] 이상의 중요한 내용은, 「서울장로교 선교사들의 일상」, 71, 영문부록 30-31.

한국에서 40여 년간 체류했던 어빈 의사는 1933년 2월 8일 부산에서 사망했다. 장례식은 대청동의 부산일본인감리교회(해방 후 노진현 목사는 이 교회당을 인수하여 '부산중앙교회'를 설립했다)에서 거행되었고, 유해는 서울로 이송되어 에비슨 의사의 사회로 다시 장례식을 거행하고 화장한 뒤 유골을 어빈의 고향 오하이오 슈리브로 보내 그곳 공동묘지에 안장했다. 한편 어빈과 이혼한 부인 Bertha K. Irvin(결혼 전 이름 Bertha Kimerer[172])은 일본으로 가 도지샤대학 교수로 일하면서 사재를 드려 교토(京都)의 한국인 교회인 교토중앙교회당을 건축하는데 기여하였다고 한다. 그런데 1935년 11월 15일 찍은 어빈 여사 및 최경학 목사 송별기념 사진이 남아 있는 것을 보면 베르타는 1935년 11월까지 일본 교토서 아들 로드릭(Roderick Irvin, 1895-1948)과 같이 살았던 것으로 보인다. 로드릭은 일본의 곡산(穀産)주식회사 지배인으로 일하고 있었다. 이 회사는 미국회사로 강냉이로 식품을 만드는 회사였는데, 평양에도 공장을 두고 있었다. 미국으로 돌아간 베르타는 1940년 캘리포니아에서 사망했다.

---

[172] Rhodes, 641.

제8장

제임스 아담스(James Edward Adams)의 부산에서의 활동, 1895-1897

1
문제와 과제

　제임스 아담스(安義窩, James Edward. Adams, 1867-1929)[173]는 대구지방 첫 북장로교 선교사로서 '대구 경북지방 선교의 아버지'로 불리지만 북장로교의 대구지부 개척은 윌리엄 베어드로부터 시작되었다. 1891년 1월 내한한 베어드(William M. Baird, 1862-1931)는 그해 9월 초 부산으로 이거하여 부산지부를 개척하였고 부산에서 거주하는 4년간(1891-1895) 4차례의 장기 전도여행을 다녔는데 두 번째 여행이었던 1893년 4월 15일부터 5월 20일까지 경상남도 지방과 경상북도 북부지방으로 순례했다. 이때 처음으로 청도를 경유하여(4. 21) 대구를 방문하게(4. 22) 된다. 즉 베어드는 서경조(徐景祚)와 고용인 박재용, 그리고 두 사람의 마부와 함께 부산에서 동래를 거쳐 범어사(19일), 양산, 물금, 밀양(20일), 청도(21일)를 거쳐 대구에 도착하였고(22일), 칠곡, 성주를 거쳐 상주(28일), 풍산(5월 4일), 안동(5일), 영천(8일),

---

[173] Adams 관련 주요 연표. 1866. 9. 15. Nellie Dick 출생, 1867. 5. 2. Adams 출생, 1893. 12. 27. Adams, Nellie Dick과 혼인, 1894. 맥코믹 신학교 졸업, 1895. 2. 6. 장남 Edward 출생, 4. 29. 샌프란시스코 출발, 5. 29. 부산 도착, 6. 24. 엘린우드에게 첫 편지 보내 부산 안착을 알림, 겨울 대구 방문, 1896. 3. Baird 대구에서 주택 구입, Adams 동행, 대구에 10일간 체류, 10. 19. Louise Chase 내부, 1897. 3. Adams 대구 방문, 6주간 체류, 2주 후 다시 대구 방문, 10. 11. Cyrill Ross 부부 내부, 11. 1 Adams 가족 대구로 이주, 12. 25. W. O. Johnson 대구 도착, 1898. 1. 14. 차남 Benjamin 출생, 1899. 10. 26. H. N. Bruen 대구 도착, 11. 2. 장녀 Dorothy 출생, 1907. 8. 6. 삼남 George 출생, 1909. 10. 31. Nellie Dick 사망, Adams 한국에서 은퇴, 1929. 6. 25. Adams 캘리포니아 버클리에서 소천.

의성(12일)을 거쳐 5월 13일에는 경주에 도착하였다. 다시 여행을 계속하여 울산(18일)을 거쳐 부산으로 돌아갔다.[174] 이 여행을 통해 대구를 경상도지방 선교거점으로 인식하게 되었고, 1896년 1월에는 대구에 선교지부 개척을 위한 부지를 매입하였고 그해 4월에는 가족과 함께 대구로 이주해 갔다. 그러나 대구로 부임한 지 8개월 후인 12월에는 주한 북장교선교부의 정책에 따라 서울지부로 이동하게 되어 그의 처남 아담스가 대구지부를 개척하게 된다.

1895년 5월 29일 내한한 아담스는 부산에서 약 2년간 5개월 간 체류한 후 1897년 11월 1일 한국인 조사 김재수(金在洙)와 함께 대구지부로 이동함에 따라 본격적인 대구지방 개척을 하게 된다. 이때부터 아담스는 1923년까지 26년간 대구에서 사역하였고 1929년 6월 25일 켈리포니아 버클리에서 62세를 일기로 세상을 떠나게 된다. 그는 대구경북 지방 첫 선교사로 활동하면서 1901년 청도군 풍각면 송서교회 설립을 시작으로 1921년까지 31개 처에 교회를 설립하였다.[175] 그 외에도 아담스는 개척전도, 지역교회 관리, 학교 설립, 문서선교 등 여러 분야에서 할동하면서 대구 경부지방에서의 기독교 운동에 기여하였다.

그렇다면 아담스의 선교활동, 선교이해, 선교사상 혹은 선교방법과 선교정책 등 그의 한국에서의 선교활동 전반에 형성에 영향을 준 요인은 무엇일까? 그의 선교적 구성(formation of missionary activities)은 어떻게 확립되었을까? 여러 가지 정황으로 관찰할 때 그의 자형 월

---

[174] 이상과 같은 베어드와 서경조의 순회일정은 베어드의 일기(Diary of William Baird)에 기초하였음.
[175] 아담스가 설립한 교회 명단은, 강성효, "개신교 초기 경북지역 선교형태와 특징",「한국기독교역사연구소소식」, 43-4을 보라.

리엄 베어드 부부로부터 결정적인 영향을 받았음이 분명하다. 이 글에서는 이 점에 대해 지적하고자 한다. 윌리엄 베어드는 부산(1891-5), 대구(1895-6), 서울(1896-7), 평양(1897-1931) 등지에서의 활동 외에도 대구 경북 지방 선교의 길을 열었고, 처남의 선교 행로를 인도하여 대구경북지방 복음화에 영향을 끼쳤다고 할 수 있다. 이런 점에서 위리엄 베어드는 자신의 선교 이상을 아담스에게 계승했다고 할 수 있다. 그래서 베어드와 아담스 간의 연쇄 관계를 정리하는 것은 필요한 일이라고 생각된다.

아담스가 부산에 체류한 기간은 2년 5개월이지만 베어드와 함께 동역한 기간은 11개월에 지니지 않는다. 베어드가 1896년 4월 대구로 이거하였기 때문이다. 이 글에서는 아담스의 1895년 6월부터 1897년 10월 말까지 부산에서의 2년 5개월간의 활동에 대해 주목하였다. 이 점은 베어드와 아담스의 연쇄 관계를 파악하는데 중요한 근거가 된다. 이 점에 대한 연구가 이루어지지 않았음으로 이 연구는 베어드와 아담스 양자 관계를 이해하는데 유익한 정보를 제공해 줄 것이다.

2

아담스의 가정, 성장과 교육, 내한

1) 가정배경과 교육

인디에나주 맥코이(McCoy)에서 1867년 5월 2일 출생한 아담스는 캔사스 주의 워쉬번대학(Washburn College)을 졸업하고 1년간 존스 홉킨스대학에서 수학했다. 그후 맥코믹신학교에서 공부하고 1894년 졸업했다. 워쉬번 대학은 미국중부의 명문 대학에 속했고, 존스 홉킨스 대학 또한 당시 저명한 대학이었다. 그가 이 대학에서 1년간 수학 한 점은 남장로교의 레이놀즈(William Reynolds)와 동일한 경우였다. 후에 메이첸(G. Machen, 1881-1937)도 이 학교에서 고전학을 공부하게 된다. 맥코믹신학교는 1829년 설립된 복음주의 신학교육기관으로서 인디에나의 하노바대학 신학과로부터 독립하여 시카고에 설립된 학교였다. 이 학교는 목회자 양성이 일차적인 목표였지만 1880년대 이후는 선교사양성에 역점을 둔 학교였다.

윌리엄 베어드는 1888년 이 학교를 졸업했는데, 이로부터 6년 후(1894) 아담스도 이 학교를 졸업하게 된다. 졸업과 동시에 목사안수를 받았다. 아담스는 신학교 재학 중인 1893년 12월 27일 YWCA에서 일하던 넬리 딕(Nellie Dick, 1866-1909)이라는 여성과 혼인했다.

넬리 딕은 1866년 9월 15일 캔사스 주 토페카(Topeka)에서 출생했다. 신앙적인 가정에서 출생한 넬리는 교회학교 학생에 불과했을 때

기네스 박사(Dr. H. Grattan Guinness)의 '선교사가 되려는 이의 이상'(The Idea of becoming a missionary)라는 제목의 강연을 듣고 처음으로 선교사에 대한 관심을 두게 되었다고 한다. 이때부터 신앙생활에 정진하였고, 그 후에는 여자청년선교회(Young Ladies' Missionary Society), 기독청년면려회(Christian Endeavour), 그리고 기독교여자청년회(YWCA) 등에 가담하면서 선교사로서의 삶을 준비하게 되었다.[176] 기네스 박사의 강연을 같이 들었던 그의 언니는 아프리카 선교사가 되었고 넬리 또한 해외 선교에 깊은 관심을 갖게 되었다. 그가 출석했던 토페카제일장로교회는 선교적 열정으로 가득찬 교회였다.*

넬리의 학교 교육에 대해서는 알려진 정보가 없다. 그러나 그의 성격이나 생활 방식은 주변의 증언과 그 이후의 삶의 여정 속에 간간이 드러나 있다. 그는 수줍음이 많고 조용한 성격이었고, 천성적으로 온순한 성격이었다. 그러나 책임감이 강한 여성으로 자신에게 주어지는 일에 대해서는 최선을 다하는 그런 성격의 소유자였다. 그는 학창 시절에서부터 자신보다 두 살 위인 애니 베어드(Annie Baird), 곧 윌리엄 베어드의 부인을 알고 있었는데, 이들이 위에서 언급한 선교단체에서 7년간 같이 동참하며 일했다. 이런 관계에서 애니는 자기의 동생 아담스에게 넬리를 소개하여 넬리는 아담스, 곧 안의와의 부인이 된 것이다. 이런 정황을 보면 선교의 이상을 가졌던 넬리 부부가 에니와 윌리엄 베어드가 일하는 한국 부산으로 온 것은 지극히 당연한 일이었고, 또 인적 관계에서 선교활동에 영향을 주게 된 것이다.

아담스는, 1891년 내한한 에니 아담스(Annie Adams Baird)의 쌍

---

[176] Korea Mission Field, 5/11(1909. 11), 208-9.
* 토페카제일장로교회 출신 한국 선교사에 대해서는 이상규, "토페카제일장로교회와 한국선교", 「크리스찬경남」 2.24, 6.12자 참고할 것.

둥이 동생으로 선교에 대한 비전을 가진 가문이었고, 아담스의 부인 또한 그러했다.

2) 내한과 정착

신학교 졸업과 결혼, 목사 안수, 그리고 선교사로 파송 받은 아담스는 지체할 이유가 없었다. 아담스는 부인과 함께 생후 3개월 된 아들 에드워드(Edward A. Adams, 1895-1965)를 데리고 1895년 4월 29일 조선으로 향해 1895년 5월 29일 부산에 도착했다. 부산 도착 한 달 후인 6월 24일 아담스는 엘린우드에게 부산 안착을 알리는 첫 번째 편지를 썼다. 부산에 도착한 아담스 가족은 일시 신원미상의 데이비드(David) 집에 체류했고, 곧 일본인 거류지에 주택을 구입하게 되지만 처음에는 베어드 집에 거주하게 된다. 베어드의 집의 서재를 이용하며 지내게 된다. 그러다가 1896년 1월에는 부산 영선현에 있는 한옥 한 채를 구입하게 된다.

이때부터 1897년 11월 1일 새롭게 개척된 선교지부인 대구로 가기까지 부산에서 활동했는데 이 시기는 한국 적응과 선교훈련, 특히 언어공부에 주력한 기간이었다고 할 수 있다. 특히 어린 아이를 양육해야 했기에 뚜렷한 활동은 못했지만 이 기간이 그에게 소중한 준비의 날들이었다.

그가 부산에서 선교사역을 준비하고 지내던 중 1897년 11월 1일에는 그의 한국어 조사 김재수(金在洙)와 더불어 부산을 떠나 대구로 갔고, 대구경북지방 기독교의 초석을 놓게 된다. 그가 대구에서 서면욱(徐勉煜)이라고도 불린 서자명(徐子明, 1860-?)이라는 첫 한국인을 전도하게 되는데 그는 1899년 6월 16일 세례를 받게 되어 대구경북지방 첫 수세자가 되었고, 대구지방 첫 교회인 대구제일교회 신자가 된다. 곧 그는 대구지방 첫 근대병원으로 장인차 의사(Dr. Woodbridge O. Johnson)가 세운 제중원의 보조원으로 일하게 된다. 아담스는 대구제일교회에 이어 사월교회(1898.4), 반야월교회(1905. 4), 범어교회(1906. 9) 등을 설립하게 되고, 1906년에는 계성중학교를 설립하게 되는데 처음에는 남자소학교라는 이름으로 1902년에 시작되었다. 부인 넬리 딕은 1909년 10월 31일 대구에서 사망하게 되지만, 아담스는 1921년 7월 13일 은퇴하기까지 36년간 부산과 대구에서 활동했다. 이런 그의 활동으로 대구경북지방 기독교의 초석을 놓았다. 아담스는 1923년 공식적으로 은퇴하고 귀국하게 된다. 그로부터 6년 후인 1929년 6월 25일 켈리포니아주 버클레이에서 하나님의 부름을 받았다.

3
부산에서의 활동

1) 한국어 공부

부산에 도착한 아담스 부부는 일단 한국어 공부에 주력했다. 초임 선교사에게 언어공부는 가장 중요한 과제였다. 또 연차별로 시행되는 언어시험에 합격해야 했기 때문이다. 아담스는 한국 도착 3개월 후인 1895년 9월 13일자 편지에서 한국어 능력의 상당한 진보가 있었다고 보고 했고,[177] 1895년 11월 경에 쓴 편지에서 언어공부가 주된 일이라고 쓰고 있다.

"저희가 도착한 이후부터 언어공부를 주된 일로 삼고 있습니다. 박사님께서는 여러 나라에 있는 선교사들에게 그 나라의 언어를 습득하는 것이 가장 어렵다는 말을 들으셨을 것입니다. 저희도 그렇게 생각합니다. 제 아내는 다른 일로 언어공부에 심하게 지장을 받고 있습니다. 그래도 그녀는 끈기 있게 매일 공부하고 있습니다. 저는 지역 방언을 능숙하게 사용하는 것이 절대적으로 필요하다는 인상을 점점 받고 있습니다. 선교사들과 한국 사람들에게 얻은 정보를 통해서 볼 때 저희 가운데 방언을 잘 아는 사람이 많이 있는지, 아니 과연 한명이라도 있는지 의문입니다. 방언은 여전히 저희에게 외국어입니

---

[177] 안의와, 『황무지에 장미를 심는 마음』 (서울: 생명의말씀사, 2019), 29.

다. 저는 그것을 공부하는데 4-5시간을 보내고 2-3시간은 밖으로 나가 한국 사람들과 이야기하고 나머지 시간은 가족과 영어를 쓰는데 이것으로는 언어를 능숙하게 구사할 수 없다는 확신이 점점 더 듭니다. 이런 방법을 쓴다면 한국어는 항상 외국어로 머물게 될 뿐입니다."[178]

이처럼 부산의 양관(洋館)에서 살면서 한국어를 익히기가 어렵다고 판단한 아담스는 동래지역 한국인 거주지역에 주택을 구입하고 이곳에서 살면서 언어 공부에 주력했다. 그는 이렇게 쓰고 있다.

"저희 (언어 공부의) 목적을 달성하려면 본토 친척 아비 집을 잊어야 할 필요를 느낍니다. 저는 이것이 게일(Gale) 씨가 언어를 잘 구사하는 비결이라고 생각합니다. 그는 현지인들과 함께 살았습니다. 이를 위해 저는 여기서 10마일 떨어진 인구가 1만 명 정도 되는 동래에 조그만 현지인 주택 구입 절차를 마쳤습니다. 적어도 6개월 정도 그곳에 거주할 생각입니다."[179]

실제로 동래지역에 한인 주택을 구입했고 아담스는 이곳에 살면서 한국어 공부에 주력했다.[180] 그는 언어공부가 선교사에게 있어서 가장 중요한 과제라고 인식했다. 어빈 의사도 이곳에 와서 언어공부를 했는데 아담스에 의하면 어빈 의사는 지난 5개월 동안 자신의 절반 가까운 시간을 동래에서 함께 지내며 언어공부에 집중했다고 한다.[181] 그 나머지 시간은 병원에서 일했다고 한다. 아담스는 한국도착 1년이 된 때

---

[178] 안의와, 『황무지에 장미를 심는 마음』, 36-37.
[179] 안의와, 『황무지에 장미를 심는 마음』, 37.
[180] 안의와, 『황무지에 장미를 심는 마음』, 47.
[181] 안의와, 『황무지에 장미를 심는 마음』, 45.

인 5월 25일자 편지에서도 언어공부에 몰두하고 있다고 말하고 있다. 이처럼 그가 언어공부를 중시하고 집중한 것은 자신의 확신이기도 했지만 베어드의 충고이기도 했다. 선교사에게 있어서 가장 중요한 일차적인 과제는 선교지의 언어를 습득하는 것이라고 보았던 베어드는 아담스에게 우선 부산에서 언어를 공부한 다음 선교지로 가야 할 것을 권고한 것이다.

2) 순회 전도와 성경공부반의 운영

아담스는 언어공부에 치중하는 한편 성경공부반을 운영했다. 이 또한 부산의 베어드 부부가 시행했던 일이며 성경공부반의 운영을 통해 개종자를 확보하는 베어드의 방식이었다. 아담스는 베어드 부인을 도와 성경공부 반을 운영하는 한편 때로는 부산과 그 인근을 순회하기도 했다. 아담스는, 심지어는 언어공부를 위해 매입한 동래의 한옥에 살면서도 성경공부반을 열었다. 그는 이렇게 말하고 있다. "저는 동래에 있는 저희 집에서 베어드 씨와 함께 현지 기독교인들을 위해 성경학교(a small Bible school)를 열었습니다."[182] 수업은 매주 금요일, 수강생은 11명이었다고 한다. 수업은 베어드가 주로 담당했는데, 그가 담당한 과목은 마가복음과 조상숭배, 주일성수, 간음, 거짓말, 부모의 의무, 기도, 신앙고백 등의 주제에 대한 성경의 가르침을 공부하는 것이었다. 반면에 아담스는 구원서정(plan of salvation)과 관련된 주제를 가르쳤다. 아담스는 성경공부반에서 가르친 경험을 이렇게 말하고 있다.

"이곳의 개종한 거의 모든 사람의 삶에서 신기하게도 초대교회의

---
[182] 안의와, 『황무지에 장미를 심는 마음』. 69.

역사가 반복되고 있습니다. 그들은 오직 믿음으로만 구원받는다는 교리를 아주 소중하게 믿고 그 안에서 기뻐하고 있으나 구원의 조건으로서 선행(good work)이란 커다란 장애물, 혹은 오직 복음을 명확하게 이해함으로서 나오는 분명한 확신을 갖는 것에 충분하고 강한 영적인 이해가 없습니다. 율법의 옷자락이 그들의 다리를 엉키게 하고 있습니다. 그것은 사람이 하나님 앞에 서려면 거룩해야만 한다는 지극히 적절하고 합법적인 본능적인 생각에서 나옵니다."[183]

초신자들이 믿음으로 말미암는 구원에 대해 이해하지 못하고 있고, 인간 행위와 공로사상을 버리지 못하고 있음을 개탄한 것이다. 이런 일은 동양문화권에서 일하는 선교사들이 흔히 접하는 보상심리의 일종인데, 부산에서도 동일하게 경험되는 일로 기록하고 있다.

이런 성경공부와 함께 아담스는 베어드와 같이 거리를 다니며 전도했다. 그는 부산이야말로 순회 사역하기 알맞은 지역이라고 보았다.[184] 아담스는 1896년 8월 1일 엘린우드에게 보낸 편지에서 이렇게 쓰고 있다.

"베어드와 저는 성경공부와 함께 몇 시간 동안 복음 전도사역을 계속했습니다. 늦은 오후가 되면 밖으로 나가 시내 곳곳에 흩어져서 만나는 사람들에게 전도하고 그들을 저녁에 오라고 초청했습니다. 저녁 시간에는 누구든지 들르는 사람들에게 개인적으로 설교했습니다. 저는 상당한 씨앗이 뿌려졌다고 생각합니다. 장차 수확을 하게 될 이 도시에서 이런 방식으로 한 두 해가 지나면 이 도시가 실제로 저희 본부가 될 것을 기대합니다."[185]

---

[183] 안의와, 『황무지에 장미를 심는 마음』, 69-71.
[184] 안의와, 『황무지에 장미를 심는 마음』, 85.
[185] 안의와, 『황무지에 장미를 심는 마음』, 71.

아담스는 베어드와 동역하면서 순회전도와 성경공부반을 운영했다. 이런 일을 통해 아담스는 베어드의 개척전도에 대해 배우고 후일 이를 실행하게 된 것이다. 아담스가 부산에 왔을 때는 베어드의 4차례의 순회전도여행 이후였음으로 전도여행에 동참하지는 못했으나 아담스는 이런 전도방식을 따랐음을 알 수 있다.

3) 한문서당에서의 동역

베어드는 1895년 1월 영선현의 양관에 위치한 사랑방에서 소년들을 위한 학교를 개교했는데, 한문서당(漢文書堂, The Chinese School)으로 불렸다. 한문서당이라고 명명한 것은 당시에는 한문이 언문(諺文)과는 달리 학습의 기초였고 진문(眞文)으로 간주되었기에 누구나 한문을 배우기 원했기 때문이다. 한문 외에도 조선어, 산수, 지리, 그리고 성경을 가르쳤지만 한문서당으로 명명한 것이다. 개교 당시 5명으로 출발했으나 개교 40-50여 일이 지났을 때는 20여 명으로 불어났다. 아담스가 내한했을 때는 이 학교가 설립된 지 5개월이 지났을 때였다. 이 학교의 실질적인 관리자는 애니 베어드였고 교사는 베어드의 어학선생 서초시(徐初試), 곧 서두엽(徐斗燁)이었다. 그는 1894년 7월 15일 윌리엄 베어드로부터 세례를 받았는데, 그때가 부산에서의 두 번째 세례식이었다.[186] 서초시의 아들은 보조교사였다. 비록 베어드가 설립했으나 선교학교(mission school)라고 부르기에는 미흡했지만 이것이 부산에서의 선교학교의 시작이자 이른바 근대학교의 시작이라고 할 수 있다. 후에는 어빈 의사의 부인도 이 학교에 관여하며 도움을 주었다. 베어드가 대구지부로 배속되면서 이 학교가 오래 지속 되지 못

---

[186] 이상규, 『부산지방에서의 초기 기독교』, 167.

한문서당 교사와 학생들. 죄측 뒤는 베어드 부인, 중간 베어드, 앞은 서상륜, 우측 뒤는 고학윤, 중간은 안의와 선교사, 그 앞은 교사 서초시의 아들로서 보조교사였다.

했지만 아담스는 이 학교 운영을 지켜보면서 기독교학교 설립에 대한 이상을 보게 되었고, 이런 인식으로 1906년 대구에서 '대남남자소학교', 곧 계성학교를 설립하게 된다.

4) 후속 선교사 요청과 정착 지원

부산에서 체재 중이던 아담스는 여선교사의 파송을 요청하는 등 후속 선교사 파송에 대해 의견을 개진하고 내부 선교사들의 정착을 도왔다. 대표적인 경우가 미혼 여선교사 루이스 체이스(Miss Louise Maria Chase, 1869-1938)의 내한이었다. 부산의 베어드가 새로운 선교지부 개척을 위해 대구로 이동하게 되자, 아담스는 1896년 2월 말 이전 북장로교 해외선교부 총무 엘린우드 박사에 쓴 편지에서, 미혼 여성 사역자가 긴급히 요구된다는 점을 말하면서 미혼 여성은 가사나 육아에 집중하지 않고 선교사역에 매진할 수 있으므로 미혼여성 사역자가

시급하다고 썼다.[187]

또 1896년 5월 25일자로 쓴 편지에서는, "여성들을 위해 할 일이 많습니다. 그리고 모든 시간을 사역에 쏟을 수 있는 독신 여성은 선교부에 큰 소득이 될 것입니다. 이곳에서는 복음을 전할 기회를 찾을 필요가 거의 없습니다. 여자들은 한 번에 두세 명씩, 혹은 12명까지 집구경을 하러 옵니다."[188] 기혼여성 사역자는 언어를 공부하고 일할 수 있는 준비가 되어도 육아나 가정사 때문에 사역의 방해를 받지만 미혼여성은 필요한 사역에 전력투구할 수 있고, 또 전도하러 다닐 필요 없이 찾아오는 여성들에게 복음을 전할 수 있다는 의견이었다.

아담스는 부산지부에 독신 여선교사가 필요하다는 점을 엘린우드에게 호소했는데, 아담스의 편지를 받은 엘린우드는 1896년 4월 14일 아담스에게 보낸 편지에서 루이스 체이스를 선교사로 임명할 계획을 알려주었고,[189] 이 계획에 따라 루이스 체이스는 1896년 5월 선교사 임명을 받고, 1896년 10월 19일 부산으로 오게 된다. 그는 부산지부에 파송된 최초의 미혼 여선교사였다. 그는 이때부터 1901년 12월 시릴 로스 목사 내외와 더불어 선천으로 이동하기까지[190] 부산에서 5년 간 일하게 된다. 체이스가 내부할 당시 부산지부에는 어빈 의사 부부와 아담스 부부 뿐이었고, 부산지부는 여성과 어린아이 사역을 위해 여성 사역자를 필요로 하고 있었다. 바로 이런 시기에 체이스 양이 내한하게 된 것은 아담스의 적극적인 요청의 결과였다.

아담스가 대구로 이동할 무렵인 1897년 10월 11일에는 시릴 로

---

[187] 안의와, 『황무지에 장미를 심는 마음』, 39.
[188] 안의와, 『황무지에 장미를 심는 마음』, 61.
[189] 안의와, 『황무지에 장미를 심는 마음』, 63.
[190] H. A. Rhodes, *History of the Korea Mission PCUSA*, vol. I (Seoul, PCK, 1984), 130.

스(Cyril Ross, 盧世永, 1868-1963) 목사와 의사인 그의 부인(Susan Shank Ross, MD, ?-1954) 또한 부산으로 왔다. 베어드가 대구지부로 전출하게 되자 그의 사역을 계승하기 위해 부산지부로 파송된 것이다.[191] 아담스는 이들의 부산 정착을 도왔고 선교사역 전반에 대해 안내했다.

이런 활동 외에도 아담스는 베어드가 그러했던 것처럼 지역교회 순례와 목회지원, 교회설립 과정을 관찰하고 필요한 도움을 주었을 것이다. 이런 경험이 후일 대구에서의 사월교회, 범어교회, 반야월교회, 대구서문교회 등의 교회 설립에 유효한 경험이 되었을 것이다.

5) 경북의 선교거점으로 대구지부 개척 지원

아담스의 편지를 보면 대구를 경상북도 선교의 거점으로 인식하고 대구지부 개척의 필요성을 강하게 주장했다. 이 또한 베어드의 영향으로 보이는데 그가 베어드와 함께 대구를 방문한 일이 영향을 준 것으로 보인다. 그는 대구가 가장 유망한 사역지(promising field)라고 보았다.[192] 그래서 그는 엘린우드에게 보낸 편지에서 대구를 유력한 선교거점으로 인식하고, "대구는 경상도의 전략적 전선(Taigoo is the strategic front for this province)이며, 이곳에 선교활동의 거점을 마련해야 한다고 주장한 것이다. 그는 이렇게 말한다.

"저는 지난 겨울에 한번 대구를 방문한 적이 있습니다. 그런데 그

---

[191] 노세영은 호주장로교 선교사들과 협력하면서 지역을 순회하며 지역교회를 후원했다. 부산의 초량교회, 제일영도교회, 항서교회 등을 순회했고, 또 백도명(白道明)을 경남지방 권서인(勸書人)으로 임명하고, 그와 함께 구포, 김해, 함안, 마산 등지를 순회하며 교회를 개척하거나 설립된 교회를 시찰했다. 1897년 10월 내부한 이래 약 5년간 일했던 그는 1902년 11월 25일 평북 선천지부로 전임하게 된다. 그 후에는 강계에서 활동했다.
[192] 안의와, 『황무지에 장미를 심는 마음』, 83.

때는 매우 추웠고, 단 열흘만 머물렀기 때문에 그곳이 사역의 중심지가 될 만한 가치가 있는지 제가 원하는 만큼 잘 판단할 수 없었습니다. 그렇지만 이번 여행에서는 충분히 확인할 수 있었고 제가 그곳에 머무는 동안 경상도의 강력한 선교지부를 세우기에 아주 훌륭한 위치라고 점점 더 확신하게 되었습니다. 낙동강의 동쪽지역에서는 분명히 대구가 그런 지역입니다. 저가 대구를 부산보다 더 좋은 곳으로 보는 이유는 그곳에 가능성이 많기 때문입니다."[193]

또 그는 대구에 강력한 중앙지부를 개설해야 한다고 말하면서 다음과 같이 주장한다.

"저희가 대구에 경상도의 강력한 중앙지부를 세워야 한다는 것은 제가 말씀드린 근거에 따른 저 자신의 개인적인 의견입니다. 대구는 항구와 그 영향권에서 멀리 떨어져 있습니다. 그곳은 10마일 이내에 있는 수로를 통해 연중 대부분의 기간에 접근이 가능한 중심지에 위치하고 있습니다. 경상도 전역의 오래된 감영(監營)이 있는 곳이며, 낙동강 동쪽 지역의 현 감영 소재지입니다. 따라서 더 중요한 정치적 중심지입니다. 이곳은 인구 약 6만을 가진 한국의 남부지역에서 가장 큰 도시이며 항구에 사는 사람들과는 매우 다른 계층의 사람들이 살고 있습니다. 이곳 사람들은 저희들에게 호의를 가지고 대합니다. 그들은 반복해서 선교사를 배치해 달라고 조르고 있습니다. 이곳은 유리한 지역 사역을 위한 모든 조건을 충족하는 것 같습니다. 제가 언급한 것에 추가하자면 지리에 관한 것입니다. 여기에는 시골 마을 사람들이 많이 살고 있습니다. 도시 자체는 마을이 흩어져 있는 넓은 광야의 가운데 위치하고 있습니다. 그래서 지역이 복음전도를 위한 좋은 기회를 제공해 줍니다. 일 년에 두 차례씩 남쪽에서 가장 큰 시

---

[193] 안의와, 『황무지에 장미를 심는 마음』, 85.

장(약령시)이 이곳에서 열립니다. 한국 남쪽의 전 지역 사람들과 심지어 서울에서부터 상인들이 이 시장으로 옵니다. 수천 명의 사람들이 모입니다. 이번에 제가 이곳에 있는 동안 가을 시장이 열리고 있었습니다. 그 시장은 보통 한 달간 지속됩니다."[194]

이런 주장에 부응하여 자신도 1897년 11월 1일 가족과 어학선생 김재수(金在洙, ?-1941), 부인의 출산을 위해 동행했던 임시 보모(Marie Chase)와 함께 대구로 이동했다. 그래서 그는 대구지방 선교 개척자가 되었고, 경북, 대구지방 모교회인 대구제일교회를 설립하고(1897), 계성학교, 신명학교 그리고 성경학교도 설립했다. 그와 동행했던 김재수는 상주군 낙동면 화산 출신인데, 종창을 앓던 중 부산으로 와 캐나다 출신 선교사 하디에게 치료를 받고 예수를 믿게 되었다. 고향으로 돌아갔으나 건강이 좋지 못해 낙심한 가운데 있었으나 1893년 4월 27일 지역 순례차 상주에 갔던 베어드를 만나 그의 호의로 부산으로 이주하였고(1894), 이듬해 5월 아담스를 만나 그의 어학 선생이 되었다.[195] 그래서 이때 아담스와 동행하여 대구로 왔고, 그 후 아담스의

---

[194] 안의와, 『황무지에 장미를 심는 마음』, 88-89.
[195] 베어드는 경북내륙지방으로 여행하던 중 1893년 4월 28일(금요일) 일기에서 김재수를 만난 일을 다음과 같이 기록하고 있다. "우리는 어제 아침 낙동을 떠나 상주에 이르는 길 중간쯤 갔다. 여기서 우리는 김 서방이 그곳에서 조금 떨어진 작은 마을에서 살고 있다는 것을 알게 되었다. 우리는 그곳에 가보았는데, 그는 아주 작은 집에서 매우 궁핍하게 살고 있었다. 그는 부산을 떠나서 칠 일 만에 백원(白元)에 도착했고, 며칠 전까지는 아파서 누워있었다. 도중에 자신의 주사기가 부서져 자신의 상처를 씻을 수가 없었다. 그는 앉을 공간이 있는 이웃집으로 우리들을 데리고 갔다. 잠시 대화를 나눈 후 우리를 약 15채의 집이 있는 작은 마을에 사는 자기 친척들에게 소개했다. 그는 우리에게 함께 식사하자고 거듭 청했다. 그는 가난했지만 거듭된 간청을 거절하지 못해 우리는 그의 요구에 응했다. 그와 함께 성경을 읽고 말씀을 나눈 후에 우리는 그곳을 떠났다. 그는 우리를 언덕 비탈까지 따라와서 배웅했다. 불쌍한 형제! 그는 오래 살 수 없다. 그러나 그는 자기 성경을 가지고 있기에, 공자의 가르침에 만족하고 있는 그들에게 그리스도와 성경에 관하여 전하더라도 그들은 분명 듣지 않을 것이라는 예감을 가지고 말해야만 하는 그의 이웃보다는 더 부요한지도 모른다." 건강이 극도로 위급한 상태에 있었으나 하나님의 은혜로 회복하였고, 부산으로 이주하여 아담스의 어학선생으로 일했다. 베어드와 함께 여행에 동참했던 서경조는

조수로 일했다. 그가 대구제일교회가 설립될 때 참여했던 첫 한국인이 었다. 김재수는 김기원(金基源)으로 개명했는데, 선교사의 조사로 일 했으나 장로 장립을 받았고, 1909년에는 평양신학교에 입학하여 수 학하고 1913년 제6회로 졸업했다. 이북지역 교회 지도자였던 김선두, 중국 선교사였던 사병순, 위대한 전도자였던 최봉석 등과 동기였다. 1914년에는 경북 최초의 조선인 목사가 되었다.

아담스의 대구 이주 2달 뒤에는 우드브릿지 존슨(Dr. Woodbridge O. Johnson, 1877-1949) 곧 장인차(張仁車) 의사가 대구로 와 아담스 와 합류하였고, 남성로(南城路)에 위치한 교회 구내에서 제중원이라 는 이름의 작은 진료소를 열었는데 이것이 대구 동산병원으로 발전했 다.[196] 1899년 10월 26일에는 부해리(Henry Munro Bruen, 傅海利, 1874-1959) 선교사가 대구지부로 왔는데 대구지방 3번째 선교사였 다.[197]

김재수에 대해 다음과 같이 말하고 있다. "디명은 미샹ᄒ나 부산셔 밋기로 작졍ᄒ 一人을 차즈니 셩명은 김긔원이라. 죵쳐병이 즁ᄒ 것을 보고 위로를 ᄒ고 셥섭이 써나니라."(서경조, "徐景祚의 傳道와 松川敎會 設立歷史", 93-4), 서경조가 말하는 김 서방이 김기원인데, 김재수의 별칭이었다. 김재수는 건강을 회복한 후 김기원으로 개명한 것으로 보인다. 그가 치료차 부산을 방문했을 때 베어드의 사랑방 예배에도 참석했던 인물이었다.

[196] 그는 펜실베니아 의과대학을 졸업하고 학생자원운동(SVM)을 통해 선교사로 자원하였는데, 1897년 10월 28일 에디스 파커(Edith M. Parker)와 결혼한 후 한국으로 향해 1897년 12월 22일 부산항으로 입국했다. 대구에 도착한 날은 12월 25일 주일이었다. 그는 1899년 12월 성탄 직전 남성정교회 구내 초가집에서 작은 시약소를 개설하고 의료선교 활동을 시작하였는데 이것이 동산병원의 시작이었다. 처음 이름은 제중원(濟衆院)이었다. 알렌의 광혜원(廣惠院)이 설립된 지 14년 후였다. 그해 10월에는 현제의 위치인 동산동으로 이전하였고 이 지역의 이름을 따 동산병원으로 부르게 된 것이다.

[197] 미국북장로교 대구지부의 세 번째 선교사인 그는 1899년 9월 29일 인천으로 입국하였고, 10월 26일 대구로 왔다. 프린스톤대학 출신인 그도 학생자원운동(SVM)을 통해 선교사로 자원하였고, 유니온 신학교를 졸업하고 내한했다. 그는 이때부터 67세가 되던 1941년 9월 14일까지 42년간 대구 경북지방에서 활동하였다. 그의 장기간의 활동과 헌신 때문에 '경북선교의 아버지,' '대구지방 선교의 대부'로 불리는데, 대구와 경북 서북부지방, 곧 김천, 지례, 성주, 고령, 달성 등지에서 활동했다.

그런데 대구로 이전해 간 이후 12년 후인 1909년 10월 31일, 부인 넬리는 43세의 나이로 하나님의 부르심을 받았다. 어드워드(Edward, 1895. 2. 6), 벤자민(Benjamin, 1898. 1. 14), 도로시(Dorothy, 1899. 11. 2), 조지(George, 1907. 8. 6)에 이어 5번째 아이를 임신 중이었으나 유산을 하게 되었고, 그 후유증으로 건강을 잃게 된 것이다. 따지고 보면 과로가 원인이었다.

제임스 아담스는 1923년까지 한국에서 일했다. 장남 에드워드(Edward, 安斗華)는 1921년 아버지를 이어 제2대 한국 선교사로 내한하여 대구지부에서 일했고(1921-1963), 대구에서 자란 차남 벤자민(Benjamin, 安邊嚴) 또한 1923년 내한하여 안동선교부에서 일했다. 딸 도로시 또한 교육선교사로 내한하여 평양외국인학교 교사로 일했다. 막내인 조지(安斗照)는 1932년 내한하여 안동과 대구선교부에서 활동했다. 정리하면 4남매 전부가 북장로교 한국 선교사로 제2대 선교사의 길을 간 것이다.

4

종합과 정리

제임스 아담스, 곧 안의와 목사는 '대구경북지방 선교의 아버지'로 알려져 있지만 사실 그의 첫 사역지는 부산이었고, 부산에서 지낸 첫 2년 4개월은 한국어를 공부하고 한국사회를 익히는 준비의 기간이었고, 한국에 대한 그의 인식은 부산에서 형성되었다. 또 그의 선교활동 전반은 따지고 보면 베어드 휘하에서 부산에서 얻는 경험과 베어드로부터 수득한 사역의 방식이었음을 알 수 있다. 그도 베어드처럼 일기, 편지, 그리고 선교보고서를 남겼는데 지금에 와서 보면 중요한 사료가 아닐 수 없다. 부산 체류기 그가 남긴 기록은 베어드의 기록과 호주 선교사들의 기록을 보완해주고 있어 보다 객관적 사실 접근에 유용한 자료가 되고 있다. 예컨대, 그는 1895년 6월 24일자로 북장로교선교부 총무 엘린우드에게 보낸 편지에서 이렇게 썼다. "우리가 안전하게 도착했다는 사실을 이재야 알립니다. 우리는 4월 29일 떠나 5월 29일에 도착하였는데, 매우 짧은 여정이었습니다." 이 기록에 근거하여 그가 부산에 도착한 때가 5월 29일이라는 점을 확인하게 된 것이다. 그는 이렇게 이어갔다. "여러 가지 복잡한 문제로 우리의 거주지는 아직 해결되지 못했습니다. 우리는 현재 데이비드(David) 씨와 같이 지내고 있는데 조만간 만족스럽게 해결되리라고 확신합니다. 6년을 기다린 후에 제가 드디어 이 선교지에 와있는 것이 얼마나 기쁜지 이루 말할 수 없습니다." 그는 선교사가 되기 위해 6년 전부터 준비해 왔음을 알 수 있다.

그러나 엘린우드에게 보낸 9월 13일자 편지를 보면 적절한 주택을 구하지 못했고, 일본인 거류지의 주택을 매입할 계획이었으나 그럴 경우 한국인과 접촉할 수 없다는 점 때문에 이를 포기하고 베어드 집에서 같이 살면서 베어드의 서재에서 지내게 되었음을 알 수 있다. 그는 하루 4 혹은 5시간씩 한국어를 공부했고, 밖으로 나가 한국인과 대화하면서 조선말을 익혔다. 그래도 부족하다고 여긴 그는 영선현에서 약 10마일 떨어진 동래에 한국인 임시주택에 거주하면서 한국어를 공부했다. 이런 어학 공부는 후일을 위한 준비였다.

당시 아담스의 일기를 보면 중혼자(重婚者) 문제가 심각한 토론의 주제라는 점을 말하고 있는데, 이는 중혼자에게 세례를 주고 교회의 회원으로 받아드릴 수 없다는 자형 베어드의 입장을 알 수 있고, 또 호주 선교부 내의 문제에 대해서도 보다 분명한 정보를 제공하고 있다는 점이다. 비록 그의 부산 체류가 2년 4개월에 불과했지만 한국선교를 위한 준비 기간이었고, 이 기간 그가 남긴 기록은 초기부산 지방 기독교 상황을 헤아릴 수 있는 소중한 자료가 되고 있다는 점을 지적해 둔다.

부산경남지방 기독교 연구

제**9**장

미국 북장로교 선교사 시더보탐
(Richard H. Sidebotham)

장로교회의 경우 한국에서 일한 외국 선교부는 언더우드를 파송했던 미국북장로교(1884)를 비롯하여 호주빅토리아장로교(1889), 미국남장로교(1892), 그리고 캐나다장로교(1898)인데, 이중 한국에 가장 많은 선교사를 파송한 단체가 미국북장로교회였다. 미국북장로교회는 알렌의 입국 이후 서울을 중심으로 활동해 왔으나, 평양과 부산에 선교지부를 개척하기로 하고 평양에는 마펫(Samuel A. Moffett)을, 부산에는 윌리엄 베어드(William M. Baird, 1862-1931)를 파송했다. 이렇게 되어 미국 북장로교회는 1891년 이래 부산지방에서도 활동하게 되는데,[198] 북장로교회는 이때부터 1913년 부산 경남지방에서 철수할 때까지 23년간 21명의 선교사를 파송하였다. 그중의 한 사람이 시더보탐(Richard H. Sidebotham), 곧 사보담(史保淡, 이하 사보담으로 표기함) 선교사였다.

이 글에서는 북장로교 선교사로 내한한 사보담의 대구와 부산지역에서의 선교 활동, 그리고 예기치 못한 죽음 등 그의 생애 여정에 대해 소개하고자 한다. 1899년 내한 한 사보담의 한국에 체류한 기간은 8년이었다. 내한하여 첫 1년은 대구지부에서, 그 이후 7년 간은 부산에서 활동했다. 1908년 안식년으로 미국으로 돌아갔으나 가스 폭발사고로 사망하여 한국으로 돌아오지 못했다.

---

[198] William Baird, "The Opening and Early History of Fusan Station", 1, Baird files in Presbyterian Historical Society, Phila, PA.

1
가정배경, 신학교육, 내한

사보담은 미국 미시간 주 레이크시티에서 성장했으나 본래 그는 영국태생이었다. 1874년 10월 14일 위리엄 헨리 시더보탐(William Henry Sidebotham)과 이자벨 심슨(Isabelle Laycock Simpson)의 5남매 중 장남으로 영국 비글스웨이드(Biggleswade)에서 출생했다.[199] 감리교 목사였던 그의 아버지는 1883년 가족을 데리고 미국 미시간 주 레이크시티로 이주하였다. 그래서 사보담은 미시간 주 래피어(Lapeer)에서 초, 중등학교를 졸업하고 미시간 주의 앨마대학에 입학하였다. 그는 이 당시 미국에서 전개되던 복음주의 운동과 학생자원운동(SVM)의 영향으로 선교사가 되고자 결심하게 된다. 당시 미국에서 일어난 해외선교에 대한 관심은 기독 대학생들에게 상당한 영향을 끼치고 있었다. 1896년 앨마 대학을 최우수 성적으로 졸업한 그는 프린스톤신학교에 진학했다.

프린스톤에서 신학교육을 받은 그는 1899년 졸업하였고, 그해 5월 목사 안수를 받았다. 한달 후인 6월 28일에는 에피 알덴 브리스(Effie Alden Bryce)와 결혼했다. 에피는 제이콥과 사라 부라이스의 딸로

---

[199] 그의 동생들로는 Richard Henry(남), Charles Wesley(남), Emily Barron(여) Isabella(여), Rrobert Simpson(남)이 있었다. 이들 중 남자는 모두 장로교 목사가 되었다.

서 1876년생이었다. 그녀의 외할아버지도 장로교 목사였다. 선교본부는 선교지의 상황을 고려하여 선교사들의 결혼을 권장했고, 결혼과 동시에 내한하는 경우가 빈번했다. 사보담의 경우도 이와 유사했다. 사보담은 1899년 9월 6일 공식적으로 미국북장로교 한국 선교사로 임명되었고, 10월 14일 샌프란시스코에서 선편으로 조선으로 향해 그해 11월 부산으로 입국했다.[200] 이때 그는 25세의 청년이었다. 내한 한 그는 대구지부에 배속되었다.

사보담 선교사와 어학선생 고학윤

---

[200] Rhodes, 626. 비슷한 시기에 여러 명의 북장로 선교사들이 내한하게 되는데, 헨리 부르엔(Henry M. Bruen), 새디 눌스(Sadie Nourse), 메리 아메스(Mary Ames, 후일 Sharrocks 의 부인이 된다)가 1899년 9월에 내한했고, 이듬해에는 아더 웰본(Arthur G. Welbon), 조지 렉(George Leck) 부부, 찰스 샤프(Charles E. Sharp) 부부, 펀하이젤(C. F. Bernheisel), 벨머 스눅(Velma L. Snook) 등이 내한한다.

2

대구지방에서의 활동(1899-1900)

미국 북장로교의 대구 선교지부는 윌리엄 베어드에 의해 개척되었으나(1896) 아담스(J. E. Adams)와 존슨 의사(W. O. Johnson, MD)가 대구로 이주함으로서 1897년 공식 개설되었다. 그러나 대구지부는 부산 선교부의 분회(分會) 정도의 역할을 했고, 공식적으로는 1899년 5월 1일 시작되었다고 볼 수 있다.[201] 사보담이 내한했을 당시 대구지부에는 아담스 목사 부부와 존슨 의사 부부와 부르엔 목사, 그리고 미혼 여성인 새디 눌스(Sadie Nourse) 뿐이었다. 대구는 경북지방의 전략적 중심지로서 매우 중요한 곳이었으나 선교사들이 많지 않았다. 이런 이유 때문에 사보담은 대구지부로 배속된 것이다. 사보담이 내한했을 당시 대구지부의 보고서에 의하면 20여개 지역에 신자들이 있었고, 기독교 신자들이 정기적으로 회집하는 곳은 3개 처에 불과했다고 한다.[202] 이때의 대구 시내의 신자는 약 20명으로 보고되고 있다.[203]

대구에 도착한 사보담 부부는 우선 언어 공부에 주력하였다. 사보담 자신의 보고서와 그가 안식년으로 미국에 체재할 때 한국인이 보낸

---

[201] Rhodes, 177.
[202] Rhodes, 176-7.
[203] "Northern Presbyterian Report for 1900", 166, 백낙준,『한국개신교사, 1932-1910』, 298에서 중인,

편지를 보면 언어 능력은 동료 선교사들보다 훨씬 앞섰음을 알 수 있다. 한국에 온지 1년이 채 안된 1900년 9월에 모인 선교사 연례회의에서 시행한 한국어 시험에서 95%의 성적으로 응시자 13-14명 중 가장 좋은 성적을 얻었다.[204] 그래서 초임선교사만이 아니라 내한 2년차 혹은 3년차 선교사들보다 더 좋은 한국어 실력을 보여주었다. 그가 안식년으로 미국으로 돌아간 이후 경상남도 지역교회 대표들이 모여 그의 신속한 귀국을 요청하는 편지를 보냈는데, 이 문서에도 보면 그의 한국어 실력이 다른 이들보다 앞섰음을 시사해 준다.[205]

언어 공부와 함께 대구에서의 사보담의 활동은 3가지로 정리될 수 있다. 첫째는 부르엔과 함께 4명의 아동들을 데리고 1900년 2월 1일 자신의 방에서 성경공부반을 조직하여 이들에게 복음을 전하기 시작했다는 점이다. 이 모임은 점차 확대되는데, 후일 대구지방 성경공부반 형성에 기여하였다. 둘째, 아담스에 의해 시작된 대구경북지방 최초의 교회인 남성정교회(현재 대구제일교회)에서 아담스를 도우며 전도활동에 참여하였다. 이 당시 교회에는 목사선교사 3인, 의료선교사 1인, 세례교인 1인(서자명), 학습교인 9인이 있었고, 교인 총수는 25인 정도였다.[206] 그는 당회에 참석하며, 학습문답을 시행하는 등 제반 교회 일에 동역하였다. 셋째, 대구를 거점으로 인근 지역을 순회하며 지역교회 형성을 위해 활동했다. 당시 선교지역을 답사하면서 전도하는 순회전도 혹은 순행전도는 가장 일반적인 선교방식이었다.

---

[204] 사보담의 개인기록, First Annual Meeting (Chinnampo, Sept. 25, 1900)에 근거함. 이때의 연례회의에서 사보담은 부서기로 활동했다.
[205] 1908년 2월 18일자로 쓴 한국인 교회지도자들 공동명의의 서신을 보면, 선교사들을 자주 볼 수 없다는 점을 말한 후, "당신만큼 한국어를 구사하는 목사가 없다(... not only is there no pastor who speaks the Korean language like you.)는 점을 지적하고 있다.
[206] 『대구제일교회 90년사』, 64.

대구지부에서 활동할 당시 그는 '사의취'(史義就)라는 한국어 이름으로 불렸다. 그 일례가 남성정교회 당회록이다. 사보담이 대구에 온 지 한 달도 채 되지 않는 1899년 12월 2일 회집된 제6회 당회 참석자 명단에서 그를 '사의취'라고 기록하였고, 동년 12월 13일 회집된 제8회 당회록에서도 "이화옥 학습문답 시키기 위하야 안의와, 부혜리, 사의취, 조사 김재수 참석하다"고 하여 동일한 이름이 사용되고 있다. 그해 12월 29일의 제9회 당회록, 1900년 2월 6일의 제12회 당회록, 5월 18일의 제16회 당회록에서도 그는 동일하게 '사의취'라는 이름으로 호칭되고 있다.[207]

일반적으로 선교사의 한국어 이름은 영어 발음을 취음하는 방식이 관례인데, '사의취'보다는 '사보담'이 영어 이름 '시더보탐'에 더 근접했기 때문에 후에 그의 한국어 이름이 '사보담'(史保淡)으로 개칭된 것으로 보인다. 그런데 그가 부산으로 옮겨올 무렵인 1900년 11월 4일자로 누이동생인 에밀리(Emily)에게 쓴 편지를 보면 자신의 이름을 '사보안'(謝普安)으로 소개하고 있다. 즉 그는 부산생활에 대해 궁금해 할 누이동생에게 자신의 명함을 소개한다며 "耶蘇敎 牧師, 謝普安, 美國人"이라고 쓰고 그 뜻을 자상하게 소개하고 있다. 이런 점을 미루어 보면 한국어 이름은 부산에 온 이후인 1902년 말 전후 '사보담'으로 확정된 것으로 보인다.

한 가지 흥미로운 사실은 사보담의 부인 에피(Effie)의 피아노가 대구지방, 혹은 한국에서의 첫 피아노였다는 점이다. 에피의 피아노는 1890년 3월 대구로 가져오게 되는데, 태평양을 건너 온 피아노는 낙동

---

[207] 1933년 4월에 작성된 수기본 "대구제일교회사 연역초(年歷抄)"에서는 1901년도 당회원 명단을 기록하면서 사보담을 '사리추'(史利秋)로 표기했다. 이것은 사의취의 오기로 보인다. 이재원, 『대구 기독교역사 논문집』(私刊本, 2006. 2), 20-21 참고.

강을 거슬러 올라가 지금의 대구 달성의 사문진 나루에서 16km 거리인 대구시 중구 종로(현재의 약전골목)에 있는 자신의 집으로 운반했다. 1900년 3월 말의 일이었다.

사보담은 대구지부에 배속되어 1년간 일했으나 그의 부인의 건강 때문에 대구지부에 계속 남아 있을 수 없었다. 특히 부인의 안과 질병 때문에 대구 아닌 곳으로 가야했다.[208] 대구를 떠난다면 어디로 갈 것인가에 대해 선교사 연례회의에서는 상당한 논란이 있었다. 서울로 가야한다는 것이 지배적이었다. 특히 언더우드는 안식년을 가야했으므로 사보담 선교사가 그의 일을 대신해 주기를 원했다. 그러나 부산 선교부의 시릴 로스(Cyril Ross, 盧世永)와 어빈(Charles H. Irvin, 漁乙彬) 의사는 부산선교부의 긴급성을 제기하며 사보담이 부산으로 와야 한다고 주장했다. 1897년 10월 11일 내한하여 부산선교부에 배속되어 일하고 있던 시릴 로스는 지역교회를 관리하기 위해서는 또 한 사람의 목사가 필요하다고 주장했다. 사보담 자신도 서울보다는 부산을 선호했다. 이렇게 되어 선교사 연례회의는 사보담의 부산으로의 전출을 결의했다.

---

[208] Rhodes, 177.

3
부산 경남 지방에서의 활동(1900-1908)

대구에서 일 년간 일했던 사보담은 1900년 11월 부산선교부로 이동하였다. 26세 때였다. 부산으로 내려온 그는 일본인 거류지 내의 주택에서 부산생활을 시작하게 되었다.209 이때부터 1908년 첫 안식년을 떠나기까지 7년 남짓 부산에서 사역하게 된다. 사보담의 부산에서의 활동은 다음의 몇 가지로 구분될 수 있다.

첫째는, 목사로서 지역교회를 돌보고 치리하는 일이었다. 1900년 당시 미국 북장로교는 호주선교부와의 협약에 의해 초량에서 중앙동 남포동으로 연결되는 부산 서북부지역을 담당하고 있었다. 그래서 사보담은 이 지역의 교회인 영주동교회(현 초량교회), 절영도교회(영도교회, 현 제일영도교회), 자갈치교회(현 항서교회) 등의 일에 관여하며 초기 교회 형성에 기여하였다.

그가 부산에 부임해 왔을 당시 영도교회는 설립된 지 4년이 지난 때였고, 100여 명의 신자들이 출석하던 교회였다. 사보담은 이 교회를 방문하고 설교하거나 교회의 치리를 돕고, 또 여러 측면에서 후원하였다. 특히 1900년 14평의 기와집 교회당을 건축했을 때 사보담은 시릴

---

209 부산 주재 선교사들은 월정 모임을 갖고 함께 예배드리고 덕을 도모하기로 했는데, 1900년 12월 31일에는 일본인 거류지내의 사보담 목사 집에서 회합을 가졌다고 한다. 엥겔의 1900. 12. 31일자 일기 참고.

로스와 함께 기념 예배에 참석하여 축하하는 등 영도교회의 발전에 기여한 인물로 알려져 있다.

또 항서(港西)교회 설립에도 기여하였다. 이 교회는 사보담의 전도를 받은 이들에 의해 설립되었기 때문이다. 『조선야소교장로회 사기』에서는 항서교회의 기원에 대해 다음과 같이 기록하고 있다.

> "부산부 항서교회가 성립하다. 선시에 선교사 사보담의 전도로 김성우(金聖友), 김공원(金公元), 박인서(朴仁瑞), 이치선(李致善)이 신종(信從)하야 김공원의 사저(私邸)에서 예배하니라."[210]

사보담은 특히 항서교회에 많은 애정을 가지고 이 교회의 발전을 위해 협력하였다. 이상의 교회 외에도 경남지역의 여러 교회의 설립과 조직에 기여하였다. 1904년에는 김해군 일천(日泉)교회 설립에 관여하였고,[211] 1906년에는 창녕군 오호(五湖)교회를 설립하였다.[212] 합천군 초계(草溪)교회도 사보담의 전도를 받은 이윤팔에 의해 1906년 설립된다.[213]

---

[210] 『조선야소교장로회 사기』, 129.
[211] 『조선야소교장로회 사기』, 114. 사기의 기록은 다음과 같다. "시년춘(是年春)에 기해군 일천교회가 성립하다. 초에 선교사 사보담, 조사 김영찬(金永讚)의 전도로 김수익(金守益), 박무일(朴武一)이 신도함으로 교회가 성립하다."
[212] 『조선야소교장로회 사기』, 158. 사기의 기록은 다음과 같다. "창녕군 오호교회가 성립하다. 선시(先是)에 선교사 사보담의 전도로 김문옥(金文玉)이 믿고 자택에서 예배하다가 지시(至是)하야 예배당을 건축하고 김수홍(金守弘)이 조사로 시직(視職)하니라."
[213] 『조선야소교장로회 사기』, 159. 사기의 기록은 다음과 같다. "합천군 초계교회가 성립하다. 선시에 선교사 사보담과 전도인 이윤팔(李潤八)의 전도로 신자 초진(稍進)하야 예배당을 건축하니라."

표 2 사보담의 교회 설립 현황

설립연도	교회명	교회설립 경위	관련 내국인
1902	창원군 오호(五湖)교회	사보담의 전도로 김문옥이 입신하여 교회를 설립함	김문옥
1904	김해군 일천(日泉)교회	사보담과 조사 박영찬의 전도로 김수익, 박무일 등이 설립함	박영찬
1905	부산 항서교회	사보담의 전도로 김성우, 김공원, 박인서, 이치선 등이 믿고 설립함	
1906	합천군 초계(草溪)교회	사보담과 전도인 이윤팔의 전도로 설립함	이윤팔, 이인견, 최내진

사보담의 두 번째 사역은 부산지역 외에도 경남지역의 여러 교회를 관할하는 일이었다. 당시는 한국인 목사가 배출되기 전이었기 때문에 선교사들이 지역교회를 순회하며 설교하고 가르치거나, 세례나 성찬을 베풀었다. 사보담 목사가 맡은 지역은 부산 서부지역 외에도 김해, 밀양, 창원, 웅천, 칠원, 창녕, 영산, 초계, 합천 등지였다. 그는 이런 지역의 약 40여 개 처의 교회 순회 당회장으로 활동하며 이들 지역에 산재한 교회를 보살폈다. 그가 관장했던 교회들은 김해의 김해읍교회, 밀양의 밀양읍교회, 춘기교회, 마산교회, 홍강교회, 창녕의 두산교회, 영산의 영산읍교회, 오가리교회, 초계의 초계교회, 창원의 가렛골교회 등 40여 교회였다.

그 외에도 사보담은 나병 환자들을 위한 사역에도 동참했다. 적절한 치료나 보호 없이 방치되고 있었던 나환자들을 위해 1904년 북장로교 선교부의 어빈과 빈톤의사(Dr. C. C. Vinton), 스미스(Dr. W. E. Smith, 沈益順) 등 선교사들은 나환자들을 위한 위원회를 조직했는데, 사보담은 이 일에 참여하였다. 그 결과 '나병선교회'(The Mission of Lepers in India and the East)[214]의 재정지원으로 1909년 11월 나환자 수용시설(Leper Asylum)이 부산 남구 감만동에 건립된다. 이듬해 1910년에는 한국 최초로 부산나병원이 설립되었고, 이 일을 관장하는 일은 호주 선교부로 이관되었다.

부산에 체류하던 사보담은 1907년 4월에는 평양으로 가 평양신학교에서 집회를 인도한 바도 있다. 1907년 1월 당시 평양 장대현교회에서 시작된 대부흥의 역사가 여러 지역으로 확산되고 있을 때, 평양신학교가 1907년 4월 새학기를 시작하면서 개강 사경회를 개최하였는데, 사보담은 선천의 로스(J. Robert Ross), 서울의 샤프(C. E. Sharp), 평양의 스왈른(W. L. Swallen)과 함께 강사로 초빙되어 집회를 인도했다.[215]

한 가지 특기할 사실은 그는 당시로는 흔치 않는 사진기를 소유하고 있었다는 점이다. 사진에 조예가 깊었던 그가 남긴 사진은 100년 전의 부산과 경상남도 지역에 대한 소중한 자료와 정보를 제공하고 있다.

---

[214] 1894년 영국 더블린(Dublin)에서 인도의 교육선교사였던 베일리(Bailey)에 의해 창립된 국제적인 초교파 구라 선교단체로서 한국의 대구, 광주, 부산의 나환자 수용 시설 건축을 위해 재정적인 도움을 주었다.

[215] C. F. Bernheisel, Letter to Dr. Brown, April, 13, 1907.

4
안식년과 죽음, 그 이후

한국에서 8년간 사역한 사보담 선교사는 안식년을 맞아 1907년 8월 가족들을 데리고 미국 미시간 주 래피어로 돌아갔다. 안식년이란 통상 그러하듯이 가족들을 만나는 일 외에도 후원교회를 방문하는 일과 후원자를 확보하는 일로 미국에서도 분주한 나날이었다. 부산 경남 지역 교회 대표 40여 명은 본국에서 안식년을 보내고 있던 그에게 선교지 교회의 긴급성을 말하면서 안식년을 단축하고 속히 돌아와 달라는 청원서를 보내기도 했다.[216] 사보담 선교사는 조급한 마음으로 한국으로 돌아가기를 기대하며 지냈으나, 예상치 못한 사고로 그는 다시 한국으로 돌아오지 못했다. 즉 그는 1908년 12월 3일 아침 가스폭발로 발생한 화재로 34세의 나이로 세상을 떠났다. 아침 준비를 위해 요리용 가스레인지에 불을 붙였으나 불이 잘 일지 않자 땔감용 나무에 등유라고 생각했던 휘발유를 부은 것이 원인이었다. 이 일로 심한 화상을 입은 그는 그날 저녁 사망했다. 이때는 안식년이 거의 끝날 때였고, 한국으로 돌아갈 날을 기약하고 있을 때였다.

사보담이 불의의 화재로 사망하게 되자 미국 북장로교 선교부는

---

[216] 이 편지는 1908년 2월 18일 한글로 씌여졌으나 누군가에 의해 영어로 번역되었고, 필자는 영역본을 입수하였다.

그의 사역을 대신할 선교사를 부산으로 파송했는데, 그가 한국 이름 위철치(魏喆治)로 불린 조지 윈(George H. Winn) 이었다.[217]

사보담 선교사는 슬하에 남매를 두었는데, 아들 알프레드(Alfred Bryce, 1900-1970)는 1900년, 딸 마가렛(Margaret)은 1906년 부산에서 출생했다. 사보담의 부인은 남편이 사망하자 다시 한국으로 오지 못했고, 1909년 4월 30일 부로 선교사직을 은퇴했다. 그런데 에피는 1900년 11월 부산선교부로 이동하게 됨에 따라 자신의 피아노도 부산으로 가져왔는데, 이 피아노가 부산과 경남지방 첫 피아노가 된다. 그런데 8년간 부산에 있던 이 피아노는 어떻게 되었을까? 북장로교 관할하에 있던 영주동(초량)교회로 이관되었을 가능성이 높다.

일리노이주 디카터에서 거주하던 에피는 1942년 12월 캘리포니아주 소살리토에 있는 아들 알프레드 집에서 66세를 일기로 사망했다.

맺는말

이상에서 살펴본 바대로 사보담 목사는 1899년 11월 미국북장로교 선교사로 내한하여 일년 간 대구선교부에서 일한 후, 1900년 11월 부산으로 와 만 7년간 활동했다. 안식년을 맞아 1907년 말 미국으로 돌아갔으나 화재사고로 사망하여 다시 부산으로 돌아오지 못했으나 그는 부산 경남지방 기독교 형성에 기여하였다는 점을 지적하였다.

사보담 선교사 집의 화제로 그의 선교활동에 관한 중요한 자료가 소실되었다. 이 점은 사보담 연구를 어렵게 만드는 요인이 되고 있다. 그런데 그가 사망했다는 소식을 접한 한국인 '강임금이 모'라는 부인이 미망인이 된 사보담 목사 부인에게 보낸 편지 1통이 남아 있는데, 이

---

[217] Rhodes, 131.

편지를 소개하면서 이 글을 맺고자 한다. 괘지에 쓴 이 편지는 문안과 함께 사보담 목사의 죽음을 애도하고 그간 베풀어 준 여러 사랑을 감사하는 내용으로 엮어져 있는데, 사부인을 형님이라고 호칭하고 있다 (현대어로 고침).

"우리를 사랑하시고 불쌍히 여겨 많이 도와주시던 형님이여, 홀홀이 작별한 후로 다시 상봉치 못하오나 어찌 섭섭한지 말로 할 수 없는 중 우리를 사랑하고 가르치시던 사목사께옵서 세상을 떠났다 하는 말씀을 듣사오니 더욱 섭섭하나이다. 진작 문안할 마음은 간절하였사오나 수만리 되는 중 형님 계시는 곳도 알지 못하옵고 또 인편도 자세히 알지 못하여 한번 문안도 못하였사오니 더욱 죄송하옵고 미안하난 중 우리를 불쌍히 여기시는 어 의원 부인[218] 형님께서 금번에 귀국하시는 편에 두어자 문안하나이다.

하나님 홍은(洪恩, 큰 은혜, 인용자 삽입) 중 사랑하는 형님 기체 안녕하시오며 어린 아희들도 주님 은총 중 태평하시옵나이까? 저는 주님 도우심으로 다 무사태평하오니 하나님 은혜 감사 감사 하옵나이다. 귀국서 우리 주님을 사랑하고 믿는 노부모, 형님 다 주님 은혜 중 평안하시기를 바라나이다. 우리를 사랑하시는 형님을 어찌하여야 다시 한번 만나보리까. 말로 할 수 없이 답답하나이다. 처음에 들어가신 후로 이 날이나 오실까, 저 날이나 오실까 바라고 기다리던 중 뜻밖에 섭섭한 말씀을 들으니 어찌 답답고 섭섭한지 말로 할 수 없는 중 사랑하시는 형님을 다시 만나 볼 수 없는 생각을 하오니 어찌 슬프고 답답하여 잊을 수 없는 중 또 사랑하시는 어의원 부인 형님께서 우리를 가르치시고 우리 자식까지 가르쳐 주시다가 귀국하시니 섭섭한 중 더욱 답답하나이다.

사랑하시는 형님이여 이 편지를 저를 본 듯 보시고 답장하여 보

---

[218] 어빈(Charles Irvin)이사 부인을 칭함.

내주시면 형님 본 듯 반갑게 받아 보겠나이다. 섭섭한 말씀을 다 기록할라하면 태산이 역부족하나이다. 또한 재작년에 형님 물건 중에 어부인께서 아이들 의복을 몇 가지 주어 받자와 지금까지 입히오니 대단 감사 감사하나이다. 또한 그때 심 목사[219]께서 말씀하시기를 사부인 편지에 이불 한 채 강 부인에게 주라고 하시는 이불은 없으니 베개를 주겠다 하옵기에 베개 두 개를 주어 받았사오니 더욱 감사 감사하나이다. 우리를 사랑하고 사랑하는 형님이여 내내 하나님 은총 중 안녕히 계시옵소서.

구주 강생 일천구백십일년 유월 십구일
임금이 모 상서."

---

[219] 심 목사는 심익순(Walter E. Smith, 1872-1932) 선교사를 지칭하는 것으로 보인다. 그는 1911년 11월 15일 부인과 함께 내한하여 부산에서 활동하던 중 1912년 평양선교부로 이동했다.

부산 경남 지방 기독교 연구

제 **10** 장

부산 경남지방에서 일한 미국 북장로교(PCUSA) 선교사들

미국북장로교(PCUSA) 선교부는 1891년 윌리엄 베어드 부부를 파송한 이후, 1891년 12월에는 휴 브라운, (Dr. Hugh M. Brown) 의사 부부를, 1893년 3월에는 어빈 의사(Dr. Charles. H. Irvin, 漁乙彬) 부부를 파송했다. 1895년 5월 29일에는 아담스(Rev. James E. Adams) 부부를 부산에 파송했다. 그 후 로스 목사 부부(Rev. Cyril Ross, 盧世永, 1897-1902), 시더보탐 목사(Rev. Richard H. Sidebotham, 史保淡, 1900-1909) 부부, 스미스 목사(Rev. Walter E. Smith, 沈翊舜, 1902-1912) 부부, 윈목사(Rev. George H. Winn, 魏喆治, 1909-1914) 목사 등이 부산 경남지방에서 활동했다. 북장로교선교부는 선교지역 조정에 따라 1913년 말 부산, 경남지역에서 철수하였는데, 이때까지 23년간(1891-1914) 21명의 선교사가 부산에서 일했다.[220] 이들 중 베어드, 휴 브라운, 어빈, 아담스, 시더보탐에 대해서는 앞에서 소개했음으로 여기서는 아담스(안의와)에 대해서는 짧게 소개하고 그 이후 조지 윈 (위철치) 선교사까지 간략하게 소개한다.

---

[220] Harry A. Rhodes, 641; Edith A. Kerr & G. Anderson, 10. 부산지부에서 일한 21명의 선교사는 다음과 같다(괄호안은 한국명, 부산지부 체류기간임).
Rev. William Baird (배위량, 1891-1895), Mrs. Baird(1891-1895), Dr. Hugh Brown(1891-1894), Mrs. Brown(1891-1894), Dr. C. H. Irvin(어빈, 1893-1911), Mrs. Irvin(1893-1911), Rev. J. E. Adams(안의와, 1895-1896), Mrs. Adams(1895-1896), Miss M. Louise Chase(1896-1901), Rev. Cyril Ross(노세영, 1897-1902), Mrs. Ross, MD(1897-1902), Rev. Richard H. Sidebotham(사보담, 1900-1909), Mrs. Sidebotham(1900-1909), Rev. Walter E. Smith(심익순, 1902-1912), Mrs. Smith(1902-1912), Rev. Ernest Hall(1903-1905), Rev. George H. Winn(위철치, 1909-1914), Miss Anna S. Doriss(도신안, 1909-1913), Rev. Rodger E. Winn(인노철, 1909-1914), Mrs. R. E. Winn(-Catherine Lewis, 1909-1914), Mrs. G. H. Winn(Blanche Essick, 1910-1914).

1

안의와
(James Edward Adams)

제임스 아담스, 곧 안의와(1867-1929) 선교사는 '대구경북지방 선교의 아버지'로 알려져 있지만 사실 그의 첫 사역지는 부산이었다. 부산에서 지낸 첫 2년 4개월은 한국어를 공부하고 한국사회를 익히는 준비의 기간이었고, 한국에 대한 그의 인식은 부산에서 형성되었다.

안의와는 1867년 인디에나 주 디케이터 카운티의 작은 마을 멕코이(McCoy)에서 8남매 중 막내로 출생했다. 인디에나 주 그린스버그에 중등학교 교육을 받고 와쉬번(Washburn College)에서 수학하고 과학사(BS) 학위를 받았다. 그 후 존스 홉킨스대학교 대학원에 입학하여 물리와 화학을 공부했다. 이 당시 그는 대학교수를 희망했다. 그러나 1892년에는 맥코믹신학교에 입학하여 선교사를 지망하게 되었고 2년만인 1894년 졸업하였다. 졸업하던 해 12월 27일에는 미국북장로교 토페카노회에서 목사 안수를 받았다. 맥코믹신학교 재학 중이던 1893년 12월 27일 그는 YWCA에서 일하던 넬리 딕(Nellie Dick, 1866-1909)과 혼인했다. 안의와는 안애리(Annie Adams Baird)의 쌍둥이 동생이었는데, 안애리는 1891년 남편 윌리엄 베어드와 함께 내한하여 부산에서 일하고 있었다. 신학교 졸업과 동시에 목사안수를 받은 안의와는 북장로교 해외선교부의 파송으로 생후 3개월 된 장남 에드워드를 안고 1895년 4월 29일 조선으로 향하여 5월 29일 부산으로 입항했다. 한국 선교사로서의 새로운 여정의 시작이었다.

이들 부부는 부산을 거쳐 대구지부에서 일했는데, 부인 넬리 딕은 1909년 10월 31일 대구에서 사망하게 되지만 아담스는 1921년 7월 13일 은퇴하기까지 36년간 부산과 대구에서 활동했다. 그가 부산에 거주하면서 조선에서의 사역을 준비하고 지내던 중 1897년 11월 1일에는 그의 한국어 조사 김재수와 더불어 부산을 떠나 낙동강을 따라 선편으로 밀양, 청도를 거쳐 대구로 갔고, 대구경북지방 기독교의 초석을 놓게 된다.

그가 대구에서 서면욱(徐勉煜)이라고 불린 서자명(徐子明, 1860-?)을 전도하게 되는데 그는 1899년 6월 16일 세례를 받고 대구경북지방 첫 수세자가 된다. 그가 대구지방 첫 교회인 대구제일교회 신자가 된다. 곧 그는 대구지방 첫 근대병원으로 장인차 의사(Dr. Woodbridge O. Johnson)가 세운 제중원의 보조원으로 일하게 된다. 아담스는 대구제일교회에 이어 사월교회(1898. 4), 반야월교회(1905. 4), 범어교회(1906. 9) 등을 설립하게 된다. 1906년에는 계성중학교를 설립했는데, 처음에는 남자소학교라는 이름으로 1902년에 시작되었다. 이런 그의 활동으로 대구경북지방 기독교의 초석을 놓았고 1923년 공식적으로 은퇴하였다. 그로부터 6년 후인 1929년 켈리포니아주 버클레이에서 하나님의 부름을 받았다. 그는 비록 세상을 떠났으나 그의 3남 1녀는 다 한국 선교사가 되었는데, 장남 에드워드 아담스(安斗華, Edward Adams, 1895-1965)는 1921년 12월 24일 내한하여 대구와 재령에서 일했다.

아담스의 선교 방식은 부산에서 얻는 경험과 자형 베어드로부터 수득한 방식이었음을 알 수 있다. 그도 베어드처럼 일기, 편지, 그리고 선교보고서를 남겼는데 중요한 사료로 남아 있다. 그가 남긴 부산 체류기는 베어드의 기록과 호주선교사들의 기록을 보완해주고 있어 보다 객관적 사실 접근에 유용한 자료가 되고 있다.

당시 아담스의 일기에 보면 중혼자 문제가 심각한 토론의 주제라는 점을 말하고 있는데, 이는 중혼자에게 세례를 주고 교회의 회원으로 받아드릴 수 없다는 자형 베어드의 입장을 알 수 있다. 또 호주 선교부의 선교사들 간의 갈등에 대해서도 여러 정보를 제공하고 있다. 비록 그의 부산 체류가 2년 4개월에 불과했지만 이 기간은 그 이후의 한국선교를 위한 준비 기간이었다.

2

넬리 딕
(Nellie Dick Adams)

안의와와 부인 넬리 딕(1866-1909)의 주된 사역지는 대구지부였지만 내한하여 첫 2년 4개월간 부산에서 사역했기 때문에 부산에서의 활동에 대해 간단히 소개하고자 한다. 넬리는 남편과 생후 3개월 된 아들 에드워드(Edward A. Adams, 1895-1965)를 데리고 1895년 5월 29일 부산에 도착했는데, 이때부터 1897년 11월 1일 새롭게 개척된 선교지부인 대구로 가기까지 부산에서 활동했다. 이 시기는 아들을 양육하는 일과 한국 적응과 선교훈련, 특히 언어공부에 주력한 기간이었다고 할 수 있다.

넬리 딕은 1866년 9월 15일 캔사스 주 토페카(Topeka)에서 의사였던 조지 딕(1827-?)의 3남 3녀 중 다섯 번째로 출생했다. 신앙적인 가정에서 출생한 넬리는 교회학교 학생에 불과했을 때 기네스 박사(Dr. H. Grattan Guinness)의 '선교사가 되려는 이의 이상'(The Idea of becoming a missionary)라는 제목의 강연을 듣고 처음으로 선교사에 대한 관심을 두게 되었다고 한다. 이때부터 신앙생활에 정진하였고, 그 후에는 여자청년선교회(Young Ladies' Missionary Society), 기독청년면려회(Christian Endeavour), 그리고 기독교여자청년회(YWCA) 등에 가담하면서 선교사로서의 삶을 준비하게 되었다.[221] 기네스 박사의 강연을 같이 들었던 그의 언니는 아프리카 선교사가 되었고 넬리는 한국 선교사가 된다.

넬리의 학교 교육에 대해서는 알려진 정보가 없다. 그러나 그의 성격이나 생활 방식은 주변의 증언과 그 이후의 삶의 여정 속에 간간이 드러나 있다. 그는 수줍음이 많고 조용한 성격이었고, 천성적으로 온순했다. 그러나 책임감이 강한 여성으로 자신에게 주어지는 일에 대해서는 최선을 다하는 그런 성격의 소유자였다. 학창 시절에서부터 자신보다 두 살 위인 애니 베어드(Annie Baird), 곧 윌리엄 베어드의 부인을 알고 있었는데, 이들이 위에서 언급한 선교단체에서 7년간 같이 일했다. 이런 관계에서 애니는 자기의 동생 아담스에게 넬리를 소개하여 넬리는 1893년 12월 27일 아담스, 곧 안의와의 부인이 된 것이다. 이런 정황을 보면 선교의 이상을 가졌던 넬리 부부가 애니와 윌리엄 베어드가 일하는 한국 부산으로 온 것은 지극히 당연한 일이었다.

부산에 도착한 넬리와 남편은 일단 언어공부에 주력했다. 연차별로 시행되는 언어시험에 합격해야 했기 때문이다. 그럼에도 불구하고 성경강좌 혹은 성경반을 열게 되면 이를 도와주고 때로는 부산과 그 인근을 순회하기도 했다. 가장 중요한 사역은 조선의 역사와 문화, 언어를 익히는 일이었다. 어느 정도 준비 되었다고 판단한 윌리엄 베어드는 넬리 부부를 새로 개척된 대구지부로 보내기로 하여 넬리와 그 남편은 1897년 11월 1일 대구지부로 이동하게 된다. 이로부터 2달 후에는 장인차(張仁車)로 불리 우드브릿지 존슨(Dr. Woodbridge O. Johnson, 1877-1949) 의사가 대구로 와 합류하였고, 남성로(南城路)

---

[221] 참고, *KMF*, 5/11(1909. 11), 208-9.

에 위치한 대구제일교회 구내에서 제중원이라는 이름의 작은 진료소를 열었는데 이것이 대구 동산병원으로 발전했다.

그런데 대구로 전임한 넬리는 12년 후인 1909년 10월 31일 43세의 나이로 하나님의 부르심을 받았다. 에드워드(Edward, 1895. 2. 6), 벤자민(Benjamin, 1898. 1. 14), 도로시(Dorothy, 1899. 11. 2), 조지(George, 1907. 8. 6)에 이어 5번째 아이를 임신 중이었으나 유산을 하게 되었고, 그 후유증으로 건강을 잃게 된 것이다.

그의 죽음을 애도하여 장례식 때 대구경북지방에서 모여든 추모객은 2천 명이 넘었다고 한다. 대구제일교회 옆의 은혜의 정원에 있는 그의 묘비에는 She is Not Dead But Sleepth라고 적혀 있다. 부산에서 선교사로의 삶을 시작했으나 남편과 함께 대구지부를 개척한 대구선교의 어머니였기에 그는 선구적인 여성으로 알려져 있다.

장남 에드워드(安斗華)는 1921년 아버지를 이어 제2대 한국 선교사로 내한하여 대구지부에서 일했고, 대구에서 자란 차남 벤자민(安邊巖) 또한 1923년 내한하여 안동선교부에서 일했다. 딸 도로시 또한 교육선교사로 내한하여 평양외국인학교 교사로 일했다. 막내인 조지(安斗照)는 1932년 내한하여 안동과 대구선교부에서 활동했다. 정리하면 4남매 전부가 북장로교 한국 선교사로 제2대 선교사의 길을 간 것이다.

3
루이스 체이스
(Louise Maria Chase)

부산에서 일하던 베어드가 대구에 새로운 선교지부를 개척하기 위해 이동하게 되자, 1896년 10월 19일에는 미혼여성인 루이스 체이스(Miss Louise Maria Chase, 1869-1938)가 부산으로 부임하게 된다. 1897년 10월 11일에는 시릴 로스(Cyril Ross, 1868-1963) 목사와 의사인 그의 부인(Susan Shank Ross, MD, ?-1954)이 부산으로 왔고, 그 뒤를 이은 인물이 시더보탐 목사 부부였다. 이렇게 볼 때 체스 양은 부산지부에 파송된 미국 북장로교의 최초의 미혼여성 선교사였다. 그는 이때부터 1901년 12월 로스 목사 내외와 더불어 선천으로 이동하기까지[222] 부산에서 5년 간 일하게 된다.

체이스가 내부할 당시 부산지부에는 어빈 의사 부부와 아담스 부부뿐이었고, 부산지부는 여성과 어린아이들을 위한 여성 사역자를 요구하고 있었다. 바로 이런 시기에 내한하게 된 것이다. 아담스는 1896년 2월 말 이전(정확한 날짜 미상)에 미국북장로교 해외선교부 총무인 엘린우드 박사에 쓴 편지에서 이렇게 썼다.

"이곳 부산에서 미혼 여성 사역자가 긴급히 요구된다는 점을 박사님께서 잊지 않으셨으리라 믿습니다. 저는 사역이 무르익은 선교

---
[222] Rhodes, 130.

지부에 여성 사역자가 얼마나 긴요한지 이전에는 깨닫지 못했습니다. 자녀가 있는 기혼여성은 언어를 습득하고 나면 많은 일을 할 시간이 날 것 같지만 자기 마음대로 시간을 낼 수가 없습니다. … 그러나 미혼 여성은 자기 일거리를 정하거나 조직화할 수 있고 그 일을 운영할 수 있습니다. 이렇게 되면, 미혼 여성 사역자의 효율성은 두 배 혹은 세배 이상으로 나타날 수 있습니다. 왜냐하면 미혼 여성 사역자는 시간이 자유로울 때 언제든지 자신의 모든 에너지를 동원하여 맡겨진 일을 감당할 수 있기 때문입니다."[223]

또 1896년 5월 25일자로 쓴 편지에서는, "여성들을 위해 할 일이 많습니다. 그리고 모든 시간을 사역에 쏟을 수 있는 독신여성은 선교부에 큰 소득이 될 것입니다. 이곳에서는 복음을 전할 기회를 찾을 필요가 거의 없습니다. 여자들은 한 번에 두세 명씩, 혹은 12명까지 집 구경을 하러 옵니다."[224] 기혼 여성 사역자는 언어를 공부하고 일할 수 있는 준비가 되어도 육아나 가정사 때문에 사역의 방해를 받지만 미혼 여성은 필요한 사역에 전력투구할 수 있고, 또 전도하러 다닐 필요 없이 찾아오는 여성들에게 복음을 전할 수 있다는 의견이었다.

아담스는 부산지부에 독신 여선교사가 필요하다는 점을 엘린우드에게 호소했는데, 아담스의 편지를 받은 엘린우드는 1896년 4월 14일 아담스에게 보낸 회신에서 체이스를 선교사로 임명할 계획을 알려주었고,[225] 이 계획에 따라 체이스는 1896년 5월 선교사 임명을 받았다.[226] 임명받은 체이스는 부산에서 일하고 있는 아담슨에게 편지를

---

[223] 안의와, 「황무지에 장미를 심는 마음」, 39.
[224] 안의와, 61.
[225] 안의와, 63.
[226] 안의와, 61.

보내 9월이나 10월경 한국으로 향할 것이라고 알려주었다.[227] 특히 아담스 부인에게 선교지에서 무엇이 필요한지를 묻는 편지를 보냈다.[228] 이런 과정을 거쳐 1896년 10월 19일 부산으로 오게 된 것이다.

체이스에게 가장 시급한 일은 언어공부 했는데 언어습득이 비교적 빨랐던 것 같다. 체이스의 부산 도착 6개월이 지난 1897년 5월 29일 자 편지에서 아담스는 엘린우드에게 "채이스양은 언어 습득에 좋은 진전을 보이고 있다(Miss Chase is I think making good progress on the language)고 보고했다.[229] 그러면서 선교사로서의 고뇌와 갈등이 있었음을 보여준다. 이 점도 아담스의 편지를 통해 엿볼 수 있다. 아담스는 엘린우드에게 쓴 1897년 5월 29일자 편지에서, "채이스양은 ... 깊은 영적 체험과 소명에 대한 의심이라는 시기를 거침으로서 선교사로서 무르익어가는 과정을 맛보았습니다. 사실 그는 한때 선교사로 온 것이 실수였다는 결론을 내리고 미국으로 돌아가기로 작정했었습니다. 그는 이제 그 과정을 무사히 통과한 것으로 보이며 이 경험을 통해 틀림없이 더 효과적인 사역자가 될 것입니다"라고 썼다.[230]

체이스는 부산에서 체류하는 5년간 언어공부 후에 아동들과 여성들을 위해 일했지만 아담스 부부를 보조하는 역할을 감당했다. 예컨대 1897년 2월 아담스 부부가 대구로 이동하기 위한 준비로 대구로 갈 때 체이스도 동행했고,[231] 1897년 4월 대구로 갈 때도 체이스와 동행

---

[227] 안의와, 61.
[228] 안의와, 63.
[229] 안의와, 115.
[230] 안의와, 115.
[231] 안의와, 97.

했다.[232] 1897년 11월 1일 대구지부로 이동하기 위해 이사할 때도 체이스는 아담스 가족과 동행하여 대구로 갔고, 존슨(장인차) 의사 부부가 대구로 올 때까지 같이 지내기로 했다.[233] 대구로 이동할 때 육로로는 3일 길이지만 낙동강을 따라 선편으로 이동하는데 11일이 소요되었다고 한다. 낯선 대구에서의 정착을 위해 체이스도 대구까지 동행하여 3개월을 지내게 된 것이다. 그 후에도 체이스는 대구에서 사역하는 아담스를 도왔다. 예컨대, 1899년 2월 20일자로 엘린우드에게 보낸 아담스의 편지를 보면, 체이스는 대구에서 아담스와 같이 지내며 여성들을 위한 사역을 감당했음을 알 수 있다.[234] 이때가 대구지방에서 최초의 여성들을 위한 사역이었는데, 안의와 부인과 장인차 의사의 부인과 더불어 1899년 2월부터 3개월간 이들의 사역을 도와주었다.

그런데 마포삼열이 엘린우드에게 보낸(1901. 11. 30) 편지를 보면 체이스가 부산에서 일하는 동안 어려운 일들이 많았던 것 같다. 그 어려운 일이란 어빈 의사와의 관계였다. 그는 어빈 의사에 대해 신랄하게 공격한 일이 있다.[235] 마포삼열은 1902년 4월 18일자로 부인에게 쓴 편지에서도 웰즈(禹越時, Dr. James H. Wells) 의사의 말을 인용하면서, "체이스 양이 한국에서 가장 행복한 여자라고 말한다."라고 하면서, 그가 부산에서 처했던 상황과 선천으로 옮겨간 이후의 상황이 큰 대조를 이룬다고 말하고 있다.[236] 여기서 말하는 부산에서 처했던 상황이란 바로 어빈과의 불화에서 온 어려움이었다. 선교지에서 선교사

---

[232] 안의와, 111.
[233] 안의와, 125.
[234] 안의와, 185.
[235] 『마포삼열자료집3』, 672.
[236] 『마포삼열자료집3』, 609.

들 간의 인간관계는 항상 어려운 문제였다.

정리하면, 체이스는 부산에서 어린이와 부녀자들, 그리고 교육사역에 집중하였는데, 때로는 대구지부로 가 아담스 부인의 사역을 보조했다. 그러다가 1901년 12월 말에는 선천으로 이동하여 선천지부 개척에 동참하게 된다. 이곳에서 약 10년 간 일했던 체이스 선교사는 1911년 9월 26일 한국을 떠났다. 가장 중요한 이유는 건강문제였다.[237]

---

[237] Rhodes, 206.

4

노세영
(Cyril Ross)

노세영(盧世永)으로 불린 시릴 로스(1868-1963)는 1868년 4월 24일 영국 에딘버러 피블스(Peebles)에서 출생했으나 부모를 따라 미국으로 이주하여 미국에서 성장했다. 그의 가정배경이나 초기 교육에 대해서는 알려진 바 없으나 초중등교육을 마친 그는 매서추세츠 주 노스 아담(North Adam)에 위치한 윌리암대학(William College)에 입학했다. 그 후 해외 선교의 이상을 가지고 맥코믹신학교에 입학하여 1897년 졸업했다. 졸업과 동시에 의사인 수잔(Susan Shank, ?-1954)와 결혼했다. 곧 선교사 인준을 받은 그는 한국 선교사로 파송되었다. 1897년 10월 11일 내한 한 그는 부산지부로 배속되었다. 윌리엄 베어드가 대구지부로 전출하게 되자 그의 사역을 계승하기 위해 미국북장로교는 부산으로 보낸 것이다. 베어드가 떠난 이후 1896년 10월 19일에는 미혼여성 루이스 체이스(Miss Louise Maria Chase, 1869-1938)가, 그 다음에 부산으로 배속된 이가 시릴 로스 목사 부부였다. 그 뒤를 이어 1900년 11월 부산으로 온 인물이 시더보탐 목사 부부였다. 노세영은 베어드가 떠난 이후 그의 사역을 계승하는 임무를 담당하게 되어 그의 가장 중요한 사역은 지역순회와 개척전도였다.

1891년부터 부산에서 사역하기 시작한 북장로교 선교사들도 부산과 경남 일원을 순회했는데, 부산에 온 노세영도 배정된 북장로교 지역을 순회하며 지역교회를 후원했다. 그는 백도명(白道明) 씨를 경남지방 권서인(勸書人)으로 임명하여 함께 부산의 초량교회, 제일영도교회, 항서교회 등을 순회했고, 구포, 김해, 함안, 마산 등 경남지역을 순회하며 교회를 개척하거나 설립된 교회를 시찰했다. 예컨대 그는 지금의 제일영도교회인 영도교회 개척 초기에 이 교회의 설립과 발전을 위해 헌신했다. 비록 제일영도교회 교회 연혁(1995년도 교회요람)에는,

"1896년 본 교회는 설립자 김치몽이 자기 집을 헐어 예배처소를 만들고 미국북장로교 소속 선교사 로세영, 사보담 양씨를 초청하여 예배드림으로 시작되니 교인은 김치몽 씨 가정 외 두 가정이었다."

라고 기록하고 있으나 이 기록은 정확하지 않다. 로세영은 1897년 10월에, 사보담은 1900년 11월에 부산으로 왔기 때문에 1896년 영도교회 설립일에 초청되었다는 것은 옳지 않다. 1897년 이후 로세영은 영도교회를 돌보고 교회 행사에 방문했을 것이다.

1899년에는 함안지방을 순회하던 중 함안 이령교회 설립에도 관여하게 된다. 이 점에 대한 '조선예수교장로회 사기' 기록은 다음과 같다. "함안군 이령(二靈)교회가 설립하다. 선시(先是)에 선교사 로세영과 의사 어빈의 인도로 김세민(金世民)이 신종하여 교회가 성립되니라." 곧 김세민은 노세영에 의해 영수로 임명되었다.

1901년에는 마산문창교회도 순회했음을 다음의 기록을 통해서 확인할 수 있다. "구마선 교회가 설립되었고, … 그후 선교사 노세영이 래(來)하여 학습 7인을 세우고 부산교회 재직이 윤회인도(輪回引導)하였으며…"(88쪽) 이때를 전후하여 부산의 초량교회에도 관여하였음을 보여준다.『조선예수교장로회 사기』(1901년, 89쪽)에 보면,

"부산부 영주동(瀛洲洞)교회가 성립하다. 선시에 선교사 노세영의 전도로 강형린(姜亨璘) 장여익(張汝益) 박원일(朴元一) 김성윤(金成允)이 신종(信從)하여 사가(私家)에 예배하다가 교우가 점가(漸加)하여 초옥(草屋)을 매수하여 예배당으로 사용하였고, 그 후에 와제(瓦製) 14평 예배당을 개축하니라."

고 말하고 있으나 이 기록도 정확하지 않다. 초량교회는 1893년 설립되었는데 아마도 그 이후의 역사를 기술한 것으로 보인다. 부산지부에서 사역하면서도 1900년 10월에는 대구의 헨리 부르엔과 더불어 평양으로 가 마펫과 같의 그의 사역자를 순회하는 여행에 동참하기도 했다.[238]

1897년 10월 내한 한 이래 약 5년간 일했던 그는 1902년 11월 25일 평북 선천지부로 이동했다. 부인과 아이들은 1903년 4월 선천으로 이동했다. 1903년에는 강계로 이동하여 만주지방까지 전도했고, 1912년 장로교총회가 조직될 당시에는 초대 평북노회장으로 피임되었다.

노세영은 매우 학구적인 인물이었다. 선교사로 일하면서도 프린스톤에서 신학사(BD), 파크대학(Park College)에서 문학석사(MA), 달라스신학교에서 박사(ThD) 학위를 받았다. 한국에 체류하는 동안 개척전도, 교육활동, 성경 개역 작업 등 여러 분야에서 활동하고 1937년 4월 한국에서 은퇴하고 본국으로 돌아갔다.

의사인 부인은 부산에서 하디 의사를 도와 지역을 순회하며 의료활동을 했다. 1901년 초 대구지부의 존슨(장인차) 의사가 발진티푸스(typhus)로 사경을 헤매게 되자 부산의 어빈 의사는 36시간이 걸리는 3일 동안의 여행 끝에 대구에 도착하여 한 달 동안 체류하면서 그를

---

[238] 『마포삼열 자료집2』, 569.

치료했다. 그 결과로 존슨 의사는 건강을 회복할 수 있었으나 안정이 필요하여 일본으로 가서 일정 기간 지내게 된다. 이때 부산에 있던 노세영의 부인 수잔은 대구로 가서 제중원에서 봉사한 바 있다. 그 후 남편을 따라 선천, 강계 지역으로 이동하여 의료선교사로 활동했다. 선교사 은퇴 이후 미국으로 돌아간 그는 1954년 6월 16일 캘리포니아주 산타 바바라에서 사망했다. 남편 노세영은 1963년 2월 5일 캘리포니아 그랜데일에서 사망했다. 그의 딸 릴리안 로스(Lillian Ross, 盧一蓮)는 아버지에 이어 한국에서 1926-54년 어간 대구지방에서 제2대 선교사로 일했다.

5

사보담
(Richard H. Sidebotham)

리차드 시더보탐(1874-1908)이 한국에 체류한 기간은 8년이었으나 첫 1년은 대구지부에서 활동했으므로 부산에서 활동한 기간은 7년에 불과했다. 비록 짧은 기간이지만 그는 부산지방 기독교 형성에 기여하였다. 그의 학교 교육과 결혼, 내한과 활동에 대해서는 앞에서 소개한 바 있는데, 1899년 11월 내한하여 대구지부에서 1년간 체류한 후 1900년 11월 부산선교부로 이동했다.

부산에서 그의 사역은 3가지 영역으로 정리될 수 있다. 첫째는, 지역교회 개척이었다. 북장로교는 초량에서 중앙동 남포동으로 연결되는 부산 서북부지역을 담당하고 있었다.

둘째, 부산지역 외에도 경남지역 교회를 관할했다. 당시는 한국인 목사가 배출되기 전이었으므로 지역교회를 순회와 설교하고 세례나 성찬을 베풀었다.

셋째, 사보담은 나병 환자들을 위한 사역에도 동참했다. 적절한 치료나 보호 없이 방치되고 있던 이들을 위해 어빈과 빈톤 의사, 스미스(沈益順) 등과 함께 이 일에 참여하였다. 그 결과 '나병선교회'의 재정 지원으로 1909년 11월 나환자 수용시설(Leper Asylum)이 부산 남구 감만동에 건립된다.

한국에서 8년간 사역한 사보담은 안식년을 맞아 미국 미시간 주

래피어로 돌아갔고 1908년 12월 3일 가스폭발 사고로 34세의 나이로 세상을 떠났다. 여기서는 그가 남긴 사신을 통해 1906년 당시의 부산 교계 상황을 소개하고자 한다.

사보담의 사신(私信)을 통해 본 1906년 당시의 부산교계

사보담이 1906년 1월 28일 주일 가족에게 편지를 보면, 당시의 부산 교계의 상황을 읽을 수 있다. 정확성 여부는 차치하고라도 이런 정보 자체가 자료가 부족한 당시 부산 교계의 일면을 보여준다는 점에서 고려할 가치가 있다고 할 수 있다. 이 편지에서 언급되는 정보를 편의상 몇 가지로 나눠 보면, 첫째, 1906년 당시 부산에는 일본인 교회가 있었는데 장로교회였고 교인은 약 80여 명, 새로 부임한 목사가 이키(Iki) 목사였는데, 영어나 한국어를 전혀 몰랐다고 한다.

둘째, 1906년 1월 26(금)-28(일) 사보담집에서 2.5마일(약 4km) 떨어진 구 부산 엥겔(Gelson Engel)의 집에서 남자를 위한 성경공부반(Men's Class)이 개최되었다고 한다. 그런데 1월 26일 금요일에는 60여 명 모였는데, 참석자 대부분은 김해와 사보담 구역에서 온 사람이었고, 아담슨의 교회에서는 1명, 엥겔 담당지역에서는 한 사람도 없었다고 한다. 다음 날 토요일에도 남자성경공부반 참석자들이 불어나 100여 명이 모였는데, 그간의 집회에서 볼 때 최대 집회였다. 이들은 스미스 구역에서 40명, 사보담 구역에서 40명, 아담슨 구역에서는 약간명이 참석했고, 엥겔 구역에서는 온 사람은 한 사람도 없었다고 한다. 1902, 1903, 1904년 당시에는 30여 명 참석했었고, 1905년에는 85명이 참석했었는데, 이중 65명이 지방에서 온 사람들(country people)이었다. 그런데 이번 모임에서 사보담은 고급반 성도들에게 갈라디아서를 5시간 가르치고, 중급반에서 요한복음을 5시간 가르치고, 초급반에서는 성례에 대해 4시간 가르치고, 또 모든 이들에게 4시간 찬송(singing)을 가르치도록 예정되어 있었는데, 이틀 저녁 집회가 자기 소관이었다고 한다. 그런데 모임 인원에 비해 엥겔의 시설이 협소하여 두 반으로 나눠 한 반은 사보담 교회로 데려가서 교육하는 것이 좋을 것 같았다고 썼다.

1월 28일 주일에는 스미스 지역과 사보담 자신의 지역에서 많은 사람이 교회로 왔는데, 지금껏 모인 중 가장 많이 모인 집회였다고 한다. 1904년 성탄 때는 120명이 모였고, 그 후 몇 차례 100여 명이 모인 일이 있으나 이번에는 150여 명이 모였는데 18명은 현관에 앉아야 했다고 한다. 그러나 날씨가 그리 춥지 않았다. 미국에서는 있을 수 없는 일이라고 썼다.

셋째, 김해지방의 상황을 말하고 있는데, 김해에서는 매주일 150 내지 200여 명이 회집하는데, 부산에서 연합집회는 200여 명 회집한다고 썼다.

넷째, 부산에서 두 차례 연합집회를 가진 바 있고 1월 28일 세 번째 연합집회로 보였는데 부산 이외 지역(country field)에서 100여 명이 와서 건물을 가득 매워 다음으로 연기해야 했고, 300-400명을 수용할 수 있는 교회당이 부산에도 필요하다고 쓰고 있다.

다섯째, 선교사들 간의 연합에 대해 말하는데, 엥겔과 아담스는 선교사들이 주관하는 한국인 교회 간의 연합예배에 대해서는 동의하지만 자기 교회에서 모일 때는 자기들이 예배 전체를 주관해야 한다는 조건을 제시했다고 한다. 사보담은 강단을 교류하지 않으면 어떻게 그것을 연합이라고 할 수 있겠는가라고 말하면서 호주선교사들에 대한 불만을 토로하고 있다. 그래서 사보담이 먼저 자신의 교회에 아담슨을 초청했다고 말하고 있다.

비록 선교사 개인의 사적 기록이지만 1906년 당시의 상황을 헤아려볼 수 있어 흥미로운 기록이라고 할 수 있다. 사보담의 이 편지는 부산근대역사관이 소장하고 있고, 근대역사관은 2009년 특별기획전 『사보담의 100년의 약속』을 펴냈는데, 88-89쪽에 수록했다. 84-87쪽에는 번역문이 실려 있는데 중요한 부분을 오역하여 원문과 대조하며 읽어야 정확한 의미를 알 수 있다.

사보담의 연례보고서를 통해 본
북장교 부산선교부 상황

앞에서 지적했듯이 1899년 11월 25세의 나이로 내한한 사보담은 대구지부에 약 1년간 체류한 후 1900년 11월에는 부산선교부로 이동하여 7년간 부산에서 사역했다. 이 기간동안 영선정교회(현 초량교회), 절영도교회(현 제일영도교회), 자갈치교회(현 항서교회)를 비롯하여 부산경남 지역의 40여개 처 교회를 순회하며 활동했다. 그런데 그가 부산에서 체류하는 동안 기록한 연례보고서를 보면 부산지방 초기 북장로교 관할 교회 교세에 대한 정보를 주고 있다.[239] 사보담의 보고서 영문을 입수하지 못해 이 글에서 인용한 자료는 '사보담의 100년의 약속'에 수록된 번역된 자료이고, 누가 번역했지 알 수 없으나 역문을 보면 번역이 정확하지 않다. 앞으로 원문을 입수하여 다시 검토해야 하지만 우선 이 자료를 중심으로 1902년부터 1907년까지의 상황에 대해 소개하고자 한다. 그저 참고자료 정도로 간주하면 될 것이다.

1902년 보고에 의하면, 이 해에 부산의 수세 신자는 30명인데, 이

---

[239] 부산근대역사관, 『사보담의 100년의 약속』, 90ff.

해에 세례 받은 자는 11명이었고, 김해에서는 26명의 수세자, 22명의 예비신자가 있었는데 이중 7명은 이 해에 세례 받은 자라고 한다. 여기서 말하는 부산의 수세 신자는 북장로교 관할을 말하고 있으므로 초량교회와 제일영도교회의 현황이라고 할 수 있다.

    1903년 보고에 의하면, 북장로교 부산지부에는 노세영(시릴 로스) 부부와 사보담(시더보탐) 부부가 활동하고 있었는데, 사보담은 그의 보고서에서 이렇게 썼다. "부산교회는 희망을 품게 하다가 낙심하게 하는 그런 교회이다. 지번 번의 부산지부 연례보고서에서 그리스도인들의 만족스럽지 못한 상태에 대해 썼고, 더 좋아지지는 않았다. 그렇지만 2월의 상황은 변한 것 같았다. 예배도 좋아지기 시작했고 기도회에 대한 관심도 커졌고, 평화로운 신앙부흥집회가 열렸다. 이런 결과 6월 1일은 행복한 날이었다. 이날 5명이 세례를 받았고, 1명은 세례허락을 받았다. 그리고 10명의 학습신자가 추가되었다. 하지만 성장이 확연히 눈에 띄는 것은 아니었다."[240] 여기서 말하는 부산교회는 지금의 초량교회를 의미한다. 그런데 초량교회의 1903년 당시의 문서가 남아 있지 않으므로 당시 수세 현황을 대조 검토(cross check) 할 수 없다는 점이 아쉽다. 1903년 부산지부에는 34명의 세례신자와 22명의 학습인이 있었다고 한다. 1903년부터 연초에 2주일 정도 기간동안 성경공부반(Bible Class)이 열리기 시작했다.

    1904년 부산지부 보고에 의하면 부산에 기근이 심했다. 쌀 수확량이 크게 감소했고, 가격은 상승했으나 임금은 따라가지 못했다. 그래서 6월에 수확하는 보리농사에 기대했으나 보리 농사도 작물의 5분지 1정도의 수확에 그쳤다고 한다. 그래서 주민들이 큰 고통을 겪었다고

---

[240] 『사보담의 100년의 약속』, 91.

보고했다. 이 해에 3개의 교회 건물이 생겼고, 부산에서도 성령의 역사가 일어났다. 이 때 4개의 성경공부반, 여성들을 위한 성경공부반을 운영했는데 4일에서 11일 간 공부하는 과정이었다.

이 해에 건축가인 고든 씨의 설계로 사보담 부부를 위한 주택을 건립했고, 위팅진료소 여성부 건물이 지어졌고, 뉴저지의 몽트클레어장로교회가 후원하는 전킨기념병원도 규모가 확장되었고, 두 개 이상의 병실과 특별식 조리실과 욕실이 추가되었다고 한다.

1905년도 보고서는 소실되었고, 1906년도의 보고서에 의하면, 남자성경공부반이 4년째 연초에 개최되어 11일간 진행되었고, 호주선교부와 연합하여 개최되었는데, 등록자는 85명인데 북장로교 소속이 58명이었다. 지도자반은 김해에서 두 번째 개최되었고, 8월에는 대구와 부산 지부가 연합하여 호주선교부와 함께 조사반(助事班)을 열었는데 조사들과 매서인들을 위한 강좌였다. 22명이 참가했고, 교육기간은 2주간이었다고 한다. 3번째 맞는 여성성경학교는 밀양에서 12월 27일부터 1월 4일까지 개최되었는데 60명이 등록했다고 한다. 등록자는 예년의 두배였다고 한다. 사보담은 부산 외에도 김해, 밀양, 영산, 창녕 등지를 순회했다.

6

심익순
(Walter Everett Smith)

심익순(沈翊舜, 1874-1932) 선교사에 대해서는 앞에서 소개한 바 있으나 여기서는 좀 더 부연하고자 한다. 메릴랜드대학(1895)과 프린스턴대학교(1897), 프린스턴 신학교(1898)를 수료하고 1902년 11월 15일 아내 그레이스 퓨르넬(Grace Purnell, 1869-1945)과 함께 내한했다. 부산선교부로 배속된 그는 영주동(현재의 초량교회)교회 출신 김주관(金周寬)에게 한국어를 배웠고,[241] 그와 함께 경남 중부와 서부를 순회하며 수 많은 교회들을 개척했다.[242] 그러다가 1912년부터 평양선교부로 전임하였고, 7년간 전도와 교회개척, 문서선교, 그리고 숭실대학에서 1912-1913년 당시 심리학, 윤리학, 음악, 성경을 가르쳤다.[243] 1917년 8월에는 안식년으로 미국으로 돌아갔다.[244] 그후 한국으로 돌아와 17년간의 사역을 마감하고 1919년 10월 12일 한국에서

---

[241] Report of the Korea Mission of the Presbyterian Church in the United States of America to the Annual Meeting for 1906, 61. "Mr. Smith's teacher, another Mr. Kim, has become his helper."

[242] 심익순의 사역지역은 부산항, 영선현, 부산부서남편, 김해군 동편, 마산부 창원, 웅천군 동남편, 칠원군 서남편 이었다. (『경상도노회록』(1911-1916), 198.) 그러나 그는 서부경남 깊숙한 지역까지 가서 활동했다.

[243] Catalogue of the Union Christian College and Academy, June, 1913, 4쪽. 숭실대학교 한국기독교박물관, 『선교자료2』, 204.

[244] 숭실대학교 한국기독교박물관, 『선교자료2』, 77.

은퇴했다.[245] 미국에서 목회활동을 했고 1932년 7월 6일 과로로 델라웨어주 윌밍턴에서 58세의 나이로 세상을 떠났다. 그의 아내는 1945년까지 생존해 있었고, 슬하에 1남 2녀를 남겨두었다.

그런데 그가 부산에 체류하는 동안 부산부 영선현과 서남편 지역, 곧 지금의 부산의 영도, 서구, 사하구, 사상구 지역과 구포, 김해군 동편, 마산부 창원, 웅천군 동남편, 칠원군 서남편 지역 순회책임자로 활동했다.[246] 그래서 심익순은 내한 후 부산을 떠날 때까지 구포지역 순회 전도자로 활동했고, 구포교회의 설립과 형성기의 영적 책임자로 활동했다. 구포교회 외에도 제일영도교회, 항서교회, 엄궁교회, 하단교회, 김해교회, 대지교회, 웅천 하구교회, 창원 노현리교회 등은 그의 관할 하에 있었다. 그래서 김해 신용교회(1901), 거창 개명교회(1904), 김해 내삼교회(1905), 거창 노현교회(1906)와 마상교회(1906), 웅천 북부교회(1906), 함양 화산교회(1906), 거창 가천교회(1907), 함양 봉산교회(1907), 합천 팔산교회(1908), 함안 계내교회(1907), 그리고 김해 생곡교회(1907) 등이 그의 영향 하에서 설립되었다.

여기서 구포교회 설립에 대해 소개하면, 구포교회가 시작된 것은 1905년이었다. 이 해 심익순은 그의 어학선생이자 통역관이었던 고학윤(高學崙) 조사와 함께 부산을 떠나 동래부 구포면 일대를 순회하던 중 구포동으로 가서 순회전도를 실시하게 되었다. 이때 김문익(金文益)이라는 중년의 사람과 접촉하게 되었다. 김문익은 구포동의 구 선창 근처에서 조끼, 의복 등을 제조 판매하는 상인이었다.[247] 피복을 취

---

[245] H. A. Rhodes, 627, 641.
[246] 제1회 경상도 예수교 장로교 로회록, 제1회 로회록, 2
[247] 김문익이 어떤 인물인가에 대해서는 분명히 알 수 없다. 그러나 구포교회 사략을 기술하려는 의도에서 남긴 이승원의 짧은 수필(手筆) 기록 '비망록'(이하 이 자료를 비망록이라 칭함)에는 김

급하는 상인에게는 재봉틀이 필요하다고 판단한 심익순은 그다음 순회시에 재봉틀을 소개했고, 김문익은 이를 월부로 구입했다. 이런 과정에서 심익순은 김문익과 계속 접촉하게 되었고, 선교사를 통해 복음을 들은 김문익은 기독교 신앙을 받아드리고 개종하게 되었다. 이것이 구포지역에서의 최초의 복음운동이었다.

심익순과 동행했던 고학윤은 항해도 장연(長淵) 출신으로서 서상륜, 서경조 형제를 통해 신앙을 갖게 된 것으로 보인다. 안리아(安利亞)와 결혼한 그는 1892년부터 부산지방에서 선교를 시작한 북장로 부산선교부의 요청을 받고 부산으로 내려와 초기 부산지방의 북장로교 선교사들인 베어드 목사, 브라운 의사 후에는 어빈 의사 등과 함께 일했던 이 지방 초기 전도자였다. 부산지방에서 일한 초기 선교사들이 남긴 문헌에는 고윤하(Koh Yoon Hah)로 명기되어 있다. 고학윤의 아들이 세브란스병원의 외과의사였던 고명우(高明宇, 1883-1951?) 박사였고, 그의 손녀가 서울여자대학교를 설립했던 고황경 박사였다.

고학윤은 심익순 선교사의 조사 겸 어학 선생으로 그를 안내하며 순회하던 중 구포지역을 방문하게 되었고, 김문익씨를 전도하게 된 것이다. 심익순은 김문익 외에도 박도사(朴道士) 부자(父子)에게도 전도하여 이들 또한 기독교로 개종하여 구포지역 초기 신자가 되었다. 박도사가 어떤 인물인가에 대해서는 알 수 있는 자료가 없다. 그러나 김

문익이 조끼 등 피복 제조와 판매를 하던 상인이었다고 한다. 『조선예수교장로회 사기』, 159쪽에는 김문익의 귀도(歸道)로 구포교회가 설립되었을 뿐만 아니라 창원 가음정교회도 김문익 등의 귀도로 설립된 것으로 기술되어 있다. 그렇다면 구포의 김문익은 창원의 김문익과 동일인인가 아니면 동명이인인가에 대해서도 분명하게 알 수 있는 자료가 없다. 그러나 교회의 당회록 등 공식기록을 소장하고 있는 창원 가음정 교회 문서에서 김문익에 대한 아무런 언급이 없는 점을 고려해 볼 때 창원 가음정 교회의 경우 김문익은 김순익의 오기일 것으로 판단된다. 왜냐하면 김순익은 가음정교회의 초기 인물로 여러 차례 언급되고 있기 때문이다. 이 지역 출신 김상권 목사는 김순익의 아들이다.

문익, 박도사 부자 등 가족 중심의 신자들이 생겨나자 심익순의 인도로 이 지역 최초의 신앙공동체가 형성되었는데 이것이 구포교회의 시작이었다. 이들은 1905년 3월 1일 수요일 김문익씨 집에서 첫 예배를 드렸다.[248] 이날 저녁 김문익은 자신의 집에서 모이는 예배에 처가 식구들까지 오게 했고, 10여 명이 둘러 앉아 영원한 생명에 이르는 길을 소개받게 된다. 처음에는 김문익의 사저(私邸)에서 모이기 시작했으나 믿는 이들이 점차 증가하게 되자 1906년에는 '연동'이라고 불리는 곳의 '한문 서재(書齋)'를 매입하게 된다.

---

[248] 교회 설립일을 1905년 3월 1일이라고 한 날짜는 구포교회의 임의 결정이라는 주장도 있으나, 현재는 소실된 김형칠 목사 당시(1969) 작성된 "교회역사 자료수집 보고서"와 "구포교회 창업사"에도 1905년 3월 1일로 명기되어 있었다고 한다. 구포교회 청년회, 『유앙겔리온』 3(1986), 35.

7
어네스트 홀
(Earnest F. Hall)

　어네스트 홀(1868-1955)은 1903년 9월 1일 내한하여 부산 서울 청주에서 일하고 1907년 9월 경 한국을 떠나 그해 11월에 뉴욕에 도착했다. 그래서 한국에 체류한 기간은 4년에 불과했다. 일반적으로 그는 1908년 11월 16일 선교사직에서 은퇴한 것으로 알려져 있으나[249] 이것은 공식적인 은퇴였고, 실제로 한국에서 체류한 기간은 4년 미만의 기간이었다. 그런데 그가 부산에서 활동한 기간은 내한 때부터 1905년까지 2년에 불과했다. 따라서 그의 사역은 미미했고 언어공부에 바빠 구체적인 사역을 감당했는지에 대해서는 의문이다. 그러나 그는 매우 지적이고 훈련된 지성인으로서 사리가 분명했고, 매우 합리적인 인물이었다. 그가 한국에 오래 체류하지 못했던 가장 중요한 이유는 건강 때문이었다. 만일 그가 더 오래 한국에 체류할 수 있었다면 한국과 한국사회 역사 문화에 대해 깊이 연구하고 이를 바탕으로 한국과 한국교회가 나아갈 바를 제시하는 안내자가 되었을 것이다. 그는 비록 짧은 기간 한국에서 일하고 본국으로 돌아갔으나 친한파 인사가 되었고, 특히 이승만을 도와 그를 신학교로 인도하고 그의 수학을 도왔던 인물이 되었다. 이 점은 이승만 연구가들에게 알려져 있지 않는 일이

---

[249] H. A. Rhodes, 627.

지만 그는 이승만의 수학기에 영향을 준 인물이라고 할 수 있다.

1868년 출생한 어네스트 홀은 프린스톤대학과 대학원을 졸업하고 프린스톤신학교에서 공부한 엘리트 목사였다. 그는 1903년 9월 내한했는데, 한국으로 오기 전인 1903년 7월 1일 그의 사촌에게 보낸 편지에는 그의 내한에 관한 정보가 포함되어 있다. 자신의 아버지의 집인 미시간 주 칼라마주(Kalamazoo)에서 쓴 편지에서 이렇게 말한다.

"저는 8월 8일 태평양을 횡단하는 우편선인 시베리아호로 샌프란시스코를 출발하게 될 것입니다. 그때까지는 이곳 아버지 집에서 쉬게 될 것입니다. ... 저는 한국에 9월 초에 도착하게 될 것이고, 즉시 평양에서 모이는 연례선교사대회에 참석할 것입니다. 그 후에 9월 늦게 부산으로 돌아갈 것입니다."[250]

실제로 홀은 9월 1일 부산에 도착했고 이때부터 한국 선교사로 일하게 된다. 그가 부산에 왔을 때 부산지부에는 오직 2명의 남자 선교사가 있었을 뿐이다.[251]

그에 대한 연구에서 가장 아쉬운 점은 유관자료의 결핍이다. 그러나 알려진 바로는 그는 부산에 도착하여 첫째, 언어공부를 시작하였다. 이것은 모든 선교사들에게 요구되는 의무였다. 둘째, 북장로교 월리엄 베어드가 시작한 규범학교를 도우면서 학교교육을 강조하였다. 한국의 장래를 위해서는 교육이 선행되어야 하고 영어를 가르쳐야 서

---

[250] 원문은 다음과 같다. "I am to sail from San Francisco on August 8th on 'the Siberia', pacific mail S.S.Co. Until then I am resting here at my father's home. ... I shall arrive there early in September then at once to attend the annual missionary meeting at Pyungyang September 12th, and return to Fusan late in September." 이 편지는 경매 사이트에 공개되었고 공개된 편지의 일부를 옮긴 것이다.
[251] 『마포삼열 자료집3』, 772.

구사회와의 접촉과 교류가 가능하다고 보았다. 그는 규범학교에서 봉사하면서 이 점을 확신하게 된 것이다. 그가 한국에 체류하는 동안 *Korea Mission Field*에 두 편의 글[252]을 기고했는데 이 글에서도 한국사회에서 교육을 강조하였다. 셋째, 성경공부반을 조직하여 운영하였다. 한국어 공부에 주력하면서 성경공부를 통해 개인 접촉을 시도하였다. 이 점이 어떤 결실을 가져왔는가에 대해서는 알려진 바가 없다.

그의 사역에서 난제는 자신의 건강이었다. 병명은 좌골신경통이었다. 근본적 문제는 척추인데, 척추가 왼쪽 다리에 통증을 유발하여 더 이상 부산에 체류하기 어려웠다. 그래서 일단 서울로 이적하였고, 서울에서 지내는 동안 만난 해릿 맥리어(Harriet McLear, 1872-1959)와 1905년 10월 언더우드 집에서 결혼했다. 결혼하고 아내의 도움을 받았으나 건강은 호전되지 못했고, 류마티스 관절염으로 발전하여 결국 한국을 떠나게 된다.

비록 선교지를 떠났으나 한국에 대한 애정을 가지고 지내며 한국에서 더 오래 사역하지 못한 점을 아쉬워했다. 그래서 1910년 새문안교회가 새로운 예배당을 신축하게 되었을 때 강대상 비품 일체를 기증했다고 한다.[253]

귀국 후 그가 행한 한 가지 흥미로운 일은 이승만과의 접촉이었다. 조지 와싱턴대학에서 학사학위를 마친 이승만은 하바드대학에서 석사과정을 이수하던 중 1908년 뉴욕으로 갔고, 유니언 신학교 기숙사에서 지내게 되었는데 이때 미국으로 출국하기 전 서울에서 만났던 어네스트 홀 목사를 다시 만나게 되었다. 이승만의 수학에 대한 전후 사

---

[252] "A Beacon Light" Vol. II, No. 3 (1906. 1), 54-55. "Buried Among the Heathen" Vol. I I, No. 8 (1906. 6), 156-157.
[253] 내한선교사사전 편찬위원회 편, 『내한선교사사전』(한국기독교역사연구소, 2022), 1364.

정을 알게 된 홀은 이승만에게 자신이 공부한 프린스톤대학 대학원에서 공부하도록 권장하고 대학원 관계자와 접촉하도록 안내해 주었다.[254] 그래서 이승만은 뉴저지의 프린스톤으로 가 프린스톤대학교 대학원장 웨스트 박사를 만났고, 그의 도움으로 프린스톤에서 공부하게 된다. 그 결과 1910년 7월 18일 졸업식에서 "미국의 영향을 받은 중립"(Neutrality as Influenced by the United States)이라는 논문으로 철학박사 학위를 얻게 된 것이다. 비록 체한 기간은 짧았으나 이승만 지원은 한국과 한국 교회를 위한 봉사였다.

---

[254] 유영익, 『이승만의 생애와 건국비전』 (서울: 청미디어, 2019), 46.

8

위철치
(George H. Winn)

위철치(魏喆治)로 불린 조지(?-1963) 선교사는 베어드 목사, 브라운 의사, 어빈 의사, 아담스 목사, 루이스 체이스 양, 시릴 로스 목사, 시더보탐 목사, 월터 스미스 목사, 어네스트 홀 목사에 이어 17번째로 1909년 부산으로 온 미국북장로교 선교사였다. 그는, 가스폭발 사고로 순직한 시더보탐(사보담)의 후임으로 내한하여 부산지부에 배속되었다. 위철치는 이때부터 1914년까지 5년간 부산에서 일했다. 그 후 대구지부로 배속되어 박낙현(朴洛鉉)을 조사로 채용하여 교회개척과 순회 사역 등으로 1926년까지 일했다. 그가 대구에서 지역교회를 돕는 사역을 전개하며 설립한 대표적인 교회가 '칠성정교회'였다. 1921년에 설립된 이 교회는 지금은 수성구 두산동에 위치한 '칠성교회'로 발전하고 있다. 위철치는 1926년에는 대구에서 서울지부로 옮겨갔다. 그 후에는 다시 대구와 서울을 오가며 사역하다가 1941년 일제에 의해 한국을 떠나 본국으로 돌아갔다. 해방 후 다시 내한했으나 1948년 한국을 떠났고, 1963년 6월 18일 미국 아리조나 주 투스콘에서 하나님의 부르심을 받았다.

그는 1909년 미혼으로 내한했는데, 1910년에는 블랑케 에시크 (Blanche Essick, 1883-1955)와 혼인했다. 에시크 양은 1908년 북장로교 선교사로 내한하여 대구에서 일하던 중 위철치와 혼인하여 대구와 서울에서 함께 일하고 1948년 본국으로 돌아가 1955년 6월 24일 플로리다 주 폴크시티에서 사망했다. 위철치 선교사 부부는 Paul, Elinor, George, Julia, Thomas 등 3남 2녀를 두었다.

부산에 도착한 위철치는 우선 조선어 공부에 주력하였고, 부산에 체류하는 동안 일본어를 모르고는 선교할 수 없다는 점을 깨닫고 일본어 공부도 시작했다. 이런 시작이 후일 주한 선교사들을 위한 일본어 교제를 편찬하는 배경이 된다. 윌리엄 베어드의 부인 에니 베어드는 1896년 선교사들을 위한 한국어 교재인 『五十指針』(Fifty helps for the beginner in the use of the Korean language)을 편찬한 바 있는데, '조선어 50강'이라고 할 수 있는 이 책은 일종의 한국어 회화 교제였다. 1926년에 6판이 발간되었을 정도로 유용한 한국어 교재였다.[255] 그런데 위철치는 에니 베어드의 한국어 교재와 같은 방식으로 일본어 교제를 편찬했는데, 그것이 『일본어 공부 50강 Fifty helps in the study of the Japanese language』이었다. 이 책은 1914년 출판되었다.[256]

위철치의 부산에서의 주된 사역은 교회개척 및 지역교회 순회였다. 그는 지금의 초량교회, 제일영도교회, 항서교회, 구포교회, 김해교회, 김해 시례교회 등을 돕고 순회했다.[257] 일례를 소개하면, 1913년 4월 9일 수요일 하오 3시 영도교회 제1회 창립 당회가 열리는데 사회자가 위철치 선교사였다. 참석자는 한득룡 목사와 이춘서 장로였다. 이

---

[255] 이상규, "윌리엄 베어드와 문서선교", 『베어드와 한국선교』(서울: 숭실대학교, 2009), 156.
[256] H. A. Rhodes, 274.
[257] 『조선예수교장로회 사기』(103쪽)을 보면 위철치가 1903년의 김해 시례(詩禮)교회 설립에 기여한 것으로 기록하고 있으나 정확하지 않는 것으로 보인다. 조선예수교장로회사기에 보면, 1903년 "김해군 시례교회가 성립하다. 초에 선교사 위철치의 전도로 이영옥(李榮玉) 신용옥(辛容玉)이 신종하야 교회가 성립되고 선교사 추마전, 조사 임치수가 시무하다"라고 기록하고 있으나 위철치는 1909년 내부하였음으로 설립에 기여한 것으로 볼 수 없고 순회 기간 중 1903년에 설립된 교회에 도움을 준 것으로 판단된다.

때부터 위철치는 심익순에 이어 1914년 정덕생 목사가 제2대 담임목사로 부임할 때까지 이 교회 당회장으로 활동하게 된다. 본래 1896년 김치몽에 의해 시작된 영도(影島)교회는 부산부 서남편에 소재한 교회로서 심익순(Walter E. Smith) 선교사 담당구역이었다. 그러나 당회의 조직부터 위철치 목사가 이 교회를 관장하게 된다. 이 영도교회는 영선정(瀛仙町)교회, 영선동(瀛仙洞) 교회 등으로 불리기도 했는데, 지금의 제일영도교회로 발전하고 있다.

미국북장로교회는 1891년 윌리엄 베어드의 내부 이래 1913년 말 부산경남지역에서 사역을 마감하고 철수하게 되는데, 이때 북장로교 선교부를 대표하여 지역 조정 및 재산처분과 관련하여 호주 선교부와 협의했던 인물이 위철치였다. 즉 1913년 연례회의에서 왕길지(G. Engel) 와 라대벽(D. M. Lyall)은 호주선교부를 대표하는 이들이었는데, 이들은 북장로교 선교부에 지역 이양을 공식적으로 요청하였다. 이 안건은 북장로교 선교부의 투표로 결정했는데, 50대 6으로 가결했다. 호주장로교 선교부는 부산과 밀양에 있던 북장로교 선교부 재산의 보전을 보장했다. 이때 재산처분과 관련된 일을 책임 맡았던 인물이 북장로교 회계였던 존 갠소(Mr. John F. Genon)와 위철치였다. 그 결과 1914년 밀양의 재산은 호주선교부에 5,259엔으로 양도되었고, 부산 영선현의 부동산은 1919년 일본인에게 44,717.37엔에 매매되었다. 이중 2만 엔은 만주의 새로운 선교지부 개설을 위해 사용되었다. 그리고 여자학교의 비품들은 서울의 여자학교로 이관되었다. 참고로 부기하면 미국북장로교 선교부가 지역 조정을 통해 호주 선교부로 이관할 당시 북장로교 관할에는 101개 처의 교회 혹은 기도처, 1,887명의 수세자, 그리고 전체 신자수는 3,816명에 달했다.258 이처럼 위철치는 5년간 부산에서 체류하면서 언어공부, 교회개척 및 지역교회 순회, 선교부 행정 등을 담당했다.

---

258 북장로교 선교부 관할 지역 상황을 시기별로 보면 아래와 같다.

연도	지역교회(기도소 포함) 수	세례교인 수	전체교인 수
1901	10	85	260
1906	40	380	1,500
1911	100	2,000	5,000 (H. A. Rhodes, 134)

9

도신녀
(Anna S. Doriss)

부산에서 사역했지만 우리에게 잊혀진 인물이 있다. 그 한 사람이 안나 도리스(1876-1965), 곧 도신녀(都信女)로 불린 미혼 여성 선교사이다. 1908년 11월 19일 내한하여 부산과 평양에서 일하고 1941년 귀국했으므로 33년 간 한국에서 일했으나 그에 대해서는 아는 이들이 거의 없다. 미국북장로교 선교부의 계획에 따라 청주지부 사역자로 임명받고 1908년 11월 19일 내한한 그는 청주지부 개척자인 밀러(閔老雅, Rev. F. S. Miller, 1866-1937) 목사 부부와 함께 일했다. 청주지부 설치계획은 1902년부터 시도되었고, 1905년 6월 밀러 목사는 청주로 이동했지만 청주지부는 1908년 8월 1일 공식적으로 설치되었다. 새로 개척된 지부에 사역자가 필요했기 때문에 도리스를 청주로 파송된 것이다. 그러나 도리스는 이곳에서 짧은 기간 동안 밀러의 두 번째 부인 수잔 도티(Susan Doty)와 함께 일했다. 그러다가 1909년에는 부산으로 재배치되었다. 1909년 당시 부산의 북장로교 선교부에는 심익순 목사 부부만 남아 있었기 때문이었다. 사보담 부부는 1907년 8월 안식년으로 귀국한 이후였고 심익순 선교사 혼자 부산지부 사역을 감당하기 어려웠다. 그래서 도리스는 1909년 부산으로 와 1913년까지 약 4년간 부산과 밀양에서 일하게 된다. 도리스가 부산으로 옮겨 오던 해에 위철치 목사와 인노절(Rodger E. Winn) 목사 부부도 부산지부로 오게 된다.

부연하면, 도리스와 함께 1908년 11월 19일 한국에 도착한 동료가 북장로교 선교부의 회계 전문가인 평신도 선교사 김소(金昭, John F. Genso, 1884-1950), 그리고 목사인 국유치(鞠裕致, W. T. Cook, 1878-1952) 부부였다. 하루 전날에는 블랑케 에시크 양(Miss Blanche Essick, 1883-1955)이 내한했는데, 1910년 위철치(George H. Winn) 목사와 결혼하여 남편과 함께 부산에서 일하게 된다.

그런데 도리스는 체이스에 이어 부산지부에서 일한 두 번째 미혼여성이자, 마지막 미혼여성이었다. 그가 부산에 체류하는 동안 북장로교와 호주선교부 간의 지역 분담 합의가 이루어져 1911년 여름 밀양의 선교사 안식관을 열게 되었는데, 그해 11월에는 위철치 가족과 도리스 양이 밀양으로 이동하게 되었다. 1912년 연례회의에서 오랜 토론 끝에 북장로교가 밀양을 포기하게 되자 위철치는 다시 부산으로 돌아왔으나 도리스는 건강 때문에 휴가(병가)로 미국으로 돌아갔다. 이런 점을 고려할 때 도리스양이 부산에서 일한 기간은 3년 정도밖에 안 된다. 이런 점을 감안하더라도 그의 부산에서의 사역에 대한 정보는 매우 빈약하다.

앞에서 여러 차례 소개한 바와 같이 북장로교와 호주장로교 선교부 간의 선교지역 분담 협의가 이루어져 1913년 말로 미국북장로교가 부산에서 철수하게 됨에 따라 도리스도 1913년 말 부로 평양지부로 배속되어 부산을 떠나게 된다. 그의 부산 체류가 단기(短期)였다는 점을 감안하더라도 노해리(H. A. Rhodes)의 북장로회교의 한국 선교사에서 도리스의 대한 아무런 언급이 없는 것은 아쉬운 일이다.

1905년 11월 창간되어 1941년 11월에 폐간되는 재한 선교사들의 영문잡지 *Korea Mission Field*에 도리스가 쓴 글이 단 한 편 발견되었는데("평양여자성경학교에서의 오락기" *KMF*, June, 1919, 127-8쪽) 그것은 평양지부에서 사역할 때의 기록이다.

도리스의 부산에서의 사역은 우선 언어공부에 집중했을 것이고, 그를 부산으로 보낸 것은 여성 사역을 위한 것이었으므로 여성들을 위한 성경공부 인도, 교회에서의 여성들을 위한 사역에 집중했을 것이다. 특히 도리스는 규범학교 교사로 활동했다. 북장로교가 운영하던 여자학교인 규범학교는 어빈의 부인이 한국을 떠나 일본으로 간 이후 다소 경영에 어려움을 겪었으나 북장로교 선교부가 계속 운영하였고, 도리스는 학교의 마지막 기간 이 학교를 위해 헌신했다. 그러다가 선교부의 부산 철수로 그도 1913년 말 평양지부로 이동했다.

10

인노절
(Roger Earl Winn)

부산에 왔던 또 한 사람의 북장로교 선교사는 로저 윈(Roger Earl Winn, 1882-1922), 곧 인노절(印魯節) 선교사였다. 1882년 5월 16일 미국 일리노이 게일즈벅그에서 출생한 그는 엠퍼린대학을 거쳐 맥코믹신학교에서 수학했다. 맥코믹신학교는 선교사 양성을 중요한 사명으로 설립된 학교였다. 실제로 이 학교 출신이 한국교회에 큰 영향을 끼쳤고 이 학교 출신 선교사들이 한국에서의 신학교육을 주도했다. 평양신학교 설립자이자 초대교장 마포삼열을 비롯하여 소안론(W. L. Swallen), 배위량(W. B. Baird), 곽안련(C. A. Clark), 이길함(G. Lee), 남장로교의 최의덕(L. B. Tate) 등이 다 맥코믹신학교 출신이었다. 이 신학교는 경건주의적 성격을 지닌 온건한 칼빈주의 신학을 지향했고, 또 전천년주의 종말론을 지지했으므로 이런 천년기 이해가 한국교회에도 영향을 주었을 것이다.

이 학교에서 신학교육을 받은 로저 윈은 1909년 한국 선교사로 파송을 받아 부인 캐더린 루이스(Catherin Lewis, 1883-1955)와 함께 1909년 9월 16일 내한하였다. 이때부터 그는 부산지부에 배속되어 1914년까지 심익순 목사 부부, 도리스 양과 더불어 부산지부 관할 지역인 부산과 밀양지역에서 활동했다. 그러다가 미국북장로교가 호주장로교외의 선교지역 분담협정에 따라 부산에서 철수하게 됨에 따라

1913년 말까지 부산에서 활동하고 1914년 안동지부로 이동했다. 따라서 부산에서 사역한 기간은 약 4년이었다. 그는 안동지부로 이동하여 사역하던 중 1922년 11월 22일 안동에서 이질로 사망하게 되는데, 한국에서 사역한 기간은 13년 정도였다. 그의 안동지부에서의 중요 사역은 안동, 예천, 의성 등지에서 개척 선교와 지역 순례, 그리고 성경학교 사역이었고, 또 경안노회 조직에도 기여하였다. 부인은 남편이 사망한 이후에도 안동지부에 남아 1923년까지 여자성경학교 등 여성 중심의 사역을 펼치다가 평양지부로 이동하였다. 1925년 6월 29일에는 선교사직을 사임하고 귀국하였고, 1953년 6월 4일 캔사스 중 엠포리아(Emporia)에서 73세의 나이로 세상을 떠났다.

인노절 선교사의 부산에서의 사역기가 짧았기 때문에 영향력이 크지는 못했으나 이 지방 기독교 형성에 기여한 점은 부인하지 못한다. 그의 주된 사역은 지역교회 순회와 감독이었다. 그 외에도 경상노회 목사회원으로서의 역할이 주요한 임무였다. 그는 1911년 12월 6일 부산진교회당에서 소집된 경상노회 창립회에 참석하였고, 제2회 노회(1912년 3월 대구 남문내교회)에서는 위철치 선교사가 담당했던 구역, 곧 창녕군의 토산당회와 창녕군 및 영산지역을 책임 맡도록 배정되었다. 1912년 12월 소집된 제5회 경상노회는 인노절 목사에게 생활(경남 김해군 태야면), 마천(경남 창원군 웅동면), 웅천읍(경남 창원군 웅천읍), 경화(경남 창원군 진해면), 가음정교회(경남 창원군 상남면) 등 5개 처 교회 동사목사로 일하도록 위촉했다.[259] 웅천읍교회의 경우 1914년 김기원 목사의 안수와 부임과 동시에 인노절은 동사목사로 사역하게 되었다.

---

[259] 최병윤 편, 『경상노회록』, 25-6.

그 외에도 1912년 부산 동래의 원림교회를 순회한 기록이 있고, 1912년 11월 당시에는 밀양 부내면(府內面)에 거주하면서 밀양읍교회도 관할했다고 한다. 당시 밀양에는 부산지부 휘하의 소 지부(sub station)가 있었기에 밀양에서 거주하면서 경남지역 교회를 순회했음을 알 수 있다. 정리하면, 인노절 선교사는 웅천, 창원, 진해, 창녕 지방을 중심으로 사역했음을 알 수 있다. 그가 안동지부로 전임한 이후에도 여전히 경상노회 관할 하에 있었기 때문에 경상노회 휘하에서 지역교회를 순회하고 노회 여러 업무에 관여하게 된다. 그가 안동지부에서 23개 지역 교회를 보살폈는데, 그 휘하에 권수기, 김인옥 등과 같은 한국인 전도자들이 있었다.[260] 경상노회원으로서 그는 안동지부의 오월번, 권찬영 등 선교사와 동역하면서 노회 안수위원, 전도위원, 당회록 검사위원, 혹은 시취 위원 등으로 활동했다.

그런데, 그가 1922년 11월 22일 40세의 젊은 나이로 이질에 감염되어 사망하자 경안노회는 그의 선교 업적을 기리면서 1923년 1월 12일 경안노회 제3회 노회에서 추모식을 거행하였고, 그를 기념하여 '윈 기념 성경학교'(Roger Earl Winn Memorial Bible Institute)를 건립했다. 그의 묘비에는 이름과 생몰연대를 기록하고, "그는 죽지 않고 잠자고 있다. He is not dead but sleepeth"라고 기록하여 그를 기념했다.

---

[260] 최병윤 편, 『경상노회록』, 67.

부산경남지방 기독교 연구

제2부

부산지방에서의 초기 기독교

부 산 경 남 지 방 기 독 교 연 구

제 **1** 장

부산 복병산과 진주 평거동에 묻힌 선교사들

1
복병산에 묻힌 선교사와 그 자녀들

　서울 마포구 합정동 양화진에는 외국인 공원묘지가 있다.[1] "버들 강아지 만발한 나루터"라는 뜻의 양화진(楊花津). 이곳에는 2004년 8월 기준 555기의 무덤이 있는데, 선교사나 그 가족은 167기로 선교사 묘가 약 3분지 1을 차지한다.[2] 공식적으로 '서울외국인 묘지공원'(The Seoul Foreigners' Cemetery)으로 불리는 이곳은 의료선교사 헤론의 죽음(1890)으로 외국인 묘지로 조성되기 시작했다. 그로부터 한 세기가 지나면서 양화진은 한국을 사랑했던 선교사들이 묻힌 역사와 기념의 현장이 되었다. 선교사들이 묻힌 곳은 양화진만이 아니다. 인천에도 외국인 묘지가 있고, 거기에도 선교사들이 묻혀있다. 진주, 전주, 공주, 광주, 그리고 대구, 마산에도 선교사들의 묘지가 있다. 물론 평양에도 선교사들의 묘역이 있다. 평양에 묻힌 대표적인 선교사가 한때 부산에서 일한바 있는 배위량 선교사 부부(William and Annie Baird)이다.[3]

---

[1] 양화진에 대한 더 자세한 이야기는 이상규, "양화진에는 누가 묻혀있을까?"『한국교회의 역사와 신학』(생명의 양식, 2007), 132-139를 참고할 것.

[2] 1998년 편찬된 Donald N. Clark의 *The Seoul Foreigners' Cemetery at Yanghwajin: An Informal History*에는 705기의 묘 중, 선교사 83명, 선교사 자녀 38명, 도합 121기의 묘가 있는 것으로 집계되어 있다.

[3] 배위량(1862. 6. 16-1931. 11. 28)과 안애리(1864-1916. 6. 9)도 평양에 묻혔지만 1901년 12월 평양에서 출생하였으나 일년 후 폐렴으로 사망한 네째 아들 아더(Arthur Faris)도 평양에 묻혔다. 이때 베어드는 부산 복병산에 있던 첫 딸 낸시(Nancy Rose)의 묘를 평양으로 이장하여 아더와 나란히 묻었다.

그렇다면 부산에는 선교사들이 묻힌 묘역이 어디였을까? 그리고 거기에는 어떤 이들이 묻혀있을까? 그리고 부산이나 경남에서 순직한 선교사들은 어떤 사람들일까? 이 글에서는 이런 질문에 답하려고 한다. 그리고 경남지방의 선교사 묘지에 대해서도 소개하고자 한다.

복병산

부산에서 일하다가 순직한 이들이 묻힌 곳은 복병산(伏兵山)이었다. 복병산이란 용두산 공원 뒷편에 자리한 해발 46m의 산인데, 이 산은 부산 중구의 주봉인 보수산 자락 중 하나로서 용두산과 연결되어 있었다. 그런데 1888년 11월 용두산과 복병산 그 중간의 구릉(丘陵)을 깎아 오늘의 동광초등학교를 지나는 대청동 길을 만들었다. 현재 북쪽으로는 중구청이 자리하고 있고, 남쪽으로는 남성여고와 중학교가 자리하고 있다. 이곳에 일제강점기 때 세워진 부산 기상청이 자리하고 있고, 복병산 배수지가 있다. 이 산을 복병산이라고 이름하게 된 것은 숙종 4년인 1678년 초량 왜관 안에 있는 일본인들의 난동, 풍기 문제, 밀 무역 등 잠상(潛商) 문제를 막기 위해 이 산에 복병막(伏兵幕) 3개소를 설치하고 병사를 세운 일에서 기원하였다. 영조 때인 1739년에는 3개의 복병막을 더 세워 총 6개의 복병막을 세웠는데, 복병막이 있는 산이라 하여 복병산으로 불리게 된 것이다. 1924년에는 이곳 복병산에 조선키네마주식회사의 영화촬영소가 있어 우리나라 영화 제작의 효시가 된 곳이기도 하고,[4] 1935년 9월 21일에는 호출부호 JBAK로 첫 전파를 발사하여 현재의 부산 KBS 총국의 전신이 되기도

---

[4] 조선 키네마주식회사는 부산부 본정 5정목 19에 1924년 7월 11일 자본금 7만 5천 원으로 설립된 회사였다.

했다. 1934년까지만 해도 이곳은 '본정(本町) 5정목'이었는데, 현재 복병산은 부산시 중구 동광동 5가 26번지 일대이다. 이곳은 부산의 양화진으로 불릴 수 있는 이국인들이 묻힌 역사의 자리였으나 현재는 그 흔적조차 추적하기 어려울 정도로 묘와 묘비는 사라지고 말았다.

바로 이 복병산에 부산에서의 첫 서양인 묘지가 있었고, 묘지 가까이에는 금강사(金剛寺)라는 일본인 사찰이 있었다.[5] 이 서양인 묘지는 1934년 당시 이미 황폐화 되었다는 기록이 있고, 적어도 1966년까지는 비록 폐허가 되었지만 그 자리에 남아 있었다. 이 점에 대해서는 필자의 『부산지방 기독교 전래사』, 251-254쪽에서 소개한 바 있다. 일본인 우라타(楠田斧三郎)[6]는 1930년대 초 이곳 서양인 묘지를 방문한 소감을 다음과 같이 기록하고 있다.

> "부산의 항구 적기반도(赤崎半島)의 산들을 멀리한 아름에 바라보는 동북(東北)에 맞붙은 산허리 경사진 곳에 금강사(金剛寺)의 새로운 건물 인접한 곳에 일단의 서양인 묘지가 있다. 날마다 생업에 바쁜 부산 사람의 마음을 멈추게 할 수 없는 이곳에 대소 9기의 묘비석이 쓸쓸히 남아 있다. 화강암, 흰 대리석, 회색 대리석, 혹은 네모형, 뾰족한 것, 혹은 십자가 형 등 여러 종류의 묘비석을 볼 수 있다. 언제 어떤 사람의 장난인지 반은 도괴(倒壞)되어 절반은 땅에 묻히

---

[5] 금강사는 진언종(眞言宗) 소속으로 소재지는 대청정(大廳町) 4정목이었는데, 이 사찰은 1898(明治 31년) 5월에 설립되었다. 1910년 3월 8일에는 금강사로 칭하게 되었다. 절영도, 초량, 부산진 등지에 출장소가 있었다. 홍순권, 『일제시기 재부산 일본인 사회 사회단체 조사보고』(도서출판 선인, 2005), 601. 홍순권 외, 『부산의 도시형성과 일본인들』(선인, 2008), 390.

[6] 구스다 오노 사부로 발음할 수 있는 楠田斧三郎는 1884년 12월 10일 구마모토현에서 출생했다. 1907년 메이지(明治)대학 상과를 졸업했다. 1913년부터 1933년까지 20년 간 부산(釜山府 大廳町丁目番地)에 거주했던 일본인 천주교회 사학자로서 1910년 『조선천주교회사』를 집필한 바 있다. 이 책에서 천주교의 조선 전래에서부터 러일전쟁 당시까지의 조선천주교 역사를 기술했다. 그 외에도 외국 선박의 조선 연안 항해기, 복병산(伏兵山)의 서양인 묘지 등에 관해 기술했다. 그는 부산일본기독교회 교인이었고, 농업에 종사했다고 한다.

어 겨우 새긴 몇 글자(刻字)가 보이는 것, 두 동강이 나서 거꾸로 쓰러진 것, 비석 위쪽에 크게 금이 간 비석 등이 옆의 숱한 그루의 잡목과 함께 있어 세인들이 얼마나 안 돌아보았는지 오랜 세월 학대받은 모습이 역력하다. 여기 9기의 서양인 묘비석은 대부분 호주의 선교 관련자의 묘비에 속한다. 새겨져 있는 문구와 묘비의 형식은 서구제국 뭔가의 특이한 점을 인지할 수 없지만, 조국을 수천만 리 멀리 두고 돌아볼 수 없는 이국의 도시에 숙연하게 묻힌 것이야말로 우리들에게 감동을 불러일으킨다."[7]

이때는 데이비스가 묻히고 약 40년이 지났을 때였다. 불과 40년이 지났을 때 선교사들의 묘지가 이 지경이 되었으니 역사의 흔적에 대한 부산 교계의 무관심을 증거하고 있는 듯하다. 우라타는 조선을 방문한 이국인에 불과했으나 "40여년 간 인간도 세상도 다 변하지만 변하지 않는 것은 오직 신앙의 힘뿐이다"(四十餘年の間に人も世も變つた。變らぬものは信仰の力のみである)라고 말하면서 부산 외국인 묘지에 대한 기록을 남겨두고 있지만 부산 교계는 그 신앙 흔적을 헤아릴 여유를 지니지 못했다. 부산의 향토사학자였던 박원표 또한 그의『개항 90년사』에서 폐허로 변해버린 이곳을 안타깝게 여기고 있었다.

비록 그 흔적은 찾을 수 없으나 이곳이 부산지방에서의 첫 외국인 묘지였고, 묻힌 이들은 부산을 찾아온 선교사들이었다. 1880년대 한국은 감기 하나 제대로 다스리지 못할 정도의 의료 후진국이었다. 당시 의료는 원시적인 상태였고, 전근대적 민간요법에 기초한 비과학적 수준에 불과했다. 당시 부산지방 사람들의 평균수명은 40세 정도에 불

---

[7] 楠田斧三郎,『朝鮮天主敎小史』(第二版), 351-352.; 이상규,『부산지방 기독교 전래사』, 253.

과했고, 영유아 사망률이 매우 높았다.[8] 비록 세계 유일의 자국 문자인 한글이 있음에도 글을 아는 사람이 얼마 되지 않는 문맹국이었다. 그래서 초기 선교사들 중에는 입국하자마자 병사(病死)하거나, 본국으로 되돌아간 사람도 없지 않았다. 이곳에 처음으로 묻힌 이가 해리 데이비스로 불린 조셉 헨리 데이비스였다.

데이비스(J. H. Davies, 1856-1890)

복병산에 묻힌 첫 외국인은 호주선교사 데이비스였다. 데이비스에 대해서는 앞에서도 소개하였음으로 다시 길게 말할 필요가 없을 것이다. 호주에서 내한한 첫 선교사였던 그는 1889년 10월 2일 누나인 메리 데이비스(Mary Tabor Davies, 1853-1941)와 함께 내한하였고, 한국에 온 지 불과 6개월 후, 곧 부산에 도착한 다음 날인 1890년 4월 5일, 34세의 나이로 사망하였다. 그의 체한 기간은 정확하게 말해서 183일에 지나지 않았으나 그의 죽음은 호주장로교회의 한국 선교를 가능하게 했고, 그의 죽음이 호주장로교회의 선교사 파송 기관의 조직을 가져왔다.[9] 한때 인도 선교사였고, 유망한 사립학교의 교장이었던 그는 복음에 대한 열정과 예리한 지성을 겸한 인물이었다. 그의 내한 당시 여권의 직업란에는 '학자'(man of letters)라고 기록되어 있었을 만큼 그는 지식인이었다. 예기치 못한 일이었으나 그는 한국에 온

---

[8] 부산의사회,『부산시의사회사』(1991), 19; 이상규,『부산지방 기독교 전래사』, 207.
[9] 우리는 흔히 "호주 장로교회의 한국 선교"라고 말하지만 적어도 1901년 이전 시기에 한하여 말할 때 이 말은 정확한 표현이 못 된다. "호주 장로교회(PCA)"는 1901년 조직되었고, 한국에 선교사를 파송했던 교회는 이보다 앞서 1839년에 조직된 빅토리아주 장로교회(PCV: The Presbyterian Church of Victoria)였기 때문이다. 이때는 호주 연방이 형성되기 전이었고, 빅토리아는 독립된 영국 식민지였다. 그러다가 1901년 호주연방정부가 구성된 후 장로교회도 이 영향을 받아 전국적인 조직인 호주장로교회, 곧 "The Presbyterian Church of Australia"를 조직하게 된 것이다. 그 이후에도 한국 선교를 주도한 교회는 빅토리아주장로교회였다.

지 겨우 6개월 후인 1890년 4월 5일 토요일 오후 1시 경, 천연두에 폐렴이 겹쳐 부산에서 세상을 떠났다. 이날은 부활주일을 하루 앞둔 날이었고, 그 전날에 이어 봄비가 억수같이 내리는 날이었다.

한국에 도착한 지 얼마 안 되어 영국 영사관 서기관이었던 캄벨(Campbell)은 '덕배시'(德倍時)라는 한국 이름을 작명해 주었다. 나는 그의 한국어 이름을 그가 유품으로 남긴 명함에서 확인할 수 있었다. 그의 형제들은 세계선교에 대한 관심과 국제사회의 변화를 읽고 있던 메카트니 목사(H. B. Macartney) 휘하에서 신앙교육을 받았는데, 그 결과로 데이비스의 12남매 중 (장남은 어린 나이에 죽었음) 4사람, 곧 자신과 누나 메리는 한국 선교사로, 동생 타보르(Tabor)와 사라(Sarah)는 인도 선교사가 되었고, 남동생 존(John)이 장로교회 목사가 되었다. 존의 두 딸 마가렛(Margaret Davies) 과 진 데이비스(Jean Davies)는 1910년과 1918년 한국 선교사가 되었다.

당시 부산에 체류하던 제임스 게일은 데이비스의 시신을 부산항이 굽어보이는 복병산(伏兵山)에 안장하였는데, 그로부터 8년이 지나 후 출판된 자신의 저서에서 게일은, "얼굴이 검게 탄 한국인 한두 사람의 도움을 받으며, 나는 한국을 위해 자기 생명을 바친 이 용감하고 진실한 마음의 그리스도인, 데이비스가 남긴 모든 것을 멀리 떨어진 외로운 언덕에 묻었다."[10]라고 회고했다. 그 산이 바로 복병산이었고, 이곳이 부산에서 순직한 첫 외국인의 묘역이 되었다. 데이비스의 최후를 지켜보았던 게일은 데이비스의 장례를 치르고 4월 6일 서울에 남아 있던 데이비스의 누나 메리에게 데이비스의 죽음 전후 사정을 알리는 편

---

[10] James S. Gale, *Korean Sketches* (Fleming H. Revell Co., 1898), 249–250.

지를 보냈다.[11]

동생이 사망하자 건강이 좋지 못했던 메리는 본국으로 돌아갔고, 1941년 5월 25일 카오필드에서 사망했다. 그가 한국에서 돌아갈 때 동생이 남긴 유품을 가져갔는데 그중 한 가지가 일기였다. 이 일기를 빅토리아장로교 선교부가 시드니 미첼도서관에 기증했다는 사실을 알게 된 필자는 1987년 7월 시드니 미첼도서관을 방문하고 100여년 간 방치되어 있던 이 일기를 발굴하여 공개한 바 있다.[12]

사라 매카이(Sara A. Mackay, 1859-1892)

복병산에 묻힌 두 번째 인물이 호주선교사 사라 매카이였다. 호주 첫 선교사 데이비스가 한국 부산에서 사망하게 되자 호주 빅토리아 장로교회는 세 사람의 미혼 여선교사, 멘지스(Miss Belle Menzies), 페리(Miss Jean Ferry), 그리고 퍼셋(Miss Mary Fawcett)과 매카이(J. H. Mackay) 목사와 부인 사라(Sara) 등 제2진 선교사 5명을 파송하게 된다. 이들은 1891년 9월 초 멜버른을 떠나 시드니로 이동하여 9월 5일 승선하여[13] 킨즈랜드와 노턴 테리토리 사이의 카펜타리아만(Gulf of Carpentaria)을 거쳐 포트 다윈(Port Darwin)을 지나 일본 나가사끼로 갔고, 그곳을 경유하여 1891년 10월 12일 부산에 도착했다. 데이비스

---

[11] 이 편지의 원문은 Edith A. Kerr & George Anderson, *The Australian Presbyterian Mission in Korea 1889-1941*, 174-5에 편집되어 있고, 필자는 이 편지의 복사본을 멜버른에 살고 있는 Kerr의 조카를 통해 입수하였다. 게일은 그의 *Korean Sketches*에서 그의 어학 선생이 "이씨라는 성을 가진 사람이었음"을 말하고 있는데, 그는 게일의 평생의 동료였던 이창직(李昌稙, 1866-1936)임이 분명하다. 게일에 의하면 이창직이 사경을 헤매는 데이비스의 이마를 닦아 주고 병고를 참아 낼 수 있도록 도와주었다고 말한다.

[12] 이 일기는 미첼도서관 호주장로교선교부 한국 관계문서함 Miscellanies 열의 Carton No. 7의 20번 항에 보관되고 있었다. 일기는 1889년 8월 21일부터 1890년 3월 31일까지의 기록이었다.

[13] "Note on the Month", *The Presbyterian Monthly* (Sep. 1, 1891), 254 참고.

가 한국에 첫발을 디딘 지 꼭 2년 만이었다.

매카이 목사는 부산 도착 이틀이 지난 1891년 10월 14일 빅토리아주 청년연합회의 하디(Hardie)에게 편지를 보냈는데, 자신의 가정과 퍼셋은 임대한 일본인 주택에 기거하게 되었음을 말하고 있다. 처음에는 20일을 임대하였고 연장이 어려울 것으로 보였으나 다시 월 40불을 임대료로 지불하는 조건으로 3개월을 연장하여 이곳에서 거주하게 되었다고 말하고 있다.[14] 매카이 목사가 거처로 삼았던 일본인 집은 주택이라기보다는 창고에 가까운 흙벽돌로 지은 움막과 같은 곳이었다.

매카이 목사는 그해 12월 11일에 쓴 편지에서 "지금까지는 모두가 건강하다"고 썼으나 그 다음날, 곧 12월 12일 매카이 목사 부인 사라(Sara)는 병을 얻었고, 구역질과 구토로 잠을 이루지 못했다고 한다.[15] 호주 빅토리아 주 발라랏 출신인 사라 매카이는 1년간 성 알프레드병원에서 간호훈련을 받았던 간호사였다. 당시 그는 임신 중이었으므로 음식을 제대로 먹지 못한 상태에서 감기와 폐렴까지 발병하였다. 당시 상황에서 적절한 치료도 받지 못한 채 6주간 동안 병상에서 보낸 그는 1892년 1월 27일 새벽 부산에서 세상을 떠났다. 그 때 나이 32세였다. 한국에 온지 꼭 3개월 후였다. 사라의 죽음은 호주 선교부의 두 번째 희생이었다.

부산의 추위가 맹위를 떨치던 1월 29일에 몇몇 일본인들과 네 사람의 한국인 어학 선생들이 참석한 가운데 초라한 장례식을 마치고 사

---

[14] 매카이가 멕길리버리에게 보낸 1891년 12월 11일자 편지, 1891년 12월 11일로 하디(Mr. Hardie)에게 보낸 편지 참고.
[15] 페리가 PWMU 총무인 딘우디(Miss Dinwoodie)에게 보낸 1892년 2월 5일자 편지에 근거함. 매카이 목사의 죽음과 관련된 상세한 정보를 주는 이 편지는 *The Presbyterian Monthly* 1892. 5. 1 일자에 게재되어 있다.

라를 복병산 데이비스 무덤 옆에 안장했다. 그의 무덤에는 다음과 같은 기념석이 세워졌다.

> 1892년 1월 27일, 32세의 나이로 부산에서 주님께로 간
> 제임스 매카이의 사랑받던 아내 사라를 기념하여 이 비석을 세우다.
> 내가 영생을 주노니 멸망치 않으리라.

> Sacred to the Memory of Sara, the beloved wife of James H. Mackay, who passed from Fusan into the presence of the King, on the 27th. January, 1892, aged 32. I give unto them eternal life and they shall never perish.

건강이 좋지 못했던 매카이 목사와 페리는 일본인 거주지를 떠나 하디 의사 집으로 합류하였으나 건강을 잃고 5주간 동안 누워있었다.[16] 그는 일정기간 호주로 돌아가서 휴양하는 것이 좋겠다는 하디 의사의 충고를 받아들여 다른 여선교사들을 남겨둔 채 1892년 5월 호주로 돌아갔다. 약 2달간 휴식과 치료를 받은 그는 1892년 8월 3일 다시 부산으로 돌아왔고, 10월 11일에는 일본 나가사끼에 있는 영국교회(성공회)당에서 동료 선교사인 퍼셋과 재혼하였다. 퍼셋은 매카이 목사가 목회할 때 그 교회에 성도였다. 그러나 건강의 이유로 매카이 목사 부부는 1893년 8월 28일 선교사직을 사임하고 9월 부산을 떠나 10월 13일 멜버른으로 돌아갔다. 그가 선교사로 내한 한지 꼭 2년 만이었다.

---

[16] *The Presbyterian Monthly* (August 1, 1892), 265.

낸시 로즈(Nancy Rose)

복병산에 묻힌 세 번째 인물은 미국북장로교 선교사 윌리엄 베어드의 첫 아이 낸시였다. 선교사로 임명받은 베어드는 하노버대학 재학 중에 만난 애니 라우리 아담스(Annie Laurie Adams, 安愛理, 1864-1916)와 1890년 11월 18일 결혼식을 올리고, 바로 그날 부인과 함께 호놀룰루, 일본 요꼬하마, 고베를 거쳐 1891년 1월 29일 부산항에 도착했다. 서울에 체류하던 그가 공식적으로 부산지부 선교사로 임명받고 1891년 9월 부산에 왔다. 그래서 그는 부산지방 최초의 북장로교 선교사였다.

부산에 도착한 베어드는 6주 동안 영도의 하디 집에 유하였고, 하디가 이태리인 시빌리니(Civilini)로부터 일본인 거류지역인 지금의 용두산 근처 초량 왜관(倭館)에 새로운 집을 구하게 되었을 때, 베어드도 함께 옮겨갔다. 이때 서울에 있던 베어드 부인이 부산으로 와 남편과 함께 지내게 된다.[17]

베어드는 영선정에 선교관을 건축했는데 완공된 때는 1892년 6월이었다. 이렇게 세워진 베어드의 선교관은 1887년에 세워진 세관 건물에 이어 부산에 세워진 두 번째 서양식 건축물이었다. 부산을 거쳐가는 거의 모든 선교사들, 한국에 오는 신임 선교사들이 다 이 집을 거쳐 갔다.[18] 이곳에서 베어드의 첫 아이 낸시 로즈(Nancy Rose)가 출생했는데, 그때가 1892년 7월 5일이었다. 그는 부산의 유일한 외국인 아이였다. 그해 여름 베어드 집 사랑방에서 첫 세례식이 거행되었는데, 여름휴가로 부산에 왔던 사무엘 마펫(S. Moffett)은 낸시 로즈에게 유

---

[17] R. Baird, 19.
[18] W. Baird, "The Opening and Early History of Fusan Station", 17.

아세례를 베풀었다. 당시 마펫은 미혼이었다. 그날 베어드는 에비슨 의사의 아들 더글러스에게 유아세례를 베풀었다. 에비슨 부부와 3자녀는 내한하여 서울로 가기 전에 부산 베어드 집에 머물게 되었는데 이때 동료선교사를 통해 아들이 유아세례를 받게 한 것이다.

낸시 로즈는 이렇게 유아세례를 받았으나 안타깝게도 뇌척수막염에 감염되었다. 당시 베어드는 어빈 의사와 함께 여행 중이었는데 위독하다는 전갈을 받고 급히 귀가했으나 얼마 후 낸시는 숨을 거두었다. 낸시는 두 돌을 채우지 못하고 1894년 5월 13일 뇌척수막염으로 세상을 떠났다. 베어드 부부는 그를 데이비스의 묘지가 있는 복병산(伏兵山)에 안장했다.

일본인 교회사가 우라타(楠田斧三郎)는 『朝鮮天主敎小史』(1934)에 쓴 '伏兵山上の洋人墓地'에서 로즈의 묘비에 대해 이런 기록을 남겨주고 있다. 즉 그는 다른 서양인의 묘비석에 대해 언급한 후,

> 이어서, 크지도 않은 묘지의 한 구석에 눈을 돌렸다. 거기에서 폭이 겨우 1척(尺) 8촌(寸), 높이는 1척에도 미치지 않는 회색 대리석인 조그만 묘비를 발견했다. 야산에서 놀던 조선의 아이들이 한쪽을 파손시켜 이름의 일부를 읽을 수 없게 되었다. 꿇어 앉아 희미하게 새겨진 비문을 읽는다.

> 낸시 로스 베어드.
> 1892년 7월 5일 출생
> 1894년 5월 13일 사망
> 주님은 손으로 그녀를 안고
> 축복을 내리신다.

겨우 2살도 되지 않는 여아가 이국땅에서 죽음을 맞이하고 한없는 슬픔에 잠긴 어머니의 글귀가 드러나 있어 애통과 함께 아름다운 신앙의 글귀가 새겨져 있다.[19]

첫딸 낸시 로즈를 잃은 후 베어드의 첫아들 존이 1894년 10월 12일 부산에서 태어났다. 베어드는 후에 존 윌리엄, 리차드 등 세 아들을 얻었고, 1901년 12월에는 넷째 아들 아더(Arthur Faris)가 평양에서 태어났으나 일 년 후 폐렴으로 사망했다. 베어드는 한국에서 두 아이를 잃은 셈이다. 이때 베어드는 부산 복병산에 있던 첫 딸 낸시의 묘를 평양으로 이장하여 아더와 나란히 묻었다.[20]

엘라이자 애니 아담슨(E. A. Adamson, 1861-1895)

복병산에 묻힌 네 번째 인물이 아담슨(Andrew Adamson) 선교사의 부인인 엘라이자 애니 아담슨(Eliza Annie Adamson, 1861-1895)이었다. 청년연합회가 파송했던 매카이 목사가 건강의 이유로 1893년 한국을 떠나게 되자 청년연합회가 그 후임으로 파송한 선교사가 아담슨이었다. 과거에 5년 간 대영성서공회(The British and Foreign Bible Society) 중국주재 선교사로 일한 경험이 있는 그는 아내 에니와 중국에서 출생한 두 딸 바이올렛(Violet)과 마벨(Mabel)을 데리고 내한했는데, 임지인 부산에 도착했을 때가 1894년 5월 20일이었다.

부산 초량에 거주하게 된 아담슨 목사는 이때로부터 1914년 한국에서 은퇴할 때까지 20년 동안 봉사했는데, 처음에는 부산(1894-1909) 지부에서, 후에는 마산(1910-1914) 지부에 배속되어 일했다. 그

---

[19] 楠田斧三郎(이상규 역), "부산 복병산의 서양인 묘지", 「부경교회사연구」 9(2007. 7), 63.
[20] Richard Baird, 71.

는 부산경남 지방 복음화에 혁혁한 공을 세운 개척 전도자이자 교회 설립자였다.

그런데 그가 내한 한 후 얼마 되지 않아 이미 부산에서 활동하고 있던 여전도회연합회(PWMU)가 파송한 멘지스(Menzies), 무어(Moore), 브라운(Brown) 등 여선교사들과 심각한 갈등에 휩싸이게 된다. 아담슨 부부는 정신적인 아픔을 경험하게 되었고, 자신을 변호하는 장문의 편지를 호주 본국교회 선교부와 청년연합회에 보내게 된다. 또 여선교사들이 보낸 편지를 보면 이 당시 아담슨과 여선교사들 간의 갈등이 얼마나 심각했던가를 감지할 수 있다.

이런 와중에서 그의 아내의 건강이 악화되어 심장병으로 고통을 당했다. 11월 24일 주한 의료선교사의 수술을 받았으나 1895년 11월 27일 아침[21] 34세의 나이로 세상을 떠났다. 이때는 임지인 부산에 온 지 꼭 1년 6개월 된 때였다. 아담슨 여사의 죽음은 데이비스 목사의 죽음 이래 호주 선교부의 세 번째 희생이었다.

아담슨 여사의 시신은 데이비스 목사와 매카이 목사 부인과 더불어 부산항이 굽어 보이는 복병산에 안장되었다. 얼마간의 슬픔의 날을 보낸 후 아담슨 목사는 이렇게 고백했다. "모든 것을 행하시는 이는 주님이시다. 주님께서는 그가 기뻐하시는 일을 행하신다"(It is the Lord, let Him do what seemeth Him good).

이때로부터 약 1년 뒤인 1896년 11월 아담슨은 영국 런던 출신인 페인(Miss Pain)과 재혼했는데, 페인은 세상을 떠난 부인 엘라이저 애

---

[21] The Fellowship Messenger (Feb. 1896), 15. 그러나 Annual Report of PFU (1896), 6에서는 아담슨 부인의 사망일이 11월 24일로 기록되어 있으나 이것은 오기이다. 경남 성시화 본부가 주도한 순직 호주선교사 묘역에는 사망일을 12월 27일로 되어 있으나 이것 또한 오기이다.

니와 절친한 친구 사이였다.[22] 아담슨 선교사 부부가 한국에 파송된 이후 간헐적으로 한국소식을 접해 왔던 페인은 아담슨 목사가 부인을 잃게 되자 자신이 그를 돕기로 작정하고 결혼을 제안했던 것으로 알려져 있다.

엘리스 라이트
(Alice Gordon Wright, nee Nieven, 1881-1927)

흔히 니븐이라고 불리는 엘리스 고든은 1881년 호주 시드니에서 출생했으나 곧 그 가족이 뉴질랜드 던니딘(Dunedin)으로 이주하였다. 신실한 장로교 가정에서 출생한 니븐은 신앙교육을 받으며 성장했고, 직접적으로 교회를 위해 일하거나 선교사가 되고자 했다. 호주로 이주하여 빅토리아 장로교회가 설립, 운영하는 여성지도자 훈련학교(Deacones Training Institute)에 입학하여 2년간 수학하고 1902년 수료하였다. 이 학교는 여성 지도자 혹은 국내외 전도자 혹은 선교사를 훈련하는 학교였다. 니븐은 메리 켈리(Mary Kelly)[23]와 함께 이 학교 첫 졸업생이 되었다. 이 학교를 수료한 그는 여전도회연합회에 한국선교를 자원하였고, 켈리와 함께 1905년 10월 26일 내한하였다. 부산지부에 배속된 니븐은 한글 공부를 겸하여 지역 순례와 개척전도자로 활동했는데, 1908년부터 3년간은 일신여학교 책임자로 일하기도 했으나, 지역 순례, 성경공부 인도, 여성교육을 담당했다. 1912년까지는 부산에서 일했고 1913년부터는 마산지부로 배속되었다. 그러던 중 1912년 내한한 알버트 라이트(A. C. Wright, 1880-1971) 선교사와 1915년

---
[22] Ninth Annual Report of the PFU, 1896-1897, 7.
[23] 니븐과 함께 선교사 훈련학교를 졸업하고 내한한 켈리 또한 여전도회연합회(PWMU) 소속 선교사로서 1910년 내한한 노블 메켄지(매견시)와 1912년 결혼하였다.

9월 결혼했다.

예원배(芮元培)라는 한국 이름으로 익숙한 라이트 역시 뉴질랜드 오타고(Otago) 출신으로 후일 던니딘(Dunedin)에 있는 녹스신학교(Knox College)에서 수학했던 인물이었다. 그는 선교사로 헌신했으나 당시 뉴질랜드장로교회는 해외선교에 대한 관심이 없었으므로 호주로 이주하여 다시 아델라이드에서 신학교육을 받았다. 그 후 빅토리아주로 이거하여 호스함(Horsham)에서 1912년 9월 9일 목사안수를 받고, 1912년 9월 25일 내한했다.[24]

내한한 라이트는 마산지부에서 일하게 되었는데, 니븐과 자연스럽게 만나게 되었고, 동료들의 천거와 후원으로 결혼하게 된 것이다.[25] 니븐은 결혼한 후에는 남편을 따라 진주에서 일했다. 그러나 니븐의 건강이 좋지 못했다. 1920년에 수술을 받은 일이 있고 1927년에는 다시 재수술을 받았으나 건강을 회복하지 못하고 1927년 12월 10일 부산에서 세상을 떠났다.[26] 결혼한 지 12년 후였다. 경남성시화본부가 주도한 호주순직선교사 묘원에는 사망일을 1927년 12월 27일로 기록하고 있으나 옳지 않다.[27] 부산에서 사망하게 되자 니븐도 복병산에 안장되었다. 후일 그의 묘는 진주 평거동으로 이장되었다. 아내를 잃은 라이트는 오랫동안 혼자 지내다가 1940년 10월 역시 호주선교사였던 메코기(Miss J. E. McCagne)와 재혼하였다.

---

[24] *Our Missionary at Work* (1912, Sep), 8; *Messenger*(23, Aug., 1912), 531; *The Chronicles* (Sep. 1912), 3.

[25] Helen Mackenzie, *A Man With Mission*, 149쪽에서 니븐의 라이트와의 결혼이 1915년 9월이었고, 부산의 메켄지선교사 집에서 결혼식을 올렸다고 쓰고 있으나, Kerr는 결혼이 1913년이라고 말하고 있다. Kerr, 136.

[26] *The Missionary Chronicle* (Feb. 1, 1928), 2.

[27] 「경남성시화 타임즈」, 1호(2009. 10), 10; 선교사 커(Edith Kerr)는 그가 서울에서 사망했다고 보고 있다. Kerr, 162.

선교사의 아이들

그 외에도 1897년 2월 부산에 온 미국북장로교 시릴 로스(Cyril Ross) 목사와 부인 Susan Shank 의사의 아들 듀이 로스(Dewey Ross)가 1899년 9월 2일 부산에서 사망하여 복병산에 묻혔다. 시릴 로스는 1902년까지 부산에서 사역하다가 선천지부로 배속되어 1902년 부산을 떠났다.

호주 장로교 선교사 엥겔(G. Engel)의 아들 조지(George)가 1909년 태어났으나 곧 사망하여 부산진 선교부 뜰 안에 매장되었다. 왕길지의 첫 부인 클라라(Clara Berta)는 다섯(Fred, Herbe, Dora, Mark, Norman)을 출산하고 1906년 4월 2일 장질환으로 36세로 사망했고, 1907년 7월 3일 브라운(Agnes Brown)과 재혼했는데, 브라운은 셋(George, Frank, Alge)을 출산했는데 첫 아이 조지를 사산했기에 바로 복병산에 매장한 것이다.

매견시 목사의 아들 제임스(James)는 1921년 3월 2일 부산에서 태어났다. 헬렌(1913-2009), 캐더린(1915-2005), 루시(1918-)에 이어 4번째 아이자 첫 남아였다. 그러나 2살 때인 1922년 12월 27일 디프테리아로 부산진 좌천동 집에서 사망하였다. 진주에 있던 마라연 의사가 도착하기 전에 숨을 거두었다. 매켄지의 5번째 아이 쉴라(Sheila)가 태어나고 꼭 일주일이 지난 때였다. 그의 어머니는 일주일 전에 태어난 아이에게 감염될까 하여 아들의 모습을 보지도 못했는데 이것이 더욱 가슴 아픈 일이었다. 그도 복병산에 매장되었다.

후에 복병산이 개발됨에 따라 선교사 묘지는 호주선교부가 있던 부산시 동구 좌천동의 공동묘지로 이장되었다. 이때 매켄지의 아이 제임스도 이곳으로 이장되었고 그 사진이 남아 있다.[28] 지금은 기장군

---

[28] 일신병원, 『매켄지의 딸들』, 144.

철마면 부산진교회 묘지에 묻혀있다.

좌천동 지역 역시 도시개발로 일부의 묘는 진주시 평거동의 묘지로 이장되었다. 이런 과정에서 호주선교사들의 묘지는 사라져 갔다.

2
진주 평거동 묘지에 묻힌 선교사들

진주 평거동 묘지
경남 진주시 평거동 298번지의 공동묘지에도 호주선교사들이 묻혔다. 부산의 복병산 묘지에서 부산진 좌천동 묘지로 이장되었던 호주 선교사들의 묘 일부는 사라졌지만, 일부는 경남 진주시 평거동 묘지로 이장되었다.

알버트 라이트(예원배, Albert Wright) 목사 부인 엘리스 라이트(Alice Gordon Wright, nee Nieven, 1881-1927)는 1927년 12월 4일 사망하여 복병산에 매장되었는데, 진주 평거동으로 이장했다.

안란애(Arthur William Allen, 1876-1932)
진주에서는 안란애, 남성진, 미희 등 세 선교사가 순직했는데, 안란애(安蘭藹)라는 한국이름으로 알려진 아더 윌리엄 알렌는 호주 빅토리아주 로크우드(Rokewood) 인근에서 출생했다. 멜버른대학교 음악대학에서 수학하고 장로교 신학교육기관인 오몬드신학교(Ormond College)를 졸업하고 1912년 11월 8일 목사안수를 받았다. 한국 선교사로 파송을 받은 그는 1913년 내한하여 1925년까지 진주에서 활동했다. 진주 지방 순회전도자로 일하는 한편 광림학교 교장으로 일하면서 이 지방에 서양음악을 소개했다. 1925년에는 마산지부로 이동하여 마산 창신학교 교장으로 일하던 중 1932년 7월 26일 아침 6시 경 56세의 나이로 사망했다.[29] 심장마비였다. 그는 아침마다 정한 시간에 피아노를 연주했고 사람들은 이 피아노 소리를 들으며 시간을 측정했는데, 어느 날은 피아노 소리를 듣지 못해 이상히 여긴 이들이 그의 집을 방문했을 때 그는 이미 세상을 떠난 이후였다. 그는 진주 수정동에 임시 매장되었다가 평거동 묘지에 안장되었다.

남성진(Gertrude Napier, 1872-1936)

진주에서 순직한 다른 한 선교사가 한국 이름 남성진(南性眞)으로 불린 거트루드 나피어(Gertrude Napier, 1872-1936)였다. 1872년 스코틀랜드 에딘버러에서 출생한 그는 에딘버러왕립병원(Royal Infirmary)에서 간호사 훈련을 받았다. 1905년 호주로 이민하여 브리즈번과 멜버른에서 간호사로 일했고, 1911년 10월 30일 여전도회연합회(PWMU)의 간호선교사로 내한하였다. 1912년부터 1920년까지는 마산에서 일했고, 1920 진주지부로 이동하여 1921년부터 1934년까지 배돈병원 수간호사로 봉사했다. 안식년 휴가로 다녀온 후인 1935년에는 부산 동래 실수학교에서 거의득 선교사와 같이 일했는데, 1936년 8월 29일 64세의 나이로 부산에서 심장마비로 사망했다. 그는 진주 평거동 묘지에 묻혔다.

미희(Ida McPhe, 1881-1937)

이다 맥피(眉喜, Ida McPhe, 1881-1937)는 1881년 빅토리아주 탈봇(Talbot)에서 출생했다. 교사였던 아버지를 따라 교사가 되고자 했던 그 또한 교사로 활동했고, 키네톤(Kyneton)장로교회 출석하며 주일

---

[29] 경남노회 종교교육부, 「종교교육통신」 제19호, 8.

학교 교사, 청년연합회 등에서 적극적으로 활동했다. 선교사가 되고자 했던 그는 1910년 여전도회연합회에 한국선교를 자원하였고, 사역자 훈련원(Deaconess and Missionary Training Institute)에서 교육을 받고 1911년 마라연 선교사 부부와 함께 10월 1일 호주를 떠나 그해 10월 30일 부산에 도착했다. 처음 1년간은 부산진에 머물면서 한국어를 공부한 후, 곧 마산지부로 배속되었다. 1913년 3월 17일, 창신학교에 재학하고 있던 여학생을 데리고 경남 마산시 상남동 노비산 언덕에서 별도의 의신학교를 개교했는데, 이때 맥피는 교장이 되었다. 1916년에는 부친의 건강악화로 호주로 귀국하였으나 1919년 다시 내한하여 의신여학교 교장으로 복귀하였다. 1932년과 1933년에는 휴가를 떠난 대마가례(Margaret S. Davies)를 대신하여 부산 동래의 일신여학교에서 교장 대리로 일했으나 그의 생애 대부분은 마산 의신여학교 교장으로 봉사했다. 그가 일한 의신여학교는 마산지방 여성 교육의 중심 기관이었다. 학생수는 처음 28명에 불과했으나 후일에는 300여 명으로 불어났고 마산지방의 대표적인 여성교육기관으로 발전했다. 마산에 체류하는 동안 마산문창교회에서 주일학교 혹은 성경공부반을 인도하며 때로는 교회 반주자로 봉사하기도 했다. 1933년 마산의 두 유치원인 월영유치원과 의신유치원 운영에도 참여하였고, 1936년에는 진주의 시원여학교에도 관여하였다.

    그러든 중 1937년 3월초 심장천식이 발병하여 동료선교사인 테일러 의사에게 치료를 받았으나 그해 4월 13일 56세의 나이로 진주 배돈병원에서 사망했다. 그의 무덤은 진주에 있었으나 1966년 무학산 기슭인 마산시 회원 2동 산 63-3번지로 이장되었고, 묘비에는 생몰연대(1881-1937)와 "예수께서 가라사대 나는 부활이요, 생명이다."(요 11:25)는 말씀이 세겨져 있었다.

그런데 2009년 당시 이 묘소가 무연고 묘로 취급되어 이장 공고가 붙게 되었는데, 마산 창신대학의 강병도 학장의 봉사로 경남 창원시 진동에 있는 경남순교기념관으로 이장하게 되었다.

그런데, 진주 평거동의 묘지가 도시계획으로 폐쇄할 수밖에 없었고 1992년 6월 9일 이곳의 선교사 묘는 산청군 시천면 덕산리 덕산교회 묘지에 옮겨졌다. 이장예배는 1992년 10월 2일 변조은(J. Brown)목사가 인도했다. 현재까지 예장 통합 진주노회와 덕산교회가 관리하고 있다.

선교사 자녀들

유아기에 사망한 선교사 자녀들도 한국에 묻혔는데, 예컨대, 거창지부 길아각(J. T. Kelly)의 아들 데이비드(David Kelly)는 1년 6개월을 살고 1918년 사망했고, 통영지부 왕대선(R. D. Watson)의 쌍둥이 두 딸은 1923년 출생하여 바로 사망했다. 마산지부의 맹호은(F. J. L. Macrae)의 넷째 아이이자 막내인 리어몬스(Kathleen Barbara Learmonth)는 1924년 11월 24일 출생했는데, 2년 8개월 되던 1927년 7월 25일 사망하여 일단 마산에 매장했으나 후에 진주시 평거동 298-2번지에 이장했다.

일본 요코하마에 묻힌 위대인(Dr. William Taylor) 의사

호주선교사 중에 일본 요코하마에 묻힌 이도 있다. 그가 1913년 내한했던 위대인(Dr. William Taylor) 의사였다. 1887년 6월 북아일랜드 발리매나(Ballymena)에서 출생하여 스코틀랜드 에빈버러에서 의학을 공부한 그는 현재 바누아투(Vanuatu)라고 불리는 뉴헤브리즈 선교사로 갔다. 그곳에서 아내를 잃고 본국으로 귀국했던 그는 1913년 9월에는 한국 선교사로 내한하였고, 12월에는 상하이에서 간호선교사 엘리스 매인(Alice Main) 혼인했다. 1921년까지 통영에서 의료선교사로 활동했다. 통영과 그 인근 섬지방을 순회하며 의술을 펼쳤고 이곳의 나병 환자들을 위해 헌신했다. 1921년에는 진주로 이동하여 배돈병원 원장으로 일했다. 마라연 의사가 2차 대전에 군의관으로 참전하게 되자 그를 대신하여 배돈병원 대리 원장으로 일하게 된 것이다. 진주에서 활동하던 중 풍토병에 감염되어 치료차 일본으로 갔으나 1938년 9월 23일 61세의 나이로 요코하마에서 세상을 떠났다. 유해는 요코하마의 야이데(山手)외국인 묘지에 안장되었다. 필자는 2008년 8월 23일 일본인 노데라 히로부미(博文野寺) 목사와 함께 이 묘지를 둘러보고 위대인 선교사의 묘지도 확인했다. 묘지 주변이 아름답고 평화로웠다. 이곳 외국인 묘지에는 일본 선교사 헨리 루미스(H. Loomis, 1839-1920)도 묻혀 있었다.

호주 순직 선교사 묘비석 설치

그런데 부산 경남지방에서 순직한 호주 선교사들의 묘와 묘비석이 소실되고 이들에 대한 기림이 없음을 안타깝게 여긴 마산 창신대학의 강병도 이사장은 2005년 10월 5일, 부산에 묻혔던 데이비스(J. H. Davies, 1856-1890), 사라 매카이(Sara A. Mackay, 1859-1892), 엘라이자 아담슨(Eliza Annie Adamson, 1861-1895), 엘리스 라이트(Alice Gordon Wright, nee Nieven, 1881-1927), 진주에서 순직한 알렌(Arthur William Allen, 1876-1932), 거트루드 나피어(Gertrude Napier, 1872-1936), 마산에서 순직한 이다 맥피(Ida McPhe, 1881-1937), 그리고 요코하마에서 순직한 윌리엄 테일러(William Taylor, 1877-1938) 등 8인의 기념 비석을 설치하고 제막식을 거행한 바 있다.

제2장

부산 경남지방 첫 수세자는 누구인가?

부산·경남지방에서 첫 수제자가 누구였으며, 첫 세례식은 언제였을까? 세례를 받음으로 교회의 회원이 된다는 점을 고려해 볼 때, 이 지방에서의 첫 세례식에 관한 검토는 이 지방에서의 교회설립에 관한 중요한 암시를 준다는 점에서 매우 흥미로운 일이 아닐 수 없다.

한국인으로서의 첫 세례는 1879년으로 알려져 있다. 스코틀랜드 연합장로교회(United Presbyterian Church)는 1863년 이래로 북중국과 만주지방에서 선교하고 있었는데, 대표적인 선교사가 존 매킨타이어(John MacIntyre, 1837~1905)와 존 로스(John Ross, 1842~1915)였다. 이들은 중국인들뿐만 아니라 한국인들에 대해서도 깊은 관심을 가지고 1871년경에 동만주, 두만강 유역에까지 와서 한국인들과 접촉한 바 있다. 1874년 10월경에는 한국인의 왕래가 있던 고려문을 방문하였고, 1876년 다시 이곳에 와서 이응찬(李應贊), 백홍준(白鴻俊) 등을 만나 이들을 통해 한국말을 배우기 시작하였다. 1877년부터 본격적으로 한국어 성경 번역 작업을 시작하였다. 이와 같은 일련의 과정에서 이들 조선 청년들은 기독교로 개종하였고, 1879년 세례까지 받게 된 것이다. 이들이 이응찬 백홍준, 이성하(李成夏), 김진기(金鎭基) 등이었다. 이들의 수세는 알렌이 입국하기 5년 전이었다.

국내에서 첫 세례는 1886년 7월 11일에 있었던 노춘경(盧春京)의 세례로 알려져 있다. 노도사로 불리기도 한 그는 언더우드 선교사에게 세례를 받았는데 그는 국내에서 첫 수세자로 알려져 있다. 그는 한문 서적을 읽던 중 기독교는 조상도 모르고 임금도 섬기지 않는다는 무부무군(無君無父)의 종교라는 비난의 구절을 읽게 되었다. 그런 종교가 어디 있는가 하고 정체를 알아보려고 노력하던 중 서양인을 찾아가 직접 문의하는 것이 옳다고 여기고 헤론 의사(Dr. John W. Heron)을 찾아갔다. 헤론 의사는 조상제사에 대한 노춘경의 질문을 받고 잘 모르겠다고 대답을 회피하자 그는 다시 알렌에게 찾아갔다. 알렌은 노춘경의 질문에 대답은 하지 않고 책상 위에 있는 성경을 가리켰다. 노춘경은 성경을 가지고 와서 읽던 중 기독교 진리를 깨닫게 되었고 결국 기독교는 무천(誣天), 난유(亂類)의 잡풍(雜風)을 유발하는 사악한 종교가 아니라 한국이 고래로 숭상해 왔던 유교의 가르침보다 우월한 종교임을 깨닫게 되었다. 그래서 그는 신앙고백의 표로 세례를 받기로 작정하고 언더우드에게 수세 청원을 하기에 이르렀다. 언더우드는 이 나라가 국법으로 기독교 신앙을 금하고 있음을 말했으나 그는 결연한 의지로 국법에 의한 금교는 알고 있으나 목숨을 걸고 신앙을 지키겠다고 다짐하였다. 그래서 언더우드는 대문을 잠그고 집 앞에는 망을 세워둔 채 노춘경에게 세례를 주었다. 이때가 1886년 7월 11일이었다.

한국에서 첫 여성 수세자는 누구일까? 1887년 10월 16일 아펜젤러 선교사에게 세례를 받은 최성균의 아내로 알려져 있다. 이 점은 아펜젤러의 일기를 통해 밝혀졌는데, 그는 1887년 10월 30일자 일기에서 "10월 16일 주일에 나는 29세의 젊은 부인인 최 씨의 아내에게 세례를 주었다. 그는 질문에 분명하고도 명확하게 대답하였다. 그는 거의 틀림없이 이 나라에서 개신교 선교사에게 세례를 받은 첫 여성이다. 나는 우리 감리교회가 안방으로까지 들어가게 되어 무한히 기쁘다. 이 첫 열매들로 인하여 하나님께 찬양 드린다."고 썼다. 아펜젤러는 1887년의 연례선교 보고서에서도 이 사실을 증언하였고, 최씨 부인은 한국에서의 첫 여성 수세자라는 점을 강조하였다.[30]

그렇다면 부산·경남지역에서의 첫 수세자는 누구였을까? 부산·경남지방은 한강 이남에서의 첫 선교지였고 가장 먼저 복음의 역사가

---

[30] 참고.「기독교신문」1987년 10월 25일.

있었다는 점을 고려해 볼 때 이 지방에서의 첫 수세자는 한강 이남에서의 첫 수세자라고도 할 수 있을 것이다. 그러나 아쉽게도 부산·경남지방에서의 첫 수세자에 대해서는 분명하게 연구되거나 보고된 적이 없다. 단지 백낙준 박사가 그의 『한국 개신교사, 1832~1910』 (연세대학교 출판부. 1973) 217쪽에서 부산지방에서의 전도 상황을 언급하면서 "멘지스 양의 어학선생이었던 심서방(沈書房)이 처음 얻은 신자인데 1893년 W. M. 베어드 목사에게 세례를 받았다"라고 언급했을 따름이다. 비록 백낙준은 한국교회 초기사의 다른 부분에 대해서는 세밀하게 연구하였고 그의 저서는 한국교회사 연구에 기여한 점은 사실이지만 호주 선교부와 관련한 부산지방 초기사에 대한 위의 기록은 정확하지도 않고 충분하지도 않다.

선교지에서 일하는 모든 선교사들의 한결같은 소망은 그리스도를 주로 고백하는 개종자를 얻는 일일 것이다. 특히 교회가 설립되지 않은 곳에서 일하는 개척 선교사들에게 있어서 토착 신앙과 미신, 옛 풍습을 버리고 그리스도를 영접하는 개종자를 얻는 일은 커다란 기쁨이 아닐 수 없다. 부산·경남지방에서 일한 호주 선교사들도 이 점에는 예외가 아니다.

부산지방에서의 첫 세례식에 관해서 분명히 말한 자료는 오직 두 가지뿐이다. Harry A. Rhodes의 *History of the Korea Mission, Presbyterian Church USA, Vol. I. 1884~1934*와 Richard Baird가 엮은 *William M. Baird of Korea, a Profile* (1968)이 그것이다. 전자에서는 첫 세례식 일자를 1894년 4월 23일이라고 기록하였으나(129쪽), 후자에서는 1894년 4월 22일로 기록하였다(48~49쪽). 특히 두 번째 자료는 부산지방의 첫 북장로교 선교사이자 첫 세례식을 집례하였던 Willam Baird의 일기로 엮었는데, 이 일기에서는 두 번이나(1894년 5월 3일 및 7월 16

일) 첫 수세일을 4월 22일로 기록하고 있다. Rhodes의 자료는 2차 자료이며 Baird의 자료는 세례식을 집례했던 Baird 자신의 친필 일기라는 점에서 1차 자료라고 할 수 있어 첫 세례식은 4월 22일이 정확하다. 정리하면, 부산지방에서 첫 세례식이 거행된 것은 1894년 4월 22일이었다. 이날은 주일이었음을 고려해 볼 때 의심의 여지가 없다.

이때의 첫 수세자에 대하여 베어드는 1894년 5월 3일자 일기에서 세 사람의 이름을 열거하고 있는데, "심상현과 두 나이 드신 부인 이도염과 귀주"(The persons were Sim Syang Hyun and two old ladies, Yi To Nyum and Kwi Chyoo)라고 쓰고 있다. 그렇다면 이들은 누구인가? 이 점을 해명할 수 있는 문헌이 호주빅토리아장로교 주일학교를 위한 잡지 *Record of Federated Church of Australia and Tasmania* 6권 8호(8, Aug. 1894) 5쪽에 게재된 심상현의 편지이다. 심상현이 세례를 받았던 4월을 전후하여 무어(Elizabeth Moore) 등 호주 여선교사들은 빅토리아의 발라랏(Ballarat)에 사는 기도 후원자들에게 심상현의 주택 구입을 위한 모금 요청 서신을 보낸 일이 있는데, 이 편지를 받은 신자들이 기도하는 중에 '환우 기도회'(Invalids' Prayer Band)가 정성껏 모금하여 부산에 송금하였고, 선교부는 이 돈으로 부산진의 선교사관 맞은편의 한옥을 매입할 수 있게 되었다. 이곳에 거주하게 된 심상현은 환우들에게 보낸 감사의 편지를 통해 선교사의 일기에서 다소 불분명했던 첫 수세자의 이름을 정확하게 확인할 수는 단서를 제공하고 있다. 즉 심상현은 이 편지에서 환우들의 사랑과 호의를 감사한 후,

"하나님은 우리로 하여금 자녀가 되게 하셨습니다. 귀주(Koui Chou)는 불교를 신봉하던 나이 드신 부인의 새 이름인데 '귀한 진주'(goodly pearl)라는 뜻입니다. 또 다른 부인(Archie)의 새 이름은 도염(To Nyem)인데 '순수한 도'(doctrine pure) 라는 뜻이 있고요. 그

리고 저의 새 이름은 상현(Sang Hyen)인데 '서로 밝음'(both brigth)
이란 뜻입니다."

라고 이름의 뜻을 설명하였다. 이를 통해 첫 수세자는 심상현(沈相炫),
이도넘(李道恬), 그리고 귀주(貴珠)임을 알게 된 것이다. 즉 '이도염
과 귀주'라고 하여 두 번째 여자의 성을 명기하고 있지 않으나 이도넘
'과'(and)라는 등위접속사를 사용하고 있다는 점에서 이귀주라고 추정
할 수 있다. 그런데, 부산진교회 생명록에 기록된 초기 신자 가운데 '김
귀주'(金貴珠)라는 여성이 있는데,[31] 그가 좌천동에 거주했고, 1922
년 생명록을 작성할 당시 75세였다는 점 등을 고려해볼 때 이 여성이
첫 여성 수제자와 동일인일 가능성이 높아 '귀주'는 다름 아닌 '김김주'
가 확실해 보인다. 어떻든 이 여자는 불교를 신봉하던 여자였는데 호
주 여선교사들이 1891년 부산에 온 이후 한국인 거주지역에서 살 때
이들에게 찾아왔던 첫 여성으로 알려져 있다.[32] 정리하면, 부산지방 첫
세례식은 1894년 4월 22일 주일이었고, 수세자는 심상현, 이도염 그
리고 김귀주였음을 알 수 있다. 이때의 수세자는 호주 선교부의 첫 결
실이자, 부산지방 첫 열매였고, 부산은 경상도 지방의 첫 선교지였으
므로 부산과 경상도 지방에서의 첫 결실이라고 할 수 있다.

이날 세례식은 미국 북장로교 선교사로서 1891년 이래 부산에서
사역하였던 배위량 선교사가 집례하였다. 이 당시 호주 선교부에는 멘
지스, 페리, 무어 등 오직 세 여선교사만 있었다. 1891년 청년연합회의
두 번째 선교사로 파송 받아 왔던 매카이 목사는 건강 때문에 부산을
떠나 1893년 10월 13일 멜버른으로 돌아갔고, 매카이 목사의 뒤를 이

---

[31] 『부산진교회100년사, 1891-1991』(부산: 부산진교회, 1991), 413.
[32] 참고, *Annual Report of the PWMU for 1894*.

어 청년연합회의 세 번째 선교사로 임명된 아담슨(A. Adamson) 목사는 1894년 5월 말 부산으로 왔으므로 1894년 4월 당시 호주 선교부에는 목사 선교사가 없었다. 그래서 호주 선교부가 얻은 첫 결실이었으나 부산에 주재하던 미북장로교 선교사 배위량 목사에게 집례를 의뢰할 수밖에 없었다. 그러면 이때 세례받은 세 사람은 어떤 사람인가?

일반적으로 심서방(Sim Sye Bang) 으로 알려진 심상현은 세례받을 때까지 2년 간 멘지스의 첫 한국어 선생이었다. 이 당시는 부산을 떠나 본국에 돌아간 뒤였으나 심 서방을 잘 알고 있던 매카이 목사의 기록에 의하면 그는 원래 유학에 조예가 깊은 자부심이 강한 사람이었다고 한다. 비록 메지스의 어학선생이 되었으나 선교사가 주관하는 집회에 참석하지도 않았다. 그러나 멘지스의 끈질긴 노력과 오랜 기도의 결과로 그는 기독교 신앙을 갖게 되었고 드디어는 세례를 받게 된 것이다. 그동안 심서방의 친구들은 그에게 신앙을 버리도록 여러 차례 권고하였으나 그의 결심은 견고하였다. 그가 신앙을 갖게 되고 시간이 지남에 따라 그의 인격이 변화되고 신앙이 성숙되어 갔다. 이 점에 대해서는 배위량 선교사의 기록과 일치한다. 세례지원자였던 심 서방을 그해 4월 6일과 16일 두 차례 면접했던 배위량 목사는 4월 16일자 일기에서 다음과 같이 기록하였다.

"오늘 심 서방과 다시 대화하였다. 내가 믿기로 그는 틀림없는 신자다. 그는 자신의 죄를 용서하시고 의의 길로 인도하시는 주 예수 그리스도에 대한 온전한 신앙을 고백하였다. 뿐만 아니라 그는 가족의 구원을 위해서도 크나큰 관심을 보였다. 가족 중 어느 누구도 온전한 신앙인이 되지는 않았으나 점차로 신앙을 갖게 될 것으로 기대하였다. 그는 자신이나 아버지뿐만 아니라 그의 조부까지도 불교도도 유교도도 아니었고 신수를 보거나 점쟁이를 따르지 않았다고 말했다. 오직 조상만 섬겨 왔다고 말했다. 그러나 지금은 조상에게 제사를 지내지 않는다고 말했다."[33]

또 매카이 목사의 기록을 참고해 볼 때 심 서방은 키도 훤출 했을 뿐만 아니라 외모가 준수하고 그리스도인의 인격을 겸비한 특출한 재능을 가진 분이었고, 일본어와 중국어는 물론 영어까지 구사할 수 있는 분이었다. 이런 점에서 그는 멘지스의 어학선생으로 매우 적절한 인물이었다.

이때 세례를 받았던 두 여성 중 이도염(道恬, Yi To Nyum)은 나이가 지긋한 여성으로 페리(Miss Perry)의 조수(assistant)로서 고아들을 돌보는 일을 맡았던 여성이다. 당시 부산의 버려진 아이와 부모 중 어느 한쪽이나 양쪽이 사망하거나 가난하여 보호받을 수 없는 아이를 위해 1893년 고아원을 시작하였는데 페리는 이 일을 주관하였고 이도염이 바로 이 고아원의 보모로 일했다. 분명치는 않으나 이 여자는 한때 광대 혹은 기생(dancing girl)이었던 것으로 보이며 아씨(Ar Chie)로 불렸던 것으로 추측된다.[34]

다른 한 여자는 김귀주(金貴珠, Kwi Choo 혹은 Qui Cho)라는 여성인데 불교를 신봉하던 여성이었다. 호주 여선교사들이 1891년 부산에 온 이후 한국인 거주지역에서 살 때 김귀주는 이들에게 찾아왔던 첫 여성으로 알려져 있다.[35]

이상에서 말한 세 사람이 첫 수세자였다는 점에서 교회의 첫 회원이 된 것이 사실이지만 엄밀한 의미에서 기독교 신앙에 대한 첫 입문

---

[33] *William Baird of Korea a profile*(1980).
[34] *Record of Federated Church of Australia and Tasmania*. Vol. VI, No. 7 (July. 1894), 14.
[35] 참고, *Annual Report of the PWMU for 1894*.

자였다고는 할 수 없다. 부산에서 일하고 있던 미국 북장로교와 호주 장로교 선교사들을 통해 복음이 증거될 때 간간이 기독교에 관심을 가진 이들이 나타났고, 혹자는 세례를 요청하기도 했다.

그러나 이들 중에는 순수하지 못한 동기로 입문하는 이들도 있었다. 즉 정치적인 동기로, 혹은 경제적인 동기로 선교사를 찾아왔고 선교부와의 관계를 모색하는 이들이 있었다. 기독교에 기대어 정치적인 변혁을 꿈꾸거나 선교사의 그늘 밑에 경제적인 보호를 꾀하는 이들이 있었다. 그래서 선교사들은 순수한 동기와 순진한 믿음을 가진 참된 그리스도인들로서 이교적 풍습과 미신을 버린 분명한 변화를 가져온 사람에게 세례를 주려고 노력하였다.

이런 점들은 1894년 1월과 3월 사이에 기록된 배위량 선교사의 글 속에 잘 드러나 있다. 배위량의 일기를 보면 이미 여러 사람이 세례를 청원하였고, 그중 어떤 이는 『천로직해 天路直解』와 같은 기독교 서적을 읽은 이도 있었다고 한다.

이도염과 김귀주 두 부인이 세례받기를 원했을 때 호주 선교사들은 배위량 목사에게 성경문답을 요청하였는데 이때는 1894년 2월 하순경이었다. 배위량이 이 두 사람과 두 차례 면접을 한 후 쓴 2월 28일자 일기에서 "저들이 신앙을 고백하였고 그중 한 사람은 재치있게 대답하였지만 누가 사람의 마음을 알리요?"라고 했는데 이 점을 보아도 성급한 열매를 기대하지 않고 온전한 결실을 의도하였음을 알 수 있다. 이 점은 선교부에도 중요한 일이지만 한국교회를 위해서도 유익한 조처였다.

세례 교인 수에 대한 지나친 관심은 결국 값싼 세례를 남발하게 되고, 값싼 세례는 선교부에 값비싼 손실을 가져온다는 중국 선교의 교훈은 기억했을 것이다. 호주 선교부가 얻은 첫 결실인 두 부인이 세례를 받기를 원했을 때는 1894년 2월이었고, 배위량 선교사에게 두 차례 문답을 받았음은 이미 언급하였지만 심 서방이 세례를 요청했을 때는 그해 4월 초였던 것으로 보인다. 심 서방은 이미 신앙을 갖고 예수를 주로 고백했으나 세례를 받는다는 것은 신앙에 대한 공적 고백이었으므로, 다소 여유를 가지고 적절한 때를 기다려 온 것으로 보인다. 그도 4월 6일과 16일 배위량 선교사에게 두 차례 문답을 받았는데, 배위량은 첫번 문답을 통해 심서방이 참된 신자인 것을 확인하였고, 두 번째 문답에서는 이점을 의심 없이 확신했다고 한다.

1894년 4월 22일 거행된 첫 세례식은 부산진에 있던 호주선교사들이 거주하는 한옥에서 거행되었다. 이 역사적인 예식에는 13명의 남자와 22명의 여자, 그리고 22명의 어린이들이 참석하였는데, 당시 선교관이 협소하였으므로 모든 가구들은 밖으로 옮겨 놓았다고 한다.[36] 이날 예식은 찬송, 기도, 성경봉독 순으로 진행되었고 배위량 선교사는 심상현에게 먼저 세례를 베풀고 이어서 두 부인에게 세례를 주었다.

이날 세례를 받은 세 사람은 선교사역을 위해 헌신하였다. 특히 심상현은 여러 능력을 겸비한 인물이었으므로 어학 선생으로, 일신학교 교사로서 선교부를 위해 값진 봉사를 하였다. 그러나 그는 세례를 받았던 해인 1894년 10월 중순 경 갑작스럽게 세상을 떠나고 말았다. 사인(死因)이나 사망일에 대한 분명한 기록이 없음으로 정확히 말할 수는 없으나 10월 18일자로 기록된 빅토리아주 청년연합회 회장이었던 캠프(Kemp)씨에게 보낸 아담슨 선교사의 편지에서 "19일 장례식을 치룬다"고 한 점을 미루어 볼 때 심상현의 사망일은 16일 혹은 17일 경으로 추측된다. 이렇게 볼 때 그는 세례를 받은 지 6개월 만에 하나

---

[36] *Annual Report of the PWMU for 1894.*

님의 부르심을 받은 것이다.

    그의 죽음은 선교부로서는 크나큰 손실이었다. 그러나 아담슨 선교사는 "우리의 잃음은 하나님의 얻음이라(Our loss is His gain)"며 위로를 구했다. 실로 심 서방의 죽음은 가족들과 이웃들에게 감명을 주었고 복음의 진보에 일조하게 된다. 심 서방의 영향으로 그의 부모가 신앙을 갖게 되었고 그의 동생 심취명 또한 신앙을 갖게 되었다. 그리고 선교부가 운영하던 남자학교 교사였던 심 서방의 사촌뻘 되는 김 씨도 기독교로 개종하였고 이들은 심 서방이 세상을 떠난 지 약 1년 뒤인 1895년 11월 함께 세례를 받았다.

    아버지 심 씨는 남자학교의 한문 교사로 일했고, 동생 심취명은 형의 뒤를 이어 처음에는 한국어 선생으로, 후에는 일신 여학교 교사로, 그리고 선교부가 주관하는 집회에서 학습반을 가르치며 신앙교육을 담당하였다. 1903년에는 장로로 택함을 받았고 1904년에는 장로로 장립받았다. 그는 부산에서는 물론, 경상도 지방, 아니 한강 이남에서 최초의 장로가 된 것이다. 후일 그는 왕길지(G. Engel) 선교사의 권함을 받고 평양신학교에서 수학하고 1910년 6월 제3회로 졸업하고, 1912년 목사안수를 받으므로 이 지방 최초의 목사가 되었다.

부산경남지방 기독교 연구

제3장

부산지방 초기 전도자들: 서상륜·서경조 형제와 고학윤

부산 경남지방에서의 기독교와의 접촉은 외국선교부와 그 선교사들로 시작되지만 이 지역에서의 첫 공식적인 전도자는 서상륜(徐相崙, 1848-1926)과 서경조(徐景祚, 1852-1938) 형제, 그리고 고학윤(高學崙, 1853-1937)이었다. 서상륜 형제는 의주 출신으로 황해도 장연군 대구면 송천리에 설립된 송천교회(松川敎會, 소래교회)의 초석을 놓은 이들이었고, 고학윤 또한 소래교회 출신이었다. 서상륜 형제는 1892년(서상륜)과 1893년(서경조) 윌리엄 베어드와 함께 동역하면서 전도자의 길을 갔고, 고학윤은 서상륜 형제의 뒤를 이어 초기 체한 선교사들을 도와 전도자의 길을 갔다는 점에서 경남지방 복음화운동의 선구자라고 할 수 있다.

1

서상륜·서경조의 입신과 활동

평북 의주 출신인 서상륜은 몰락한 양반 가문의 장남이었다.[37] 13살 때 부모를 여의고 장삿길에 들어선 그는 만주를 왕래하면 홍삼 장사로 생계를 이어가고 있었다. 그는 한문과 중국어에 소양이 있어 만주지방을 거점으로 상업에 종사하게 된 것이다. 그가 30세 되던 1878년에는 동생 경조와 함께 상업차 잉커우(營口)에 갔을 때 열병 장티푸스에 걸려 생명이 위태로울 지경이었다. 이때의 일에 대해 서상륜은, "나는 1878년 무인(戊寅)에 아우와 함께 장사 차 잉커우(營口)에 갔다가 열병에 걸려 위지사경(危至死境)이 되었다"라고 했다.

---

[37] 『조선 예수교장로회 사기』(7-8쪽)에서 서상륜 등 초기 한국인 수세자들에 대해 다음과 같이 소개하고 있다. "一八七三年 (癸酉)頃에 我國商民이 中國 奉川에 往하얏다가 英國 스카트란드 長老會 宣敎師의게 福音을 始聞하엿고 一八七六年(丙子)에 我族數人이 奉川 宣敎師 매킨다일의게 洗禮를 밧고 其後에 該宣敎師의 指導를 밧아 金鎭基, 李應贊 數人은 奉川에 滯在하야 漢文福音을 鮮文으로 飜譯하야 木版으로 印刷하고 徐相崙 李成夏 等은 本國 賣書로 任命되야 潛縱으로 傳道케 할새 徐相崙氏난 先히 義州로 潛入하다가 鳳凰城 柵門에 至하야 當時 巡捕의게 搜索되야 聖書가 露出된지라. 卽時 別定所에 拘禁되니 當時 國禁에 依하면 生命이 危境에 至하얏더니 適其 戚屬인 本府執事 金孝順이 此를 見하고 警愕周施하야 當夜四更에 貰馬馳送으로 死地를 逃脫케 하니라. 後에 京城에 潛到하야 福音傳布키를 經營하더니 奉天 宜敎師 로스 요한이 上海 聖書公會에 委託하야 鮮文으로 譯刊한 聖經 六千餘本을 朝鮮 京城 徐邸에 輸送케 한 것이 仁川 海關에셔 發覺되야 押收하고 不測의 事가 生케되엿더니 適其時 外衙門協辦 穆仁德의 婦人은 篤實한 信者라. 傳道에 有意하더니 로스牧師의 致書囑託으로 穆協辦이 徐相崙을 密招하야 事由를 聞知하고 政府에 善言하야 無事이 되엿스며 書箱은 徐邸에 送致됨으로 徐君은 隱密히 傳道에 從事하다가 其後에난 元杜尤牧師의 來京을 機會로 하야 京城에서 傳道의 門이 漸開케 되니라."

이때 만주주재 스코틀랜드연합장로교회 선교사인 존 매킨타이어(馬勤泰, John MacIntyre, 1837-1905)의 도움으로 아일랜드 교회가 1869년 만주에 파송한 의료선교사 헌터(Joseph M. Hunter ?-1884)가 경영하는 병원에서 치료를 받고 선교사와 접촉하게 된다. 이런 와중에서 감명을 받은 서상륜은 1879년 만주 뉴쫭(牛莊)에서 존 로스(羅約翰, John Ross, 1841-1915) 목사에게 세례를 받음으로써 한국 최초의 개신교 신자가 되었다. 이해에 역시 의주 청년들인 이응찬(李應贊), 김진기(金鎭基), 이성하(李成夏), 백홍준(白鴻俊, 1848-1893) 등도 매킨타이어 목사에게 세례를 받았다. 이것이 한국인의 첫 수세였다.

첫 한국인 수세 신자가 된 그는 존 로스와 매킨타이어의 성경번역 작업에 깊이 관여하였고, 1882년 3월과 5월 선양(瀋陽)의 '문광서원'에서 『예수셩교 누가복음 젼셔』와 『예수셩교 요안늬 복음젼셔』가 각각 간행되었을 때 이 책을 지니고 압록강변에서 전도활동을 전개한 바 있다. 1883년에는 로스의 부탁으로 이 쪽 복음서를 가지고 국내로 잠입하던 중 짐 속의 성경이 발각되어 체포되기도 했다. 그러나 먼 친척인 김효순(金孝順)의 도움으로 석방되어 의주(義州)로 돌아왔으나, 위험을 느끼고 동생 서경조와 함께 외가가 있는 황해도 장연군 대구면 송천으로 이주하여 복음서를 반포하고 전도하였다. 그 결과로 1883년 이곳에 한국에서의 최초의 교회인 송천교회, 곧 솔내(소래)교회가 설립된 것이다.

서상륜과 동생 서경조는 소래교회의 중심인물로 활동하였고, 소래교회가 예배당을 건축하게 되었을 때 언더우드는 선교부에서 건축기금을 후원하고자 했으나 서상륜을 비롯한 소래교회 신자들은 "우리가 우리의 예배당을 세우면서 외국인의 원조를 받는 것은 부끄러운 일이라며 거절하였고, 후세에도 떳떳하지 못하다"고 정중히 사양하였다.

언더우드는 그 뜻을 존중하면서 서양의 등 램프 5개를 교회에 기증하였는데 그 불빛이 얼마나 밝았는지 온 동리를 밝혔다는 일화가 남아있다.

그 후 서상륜은 서울에서 전도하기로 다짐하고 서울로 이거하였다. 그의 전도 대상은 상업에 종사하고 있는 고향친구들이었다. 그의 전도가 열매를 맺어 1887년 서울에 새문안교회가 세워질 당시, 설립자 14명 중 13명이 서상륜의 전도로 신자가 된 이들이었다. 그는 새문안교회에서 백홍준과 함께 한국 최초의 장로로 선출되었다. 그러나 서상륜은 장로 임직을 받지는 못했다. 후에 서울로 옮겨 온 동생 경조는 1887년 봄에 언더우드에게 세례를 받고(혹은 1887년 가을 소래에서 언더우드를 통해 세례 받았다는 주장도 있음), 1888년부터 언더우드의 조사 및 권서인으로 황해도 장연지방에서 활동했다.

2
서상륜 형제의 부산에서의 전도활동

1887년 9월 27일 언더우드에 의해 서울에 새문안교회가 설립될 때 설립에 참여하고 조사로 활동했던 서상륜은 1892년 5월 윌리엄 베어드의 요청으로 부산으로 와 그와 동행하며 전도자로 일했고, 서경조는 1893년 4월 초 부산으로 와 윌리엄 베어드와 함께 전도여행에 동참하였다.

1891년 1월 내한한 윌리엄 베어드(William Martyn Baird, 1862-1931)는 부산(1891-5), 대구(1895-6), 서울(1896-7), 그리고 평양(1897-1931) 지방에서 사역했던 북장로교 선교사인데, 부산에서 체류하는 동안 경상도지역을 순회하며 개척전도자로 활동했다.

그는 1891년 9월 주한 미국 영사관 관리(Mr. A. Heard)의 특별한 배려로 일본인 거주지 밖의 영선현(瀛仙峴)의 '세 필지의 땅'(three parcels of land)을 '외국인 거주지'(Foreign Settlement)란 이름으로 매입했고, 이곳에 1891년 9월 24일부터 선교관을 짓기 시작했다. 선교관은 1892년 6월경 완공되었다. 이 건물이 1887년에 세워진 세관 건물에 이어 부산에 세워진 두 번째 서양식 건축이었다.[38]

베어드는 이곳에 거주하면서 "현지 탐사와 전도여행"(exploratory

---
[38] R. Baird, 19.

and evangelistic journey)³⁹을 다녔는데, 첫 번째 여행은 1892년 5월 18일부터 시작되었다. 이때 선교부의 도움으로 서상륜(徐相崙)이 부산으로 와 베어드와 동행하게 되었다. 즉 서상륜이 부산에 온 것은 베어드가 부산에 도착(1891년 9월 초)한 지 약 8개월이 지난 1892년 5월 15일이었다. 그는 부산에 온지 3일 후인 5월 18일부터 베어드와 동행하며 경상도 지역을 순회하기 시작하였다. 이때 이들은 김해, 창원, 마산, 진해를 거쳐 고성, 통영지방까지 답사하였다. 서상륜은 베어드와 함께 이들 지역을 순회하며 조수로서, 통역관으로서, 보호자로서 혹은 매서 전도자로 봉사했다. 그러나 서상륜이 부산에서 일한 기간은 한 달밖에 되지 않았다. 건강이 좋지 못하여 그는 1892년 6월 17일 서울로 돌아갔다.⁴⁰ 그러나 이것이 그의 부산을 거점으로 경상도 지역에서의 공식적인 전도 활동이었다.

베어드는 1893년 4월 17(월)일부터 5월 20일까지 제2차 순회전도 여행을 떠나게 되는데 이 여행은 경상도 북부지방을 순회하는 400마일, 곧 640km의 여정이었다. 이 여행에서는 서상륜의 동생 서경조(徐景祚)가 동행하게 되는데, 윌리엄 베어드의 고용인 박재용, 그리고 두 사람의 마부도 동행하였다. 서경조는 베어드의 요청을 받고 건강이 좋지 못한 형을 대신하여 1893년 4월 초순 부산으로 오게 되었다. 베어드는 서경조의 도움을 받으며 4월 15일 부산 선교관을 떠나 4월 17일(월요일) 동래를 거쳐 경상도 북부지방으로 향하여 범어사(19일, 수요일), 양산읍내, 물금, 밀양(20일, 목요일), 청도(21일, 금요일)를 거쳐 대구에 도착하였고(22일, 토요일), 칠곡, 성주를 거쳐 상주(28일, 금요

---

[39] R. Baird, 28-9.
[40] R. Baird, 13.

일), 풍산(5월 4일, 목요일), 안동(5일, 금요일), 영천(8일, 월요일), 의성(12일, 금요일)을 거쳐 5월 13일(토요일)에는 경주에 도착하였다. 다시 여행을 계속하여 울산(18일, 목요일)을 거쳐 부산에 도착하였다.[41] 이 기간 동안 서경조는 베어드와 함께 한 달 가량 여행하면서 문서를 보급하며 개인 접촉을 시도했다. 이때의 일을 서경조는 이렇게 회고했다.

"일천팔백구십삼년 春에 고윤하의 솔권ㅎ야 가는 륜션을 갓치 투고 부산에 ᄂ려가셔 수삭 동안 잇다가 젼도ᄎ로 빅목ᄉ와 ᄀᆺ치 량산으로 대구로 룡궁으로 안동으로 젼의로 경쥬로 울산으로 동릭로 도라오ᄂᆞᆫᄃᆡ 대구셔는 령쨰라 ᄎᆡᆨ 권이나 주엇스나 젼도는 홀 수 업더라. 디명은 미샹ᄒᆞ나 부산셔 밋기로 작정ᄒᆞᆫ 一人을 차즈니 셩명은 김긔원이라. 죵쳐병이 즁ᄒᆞᆫ 것을 보고 위로를 ᄒᆞ고 셥셥이 ᄶᅥ나니라. 샹쥬에셔 四五日 류ᄒᆞ며 젼도ᄒᆞᄂᆞᆫᄃᆡ 일일은 향교에 가셔 지쟝의게 젼도ᄒᆞ고 덕혜입문 ᄒᆞᆫ 권을 주고 왓더니 그 이튿날 도로 가지고 와셔 잘 보앗노라 하고 도로 주고 가더라. 경쥬에셔도 四五日 류ᄒᆞᄂᆞᆫᄃᆡ 젼도는 잘 홀 수 업고 구경군의 욕셜과 관인들의 놀님가음만 되고 도라오니라. 도라온 후로 별안간 집으로 올ᄆᆞᆷ이 나셔 회심홀 수 업ᄂᆞᆫ지라."[42]

서경조는 "젼도는 잘 홀 수 업고 구경군의 욕셜과 관인들의 놀님가음만" 되는 어려운 상황을 경험하고 낙담했다. 아마 이런 어려움이 3개월 후 부산을 떠나게 된 요인으로 보인다. 그는 1893년 6월 4일 베어드의 사랑방에서 회집한 최초의 공식모임, 곧 초량교회의 시작이라

---

[41] 이상과 같은 베어드와 서경조의 순회일정은 베어드의 일기(Diary of William Baird)에 기초함.
[42] 서경조, "徐景祚의 傳道와 松川敎會 設立歷史", 93-4.

고 볼 수 있는 집회에 참석하는 등 베어드의 어학선생이자 동역자로 활동했으나 부산에 온지 약 3개월 후인 8월 5일 서울로 돌아갔다.[43]

형인 서상륜은 성격이 활달하며 사업가적인 기질을 지닌 외향적인 인물인 반면에, 동생 서경조는 조용하고 내향적인 성격의 인물로서 조용하고 사려 깊은 학자풍의 인물이었다. 비록 부산에서 활동한 기간은 길지 못했으나 서상륜과 서경조는 이 지역 초기 전도자로 활동했다. 그렇다고 해서 이것이 부산 경남지방에서의 전도활동의 전부는 아니었다. 서상륜은 그 후에도 부산으로 와 베어드를 도와 부산 경남지방 복음화를 위해 기여하였다. 윌리엄 베어드는 1895년 1월 자신의 사랑방에서 경남지방에서 처음으로 한문학교를 설립했는데, 서상륜은 이 일에도 관여하였다. 이 학교는 부산에 있는 소년들을 위한 학교(School for boys of primary grade)라고도 불리지만,[44] 흔히 '한문서당'(The Chinese School)으로 불렸다. 당시 모든 한국인 부모들이 자식들에게 한문을 가르치기를 원했기에 이런 이름을 사용했던 것으로 보인다. 이 학교는 한문 외에도 조선어, 산수, 지리 등과 더불어 성경을 가르쳤고, 매일 예배를 드렸다. 첫 학생은 5명이었으나, 그해 2월 중순경에는 20여 명으로 불어났고, 베어드의 어학선생이었던 서초시는 교사로 임용되었다.[45] 이때 서상륜이 내부하여 학교설립과 운영에 도움을 주었고, 동료 한국인 고윤하(고학윤)와 함께 베어드와 동역한 것으로 보인다.

---

[43] Diary of Baird, 5, Aug. 1893. 리차드 베어드는 어학선생이자 매서전도자로 베어드와 동역했던 서경조가 "건강이 좋지 못하여 부산에 온 지 두 달 만인 6월 16일 부산을 떠나 서울로 돌아갔다."고 기록했으나(R. Baird, 13) 오기인 것 같다. 베어드의 일기를 보면 그해 8월 5일까지 함께 일했음을 알 수 있다. 따라서 서경조의 부산 체류 기간은 약 3개월이었다.

[44] R. Baird, 14, 44; Edith A. Kerr and G. Anderson, 46.

[45] Diary of Baird, 2, June 1985.

서상륜은 상경한 이후에도 한국교회 복음화를 위해 일생을 헌신하고 1926년 12월 16일 하나님의 부르심을 받았다. 그의 장례는 장로교 총회장으로 치러졌고 장지는 장연군 대탄리에 안치되었다. 그의 동생 서경조는 평양의 장로교신학교 제1회 졸업생으로 1907년 9월 한국 최초의 목사 7인 중 한 명으로 활동하다가 1938년 7월 하나님의 부르심을 받았다. 그의 아들 서병호(1885-1972)는 한국 최초의 유아세례자였고 독립운동가로 활동했고, 경신학교 교장을 역임했으며 새문안교회 장로였다. 서병호의 아들 서재현(1907-1999)는 해군제독이자 독립운동가였고 역시 새문안교회 장로를 역임했다. 서재현의 아들이 서경석(1946-), 서원석(1947-) 등이다. 서경석 목사는 한국 최초의 목사인 서경조의 증손인 샘이다.

3

고학윤의 입신과 전도 활동

서상륜과 서경조에 이어 부산 경남지방 전도자로, 그리고 선교사의 조사(助事)로 일한 인물이 고학윤이었다. '조사'(helper)란 이름 그대로 선교사들의 이동이나 사역을 돕는 이를 칭하는 용어였다. 선교사가 내한한 이후 점차 각처에 교회가 설립되자 선교사들이 모든 교회를 치리할 수 없었으므로 조사들이 이 일을 감당하게 되어 조사는 선교사를 보좌하여 교역자의 역할을 수행했다.[46]

부산지방 단기 순회전도자였던 서상륜에 이어 동생 서경조가 베어드를 도와 3개월간 사역하고 부산을 떠나게 되자 그의 뒤를 이어 베어드와 함께 동역하기 위해 온 인물이 황해도 장연 출신인 고학윤이었다.[47] 그는 1893년 이후 베어드, 브라운, 어빈 선교사의 조력자로 봉사하면서 부산 경남지방 복음화에 기여하였다. 고학윤에 대해서는 필자의 『부산·경남지방 기독교 전래사』(2001)에서 간략하게 소개한 바 있으나, 이 글에서는 새로운 문헌에 근거하여 보완하였다.

고학윤은 1853년 11월 3일 황해도 장연(長淵)에서 제주 고(高)씨

---

[46] 한국교회에서 최초로 조사로 임명된 인물이 백홍준이었다. "白鴻俊이 宣敎師 先生 元杜尤의 開路를 利用하여 義州에 居住하며 首班의 助師로 視務하니라." 『조선예수교장로회 사기』, 9.
[47] 『조선예수교장로회 사기』, 15. 선교사들의 기록에는 고윤하(Koh Yoon Hah)로 되어 있으나, 민적(民籍)에는 고학윤으로 기록되어 있어 고학윤이 정확한 이름이라고 할 수 있다.

문충공파의 후손으로 태어났다. 이곳에서 서상륜의 권고로 기독교로 개종하게 되었다. 서명원은, 서상윤이 "기독교로 개종한 후에 한국 서북부 지방에 있는 솔래 마을에서 그의 형제와 이웃 사람들을 새로운 신앙으로 인도했다."[48]고 했는데, 그의 전도를 받은 한 사람이 고학윤이었다. 서명원에 의하면 1885년 당시 솔내 마을의 58가구 중 50가구가 예수를 믿었다고 한다. 이런 점을 보면 한국 최초의 신자였던 서상륜과 그의 동생 서경조의 영향 하에서 장연에는 많은 개종자들이 생겨났음을 알 수 있다. 고학윤은 그들 중의 한 사람이었을 것이다.[49] 고학윤은 안리아(安利亞) 여사와 결혼했는데, 장남 고명우가 1883년 계미년 3월 13일 장연에서 출생하였으므로 1882년 7월 이전에 결혼했음을 알 수 있다.

고학윤은 손녀인 고황경의 회상에 의하면 고학윤은 한학(漢學)을 공부했던 인물이었으나,[50] 기독교 신앙을 받아드림으로서 언더우드 등 선교사와 접촉하게 되었고, 서구문명에 눈을 뜨게 되었다. 그의 아들 고명우와 김사라(세라)의 결혼(1906. 3. 22)은 한국에서 서양식 웨딩드레스를 입고 한 최초의 결혼이었다고 한다.[51] 이때 주례자는 언더우드였고 신식 결혼식을 올릴 적절한 장소가 없어 서울 신촌의 언더우드의 집에서 결혼식을 올렸다고 한다. 고학윤의 자부인 김사라(세라)는 정신여학교 제1회 졸업생으로서 4대째 기독교 가문이었고, 첫 선교사 언더우드로부터 유아세례를 받았으니 당시로 볼 때는 초기 선교사들과 접촉했던 기독교 가정임을 알 수 있다. 유명한 여성독립운동가 김

---

[48] 서명원, 『한국교회 성장사』 (서울: CLS, 1966), 42, 47.
[49] 이상규, 『부산지방 기독교전래사』, 348.
[50] 임영철, 『고황경 박사, 그의 생애와 교육』 (도서출판 삼형, 1988), 30.
[51] 정구충, 『한국의학의 개척자들』 (동방도서, 1985), 656.

마리아는 김사라의 4촌 동생이었고, 임시정부 부주석을 지낸 김규식은 김사라의 고모부였다. 이런 점을 보면 고학윤은 한학을 공부한 지식인이었으나 기독교를 통해 서구 문명에 눈을 뜬 개화지향 인물이었음을 알 수 있다.

장연에서 입신하여 기독교 신자가 된 고학윤은 부인 안리아와 함께 1890년경 서울로 이주하게 된다. 서울의 북장로교 선교부의 요청으로 선교사들과 동역하기 위해서였다. 아마도 언더우드의 요청이 있었던 것으로 보인다. 이때부터 고학윤은 서울에서 선교사의 어학선생으로 그리고 조사로 일하게 된다. 그러나 서울에서 체류한 기간은 분명하게 알 수 없다. 그는 곧 선교부의 정책에 따라 부산으로 가서 일하도록 위임 받았고, 1892년 부산으로 이주하였다. 이 때 그의 아들 고명우는 10살 내외의 어린아이였으나 그의 후일의 삶에 커다란 영향을 받게 된다.

고학윤이 부산으로 이거하게 된 것은 부산에는 선교사를 도우며 조력할 마땅한 인물이 없었기 때문이었다. 이 당시 부산에는 신자들이 거의 없는 상태였고 선교사와 일할 수 있는 이들이 없었다. 고학윤이 부산에 오기 전에 부산지방에서 사역한 한국인으로는 게일의 조수이자 한국어 선생이었던 이창직(李昌稙), 베어드와 함께 일했던 서상륜(徐相崙), 서경조(徐景祚) 형제뿐이었다. 이창직은 게일을 따라 부산을 떠났고, 서상륜은 1892년 5월 15일 부산으로 와 베어드와 전도여행을 다녔고, 그해 6월 17일 서울로 돌아갔다. 그러므로 부산 체류 기간은 꼭 한 달이었다. 그의 뒤를 이어 동생 경조는 1893년 4월 초순 부산으로 왔으나 8월 5일 서울로 돌아갔으므로[52] 부산 체류는 오직 3

---

[52] Diary of Baird, 5, Aug., 1893. 리차드 베어드는 어학 선생이자 매서전도자로 베어드와 동역

개월에 불과했다. 이런 상황에서 북장로교 부산 선교부는 한국인 조사가 필요했고, 이 필요에 따라 서울에 있던 고학윤이 부산으로 오게 된 것이다.

어떤 점에서 고학윤은 이 지방 최초의 순회 전도자였다고 할 수 있다. 부산으로 이거한 그는 처음에는 브라운 의사(Dr. Hugh M. Brown)와 함께 일했으나 그가 결핵으로 한국을 떠나게 되자 1893년 말 경부터는 베어드(William Baird)의 조사가 되어 그와 함께 일했다. 그 후에는 북장로교 선교부의 어빈(Dr. Charles H. Irvin, 魚乙彬) 의사를 도우며 그의 어학 선생으로 일하게 된다. 1900년부터는 미국북장로교의 시더보탐(Rev. Richard H. Sidebotham, 謝普淡[53])의 조사로 활동하게 된다.

고학윤은 베어드와 함께 순회 전도자로 지역을 순회했다. 고향을 떠난 생활도 어려웠지만 보수적이고 해안성 미신이 풍미하던 부산과 전통적 유교의식이 깊은 경남지방에서 사역하면서 많은 고초를 당했다. 베어드의 기록에 의하면 1892년 12월 고학윤은 사람들에게 심하게 얻어맞아 복음 전도자로서의 고통을 당하기도 했다.[54] 윌리엄 베어드의 일기 속에는 고학윤의 활동이 간간이 드러난다. 1894년 4월 30일부터 5월 12일까지 그는 베어드, 어빈 의사와 함께 순회전도여행을 다녔다. 또 베어드가 한문서당이라는 이 지방 최초의 학교를 개교했을 때 이 학교 일을 관장하기도 했다. 그는 1895년 말까지 베어드와 함께

했던 서경조가 "건강이 좋지 못하여 부산에 온지 두 달 만인 6월 16일 부산을 떠나 서울로 돌아갔다."고 기록했으나(R. Baird, 13), 베어드의 일기를 보면 그해 8월 5일까지 3개월간 함께 일했음을 알 수 있다.

[53] 미국 북장로교 선교사 Richard H. Sidebotham의 한자명으로 『내한선교사 총람』(한국기독교역사연구소, 1994)에서는 '謝普淡'으로 쓰고 있으나(446쪽) '謝普淡'이 옳다.

[54] R. Baird, 13.

일했고, 베어드가 북장로교 선교부의 정책에 따라 부산을 떠난 후에는 어빈 의사와 같이 동역했다. 그는 어빈 의사와 동역하며, 부산지방의 의료선교관이었던 북장로교 병원에서 일하기도 했다. 그의 동생 고 씨도 1894-5년 무렵 부산에 함께 거주하면서 선교부 일을 도운 것으로 보인다. 고학윤의 아내 안리아는 부산에서 체류하던 1895년 2월에 아들과 함께 윌리엄 베어드에게 세례를 받았다.[55]

어떻든 고학윤은 초기 이 지방 전도자로서 산을 넘고 강을 건너는 등섭지로(登涉之勞)의 길을 갔다. 자동차나 자전거도 없던 시대에 먼 길을 걸어 다니며 복음의 씨를 뿌린 결과 오늘의 부산과 경남의 교회 형성에 기여하게 된 것이다. 당시에는 그의 전도를 다 거절하는 것처럼 보였지만 그가 뿌린 한 톨의 씨앗이 열매를 맺고 생명을 이어오면서 오늘의 이 지방 교회를 세워가게 된 것이다. 그의 봉사와 희생이 없었다면 선교사들의 활동은 크게 제한되었을 것이다. 고학윤 조사는 1937년 1월 28일 84세의 나이로 세상을 떠났다.

---

[55] 이상규 옮김, 『윌리엄 베어드의 선교일기』(서울: 숭실대학교 한국기독교박물관, 2013), 95.

4
고학윤의 후손들

고학윤의 아들 고명우(高明宇, 1883. 3. 13 -1951?)는 아버지를 따라 부산으로 와서 1895년 2월 17일 베어드 선교사에게 세례를 받았고, 선교사를 통해 영어와 음악을 배우게 된다. 그래서 고명우는 영어가 능통하였고, 후일 세브란스의 주치의이자 외과의사인 러들로(Alfred I. Ludlow, 1875-1961, 체한기간 1912-38)의 통역관으로 일하기도 했다. 음악에도 재질이 있어 10살이 되기 전에 4부로 찬송가를 반주할 수 있었는데, 세브란스 의전에서 수학하는 동안 정동감리교회 오르간 반주자이기도 했다.

앞에서 언급했듯이 고명우는 1906년 3월 22일, 그의 나이 23세 때 새문안교회에 출석하는 정신여학교 1회 졸업생 김사라(金世羅, 1885-1971)와 서울 남대문에 있던 언더우드 선교사 집에서 언더우드의 주례로 결혼했다. 김사라는 소래교회 김윤오(金允五)와 김경애(金敬愛)의 딸이었다. 고명우는 30세가 되는 1913년에는 세브란스 의전을 3회로 졸업하고 의사가 되었다. 1914년부터 1920년까지 황해도 수안의 금광 의무실의 의사(외과)로 봉직하게 된다.

흥미로운 사실은 그가 부산에서 전킨기념병원에서 어빈의사의 조수로 일하는 동안 후일 한국성결교회의 첫 인물로 알려진 김상준(金相濬)과 정빈(鄭彬)의 일본 유학을 천거하고 그들로 하여금 성결교회를 한국에 소개하게 했다는 점이다. 일본인 나까다 쥬지(中田重治)는 동양선교회 창시자 중의 한 사람인데, 그가 러일전쟁 당시 종군목사로 한국에 오게 되는데, 고베에서 증기선을 타고 부산으로 왔다. 이때 고명우가 나까다 쥬지와 접촉한 것으로 보인다. 이때 고명우는 동경성서학원에 대해 듣게 되고 동양선교회에 깊은 감명을 받은 것으로 알려져 있다. 그래서 고명우는 김상준을 동경성서학원에 추천한 것이다. 그래서 김상준은 일본으로 갔고 동경성서학원에서 수학하게 된다. 후에는 정빈을 그 학교에 천거하여 공부하게 했다.[56] 이들 두 유학생이 1907년 귀국하여 동양선교회 복음 전도관을 세우는데 이것이 한국에서 성결교회 운동의 시작이었다. 말하자면 고명우는 한국성결교회 운동 초기 인물의 일본에서의 수학을 도운 것이다.

고명우는 1921년부터 1938년까지는 러들로를 도우면서 세브란스 의전(지금의 연세대학교 의과대학)의 강사, 교수로 봉사하였다.[57] 이 기간동안 임상의학에 많은 업적을 남겼다. 1926년에는 미국 뉴욕의 롱아일랜드의과대학으로 유학을 가 1928년 의학박사 학위를 받았다. 후에는 세브란스에서 사임하고 원효로에서 개업하고 일하던 중 6.25 동란 기간인 1951년 납북되었다. 세브란스의전에서 일하는 기간인 1922년 6월 19일에는 39세의 나이로 남대문교회 장로가 되었는데 전쟁 중 납북되었다. 부인 김사라 여사는 1971년 4월 18일, 87세의 나이로 세상을 떠났다.

고명우 박사는 4남매(봉경, 황경, 남경, 원영)를 두었는데, 맏딸 봉경(鳳京, 1906)은 경성여자고등보통학교를 거쳐 이화여전에서 피아

---

[56] 성결교회 역사연구소 편, 『한국성결교회 100년사』 (서울: 기독교대한성결교회 출판부, 2007), 66-67.
[57] 연세창립80주년 기념사업회, 『연세대학교사』 (서울: 연세대학교, 1969), 232, 1280.

노를 전공하였고 도미하여 조지아웨슬리안 대학에서 유학 한 후 귀국하여 모교인 이화여전에서 교수했다. 광복 후 국립경찰 창설시 여자경찰 창설에 기여하였으나 6. 25 동란 중 부친과 함께 납북되었다. 둘째 딸 고황경(1909-2000)은 일본 도시샤(同志社)대학 영문과를 수료하고 미국 미시간주립대학에서 경제학과 사회학을 연구했다.[58] 1937년에는 김활란에 이어 한국인으로 두 번째 여성 박사(PhD)가 되었는데, 이 때 28세였다. 귀국하여 이화여전에서 교수하기도 했으나 1961년에는 서울여자대학교를 설립하고 학장과 명예총장을 지내고 2000년 세상을 떠났다. 삼여 난경(鸞京)은 경기여고를 거쳐 일본동경여의전을 졸업하고 도미하여 미시건대학 보건대학원에서 수학했다. 세계보건기구(WHO) 보건관으로 근무했고, 후에는 미국 시카고 보건부에서 활동했다. 아들 원영(元永)은 경성중학과 세브란스의전에서 공부하고 도미하여 펜실베니아대학교에서 미생물학 전공으로 박사학위를 얻었다. 뉴욕에서 의사로 활동했다.

---

[58] 「빛과 소금」 31호 (1987. 10), 17-24.

부 산 경 남 지 방　기 독 교　연 구

제4장

호주 여선교사들의 어학선생
박신연(朴信淵)

사람이 살다가 간 자리에는 자취가 남는다. 나그네처럼 흔적 없이 한세상 지나는 듯하지만 살다 간 자리에는 흔적이 남기 마련이다. 그러기에 이런 시를 남기지 않았을까?

昨夜初雪薄　　간밤에 첫눈이 엷게 내리니
今朝後庭素　　오늘 아침 뒤뜰이 하얗게 되었네
拘走梅花落　　개가 걸어가니 매화꽃이 떨어지고
鷄行竹葉成　　닭이 지나가니 대닢이 생기는구나.

뒤의 두 행은 세조실록 편찬에 간여했던 채수(蔡壽)가 손자 무일(無逸)과 주고받은 댓구로서 『어우야담 於于野談』에 실려 있는데, 앞의 두 행은 뜻을 더 분명하게 하기 위해 누군가가 덧붙인 시로 알려져 있다. 눈이 내린 날, "개가 걸어간 자국마다 매화꽃이 그려지고, 닭이 지나간 자리에는 대나무 잎이 그려진다."라고 했는데, 우리의 여정에 어찌 흔적이 없겠는가? 비가 온 후 학교에서 돌아오면 마루 위를 걸어 갔던 닭이 남긴 대나무 잎이 지금도 내 머리에 선하다. 학위 논문을 쓰는 대학원생을 지도하다 보면 늘 듣는 말이 있다. "자료가 없다"는 불평이다. 그 때마다 말한다. "자료가 없는 것이 아니라 찾지 못했을 뿐이다"라고. 역사의 흔적을 뒤지다 보면 생각지도 못한 정보와 얽힌 역사의 매듭을 풀 수 있는 단서와 맞딱뜨리게 되기 때문이다.

벌써 30년이 훌쩍 지나갔지만 호주선교사들의 활동에 대해 공부하면서 한 장의 사진을 접하게 되었다. 내한한 초기 두 여선교사가 갓을 쓴 한국인 어른에게 한글을 배우는 모습이다(사진 참고). 1906년에 촬영한 것으로 보이는 이 사진의 구도나 명암, 선명히 드러난 여선교사의 표정, 이 모두가 명품이었다. 두 여선교사가 1905년 11월에 내한했기 때문에 이 사진은 1906년에 촬영된 것이 분명하다. 그런데 갓끈을 길게 매고 조선말을 가르치는 이 한국인 어르신은 누구일까? 두 선교사는 다름 아닌 니븐(Alice Nieven, 왼쪽)과 켈리(Mary Kelly, 오른쪽)임을 확인했지만, 두툼한 검정색 태 안경을 쓴 조선인은 누구인지, 그리고 그가 어떻게 젊은 미혼 여선교사를 좌우편에 두고 한글을 가르치게 되었는지 알 수 없었다. 아무런 단서도 찾을 수 없었지만 그 어디엔가는 그가 살아갔던 흔적이 있을 것이라고 생각했다.

한글을 가르치는 박신연(중앙)과 엘리스 니본(왼쪽)과 메리 켈리(오른쪽), 1906년 부산

오랜 의문을 가지고 지내던 중 그 한국인 어학선생이 박씨 성(性)을 가진 분이라는 사실을 알게 되었고, 얼마 후에는 그의 이름이 호주 선교사의 기록에서 Shin Yun Park으로 표기되었음을 확인하게 되었다. 그가 다름 아닌 박신연(朴信淵)이란 점을 알게 된 것은 그로부터 또 두 달이 지난 후였다. 그렇다면 그는 어떤 분이었을까? 그의 후손을 찾을 수 없을까? 그의 후손을 만날 수 있다면 박신연이란 인물에 대해 보다 분명한 정보를 얻을 수 있겠지만 후손을 찾을 수 없었다. 그러나 추적 끝에 그는 한학자였고 과거에도 급제한 일이 있으나 돈이 없어 관

직에 나가지 못했고 유학에 깊었던 인물이라는 것을 알 수 있다. 그가 우연한 기회에 기독교 신자가 되었고 선교사의 어학선생으로 일하게 되었다. 후에는 심취명에 이어 부산진교회 제2대 장로가 된 것이다. 사람이 지나간 자리에는 흔적이 남기 마련이고, 그 흔적은 백년의 세월이 지났으나 여전히 손 뻗히면 닿을 수 있는 곳에 남아 있었던 것이다.

우연하게도 대정(大正) 2년, 곧 1913년 3월에 발행한 부산진 일신여학교 졸업증서를 보게 되었는데, 거기 게재된 교사명단에 박신연이 들어 있었다. 박신연은 일신학교 교사였다. 1910년 내한하였고 후일 일신여학교 교장이 되는 마가렛 데이비스(M. Davies)는 1930년에 쓴 내한 당시를 회고하는 글에서 일신학교 교사로 "한학으로 유명하시던 박 장로가... 계셨으며"[59]라고 말하고 있는데, 그가 바로 박신연 선생을 의미했다. 한학에 조예가 깊은 박신연은 1910년 이전부터 일신여학교에서 가르치고 있었고 그때 이미 장로가 되어 있었음을 알 수 있다. 또 이 사진이 1906년 촬영된 점을 미루어 볼 때 적어도 1905년 이전에 선교사와 접촉했고 이때를 전후하여 기독교 신앙을 받아드렸을 것이다.

그런데 호주 멜버른에 있는 빅토리아 주립 도서관에서 복사해 왔으나 대수롭지 않게 여기고 접어 두었던 몇 가지 자료 묶음에 있던 *The Record*라는 잡지에서 흥미로운 기록을 접하게 되었다. 바로 The Story of Park's Conversion이란 글이었다. 위의 잡지 18권 9호(Sep., 1906)에 실린 이 글이 다름 아닌 박신연의 회심기였던 것이다. 바로 그 박신연에게 한글을 배웠던 메리 켈리(Mary Kelly, 후일 메켄지, 곧 매견시의 부인이 된다)가 쓴 글인데, 마치 박씨 자신이 쓴 글처럼 일인칭으로 기

---

[59] 동래일신여학교, 「일신」 4호 참고; 『80년지』, 186.

술되어 있었다. 이 글에 나타난 박신연의 입신 동기는 흥미로웠다.

박신연이 가르쳤던 한 학동(學童)이 부산에 왔다가 '신약성경'이라는 책을 접하게 되었다. 이 학생은 책을 읽기 위해서라기보다는 종이 구하기 어렵던 시절에 책값이 싸다는 이유에서 이 책을 사 가지고 돌아와서 박신연에게 보여주었다. 책을 받은 박신연은 한문으로 기록된 아름다운 서체에 매혹되어 책을 읽게 되었다. 그러나 뜻을 알지 못한 채 책을 돌려주었다. 이런 일이 있은 후 부산에서 큰 행운권 추첨행사가 열렸다. 박신연도 구경삼아 부산으로 왔는데 아담슨(A. Adamson) 선교사의 집에서 멀지 않는 곳에 묵게 되었다. 그런데 그때 그의 친구가 운수대통한 날, 결혼이나 이사 날 잡는 법, 좋은 묘터 잡는 법 등에 대해 말하는 토정비결 책을 가져왔다. 박신연도 이 책을 사고 싶었으나 가진 돈으로는 살 수가 없었다. 그때 누군가가 '그 책을 살 수 없다면 그 책을 베끼면 되지 않는가'라고 충고해 주었다. 그러나 종이를 살 형편도 되지 못했다. 이때 떠오른 생각이 아담슨이라는 서양 선교사 집에 가면 책을 값싸게 살 수 있으니 그 책 여백이나 뒷장에 토정비결을 옮겨쓰면 되겠구나 하는 생각이 들었다. 그래서 아담슨 집으로 찾아가니 선교사 부부가 즐겁게 맞아 주었고, 소책자 3권을 아주 싼 값으로 살 수 있었다. 선교사는 기독교에 관심을 가진 이라고 생각했겠지만 사실은 그것에는 관심이 없었다. 집에 돌아와 성경책 여백에 토정비결을 옮겨 적는 중에 마음이 편치 못했다. 선교사는 이 책을 읽으라고 거저 주다시피 한 것인데, 내가 불의한 일을 하는구나 하는 생각이 들었다. 여러 날이 지난 후 박신연은 박 석사(Pak Suksa)라는 24세의 젊은 전도자를 만나게 되었다. '박석사'라고 말할 때 그것은 그의 이름을 의미하지 않고 박씨 성을 가진 유식한 이를 높여 부르는 말이었다. 선교사들이 박씨를 높여 부르면서 박 석사라고 불렀다. 그는 다름 아닌 엥겔(G. Engel, 왕길지)의 파송을 받은 매서 전도자였다. 박 석사를 통해 책을 한 권 받았는데 그 책은 이전에 그가 가르친 학생으로부터 받았던 그 책과 유사한 것이었다. 박신연은 이 매서 전도자 박씨를 다시 만나면서 신앙을 갖게 되었다. 이때가 그의 나이 60세 때였다. 여전히 의심과 유교와 조상 제사에 대한 미련을 버릴 수 없었으나 후에 엥겔 선교사를 만나게 되면서 의심의 안개는 걷히고 기독교 신앙을 받아들이게 되었다. 대충 이런 내용의 회심기였다.

신자가 된 박신연은 니븐과 켈리의 어학선생이 되어 부산으로 이주하였고, 이 때 찍은 사진이 바로 앞에서 소개한 사진이었다. 호주선교사들과 일하게 된 그가 부산진교회에 출석한 것은 당연한 일이었을 것이다. 오래지 않아 그는 성도들의 신임을 받았고, 1908년 정월 초에는 장로로 피택되었고,[60] 곧 당회에서 장로장립허락을 받아[61] 다음날인 3월 7일 장립을 받았다. 그는 심취명에 이어 부산진교회 두 번째 장로가 된 것이다. 1911년 7월 26일(제56회 당회)부터 박신연은 당회 서기로 봉사했다. 그러나 1913년 7월 19일 회집된 부산진교회 제76회 당회 기록에 의하면 박신연 장로는 동래읍으로 이사하여 부산진교회가 이명해 주었음을 기록하고 있다. 말하자면 그는 약 5년간 부산진교회 당회원으로 봉사한 것이다. 1913년 당시 그는 일신여학교 교사로 일하고 있을 때였는데, 아마도 동래 수안교회로 이명한 것으로 보인다.

일신여학교에서 일하던 박신연 장로는 1919년 3월 당시에는 일신여학생들의 만세운동에도 영향을 주었다. 동래학원이 발간한 『80년지』

---

[60] 부산진교회 제26회 당회록(1908 1. 11) 참고.
[61] 부산진교회 제34회 당회록 (1909. 3. 6).

에서는 이렇게 기록하고 있다.

"3월 11일 수업을 마치고 기숙사로 돌아와 저녁식사를 마친 고등과학생 11명(김응수, 송명진, 김순이, 김난출, 박정수, 김반수, 심순의, 김봉애, 김복선, 김애련, 김명시)은 교사 주경애, 박신연과 더불어 오후 9시 준비한 태극기를 손에 들고 '독립만세'를 부르며 기숙사 문을 뛰쳐나와 좌천동 거리를 누비면서 만세시위를 전개하였다."[62]

이 일로 교사 2명과 학생 11명은 부산 형무소에 수감되었고, 학생 11명은 징역 6개월, 교사였던 박신연은 주경애와 함께 징역 1년 6개월을 언도 받았다. 박신연은 일신여학교 교사이자 장로였고, 또 민족의식을 지닌 인물이었음을 짐작해 볼 수 있다. 그런데 그의 후손들은 전혀 알려져 있지 않다. 위의 회심기는 호주빅토리아 주 여전도연합회가 발간하던 *The Chronicles* 제3호(1907. 1)에도 게재되었는데, 당시 그에게는 두 아들이 있었는데, 그 중 한 아들이 크리스천이라고 했다. 그의 후손들은 어디서 무엇하고 있을까?

---

[62] 동래학원, 『80년지』, (동래학원역사편찬위원회, 1975) 27-8.

부산경남지방 기독교 연구

제5장

부산진 일신여학교 교사(校舍)는 언제 세워졌는가?

부산시 부산진구 좌천동 일대는 내한 호주선교사들이 터 잡고 일했던 중심지였고 소위 부산선교부의 중심지였다. 데이비스에 이어 내한했던 호주선교사 제2진 여선교사들이 이곳 부산진 좌천동에 1892년 자리 잡은 후 좌천동 일대는 호주선교부의 한국선교의 거점이었고, 부산복음화의 연원지였다.

여선교사들은 처음 한옥을 매입하여(1892) 1894년 12월까지 거주했다. 그러다가 1894년 12월에 기와를 덮은 벽돌집을 건축했는데, 이것이 최초의 호주선교부 건물이었다. 현재의 일신기독병원자리에 세워졌던 이 선교관을 건축하는데 361파운드가 소요되었다고 한다.[63] 이 정도의 건축비는 호주 빅토리아주의 노동자가 일 년간 벌 수 있는 수입과 비슷한 경비였다. 당시 부산진 한옥에 거주하던 여전도회연합회가 파송한 멘지스, 페리, 무어양은 이 서양식 벽돌 선교관으로 옮겨왔고, 10여 명의 고아들도 이곳으로 옮겨 왔다.

이때부터 부산진구 좌천동 일대에는 4동의 선교관 혹은 여학교를 건축했다. 물론 호주선교부가 부산진 좌천동에만 선교관을 건축한 것은 아니었다. 청년연합회의 파송으로 내한했던 매카이 목사가 거주하던 초량지역에도 1893년 600여평의 땅을 매입했고, 이곳에 선교관을 건축했는데, 매카이 목사가 건강이 좋지 못해 귀국한 후 아담슨이 내한하여 1911년까지 이 집에 거주했다. 엥겔도 내한하여 잠시 이곳에 거주하다가 부산진의 선교사관으로 이주하게 된다. 1912년에는 매켄지 선교사 가족이 이곳에 거주했다.

호주선교부가 부산진 좌천동 일대에 건축했던 모든 건물은 다 소실되었고 현재 유일하게 한 동(棟) 남아 있다. 그것이 현재 부산시 동구 좌천동 768-1번지 부산진교회 맞은편에 위치한 일신여학교 옛 교

---

[63] 이상규, "매카이목사의 활동과 선교부의 확립",「크리스천리뷰」(1990. 8), 18.

사이다. 붉은 벽돌로 지어진 이 건물은 부산지역에서 가장 오래된 건축물의 하나로서, 2003년 5월 2일 부산시 기념물 제55호로 지정되었고, 공식적으로 "부산진 일신여학교" 건물로 불리고 있다.[64] 이곳은 부산지방 여성 교육의 시원지이자, 또 3.1운동 당시 부산지역 만세운동의 진원지로 알려져 있다. 이런 점 때문에 이곳을 부산시는 이곳을 부산시 기념물 제55호로 지정했을 것이다. 위 건물을 소개하는 안내판에서는 이렇게 소개하고 있다.

"부산진에 있었던 사립 일신여학교는 호주장로교선교회 여자 전도부가 1895년 10월 15일 좌천동에 있던 한 칸의 초가에서 3년 과정의 소학교를 설치한 것이 시초로 초대교장은 선교사인 Menzies(1895-1902)였으며 1905년 4월 15일에 현재의 교사를 준공하여 이전하였고, 본 건물은 호주장로교 선교회에 의해 건립되어 교육시설로 사용되었고, 1919년 3.1운동과 관련하여 부산지역에서 최초로 만세운동을 주도한 것도 일신여학교 교사와 학생들이었다. 1925년 6월 10일 동래구 복천동에 신축교사를 지어 이전하여 동래일신여학교라 불리게 되었으니, 좌천동의 일신여학교 고등과는 오늘의 동래고등학교의 전신이 된다. 1905년 건축된 서양식 건물은 전국적으로 유래가 드문 것 일뿐만 아니라 비교적 원형을 잘 보존하고 있어 건축사적 가치가 뛰어나며, 더불어 이 건물의 건축 및 교육시설 운영주체, 그 동안 교육시설로서 맡아온 역할 등을 고려할 때 교회사적, 교육사적 가치는 더욱 크다고 하겠다."

이 건물은 마산이나 진주, 거창, 혹은 통영에 있던 양관(洋館)과는 달리 "원형을 그대로 보존하고 있어 부산 경남지역 호주선교부 건축물로서 거의 유일하게 현존하고 있고, 건축사적 가치도 있어 매우 중요

---

[64] 「부산 이야기」 47호(2008, 3-4월호), 33 참고.

한 건물"이라는 지적은 옳다고 볼 수 있다.

그러나, 이 건물과 관련하여 잘못 알려진 점이 없지 않고, 특히 부산시 기념물 제55호로 지정하면서 소개하는 안내문에는 건축연도에 대해 잘못 기록하고 있다. 여기서는 이 점을 밝혀두고자 한다. 건축연도가 뭐 그리 대단한 것인가라고 반문할 수 있을 것이다. 옳은 말이지만 역사를 공부하는 이에게 있어서 '사실'(fact)이 어떠한가는 매우 중요하기에 이 점을 바로 잡고자 한다.

일신여학교 교사에 대한 안내문에서는 '1905년 4월 15일 준공하였다'고 말하고 있는데, 아마도 일신여학교의 후신인 동래여자중고등학교를 운영하는 동래학원의 기록을 답습한 결과로 보인다. 동래학원이 편찬한 『동래학원 100년사』에서는 "1905년 4월 15일 부산부(현 동구) 좌천동 768번지 신축교사로 이전"하였다고 기록하고 있기 때문이다.[65] 사실 이 건물은 1905년에 건립되지 않았고 1909년에 건축되었다.

1904년에 건축된 선교관

[65] 『동래학원 100년사(1895-1995)』(동래학원, 1995), 25. 이 책 29쪽에서는, "그 후 교세의 확장으로 1905년 4월 15일 좌천동 붉은 벽돌의 신축교회로 이전하여 학교로서의 면모를 반듯하게 갖추었으며"라고 기록하고 있다. 그러나 1905년에는 교사가 신축되지 않았다.

1905년 당시 부산진 좌천동에는 오직 두 동의 선교관이 있었다. 현재의 일신병원자리에 1894년 세워진 선교사관[66]과 역시 일신병원 터이지만 보다 남쪽에 1904년에 세워진 2층 벽돌집이 그것이다. 이 때의 건물은 호주 멜버른에서 발간되던 The Record 1904년 10월호 4-5쪽에 소개되어 있다.

그런데 1894년에 건축된 선교관에 대해서는 이미 언급하였으므로 다시 말할 필요가 없을 것이다. 후자인 1904년에 지어진 건물은 처음부터 2층으로 건축되었고, 전적으로 여선교사들을 위한 주택이었다. 초량의 아담슨 집에 잠시 거주하던 엥겔이 1894년에 건축된 부산진의 선교사관으로 오게 되자 여선교사들을 위한 새로운 주택이 필요했다. 이런 필요에서 1904년 약 300파운드의 기금으로 건축된 것이다. 이 집은 엥겔의 설계로 지어졌는데, 건축은 일본인이 담당했다.[67] 6개의 방으로 꾸며진 이곳이 여선교사들, 곧 멘지스, 무어, 브라운 등의 거주지이자 성경공부방이기도 했다. 이곳에서 예배를 드리거나 성찬식을 거행한 일도 있었다.

그 후 아이들을 위한 교사(校舍)가 필요했고 별도의 공간이 요구되었다. 그 필요성은 일신여학교 학생수의 증가였다. 1905년 당시 46명의 학생이 등록하고 있었으나 이듬해 85명으로 증가되었다.[68] 1900년 당시 학생수는 불과 14명에 불과했고, 그 중 9명은 호주선교부가 관리하던 고아소녀들이었기에 외부에서 오는 수학생(修學生)은 불과 5명에 지나지 않았다.[69] 그러나 이제 80명이 넘은 재학생으로 증가하

---

[66] 참고, The Record, vol. VII, no. 11 (Nov. 1895), 10.
[67] The Record, vol. XVI, no. 10 (Oct., 1904), 4-5.
[68] The Chronicle, vol. 1 (Nov. 1906), 2.
[69] The Chronicle, vol. 4 (Feb. 1907), 8.

게 되자 새로운 교사가 필요하게 된 것이다. 이런 필요 때문에 부산진구 좌천동에 3번째 건물을 지었는데, 그것이 1909년 3월에 건립된 현재의 부산진 일신여학교 기념관이다.[70] 이 교사는 본래 단층 건물로 지었고, 2층을 증축한 것은 1931년의 일이었다. '학관'(School house)으로 불린 이곳이 부산진일신여학교 '교사'로 사용되었고 이 건물이 현재까지 보존되고 있다.

1909년 3월에 건축된 일신학교 교사. 본래 단층이었으나 1931년 2층을 증축했다.

그런데 1909년에 건축된 교사를 1904년 혹은 1905년에 건립된 것으로 말하게 된 것은 1904년에 건립된 선교관과의 외형적인 유사성 때문이다. 그러나 1904년의 건물은 처음부터 2층으로 건축되었지만, 지금 남아 있는 교사는 1909년 단층으로 건축되었다는 사실이 건축 연대를 알 수 있는 분명한 증거가 된다. 어떻든 1909년에 건립된 이 건물은 일신여학교 교사였을 뿐 아니라 때로는 선교사 주택으로 사용된 적도 있었고, 해방 이듬해에는 고려신학교의 기숙사로 사용된 일

---

[70] 참고, *The Record*, vol. XXII, no. 5(May 1909), 11.

도 있었다. 즉 고려신학교는 1946년 9월 20일 금성중학교 교실 한 칸을 빌려 개교했는데, 이곳은 호주선교부 건물 위편 현재 금성고등학교 자리에 있던 붉은 2층 건물이었다. 이곳 교실 한 칸을 빌려 학교를 개교하게 된 것이다. 그리고 현제의 일신여학교 기념관은 고려신학교 신학생들의 기숙사였다.

이 건물은 1962년 3월부터는 대한 예수교장로회 부산신학교(부산장신대학교의 전신) 교사로 사용되었다. 그러다가 1965년 6월에는 호주장로교 한국선교회가 공식적으로 이 건물과 토지, 곧 부산시 동구 좌천동 768-1의 토지와 건물을 부산신학교를 위하여 사용하도록 결의하였다. 이때부터 이 학교가 부산장신대학교로 발전하여 1999년 김해시 구산동 764번지로 이전하기 까지 40여 년 간 대한예수교장로회(통합) 부산신학교 교사로 사용되었다.

제6장

1907년 전후 부산 경남지방에도
부흥이 있었을까?

시작하면서

1907년, 평양에서는 대 부흥의 역사가 있었다. 평양 장대현교회에서 발원된 부흥의 불길은 전국을 휩쓸었고 한국 땅을 부흥의 물결로 파도치게 만들었다. 그래서 선교사들은 이 사건을 '한국교회의 재생'(Rebirth of Korea), 혹은 '한국교회의 오순절'(Pentecost of the Korean Church)라고 불렀다. 평양대부흥 100주년을 전후하여 한국교회에는 부흥에 대한 관심이 높았다. 여러 곳에서 '부흥'에 대한 학술모임이 개최되는가 하면 부흥을 위한 기도회가 개최되고 새로운 부흥을 갈망했다.

그런데 1907년을 전후한 일련의 부흥의 역사에서 한 가지 의문이 남아 있다. 평양을 비롯한 이북지방과 서울, 대구, 목포 등지에서 부흥의 역사가 일어났을 때 부산, 경남지방에서도 이와 유사한 부흥의 역사가 있었을까? 여기서는 이 점에 대해 답해보고자 한다. 우선 부흥이란 무엇이가에 대해서 정리해 두고자 한다.

부흥이란 무엇인가?

'부흥'이란 인간의 삶 속에 역사하시는 하나님의 능력에 대한 포괄적 개념이라고 할 수 있다. 근본적으로 부흥은 생명(life)과 각성(awakening)을 의미한다. 흔히 부흥은 "영적인 영역에 있어서의 하나님의 간섭" 혹은 "죄인들과 성도들에 대한 하나님의 특별한 은총" 혹은 "하나님께서 그 백성들 가운데 오시는 행위"로 정의되어 왔다. 아더 윌리스(Aurthur Willis)는 부흥이란 "하나님께서 장엄하신 능력으로 자신을 죄인들에게 계시하시는 일"이라고 정의했다. 부흥운동 연구가인 에드윈 오르(James Edwin Orr, 1912-1987)는 부흥이란 "그리스도의 교회에서 또 그와 관련된 신앙공동체에서 신약 기독교에서 보는 성령의 역사"로 설명하기도 했다. 1859년 웨일즈 부흥 기간 중에는 부흥을 "사람들로 충만한 교회, 하나님으로 충만한 사람들"이란 말로 표현하기도 했다. 이런 여러 의견들을 종합해 볼 때 마틴 로이드 존스의 정의는 보다 종합적이다. 그는 부흥을 "성령께서 비상하게 역사하실 때 교회의 생활 속에서 체험되는 현상"이라고 설명했다.

이렇게 볼 때, 부흥이란 성령의 강권적인 역사를 통해 우리의 영혼을 불러 깨우시는 하나님 역사이자 교회를 소생시키시는 영적인 변화라고 할 수 있을 것이다. 이런 부흥은 집단적인 회개를 동반한 영적 각성과 교회의 수적인 성장을 통해 나타났다. 그것이 평양에서 있었던 부흥이었다.

그런데 이런 부흥이 1907년 전 후 부산이나 경남지방에서도 있었을까? 결론부터 말하며 이런 부흥이 부산, 경남지방에서 있었다는 흔적이나 기록이 없다. "사료(史料)가 없으면 역사도 없다"는 말이 있지만, 이 점은 사료의 결핍에서 오는 단정(斷定)이 아니라, 유관 사료가 있음에도 불구하고 부흥 역사의 발생에 대한 언급이 없다는 점이다. 부산·경남 지방에서 평양이나 서울, 혹은 송도, 목포 등지에서 일어난 유사한 형태의 부흥이 있었다면 그것이 기록되었거나 기록될 가능성이 충분했지만 그런 기록이 없다. 이 점은 그런 유형의 부흥이 발생하지 않았다는 점을 보여준다.

한국교회에서의 부흥

1900년대 한국에는 교회의 수적 성장만이 아니라 영적 부흥에도 큰 발전이 있었다. 1900년 초에는 일정기간 동안 회집하여 성경을 공부하는 사경회(查經會)가 도처에서 개최되었다. 당시로는 성경교육기관이나 훈련된 지도자가 매우 적었으므로 사경회는 단기 성경교육과 훈련의 의미가 있었다. 이 당시 사경회가 열리면 먼 지방에서까지 양식과 의복을 준비하여 참가하는 일이 많았다. 1903년부터 1910년에 이르는 기간 동안 한국교회에는 여러 가지 형태의 신앙운동이 일어났는데, 1907년의 '대부흥', 1909년의 '100만인 구령운동'(百萬人救靈運動)이 그 대표적인 경우이다. 특히 1907년 1월 평양에서 시작된 대부흥은 전국적으로 파급된 사건으로서 그 이후의 한국교회의 성격을 주형(鑄型)하였다는 점에서 중요한 의의를 지니고 있다. 선교사들에 의해 기독교가 소개되던 1880년대에서 1890년대 초까지는 전래와 접촉, 혹은 모색과 적응의 시기였다면, 1894-5년 청일전쟁 이후부터는 점차 입신자가 증가하고 교회의 수적인 성장이 뚜렷해졌다. 그러다가 1903년, 1904년, 1906년 간헐적인 부흥이 있었고 1907년에는 평양을 중심으로 대부흥의 역사가 나타났다. 특히 1907년에 있었던 대부흥은 한국교회의 신앙과 삶에 커다란 영향을 미친 중요한 사건으로 간주 된다.[71]

교회 부흥은 교회가 처한 역사적 상황과 깊이 관련되어 있다. 우리나라의 경우, 1900년대는 점증하는 일본의 세력과 조선 침략의 야욕이 구체화 되고 민족적 절망감이 심화된 시기였다. 을미사변(1895), 을사늑약(1905), 그리고 1910년 조선 병탄으로 이어지는 역사의 아픔은 조선인들의 가슴에 불안을 가중시키고 있었다. 감리교 선교사 무즈(茂雅各, Jacob R. Moose, 1864-1928)는 자신의 관할 하에 있는 지역을 순회하면서 가장 많이 듣는 말이 "의지할 곳 도무지 없소"(Wei-chi hal kot tomochi oupso, There is altogether no place to trust)라는 말

---

[71] 1907년의 부흥의 역사, 전개, 신학적 의미, 한국교회에 끼친 영향 등에 대해서는, 민경배, 『한국기독교회사』 (서울: 연세대학교 출판부, 1993), 264-289를 보라.

이었다고 하면서, 기댈 곳 없는 백성들의 아픔을 보면서 이때야말로 "이 땅에서 복음을 전할 수 있는 황금 같은 시기"라고 말한 바 있다.[72]

이러한 상황에서 기독신자의 책임의식이 고조되었고, 동시에 무언가 새로운 역사의 변혁에 대한 기대와 함께 암울한 현실로부터 탈출 욕구가 심화된 시기였다. 절망적인 현실에서 그리스도인들은 민족의 문제에 책임을 느끼고 이것이 마치 믿는 자가 책임을 다하지 못한 것 때문이라는 의식과 함께 부흥을 위해 기도하는 일이 시작되었다. 이와 같은 한국이 처한 정치현실이 부흥에 영향을 준 것은 사실이지만 그것이 부흥의 주도적인 요인은 아니었다.

1907년 대부흥의 연원은 1903년으로 거슬러 올라갈 수 있다. 1903년 8월 24일부터 30일까지 원산(元山)에서는 선교사들의 집회가 개최되었다. 이 집회는 중국에서 사역하던 중 1900년의 의화단(義和團)[73] 사건으로 휴양차 원산에 오게 된 남감리회 여선교사 화이트(Miss Mary Cutler White)의 제안으로 이루어졌다. 화이트와 함께 캐나다장로교 파송으로 역시 중국에서 일하던 중 의화단 사건으로 원산으로 오게 된 매컬리(Louise H. McCully)는 선교사들과 한국인 가운데 부흥이 있게 해 달라고 기도해 왔는데, 8월 24일부터 1주일간 기도

---

[72] J. R. Moose, "A Great Awakening", *KMF* Vol. 2 No. 3 (Jan. 1906), 51. "There is indeed a golden opportunity for the Christian worker in this land. The general unrest and lack of something to which they may cling is causing the people to turn to the Missionary and the message he has; and they are trying to find out if we have something which they can trust."

[73] 의화단운동(義和團運動, Boxer Rebellion, Yihetuan Movement)으로도 불리는데, 청나라 말기 1899년 11월 2일부터 1901년 9월 7일까지 산동(山東) 지방, 화북(華北) 지역에서 의화단(義和團)이 일으킨 외세 배척 운동을 칭한다. 의화단의 난이라고도 하며 1900년(庚子年)에 일어난 교난이라는 점에서 경자교난이라고 부르기도 한다. 산동지역에서는 일찍이 의화권(義和拳)이라는 민간 결사체가 생겨나 반외세 운동을 벌이고 있었는데 1897년 독일이 산동성 일대를 점령하자 의화권의 반외세, 반기독교 운동이 격화됐다. 의화권은 다른 민간 자위 조직에 침투해 통합을 이루고 스스로 '의화단'이라고 칭했다. 이때 많은 교회가 불살라지고 선교사들이 죽임을 당했다.

회를 개최하게 되었다. 이 모임에서 캐나다 출신의 감리교 선교사 하디는 요한복음 14-16장을 본문으로 효과적인 기도에 대해 3차례 강의를 하게 되었는데, 자신이 성령의 역사에 대한 믿음이 부족했다는 점과 그리스도 안에 온전히 살지 못했음을 깨닫게 되었다. 하디는 기도회에서 자신의 죄를 자책하고 회개했을 때 뜨거운 성령의 역사를 체험하였다. 자신의 회개는 자신에게 큰 변화를 주어 복음을 전할 때마다 청중들은 감동을 받았고 회중 가운데서 회개의 역사가 일어났다. 하디의 죄의 고백은 한국인들의 회개 역사로 이어졌다. 그 결과 회개를 동반한 성령의 역사가 나타났다.

1904년 봄에도 원산에서는 장로교, 감리교, 침례교 등 초교파적인 사경회가 열렸다. 장로교 선교사 롭(Alexander F. Robb), 전계은(全啓恩) 목사, 감리교의 정춘수(鄭春洙) 목사도 성령을 충만히 받고 거리를 다니며 복음을 증거하였다. 원산에 이어 개성 송도도 부흥의 중심지가 되었다. 이해 3월에는 서울에서도 하디의 집회가 개최되었고, 여기서도 놀라운 은혜를 체험하게 되었다. 제물포, 평양에서도 비슷한 부흥이 일어났다.

1903년에 이어 1906년에는 또 한 차례의 부흥을 경험하게 된다. 이때에도 평양과 서울이 중심지역이였고, 개성과 그해 10월에는 목포에서도 동일한 역사가 일어난 것으로 보고되었다. 1906년 개성의 송도(松都)에서의 부흥에 대해 선교사 크램(W. G. Cram)은 "돈을 훔친 자는 돌려주고 형제를 미워한 자는 용서를 빌었고, 다른 이유로 예수를 믿었던 이들은 참으로 주님을 섬기겠노라고 고백하였고," "양반이라고 하여 천민을 멸시하던 사람이 이제부터는 그 사람을 종으로 여기지 않고 친구요, 형제로 대하겠노라"라고 다짐했다고 기록했다. 평양 주재 선교사들은 1906년 8월 26일부터 9월 2일까지 하디를 초청하여

'평양선교사 사경회'를 개최하였다. 이 집회에서 하디는 요한 1서를 본문으로 설교하였고, 은혜를 받기 전 자신이 얼마나 교만하였으며, 서구인으로서 우월의식을 가지고 한국인을 폄하하였던가를 회개했을 때 성령께서 자신을 변화시켰음을 진솔하게 증거하였다. 이 집회에서도 성령께서 강하게 역사하셨고 평양장대현교회 담임목사였던 이길함을 비롯하여 참석자들은 큰 은혜를 받았다.

평양 선교사 사경회(8. 26~9. 2) 이후 서울에서는 선교사들의 연례대회가 9월 2일부터 9일까지 개최되었다. 이때 미국에서 존스톤 목사(Rev. Howard Agnew Johnston)가 내한하여 인도 카시아지방(Kassia hills)와 영국 웨일즈에서 일어난 부흥에 대해 보고하여 한국인들과 선교사들에게 많은 감동을 주었다. 다른 곳에서의 부흥에 대한 소식은 한국인들에게도 부흥을 열망하게 되었고, 부흥을 위해 기도하게 되었다. 특히 존스톤은 웨일즈에서의 부흥은 연합기도(통성기도, prayer in union)에 있었다는 사실을 증거 하였고, 후일 통성기도는 한국교회의 특징적인 기도 관행이 되었다.

아리조나 주립대학교의 사회학 교수였던 조지 토마스(George Thomas)가 지적한 바와 같이 19세기 부흥운동은 여러 나라와 통신망(network)을 지니고 있었고 상호영향을 주었는데,[74] 우리나라의 부흥도 외국의 부흥에 관한 정보가 상당한 자극을 준 것임을 부인할 수 없다. 서울 사경회 후 존스톤은 평양으로 가 장대현교회에서 다시 사경회를 인도하였다. 이곳에서도 존스톤은 그가 목도했던 인도와 웨일즈에서의 부흥에 대해 보고했다.[75]

---

[74] George M. Thomas, *Revivalism and Cultural Change* (Chicago: The University of Chicago Press, 1989).
[75] 이 집회에서 존스톤은 웨일즈에서 부흥운동을 주도했던 이반 로버츠(Evan Roberts)처럼 부흥

흥미로운 사실은 서울과 평양에서만이 아니라 그해 10월에는 목포에서도 동일한 역사가 일어난 것으로 보고되었다. 프레스톤(J. F. Preston)이 관할하고 있는 이곳에서 남감리회 선교사인 저다인(J. L. Jerdine)이 집회를 인도했을 때 이곳에서도 성령 하나님께서 강하게 역사하셨다. 저다인은 하디와 함께 1902년부터 1906년까지 원산에서 활동했던 선교사로서 하디와 쌍벽을 이루는 인물이었다. 그는 이미 1906년 1월 함흥에서 부흥사경회를 인도한 바 있는데, 그는 조용하게 설교하였으며 성경을 많이 인용하는 것이 특징이었다. 그의 집회를 통해 목포지역에서 회개와 자복이 일어났고, 이 소식은 많은 이들에게 감동을 주었다.

이때쯤 평양에서는 한국교회의 고유한 전통이 된 새벽기도회가 시작되었다. 평양 장대현교회 장로이자 전도사였던 길선주(吉善宙, 1869-1935)는 동료 장로인 박치록과 함께 평양의 그리스도인 사이에 영적 뜨거움이 없음을 보고 새벽마다 기도하기로 작정하였다. 이 두 사람은 아무에게도 알리지 않고 약 두 달 동안 새벽 4시경에 교회로 가서 기도하기 시작하였는데, 이것이 후일 알려지게 되고 다른 사람들이 참여하게 됨으로 1907년부터는 교회의 공식적인 기도회로 발전된 것이다. 1907년의 대부흥은 이런 과정에서 일어났다.

1907년 1월 2일에는 평양장대현교회서 평안남도 도 사경회가 개최되었고, 6일부터는 저녁 대중집회가 시작되었다. 이 때의 집회에는 약 1,000여 명이 회집한 가운데 그래함 리(Graham Lee), 스왈른

의 인물로 쓰임받기 원하는 이는 손을 들라 했을 대 길선주장로가 손을 번쩍 들었다고 한다. 길선주에게는 거룩한 열정이 있었고, 1906년 12월 12일부터 22일까지 선천에서 열린 황해도 도사경회 주강사로 집회를 인도했다. 이곳에서 김익두는 길선주의 말씀을 통해 큰 은혜를 체험하게 된다.

(William L. Swallen), 번하이젤(Charles F. Bernheisel), 윌리엄 헌트 (William B. Hunt), 블레어(William N. Blair) 등이 강사였다. 길선주 또한 이 사경회의 강사이자 이 때의 부흥역사에서 중요한 역할을 감당했다.[76] 낮에는 주로 성경을 공부하고 저녁에는 대중 집회형식으로 전개되었다. 저녁 집회는 1월 6일부터 시작되었다. 그런 중 1월 14일 길선주의 회개로 촉발된 성령의 역사는 엄청난 부흥을 가져왔고, 15일에도 동일한 역사가 일어났다. 1월 15일자로 기록된 그래함 리(이길함)의 보고에 보면 14일 저녁 집회에 대해 이렇게 쓰고 있다. "어제 있었던 집회는 자기가 경험하지 못한 어떤 말로도 형용할 수 없고 표현할 수 없는 집회였다."[77] 1월 15일자로 조지 맥쿤이 북장로교 선교부 총무 브라운(A. J. Brown)에게 보낸 편지에서,

> "우리는 매우 놀라운 은혜를 경험하고 있습니다. 성령께서 권능 가운데 임하셨습니다. 장대현교회에서 모인 지난밤 집회는 최초의 실제적인 성령의 권능과 임재였습니다. 우리 중 아무도 지금까지 이전에 그 같은 것을 경험하지 못했으며 우리가 웨일즈, 인도에서 일어난 부흥에 대해 읽었지만 이번 장대현교회에서의 성령의 역사는 우리가 지금까지 읽었던 어떤 것도 능가할 것입니다."[78]

---

[76] 영계(靈溪) 길선주(吉善宙, 1869-1935)는 선도(仙道)에 몰두했던 인물이나 친구인 김종섭의 권면으로『천로역정』을 읽고 회심한 후 26세가 되던 1897년 8월 15일 이길함(Graham Lee) 선교사에게 세례를 받았다. 이듬해 영수로 임명되었고, 33세가 되던 1901년 평양 장대현교회 장로가 되었다. 1902년에는 장대현교회와, 황해도 및 평안도의 도조사(道助事)로 활동했다. 1903년에는 평양신학교 입학하여 1907년 6월 제1회로 졸업하고 그해 9월 17일 목사안수를 받았다. 이후 장대현교회에서 20년간 목회하였고, 조선예수교장로회 독로회 제4회 부회장(1910), 조선예수교 장로회 제1회 총회 부회장(1912)을 지냈다. 1919년 3.1운동 당시는 민족대표 33인의 한 사람으로 독립운동에 앞장서기도 했다. 1935년 11월 26일 오전 9시 30분 평남 강서군 이차면 고창동에서 평서노회 부흥회 마지막 날 새벽기도회를 마치고 67세를 일기로 세상을 떠났다.
[77] Graham Lee의 보고서, "How the Spirit Came to Pyeng Yang" 전문은 김진경,『영계 길선주』(종로서적, 1980), 362-367에 수록되어 있다.
[78] George M. McCune, Letter to Dr. Brown dated Jan. 15, 1907.

라고 했다. 이와 같은 성령의 역사는 평양을 중심으로 신의주, 선천 등 북한 지역과 대전, 공주, 대구, 목포 등 남한의 다른 지역으로도 확산되어 갔다. 이런 부흥은 1907년 4월까지 계속되었다. 1908년에는 만주와 중국으로 확산 되었다.

부산 경남지방의 경우

그렇다면 부산 경남지방에서도 이런 부흥이 있었을까? 1907년을 전후한 부흥이 신의주, 개성(송도), 평양, 서울, 대구, 목포 등지에서 일어났으나 부산경남 지방에서의 부흥에 대해서는 보고된 바가 없다. 목포는 부산이나 제물포에 비해 알려지지 않는 작은 항구였으나 이곳에서 부흥에 대한 기록은 있으나 부산지방에서의 부흥은 보고 된 바 없다. 필자는 1903-7년 어간의 한국교회와 관련된 기록들, 특히 주한 선교사들에 의해 1905년 11월 창간된 *The Korea Mission Field* (이하 *KMF*), 그리고 호주선교사들의 각종 기록, 보고서 등을 섭렵했으나 부산, 경남지방에서의 부흥이 있었다는 기록은 찾지 못했다.

부산에서 사역하던 호주선교사 켈리(Mary Kelly)는 1906년 10월 12일자로 호주 여전도회연합회(PWMU)로 보낸 편지에서,[79] 동료 여선교사 니븐(Alice Niven)과 서울에서 모이는 선교사 연례대회(General and Presbyterian Council)에 참석한 점을 언급하고 있다. 이 편지에서 켈리는 서울 모임에서 한국을 방문한 존스톤의 강연과 북쪽에서의 부흥에 대해 언급하면서 그곳 선교사들은 교회를 조직하고 신자들과 탐문자들을 가르치기에 정신이 없지만, "이곳 남쪽에는 비록 우리 선교부 관할에서 수적인 성장이 있었고 또 성장하고 있지만, 우리에게는

---

[79] *The Chronicle* (Jan. 1, 1907), 3-4.

탐문자들이 많지 않고, 불신자를 얻기 위해서는 위대한 역사가 일어나야 한다"(We have not had so many enquirers; the great work still is to seek out the lost)라고 말하고 있다.[80] 부산 경남지방에서도 평양에서나 서울에서와 같은 부흥이 있었다면 켈리가 그냥 지나치지 않았을 것이다. 그러나 켈리는 이 점에 대해 침묵하고 있다.

또 1906년 5월 12일자로 기록된 니븐(Alice Niven)의 편지,[81] 12월 18일자로 기록된 브라운(Agnes Brown)의 편지, 12월 28일 기록된 무어(Elizabeth Moore)의 편지[82]에서도 부산경남에서의 부흥에 대해서는 아무런 언급이 없다. 이 점은 이 지역에서 부흥이 없었기 때문일 것이다. 평양 대부흥 이후인 1907년 1월 이후에 쓴 호주선교사들의 편지에서도 부산 경남지방에서의 부흥에 대해서는 아무런 언급이 없다. 예컨대, 멘지스(Menzies, 1907. 1. 28),[83] 브라운(Brown, 3. 11),[84] 숄즈(Scholes, 4. 25),[85] 니븐(Niven, 4. 30),[86] 무어(Moore, 6. 3)[87] 등이 한국의 선교 상황에 대해 본국교회에 보고 서한을 보냈으나 부산, 경남지방에서의 부흥이나 이와 유사한 영적 각성에 대해서는 언급이 없다. 특히 니븐은 1907년 4월 30일자로 쓴 편지에서 평양지방에서의 부흥에 대해서는 언급하고 있으나 부산 경남지방에서의 경우에 대해서는 침묵하고 있다. 만일 이 지방에서도 부흥의 역사가 있었다면 침

---

[80] *The Chronicle* (Jan., 1, 1907), 4.
[81] *The Chronicle* (Mar. 1, 1907), 2-4.
[82] *The Chronicle* (April 1, 1907), 2-3.
[83] *The Chronicle* (April 1, 1907), 3-4.
[84] *The Chronicle* (May 1, 1907), 8-9.
[85] *The Chronicle* (July 1, 1907), 3-4.
[86] *The Chronicle* (Aug. 1, 1907), 2-3.
[87] *The Chronicle* (Sept. 1, 1907), 2-3.

묵하지 않았을 것이다. 도리어 니븐은 이 편지에서, "평양에 있는 이곳 출신 교우가 부산을 위해 매일 간구하고 있다니 기쁨의 근거가 된다."라고 말하고 있다.[88] 그가 말하는 부산을 위한 간구란 부산에도 부흥의 역사가 일어나기를 간구한 것으로 보인다. 니븐은 이 편지에서 "그러나 (이곳에서도) 하나님의 역사하심이 없는 것은 아니다"라고 말하는데, 그것은 귀신들린 자가 고침 받은 경우를 두고 하는 말이지 부흥에 대한 언급은 아니었다.

부산과 경남지방에 부흥이 없었다는 점을 보여주는 또 다른 증거는 호주장로교회에 한국에서 일어난 1907년의 대부흥에 대해 소개하면서 부산 경남지방의 경우에 대해서는 아무런 언급이 없다는 점에서 더욱 분명하게 드러난다. 1907년 6월 1일자 *The Chronicle*에 게재된 "한국에서의 놀라운 성령의 쏟아부으심"(Remarkable Outpouring of the Holy Spirit)이라는 기사에서[89] KMF 1907년 3월호에 기재된 기사 내용, 곧 평양과 서울에서 북장로교와 감리교 선교부와 관련한 성령역사를 소개하면서도 부산, 경남지방에서의 부흥이나 유사한 경우에 대해서는 아무런 언급이 없다. 단지 평양과 서울의 경우를 먼 나라 이야기처럼 소개하고 있을 뿐이다.

동일한 경우가 1907년 7월 1일자로 발행된 *The Chronicle*의 경우였다. "한국 평양에서 계속된 하나님의 은혜로운 역사"(God's Work of Grace Continued in Pyungyang, Korea)라는 제목의 기사[90]에서 평양에서 일어난 부흥을 소개하면서 2천여 명이 새로 믿게 되었다고 말하고 있다. 이 기사에서 평양에서의 부흥, 감리교와 장로교계 학교에서

---

[88] *The Chronicle* (Aug. 1, 1907), 3.
[89] *The Chronicle* (June 1, 1907), 2.
[90] *The Chronicle* (July 1, 1907), 4-5.

의 성령의 역사, 그리고 평양의 장로교신학교에서의 부흥을 언급하지만, 부산, 경남지방에서의 경우에 대해서는 아무런 언급이 없다. 이 지방에서 부흥의 역사가 있었다면 이 지방에서 사역하는 호주선교사들의 기록에서 그냥 지나쳤을 이유가 없었을 것이다. 부산경남에서 사역한 호주장로교 선교사들의 글 속에서 거듭 언급되는 것은 '이북지역에서의 부흥'(Revival in the North)에 관한 소식이다.[91] 이상을 종합해 볼 때 1903년에서 1907년에 이르는 일련의 부흥 역사에서 부산 경남 지방에서는 이런 부흥이 일어나지 않았음을 알 수 있다.

필자가 발견한 기록 중에 부산 경남지방에서 '사경회,' '부흥,' '하디' 혹은 '길선주'와 관련된 유일한 기록은 부산, 경남지방에서 일했던 호주장로교회와 북장로선교부 휘하의 직분자들을 위한 사경회에 관한 기록이다. 이 점에 대해서는 각기 다른 두 가지 자료가 있는데, 북장로교 선교부의 기록은 *KMF*에, 호주장로교 선교부의 기록은 *The Chronicle*에 기재되어 있다.

북장로교 기록에 의하면, 이 집회는 1905년 12월 6일부터 14일까지 경남 칠원에서 북장로선교부 휘하의 직분자들의 사경회(officers' class)로 개최되었다. 이 모임에는 조사들(helpers), 권서인들(colporteurs), 그리고 교회지도자들(leaders) 약 40명이 모였다고 한다. 시더보탐 선교사는 이때의 모임이 열정적인 모임이었다는 점을 말하면서 부산의 고학윤 조사가 번역한 "주의 보혈로 씻음 받았나뇨?"(Are you washed in the Blood)를 목이 쉬도록 불렀다고 한다. 이 집회 강사로 온 분이 평양의 길선주 장로였다.[92] 이때 이들은 성경을 공부하고 토

---

[91] *The Chronicle*, 1, Aug. 1907, 그 외에도 "Wondrous Work of God in the North", "Work of Holy Spirit in the North" 등이다.
[92] 원문 Elder Choo of Pyungyang 으로 되어 있으나 길선주 장로를 칭함이 분명하다. *KMF*, vol.

론하고 향후 교회 활동에 대해 계획을 수립했다. 이때 열정적으로 복음을 전하려 했고, 자유스럽게 복음을 전하는 날연보 937일이 작정 되었다고 한다. 이런 열심으로 교회가 40%나 증가하였다고 기록하고 있다. 이 모임에서는 결혼과 관련하여 교회가 어떻게 지도할 것인가를 토의하고 몇 가지 원칙을 결정하기도 했다고 한다.[93] 그러나 이 기록에서 죄의 고백이나 부흥 혹은 성령의 역사에 대한 언급은 없다.

반면 호주장로교의 기록은 1905년 7월부터 1906년 6월 말까지의 연례보고서로서[94] 이 기간 동안 사역자들과 교인들의 훈련에 진력했다고 하면서 북장로교와 연합하여 사경회(Bible class)를 개최했다고 말한다. 이때 시더보탐(R. H. Sidebotham), 스미스(W. E. Smith), 엥겔(G. Engel) 목사와 위생을 강의한 어빈 의사(Dr. Charles Irvin), 한국인 지도자 심취명 장로, 그리고 평양의 길선주 장로가 강사였다고 한다. 이 모임에서 약 120명에게 성경을 가르친 것으로 기록하고 있다. 북장로교 기록에서 40명을 언급한 것은 북장로교 소속 인원에 대한 한정적인 표현으로 보인다. 호주장로교 기록에서도 평양이나 서울 등지에서 있었던 바와 같은 부흥이나 성령의 역사하심에 대해서는 아무런 언급도 없다.

이런 점을 종합해 볼 때 남부지방, 특히 부산지방에서는 평양이나 서울 등지에서와 같은 부흥은 없었고, 단지 그 이전에 비해 더 많은 전도의 열매가 있었다고 해석할 수 있다.[95] 그러나 이 점도 타 지역에 비

2, no. 4 (Feb. 1906), 65-6; *The Chronicle* (Feb. 1, 1907), 8.

[93] R. H. Sidebotham, "Enthusiastic Conference " *KMF*, vol.2, no. 4 (Feb. 1906), 65-6.

[94] Report of Old Fusan Station, For Year ending June 30, 1906.

[95] 박용규는 "부산지역에서도 성령의 역사가 놀랍게 일어났다"고 말하고 수적인 성장을 근거로 제시하고 있다. 즉, 그는 북장로교 연례보고서에 나타난 수적인 성장에 관한 자료를 제시하는데, "1905년에는 160명이 학습을 받았으나 1906년에는 학습교인이 271명으로 증가했고, 1905년

하면 미약하거나 크게 뒤떨어졌음을 알 수 있다. 이 점을 보여주는 한 가지 증거가 1907년 9월 22일부터 평양에서 개최된 북장로교 연례대회에 보고된 교세 통계표이다. 1907년 대부흥이 일어난 이후에 보고된 이 통계를 보면,[96] 부산지부의 교세가 타 선교지부에 비해 미미한 것임을 알 수 있다.

선교지부	서울	평양	선천	재령	부산	대구	계
입교자수 adherents	7,435	20,414	15,348	7,428	2,017	6,145	59,787

비록 이것이 북장로교 선교부의 경우라 하더라도 부산, 경남지방에서의 기독교의 현상을 보여준다는 점은 부인할 수 없다. 부산지부는 대구지부보다 먼저 설치되었고, 선교사들의 활동 또한 그러했으나 대구지방 교세의 3분지 1에 지나지 않는다.

왜 부산, 경남에는 부흥이 없었을까?

그렇다면 왜 부산, 경남에는 평양이나 서울에서와 같은 부흥이 없었을까? 이를 어느 한 측면으로만 설명할 수 없지만 세 가지로 정리될 수 있다. 우선 가장 중요한 이유는 1905-7년 당시 부산의 교세가 미미했기 때문이다. 1907년 당시 부산에는 부산진교회(1892), 초량교회(1893), 제일영도교회(1895), 수안교회(1905), 항서교회(1905), 구포교회(1905), 엄궁교회, 하단교회[97] 등이 있었고 경남지방에도 15여 개

943명이던 등록교인도 1906년에는 1,497명으로 거의 약 50% 증가했다"고 지적하고 있다. 박용규, 『평양대부흥운동』, 165-6.
[96] *KMF*, vol. 3, no. 10 (Oct. 1907), 145.
[97] 부산의 엄궁교회(현 은혜로교회)와 하단교회는 1904년 설립되었다고 말하지만 이를 확인할 수 있는 다른 기록이 없다.

처에 교회가 있었다. 그러나 교인 수는 서울이나 평양에 비해 월등히 작았다. 또 이들은 경남지방에 산재해 있었다. 부흥은 근본적으로 그리스도인과 관계된 것이며, 불신자와는 무관한 것이었다. 영적 각성이나 부흥은 신자들 가운데서 일어나는데, 이 당시 부산 경남지방에서의 경우 신자들의 수가 미미했고, 영적 지도력을 행사할 수 있는 인적 환경이 조성되지 못했다. 여전히 초신자들이 다수를 점하고 있었다.

두 번째 이유는 부산 경남지방에는 영적 각성에 대한 기대나 영적 지도력이 없었다는 점이다. 목포의 경우 그 지역 선교사였던 프레스톤의 강력한 지도력이 주효했으나, 부산, 경남의 경우는 그런 지도력이 행사되지 못했다. 부산경남지역에서 활동했던 호주선교부의 경우 1907년 당시 다섯 명의 여선교사와 세 남자 선교사들이 활동하고 있었을 뿐이다. 이중 한 사람인 커를(Dr. Hugh Currell)은 의사로서 진주에, 아담슨 목사(Rev. Andrew Adamson)는 마산에서 활동했고, 다른 한 사람 엥겔(Rev. Gelson Engel)은 부산에서 활동하고 있었다. 북장로교 선교부에는 의사였던 어빈(Dr. Charles Irvin), 시더보탐(Rev. Siderbotham), 그리고 월터 스미스(Rev. Walter Smith) 등 오직 세 사람이 부산지부에 배속되어 있었다. 이런 인적 구성에서 부산,경남지방에서의 부흥을 기대할 수 없었다.

세 번째 이유는 지역적 특성 때문이었다. 부산, 경남의 유교적 색채가 강한 보수적 환경, 불교의 강력한 영향, 그리고 해안성 민속 신앙과 미신은 기독교에로의 입신과 성장을 방해하는 중요한 요인으로 지적되어 왔다.[98] 이와 같은 지리적 여건은 서울이나 평양과는 판이한

---

[98] 이런 점에 대한 자세한 논의는 이상규, "한국교회 성장 어떻게 볼 것인가?" 『칼빈주의와 문화적 사명』 (고신대학교, 2000), 59-81; Sang Gyoo Lee, *To Korea With Love: APM Work in Korea, 1889-1941* (ACT ThD Thesis. 1996), 166-175 등을 참고할 것.

환경을 조성하고 있었고, 이런 점들이 영적 각성이나 갱신, 부흥에 부정적인 요인으로 작용한 것으로 해석될 수 있다.

부산경남지방 기독교 연구

제 7 장

부산진 일신여학교에서의 만세운동

3.1 만세시위가 서울 파고다 공원과 태화관, 그리고 평양, 진남포, 정주, 안주, 의주, 선천, 원산 등 전국의 9개 지역에서 동시에 일어났는데, 이 만세운동이 곧 지방으로 확산되었다. 부산에 이 소식이 전파된 것은 3월 2일 혹은 3일로 알려져 있다. 서울에서 배포된 독립선언서가 비밀리 지방으로 전해졌고, 고종(1852-1919)의 장례[99]에 참여했던 이들의 귀향과 함께 서울에서의 만세사건이 전파되기 시작한 것이다. 특히 경성학생단(京城學生團) 대표가 3월 3일 부산으로 와 부산공립상업학교(현 개성고)와 동래고등보통학교(현 동래고교) 대표들에게 독립선언서를 전달하면서 만세사건은 암암리에 부산지방으로 전파된 것이다.

이런 가운데서 부산에서 최초로 만세운동이 일어난 곳이 부산시 동구 좌천동의 일신여학교(日新女學校)였다. 일신여학교 교사 주경애(朱慶愛)는 학생들을 시켜 비밀리에 부산상업학교 학생들과 연락을 취하고 한편으로는 일신여학교 동료교사들을 규합하여 일신여학교에서도 만세운동에 동참할 것을 종용하고 이를 고등과 학생들에게 알려 주었다. 일신여학교 1학년 학생 이명시(李明施)는 만세운동 정보의 전달자였다. 그는 교장인 마가렛 데이비스(大瑪嘉禮)의 수양딸이었다. 이에 3월 10일 월요일 수업을 마치고 기숙사로 돌아온 학생 11명은 주경애 선생이 지도에 따라 이불로 창문을 가린 후 태극기 100여개(일

---

[99] 고종 황제는 1919년 1월 21일 오전 6시 30분쯤 67세의 나이로 사망했다. 건강하던 그가 한약과 식혜를 마신 지 30분도 채 안 돼 심한 경련을 일으키며 사망해 일부 역사학자와 법의학자를 중심으로 일제에 의한 독살설이 제기됐다. '고종이 독립을 도모하다가 독살 당했다'는 소문은 전국으로 퍼져 나가 3·1 만세운동의 도화선이 됐다. 그의 인산일(因山日)은 3월 3일이었다. 고종의 국상에 참여하기 위해 모여들었던 이들이 3.1운동 시위대의 일원이 되었고 이들이 각 지방으로 내려가 만세운동을 전파했다. 독살설을 구체적으로 기록한 첫 인물은 개화파 인사 윤치호인데, 그는 일기에서 황제의 혀와 치아가 타 없어지고 온몸이 퉁퉁 부어오른 주검으로 발견되었다고 썼다.

본측 기록에는 50매)를 제작했다. 당시 일신여학교는 원거리 학생들을 위한 기숙사를 운영하고 있었는데, 15명 정도가 기숙하고 있었고 그 관리자가 호주선교사 멘지스(閔志使)였다. 이때의 태극기 제작에 참여했던 김반수(金班守)는 후일 이렇게 증언했다.

> "10일 밤 10시 경 독립운동에 대한 벅찬 감격에 가슴 두근거리며 주경애 선생 기숙사 방에 모였다. 경찰의 눈을 속이기 위해 전깃불을 끄고 이불로 창을 가리고 교대로 망을 보며 촛불을 밝혀두고 태극기를 만들었다. 태극기를 만든 옷감은 내 혼수용으로 부모가 준비해 두었던 옥양목 한필이었으나 부족하여 마을 포목점에서 구입하여 마련했다. 태극의 원은 사발을 뒤집어서, 그리고 깃대는 학교 주변 대나무 밭에서 구해 100여개의 태극기를 준비했다."

실제로 학생들은 치마를 찢어 태극기를 만들고 저고리를 뜯어 작은 수기(手旗)를 만들었다. 그리고 기숙사 옆의 작은 우물가의 담배대 감으로 알맞은 세죽(細竹)을 꺾어 태극기 깃대를 만들었다.

3월 11일 새벽에는 좌천동의 일신학교 기숙사 주변에 궐기를 종용하는 격문이 뿌려졌다. 이날 아침 기숙사에서 거주하던 학생 김응수는 교실 청소를 하러 가던 중 이 격문을 발견하여 주경애 선생에게 보고하였다. 주경애 교사는 부산에서도 만세운동을 하라는 통보이고, 저녁 9시에 부산상업학교 학생들과 만세를 부르기로 했다고 알려주면서 비밀을 지키라고 지시했다. 그날 수업을 마치고 기숙사로 돌아온 고등과 학생 11명은 저녁 식사를 한 후 저녁 9시 경 교사 주경애와 박시연(朴時淵)과 더불어 전날 준비한 태극기를 들고 독립만세를 부르면서 기숙사 문을 나와 좌천동 거리를 누비며 만세시위를 전개했다.

이때 교장인 마가렛 데이비스와 여교사 데이지 호킹(許大是)도 동참하여 만세를 불렀다. 주변의 주민들도 호응하여 학생들과 시위 군중은 곧 백여 명으로 늘어났다. 3,4백 명의 군중이 집합하였다는 기록도 있으나 분명하게 알 수는 없다.[100] 시위 군중은 초량 쪽으로 가려다 부산진 주재소에서 출두한 순사에 밀려 반대편 범일동 방향으로 가려 했으나 이 때 일본군경들이 대거 출동하여 시위를 저지함으로 시위는 더 이상 확대되지 못했다. 이 시위로 교장인 마가렛 데이비스와 선교사 교사인 데이지 호킹, 선교부의 장금이(Keemy), 그리고 주경애, 박시연 두 교사와 학생 등 40여 명이 체포되었다. 주경애 선생은 초량에 피신해 있었으나 학생들의 검거 소식을 듣고 자수한 것이다.

주재소에서는 이들을 분산 감금했다. 그러나 두 선교사와 장금이는 곧 석방되고 두 교사와 주동 학생 10명이 심문을 받고 재판에 회부되었는데, 그들이 김반수, 김복선, 김봉애, 김란출, 김신복, 김응수, 박정수, 송명진, 심순의, 이명시 등이었다. 이때의 시위가 부산지방에서의 첫 만세시위였고 이 지방 만세운동의 시발점이 되었고 향후 경남지방으로 확산되었다. 부산 경찰서 형사들은 일신여학교 기숙사를 수색하고 헛간의 쌀겨 속에 묻어 두었다가 미처 처리하지 못한 남은 태극기와 태극기 제작에 사용되었던 물감과 필묵(筆墨) 등을 압수해 갔다. 이것이 후일 재판에서 증거품으로 제시되었다.

당시 만세 사건에 대해 경상남도장관이 총독에게 보낸 보고는 다음과 같다.

---

[100] 최은희, 『한국근대여성사 (중)』(최은희여기자상관리위원회, 2003), 259.

慶尙南道 長官 報告

電受 大正 8年 3月 12日

總督 宛

간밤에(昨夜) 부산진에서 조선인 약 1백 50명이 집합 소요코자 하는 것을 경찰 헌병의 기민한 진압에 의하여 약 10분만에 해산함. 구금한 자 중에는 영국부인 선교사 2명이 있음. 타 선교사의 신립(申立)에 의하면 일신여학교 기숙사 생도가 무단외출하여 소요에 가담함으로 이를 데려가기 위하여 군중 내에 들어갔다고 함. 경찰에서는 검사의 검찰을 준하여 처리한다 함. 보통학교 생도는 가담하지 않음.[101]

일신여학교에서의 시위는 교사인 주경애와 박시연의 영향이 컸다. 주경애는 1917년 서울의 정신여학교를 졸업하고 교사로 부임했고,[102] 기장면 송정 출신인 박시연은 1918년 부산진 일신여학교를 제6회로 졸업하고 교사로 일하고 있었다.[103] 특히 주경애는 민족정신이 확고한 인물로서 학생들에게 민족정신을 고취하였고, 민족의 구원을 위하여 기도했던 여성이었다. 그는 학생들에게 임진왜란 때의 이순신 이야기, 진주 논개의 의로운 사적 등을 통해 학생들에게 애국심을 고취한 여성이었다.[104] 그는 일신여학교 교사로 일하는 한편, "우리가 빨리 독립하려면 한사람이라도 빨리 문맹을 없애야 하며 문화 수준을 높여 실력을 양성해야 한다."고 확신하여 동래에 여자야학 강습소를 설치하여 박시연과 함께 봉사활동을 전개하기도 했다. 이런 애국정신이 일신여학교에서의 만세운동의 정신적 힘이었다.

---

[101] 최은희, 254.
[102] 최은희, 254.
[103] 「日新」 4(1931), 64.
[104] 최은희, 255.

호주선교사들은 외국인 선교사로서 만세운동을 주도한 것은 아니지만 영향을 준 것이 분명하고 만세를 부르도록 격려한 것은 인정된다. 일본측 자료에서는 두 여선교사의 역할을 배후조정자 이상으로 간주하고 있었음을 보여준다.

"부산진 소재 기독교 경영 일신여학교 한국인 여교사 임말이(林末伊) 외 생도 1명을 취조한 바 동교 교장인 여선교사 데이비스(Davies)와 한국인 여고사 주경애가 주동이 되어 교원 일동에게 '각지에서 독립운동을 시작하고 있으니 우리 학교도 거사하자'고 협의하고 생도들에게 전달하여 3월 10일 동교 고등과 생도 11명이 기숙사에서 한국기 50개를 제작, 이를 동교 기숙사감 메지스에게 넘겨 준 것을 진술하였음으로 동인을 취조한 바 깃대 31본을 생도에게 제공한 사실을 자백, 나아가서 가택수색을 한 결과 기숙사 옆 쌓겨 있는 곳에 한국기를 발견하였을 뿐만 아니라 한국기를 제작한 붓도 압수하였다. 그리고 데이비스와 동료 여교사 호킹 양인은 거사 당일 '부르시오! 만세를 부르시오'라고 외치면서 생도를 지휘, 생도는 일제히 만세를 부르면서 행진한 사실을 목도한 사람이 있었다."[105]

일제의 식민지배와 탄압이 좌천동 주민들의 저항의 이유였다. 당시 부산의 인구는 6만 1천 45명으로 한국인이 3만 2천 856명, 일본인 2만 8천 12명, 기타 외국인 187명이 거주하고 있어 일본인이 46%를 점하고 있었고,[106] 이들의 고압적인 횡포와 조선인에 대한 멸시는 항거의 직접적인 원인이었다.

당초에는 부산상업학교와 함께 시위하고자 했으나 시위 움직임

---

[105] 김정명 편, 『朝鮮獨立運動1』 (東京: 原書店, 1967), 367; 부산시사편찬위원회, 『부산시사1』 (부산시사편찬위원회, 1986), 1003.
[106] 김용욱, 『부산의 역사와 정신』 (부산: 전망, 22001), 448.

을 탐지한 경찰과 학교가 11일 임시휴업을 단행하고 학생들을 귀가시켜 일신여학교의 단독 시위가 되었다. 일신여학교에서의 시위로 경찰은 학교에 임시 휴교령을 내렸고 시위운동을 차단하려 했으나 시위는 확산되어 3월 13일 동래고보 봉기, 3월 18일 동래 범어사 학생의거, 3월 29일에는 구포시장 의거로 이어졌다. 3월 11일의 만세사건으로 휴교령이 내려졌던 일신여학교는 4월 1일 개교했으나 110여 명의 학생 가운데 등교한 학생은 절반인 55명에 불과했다. 비록 수업을 재개했으나 다른 지역의 기독교 학교와 마찬가지로 일신학교에 대한 감시는 더욱 심화되었다.

체포된 두 호주 선교사 곧 데이비스와 호킹, 그리고 장금이는 이틀만에 풀려났으나 두 교사와 10명의 학생들은 구둣발로 채이고 뺨을 맞는 등 비인격적인 문초를 당했다. 심문과정에서 주동인물을 밝히라고 요구했으나 학생들은 한결같이 "주동자는 없고 우리 모두가 주동이다"라고 주장했다. "누구의 지시를 받았는가?" 라는 판사의 물음에, 학생은, "누구의 지시를 받아 독립운동을 한 것이 아니다. 나라를 찾고 겨레를 살리기 위해 우리 스스로 태극기를 만들고 만세를 불렀다"고 대답했다.

이들은 진주지방법원 부산지청 검사국에 기소되어 2개월간 미결수로 옥고를 겪고 재판에 회부되었다. 두 교사는 2년 형, 학생 10명은 6개월 형을 구형받았으나 재판 결과 두 교사는 1년 6개월[107], 학생 10명은 5개월 형을 받았다. 죄명은 '보안법 위반'이었다. 이를 표로 보면 아래와 같다.

---

[107] 최은희는 "주경애, 박시연 두 선생은 징역 2년의 언도를 받고 복역중 1920년 4월 28일 은(垠) 전하와 방자(方子) 여사와의 가례를 계기로 은사가 내려져 남은 형기의 절반이 감형되어 1년 6개월 만에 출소하였다"라고 기록하고 있다. 최은희, 260.

신분	성명	본적	재판결과	일신학교 졸업 시기
교사	주경애 朱慶愛		1년 6개월	(서울 정신여학교 졸업)
	박시연 朴時淵	부산	1년 6개월	6회 (1918.3)
학생 고등과 4년	김반수 金班守	밀양	5개월	7회 (1919. 3)
	박정수 朴貞守		5개월	
	심순의 沈順義	울산	5개월	
고등과 3년	김응수 金應守	통영	5개월	8회 (1920. 3)
고등과 2년	김난출 金蘭出	마산	5개월	9회 (1921. 3)
	김복선 金福善		5개월	
	김봉애 金奉愛		5개월	
	김신복 金新福	동래	5개월	
고등과 1년	송명진 宋明進	울산	5개월	10회 (1922. 3)
	이명시 李明施	부산	5개월	11회 (1923. 3)

흔히 '일신여학교 고등과 2학년 김순이(金順伊)도 3월 11일 만세시위사건으로 구금'된 것으로 전해지고 있으나 사실이 아니다. 일신학교 졸업생인 그는 통영에서의 만세사건에 연루된 일신학교 5회 졸업생인 문복숙(文福淑)과 함께 검거되었고, 미결수로 부산 감옥에 수감중이던 10명의 일신여학교 만세사건 관련자들과 같이 재판을 받았을 뿐이다.[108]

재판을 받은 이들은 1919년 4월 28일 형이 집행되었고, 5개월 후인 1919년 9월 27일 형기 완료로 출옥예정이었지만, 형기 완료 1달 11일 전인 8월 17일 가석방되었다.[109]

이때 부산시 동구 좌천동 주민 박두천은 만세시위에 가담한 일로 8개월 형을 받았고, 일신학교 학생은 아니었으나 범일동에 거주하던 부산진공립보통학교 학생 박연(朴連)이라는 16세 소녀도 일신여학교 학생들과 행동을 같이 했기 때문에 징역 5개월 형을 받고 옥고를 치렀

---

[108] 최은희, 260-1.
[109] 김응수(金應守, 1901.1.21일생, 경남 통영군 통영면 대화정) 의 '假出獄證票' 참고.

다.[110]

일신여학교 만세시위로 고초를 겪은 두 교사와 학생들은 기독교신자들이었는데, 박시연은 부산진교회 교회학교 교사였고, 심순의는 부산진교회 심취명 목사의 딸이었다. 김복선과 김봉애는 부산진교회에서 학습을, 김난출 김신복 김응수 송명진 이명시는 부산진교회 수세신자들이었다.[111]

일신여학교에서의 시위는 경상남도 지역으로 확산되어 3월 9의 함안에서의 만세운동에 이어 12일(수)에는 함안 대산면에서, 13일(목)에는 부산 동래, 창녕(영산), 밀양, 사천, 양산, 하동에서, 14일(금)에는 의령에서, 18일(화)에는 합천, 진주, 통영에서, 23일(일)에는 창원에서, 28일(금)에는 함양에서, 30일(일)에는 김해에서, 31일(월)에는 함안(칠원 장터)에서, 4월 3일(목)에는 남해에서 만세운동이 일어났다. 이해 10월 개최된 장로교 제8회 총회에는 전국 12개 노회의 상황보고 중 '특별사건'이라는 이름으로 만세운동에 대한 경과 혹은 피해 상황이 보고되었는데, 경남노회의 보고는 아래와 같다.

"금춘(今春)에 독립운동을 인하여 교인 중에 총살자 1명, 옥사자 1명, 복역한 자가 42명 중에 16세 된 여학생 1명도 있사오며 집행유예 된 자가 3명, 태형당한 자가 3명, 미결에 있는 자가 6명, 구류와 입감하였다가 방면된 자는 많사오며 그중에 칠원읍교회는 직원 일동이 피착(被捉)되어 복역하는 중에 그 교회 인도하는 자 없으나 새로 믿는 사람은 날로 많아 가오며"[112]

일신여학교에서의 만세운동은 부산경남지역 만세독립운동의 시작이었다.

---

[110] 김용욱, 452.
[111] 김경석 편, 『부산진교회 항일운동사』 (부산진교회 역사위원회, 2008), 8.
[112] 『조선예수교장로회 총회 제8회 회록』, 97-98.

부 산 경 남 지 방 기 독 교 연 구

제 **8** 장

영남지방 기독교 문화유산

1
시작하면서

문화유산(文化遺産, cultural inheritance)은 일반적으로 "앞 세대의 사람들이 물려준, 후대에 계승되고 상속될 만한 가치를 지닌 문화적 전통"으로 정의된다. 문화유산에는 선대가 남긴 건물·조각·공예품·서적·서예·고문서 등과 같은 유물이나 유적 가운데 역사적·예술적 가치가 높은 유형문화재가 있고, 예술적 가치가 높은 연주·무용·음악·공예·기술 등 형태가 없는 무형문화재가 있다.[113] 그래서 문화유산이란 인간 삶의 전 역역에서 표현된 각종 문화 양식을 포함한다고 할 수 있다.

우리나라 정부는 이런 문화유산을 보전하기 위해 1962년 1월 10일 '문화재보호법'을 제정한 바 있으나, 전통문화재를 주 대상으로 하였음으로 근대문화유산은 관심의 대상이 되지 못했다. 그러다가 당장 국가지정문화재가 될 수 없는 근현대기에 생성된 모든 역사적 문화적

---

[113] '문화유산(文化遺産)'과 '문화재(文化財)'은 상호교차적으로 사용할 수 있으나 일반적으로 '문화유산'이 '문화재'를 포괄하는 개념으로 이해한다. 문화유산이라고 할 때 '유산'은 'Heritage'로 표기하지만, 문화재의 '재'는 'Property'로 표현되는데, '유산'은 우리가 타고난 혹은 이어 받은 모든 것을 포함하는 것이라고 한다면, '재'는 여기에 가치 개념이 포함된 용어라고 볼 수 있다. '유산'에는 인간이 가치를 부여하기 이전의 모든 자연적, 인공적인 유무형의 대상을 의미한다. 그래서 자연에 의하여 만들어진 예술적 가치를 지닌 경관을 '자연유산'이라고 말한다. 그러나 '자연재'라고 하지는 않는다. 반면에 '문화재'라고 할 때는 인간이 만들어낸 '문화'를 바탕으로 하되, 가치 개념을 포함하여 대상물을 '문화재'라고 부른다.

산물들을 보존하기 위해 2001년에는 문화재보호법을 개정하여 등록문화재 제도를 도입하였다. 그 결과 2014년 2월말 현재 587건의 등록문화재가 지정되었고, 전국에 산재한 수십여 개의 개신교 관련 문화유산이 포함되었다. 문화재청은 문화재보호법에 따라, 문화재를 유형문화재, 무형문화재, 기념물, 민속문화재로 구분한다. 지정문화재는 가치에 따라 국가지정문화재, 시도지정문화재, 문화재자료로 분류되고, 국가지정문화재는 국보, 보물, 중요무형문화재, 사적, 명승, 천연기념물, 중요민속문화재 등 7개 유형으로 구분된다. 그리고 시도지정문화재는 유형문화재, 무형문화재, 기념물, 민속문화재 등 4개 유형으로 구분한다.

반면에 등록문화재는 지정문화재가 아닌 문화재 중에서 보존과 활용을 위한 조치가 필요한 것으로 인정하여 등록한 문화재를 의미한다. 등록문화재의 경우 비지정문화재 중에서 만들어진 후 50년이 지난 것을 대상으로 한다. 이 가운데 개신교와 관련이 있는 분류는 사적, 시도유형문화재, 시도기념물, 문화재 자료, 등록문화재이며, 대다수의 경우는 등록문화재에 해당한다.[114]

유네스코는 1972년 '세계문화 및 자연유산의 보호에 관한 협약'(Convention Concerning the Protection of the World Cultural and

---

[114] 문화재청에 의해 지정된 기독교 사적은 7건(천안 유관순 열사 사적, 서울 정동교회, 대한성공회 강화성당, 연세대학교 스팀슨관, 연세대학교 언더우드관, 연세대학교 아펜젤러관, 화성 제암리 3.1운동 순국유적 등), 시도유형문화재는 17건(성공회 서울성당, 숭동교회 등), 시도기념물은 8건(배재학당 동관, 구세군 중앙회관, 광주 우일선선교사 사택, 울산 외솔 최현배선생 생가터, 경기도 아담스기념관, 강원도 홍천 한서남궁억묘역, 충청남도 이상재선생 생가, 부산진일신여학교), 한국개신교문화재 자료는 7건(강화 서도중앙교회, 광주 수피아여자고등학교 소강당, 대전 오정동 선교사촌, 전북 금산교회, 전북 두동교회 구 본당, 순천 코잇선교사 가옥, 영천 자천교회), 그리고 등록 문화재 58건은 서울 이화여자고등학교 심슨기념관, 대한성공회 진천성당, 대구동산병원 구관 등인데, 부산의 경우는 오직 부산진일신여학교 교사(校舍)만이 시도기념물로 지정되어 있다. 이용민, "한국개신교의 등록 문화재",「기독교사상」701(2017.05), 27.

Natural Heritage)을 채택하여 인류문화발전에 기여하고 뛰어난 보편적 가치가 있는 문화유산과 자연유산을 세계유산으로 등록시키는 제도를 마련하였다.[115] 우리나라는 1990년대 후반부터 유네스코 세계유산에 등제하기 시작했고 최근 이런 관심은 증가되고 있다.[116]

이런 현실에서 한국에 산제한 종교문화유산, 특히 기독교와 관련된 문화유산에 관해 소개하게 된 것은 뜻 깊은 일이라고 할 수 있다. 이 글에서는 영남지역의 기독교문화유산에 대해 소개하되, 유형문화유산에 한정하여 소개하고자 한다. 이 글 후반부에서는 이런 문화유산의 보전과 관리를 위해 한국교회가 할 일이 무엇인가에 대한 의견을 개진하였다.

---

[115] 그 결과 이집트의 피라미드, 중국의 만리장성, 그리스의 아크로폴리스, 이탈리아의 성 프란체스코성당, 인도의 타지마할, 러시아의 상트페테르부르크 도심 등이 대표적인 문화유산으로 등제되어 있고, 미국의 그랜드 케년, 요세미터 국립공원, 콩고의 야생동물국립공원, 베트남의 하롱베이 등은 세계 자연유산으로 등재되어 있다. 2016년 7월 터키의 이스탄불에서 개최된 제40차 세계유산위원회에서 21점의 유산을 추가로 지정하여 현재까지 총 1052점의 세계유산이 등재되어 있다. 이삼열, "유네스코의 문화유산 보호제도",「기독교사상」701(2017. 5), 7, 9.

[116] 우리나라의 불국사, 석굴암, 해인사 장경판전, 종묘(이상 1995), 창덕궁, 수원의 화성(1997), 고창 화순 강화의 고인돌, 경주역사유적지구(2000)가 등재되었고, 그 뒤 하회와 양동마을 조선왕릉, 백제역사지구, 남한산성 등이 등제되어 총 13종목이 세계문화유산으로 등재되어 있다.

2

영남지방의 기독교 문화유산

영남지방 기독교문화유산 혹은 문화재는 이 지역에서 선교사역을 전개했던 미국북장로교 선교부와 호주빅토리아장로교 선교부와 밀접하게 관련되어 있다. 미국 북장로교선교부는 1891년 이래 부산과 경남일부 지역과 대구 경북지역에서 배위량(William Baird, 체한기간 1891-1931), 안의와(James Adams, 1895-1923), 부혜리(Henry Bruen, 1899-1944), 장인차(Woodbridge Johnson, 1897-1913) 등의 사역으로 시작되었고, 부산경남 지역은 매카이(James Mackay, 체한기간 1891-1893), 민지사(Belle Menzies, 1891-1924), 손안로(Andrew Adamson, 1894-1914), 왕길지(Gelson Engel, 1900-1938) 등을 중심으로 선교사역이 전개되었다. 이 지역 유형문화재는 대부분은 교회건축물, 혹은 선교 초기 각 지역 선교부가 건축한 선교관, 선교사들의 개인저택, 기독교 학교(mission school)나 유관 건물, 혹은 선교 병원건물 등인데, 이런 건축물들은 거의 전부가 1890년대 이후 건축된 것이므로 문화재법상으로 볼 때 근대건축물에 속한다. 그 외에도 주한 각선교부나 기독교회가 제작했던 기독교문서, 성경과 찬송가, 그리고 신문과 잡지들,[117] 초기 교회가 생산한 문건들, 그리고 교회에서 사용했던 악기들

---

[117] 문화재청이 2010년 작성한 근대문화유산 중 신문과 잡지 목록화 사업 보고서에 따르면 기

118과 선교병원에서 사용했던 의료기기119 등인데 이는 영남지역에서도 동일하다. 특히 기독교문화 유산들은 선교지부가 있던 곳을 중심으로 산재되어 있는데, 2017년 2월 15일 현재 '영남지역의 시도유형문화재'로 지정된 문화재는 대구시가 지정한 다음의 7건이다.

지정번호		명칭	지정일
대구광역시	유형문화재 제24호	선교사 스위즈 주택	1989. 6. 15.
대구광역시	유형문화재 제25호	선교사 챔니스 주택	
대구광역시	유형문화재 제26호	선교사 블레어 주택	
대구광역시	유형문화재 제30호	대구제일교회	1992. 1. 7.
대구광역시	유형문화재 제45호	계성학교 아담스관	2003. 4. 30
대구광역시	유형문화재 제26호	계성학교 맥퍼슨관	
대구광역시	유형문화재 제26호	계성학교 핸더슨관	

독교 관련 신문으로는 '죠션크리스도인회보'(1987. 2. 2. - 1905. 6. 24.), '협성회회보'(1898. 1. 1 - 1898. 4. 2), '그리스도신문'(1897. 4. 1 - 1907. 12. 10), '그리스도회보'(1911. 1. 31 - 1915. 12. 8), '긔독신보'(1915. 12. 8 - 1931. 8) 등 5종이다. 기독교관련 잡지로는 'Korea Repository'(1892-1898), 'Korea Review'(1901-1907), '가뎡잡지' (1906-1907), '여자지남'(1908) 등 4종이다. 한국외국어대학교, 『근대문화유산 신문잡지분야 목록화 조사연구보고서』(대전: 문화재청 근대문화재과, 2010), 30-31, 161-62.

118 문화재청이 2010년 작성한 근대문화유산 중 음악유물 목록화 조사 사업 보고에 의하면 총 208편의 유물을 목록화했는데, 이 중 양악(洋樂) 분야의 49점의 유물 대부분이 기독교와 직간접적인 관련이 있다. 배재학당의 피아노와 언더우드가 1894년에 제작한 찬양가 등이 대표적인 것들이다. 이은선, "기독교 문화재 보존의 가치성에 대한 고찰", 미간행 한국기독교문화유산보존협회 제1회 세미나 발표논문, 6.

119 문화재청은 2008년 의료분야 유물 유적을 중심으로 『근대문화유산 의료분야 목록화 조사보고서』를 발간했는데, 의료유물로서 가치를 지닌 113건을 목록화 했다. 2009년 10월에는 앞서 발간한 보고서의 유물 6건을 등록문화재로 지정했다. 이중 전주 예수병원의 말을 타고 왕진가는 마티 잉골드 사진(1898년)과 방광내시경과 요도확장기(1930년대), 안과용 수술기구(1948년), 설대위 박사 종양심부치료 기록지(1955년) 등 5점이 기독교관련 문화재로 지정되었다. 이은선, 7.

'영남지방 시도기념물'로 지정된 경우는 1건인데, 아래와 같다.

지정번호	명칭	지정일
부산광역시 기념물 제55호	부산진 일신여학교	1989. 6. 15.

'영남 문화재 자료'로 지정된 경우는 아래와 같다.

지정번호	명칭	지정일
경상북도 문화재자료 제45호	영천 자천교회	2003. 12. 15.

'영남지방 개신교의 등록 문화재'는 다음의 9건이다.

등록번호	명칭	지정일
제15호	대구 동산병원 구관	2002. 5. 31.
제257호	봉화 척곡교회당	2006. 6. 19.
제286호	울진 행곡교회당	2006. 12. 4.
제287호	울진 용장교회당	―
제288호	영덕 송천교회당	―
제291호	군위 성결교회당	―
제570호	대구 구 교남YMCA 회관	2013. 10. 29.
제573호	대한성공회 부산주교좌 성당	―
제654호	안동교회 예배당	2015. 12. 16.

이상에서 열거한 문화재 중에서 영남지방 주요 문화재를 소개하되, 부산지방 문화재(1-3항)를 소개한 후 대구 지방 문화재(4-9항)를 소개하고자 한다. 대구지방의 기독교문화 유산은 부산지방보다 풍부하다.

1) 부산진 일신여학교 교사(校舍, 시도 기념물)

부산진 일신여학교 교사는 문화재로 등록된 유일한 기독교건축물인데, 2003년 5월 2일 부산광역시 기념물 제55호로 지정되었다. 부산시 부산진구 좌천동 일대는 내한 호주선교사들이 사역했던 중심지였고 호주장로교 부산선교부의 거점이었다. 부산에 온 호주장로교 여선교사들은 처음에는 한옥을 매입하여(1892) 1894년 12월까지 거주했으나 1894년 12월 기와를 덮은 벽돌집을 건축했는데, 이것이 최초의 호주선교사관이었다. 이때부터 호주선교부는 좌천동 일대에 4동의 선교관(혹은 학교 건물)를 건축했으나 다 소실되었고 현재 유일하게 남아 있는 한 동(棟)이 부산시 동구 좌천동 768-1번지 부산진교회 맞은편에 위치한 일신여학교 교사이다. 붉은 벽돌로 지어진 이 건물 1층은 40.35평, 2층 38.25평 총 76.8평으로 정면 4각형에 가까운 평면은 장식이 없으나 전면에 벽돌 장주(長柱)를 2층 처마까지 세우고, 2층에는 발코니를 냈다. 거기에 외부에서 올라가는 계단을 배치했다. 1층 벽체

1909년 3월 건축된 부산진 일신여학교 교사, 부산광역시 기념물 제55호.

는 4군데의 창 둘레의 벽돌 외에는 전부 석제, 2층은 벽돌로 쌓았다. 이 건물은 부산지역에서 가장 오래된 건축물의 하나로서, 부산지방 여성교육의 시원지이자, 또 3.1운동 당시 부산지역 만세운동의 진원지로 알려져 있다. 이 교사에 대한 기념물 지정 안내문에는 1905년 건축된 것으로 잘못 기재되어 있으나[120] 실제로는 1909년 3월 건축되었다.[121]

이 건물은 일신여학교 교사였을 뿐 아니라 선교사 주택으로 사용된 적도 있었고, 1946년 9월 설립된 고려신학교의 기숙사로 사용된 일도 있었다. 1962년 3월부터는 대한 예수교장로회 부산신학교(부산장신대학교의 전신) 교사로 사용되었다. 그러다가 1965년 6월에는 호주장로교 한국선교회가 공식적으로 이 건물과 토지를 부산신학교를 위하여 사용하도록 결의하였다. 이때부터 이 학교가 부산장신대학교로 발전하여 1999년 김해시 구산동 764번지로 이전하기까지 40여년 간 대한예수교장로회(통합) 부산신학교 교사로 사용되었다.

2) 대한성공회 부산주교좌 성당 (등록문화재)

부산시 중구 대청로 99번길 5-1에 위치한 대한성공회 부산교구 부산주교좌 성당은 1903년 설립되었는데, 이 교회에 의해 1924년 10월

---

[120] 안내문 전문은 다음과 같다. "부산진에 있었던 사립 일신여학교는 호주장로교선교회 여자전도부가 1895년 10월 15일 좌천동에 있던 한 칸의 초가에서 3년 과정의 소학교를 설치한 것이 시초로 초대교장은 선교사인 Menzies(1895-1902)였으며 1905년 4월 15일에 현재의 교사를 준공하여 이전하였고, 본 건물은 호주장로교 선교회에 의해 건립되어 교육시설로 사용되었고, 1919년 3.1운동과 관련하여 부산지역에서 최초로 만세운동을 주도한 것도 일신여학교 교사와 학생들이었다. 1925년 6월 10일 동래구 복천동에 신축교사를 지어 이전하여 동래일신여학교라 불리게 되었으니, 좌천동의 일신여학교 고등과는 오늘의 동래고등학교의 전신이 된다. 1905년 건축된 서양식 건물은 전국적으로 유례가 드문 것 일뿐만 아니라 비교적 원형을 잘 보존하고 있어 건축사적 가치가 뛰어나며, 더불어 이 건물의 건축 및 교육시설 운영주체, 그 동안 교육시설로서 맡아온 역할 등을 고려할 때 교회사적, 교육사적 가치는 더욱 크다고 하겠다."

[121] 이상규, "부산진일신여학교 교사는 언제 세워졌을까?" 「부경교회사연구」 22(2009.9), 62. 참고, *The Record*, vol. XXII, no. 5(May 1909), 11. 이 책 제2부 5장 (291-297) 참고할 것.

31일 축성된 40평 규모의 로마네스크 양식의 '성구주 성당'(St. Saviour's Church)은 2013년 10월 29일 등록문화제 573호로 지정되었다. 이 건물은 종탑부의 지붕처마 및 버팀벽 상부의 석재장식(pinacle, 소첨탑), 제단 아치의 석재장식 등이 뛰어나며 종탑의 첨탑형태와 재단 앱스(하나의 건물이나 방에 부속된 다각형 모양의 내부 공단), 천정의 석조 리브(하중 보강부재)는 국내에서는 매우 드문 사례로 평가받고 있다. 이 건물은 부산, 경남을 통틀어 성당 건물로는 유일하게 등록문

대한성공회 부산주교좌 성당, 등록문화재 573호

화재로 지정되었고, 전통과 현대를 잇는 가교적인 건물로 건축사적 가치를 인정받고 있다.

3) 부산지방 비지정 문화제
부산지방의 비지정 문화재로는 다음과 같은 것들이 있다.

A. 맨지스와 모 선교사 공로기념비
부산진구 동구 좌천1동 763번지에 위치한 부산진교회 구내에 세워진 '맨지스 부인, 모부인 공로긔념'비는 1916년 세워진 기념비로 이 지방 문화유산이라 할 수 있다. 중간높이 104cm, 측면높이 99cm, 너비 40cm, 두께 15cm, 좌대높이 15cm, 좌대폭 15×15cm의 이 석제 비석은 1916년 10월 설치되었다. 1891년 10월 내한한 맨지스(Belle Menzies, 1856-1935) 선교사는 부산진교회 실제적 설립자라 할 수 있고, 1924년 은퇴하기까지 30여 년 간 부산진교회를 중심으로 활동해 왔다. 호주 수상을 역임한 멘지스 경(Sir Robert Menzies)의 이모이기도 한 맨지스 선교사는 부산지방 첫 개종자를 얻었고, 1895년 일신여학교를 설립하고 미오라고아원을 시작하는 등 부산지방 복음화에 기여하였는데, 그의 내한 25주년을 기념하여 1916년 10월 공로기념비를 세우게 된 것이다.

모(牟) 부인으로 불리는 무어(Elizabeth Moore, 1863-1956)는 1892년 내한한 이래 1919년 은퇴하기까지 부산과 통영에서 사역했는데, 1913년 말까지 부산에 거주하면서 미오라고아원 사역, 지역순회 전도, 성경공부반을 인도하였고, 부산진교회 발전을 위해 헌신적으로 봉사했다. 이에 교회는 맨지스를 기념하면서 모 선교사 또한 병기하여 공로기념비를 설치하게 된 것이다. 기념비 전면에는 '공로긔념 맨지스 부인 모 부인'을 새겨 두었고, 후면과 측면에는 이들의 약력을 소개하고 있다.

B. 부산진교회 당회록 및 생명록

부산지방 첫 교회로서 1892년 설립된 부산진교회는 1904년 6월 27일 심취명의 장로장립과 더불어 당회가 구성되는데, 한강 이남에서의 최초의 당회구성이었고, 당시 당회원은 왕길지 목사와 커를 의사

맨지스와 모 선교사 공로기념비(부산진교회 구내), 비지정 문화재.

(목사) 그리고 심취명 장로였다. 1904년 5월 27일 제1회 당회로부터 시작된 당회록(堂會錄)은 한강 이남의 최초의 당회록이자 한국교회가 보존하고 있는 최고의 당회록으로 알려져 있다.

부산진교회는 1922년부터 교인 인명록, 곧 교적부를 작성했는데, 당시는 '생명록'(生命錄)으로 불렸다. 16.5 × 23.5cm 크기의 '부산진 교회 생명록'은 1922년 6월 처음 작성되었는데 1950년대까지 기록되었고, 교인의 성명, 연령, 직업, 주소, 친족관계, 학습 및 세례일자, 주무인(主務人) 성명, 비고 등의 항목으로 기록되었다. 이 생명록에는 약 1,400명의 교인들(중복기록도 있음)의 인적사항이 기록되어 있어 당시 교회의 인적 구성에 대한 중요한 사료일 뿐 아니라 다음 세대에 물려줄 소중한 문화유산이다.

4) 미국북장로교 선교사 스윗즈, 챔니스, 블레어 주택 (시도지정문화재)

종목	건립연대	명칭	소재지	원용도	지정번호
유형	1910	선교사 스위츠 주택	대구 중구 동산동 194	주거	제24호
유형	1906/10	선교사 챔미스 주택	대구 중구 동산동 424	주거	제25호
유형	1910	선교사 블레어 주택	대구 중구 동산동 424	주거	제26호

대구시 중구 동산동 194번지 청라(靑蘿)언덕[122] 위에는 근대기 선

---

[122] '청라언덕'은 본래 공동묘지였던 동산(銅山)이었으나 대구주재 북장로교 선교사들이 매입하여 선교관과 선교사 주택지로 조성하면서 주위에 탱자나무와 돌담으로 울타리를 만들었다. 그리고 돌담에 청라를 심어 청라언덕이라고 불리게 되었다. 이곳은 후에 동산(東山)으로 불리게 되는데, 동산병원과 신명학교가 확장되면서 대부분의 선교사 주택은 철거되었고, 동산병원 설립 100주년이 되던 1999년 당시 선교사 주택 3동만 남아 있었다. 그런데, 보존의 필요성을 인식하여 시도유형문화재로 지정된 것이다. 또 이곳에 선교사들의 묘소를 이장하여 10기의 묘비(석)으로 된

교사들이 살았던 3동의 주택이 타원형을 그리며 자리하고 있는데, 그 것이 스윗즈, 챔니스, 블레어 주택이다. 1910년경 붉은 벽돌로 지은 2층 집인 이 3동의 주택은 1989년 6월 15일 대구광역시 유형문화재 제24호, 25호, 26호로 각각 지정되었다. 스윗즈 주택은 1910년 이전에 건축된 2층 붉은 벽돌집으로 계성학교 4대 교장인 헨더슨, 계명대 초대학장 캠벨 선교사 등이 거주했는데, 1981년 동산병원이 인수하였다. 외형은 안산암 성(城)돌(대구읍성 철거시 가져온 돌)을 사용하여 기초를 놓고, 붉은 벽돌을 4단 길이쌓기와 1단 마구리쌓기로 건축했다. 창문은 유럽식으로 위아래 개폐식으로, 지붕은 한식기와를 얹어 이은 박공지붕으로 되어 있다. 이 스윗즈 주택이 선교박물관으로 개조되어 각종 유물들이 전시되어 있다.

스윗즈 주택 남쪽의 챔니스 주택은 남북으로 약간 긴 장방형을 이루고 있는데, 외관은 정면 중앙부에 목조로 된 현관을 두고 있는데, 붉은 벽돌로 쌓은 2개의 굴뚝이 돌출되게 설계한 점이 특징이다. 1906년에서 1910년경 건축된 이 주택은 계성학교 2대 교장 레이너, 챔니스, 샤워텔 선교사가 살았고 1948년 이후에는 마포화열(M. F. Moffett) 선교사가 거주했다. 챔니스 주택 앞뜰에는 북장로교 대구지부 선교사들의 묘지가 있는데, '은혜정원'으로 불리고 있다.

1910년 건축된 블레어 주택은 가장 남쪽에 위치하고 있는데, 붉은 벽돌쌓기 2층 집으로 챔니스 주택과 비슷한 장방형으로 되어 있다. 블

'은혜정원'을 조성하였고, 이곳을 동산의료원박물관으로 조성하였다. 청라언덕은 거의 알려져 있지 않았으나 2007년 청라언덕에 노래비가 세워지면서 널리 알려지게 되었다(전재규, "청라언덕의 유래와 雅名",「대구교회사학」3(2012.4), 144). 미국 북동부 지역의 8개 사립대학 곧, 하버드(Harvard, 1636), 예일(Yale, 1701), 펜실베이니아(Pennsylvania, 1740), 프린스턴(Princeton, 1746), 컬럼비아(Columbia, 1754), 브라운(Brown, 1764), 다트머스(Dartmouth, 1769), 코넬(Cornell, 1865) 대학교를 Ivies 혹은 Ivy league라고 부르는데, 청라가 뒤덮힌 (코넬대학을 제외하고) 영국 식민지시대에 세워진 유서 깊은 대학들이었기 때문에 붙여진 이름이다.

청라언덕의 스윗즈 주택, 1910년경 건축

레어, 라이스 선교사가 거주했고 1981년 동산병원이 인수했다. 이상의 3 선교사 주택은 지방 문화재로 지정된 유일한 선교사 주택이다.

그런데 이 세 주택은 모두 서향(西向)으로 지어져 있다. 서향으로 짓게 된 것은 언덕 동쪽에 대구읍성이 있었기 때문에 서양귀신이 일본 행정부를 억압하지 못하게 하기 위하여 서향으로 건축하게 했다는 설이 있다.[123]

5) 대구제일교회

대구제일교회는 대구경북지방 첫 교회로 1897년 남성정교회라는 이름으로 설립되었다. 부산에 정주하던 윌리엄 베어드는 1893년 4월 22일 처음 대구를 방문하였고(대구제일교회는 이날을 교회설립일로

---

[123] 전재규, 144.

주장한다), 1896년 1월에는 정완식의 대지 420평, 초가 3동, 기와 4동의 건물을 매입하였고, 1897년부터 예배를 드림으로 대구제일교회가 설립되었다. 이 교회는 1933년 9월 최재화 목사 재임 당시 벽돌건물을 설립했는데, 이 건물은 1992년 1월 7일 대구광역시 유형문화재 제30호로 지정되었다. 이 교회 앞마당에는 설립자 아담스의 공로를 기념하기 위해 1935년 5월 경북노회가 아담스 선교사 기념비를 세웠다.

6) 계성학교 선교사기념관(시유형문화재)

종목	건립연대	명칭	소재지	원용도	지정번호
유형	1908	계성학교 아담스(Adams)관	중구 대신동 277	교육	제45호
유형	1913	계성학교 맥퍼슨(McPherson)관	상동	교육	제46호
유형	1931	계성학교 핸더슨(Henderson)관	상동	교육	제47호

계성학교는 1906년에 설립되었는데, 이 학교의 아담스관은 대구광역시 유형문화재 제45호로, 계성학교 맥퍼슨관은 대구광역시 유형문화재 제46호로, 계성학교 핸더슨관은 대구광역시 유형문화재 제47호로 2003년 4월 30일 각각 지정되었다.

7) 대구 동산병원 구관 (등록 문화재 제15호)

대구시 중구 동산동 194번지 외 22필지에 위치한 대구 동산병원 구관은 등록 문화재 제15호로 2002년 5월 31일 지정되었는데, 1899년 12월 24일 의료선교사 장인차(Dr. Woodbridge Johnson, 1877-1949)가 남성로 구 대구제일교회 구내에서 미국약방, 제중원이란 이름으로 시작된 선교병원으로 출발했다. 1931년 별이추(A. C. Fletcher,

1881-?) 선교사가 3만 5천 달러의 기금으로 중국인 기술자를 동원하여 1931년 건립하였다. 이 동산병원 구관은 대구의 근대기 병원 건출물로 건축사적 가치를 지니고 있다.

8) 구 교남 YMCA 회관 (등록문화재 570호)

대구시 중구에 소재한 YMCA 회관은 대구제일교회가 청년선교를 위해 1914년 건축한 건물인데, 이 건물은 1919년 삼일운동 당시에는 독립운동 관련 주요 인사들의 회합장소였고, 기독교농촌운동, 물산장려운동, 신간회 운동 등 기독교 민족운동의 거점 역할을 했다. 이 건물은 2013년 10월 29일 등록문화재 570호로 지정되었다.

9) 대구지방 비지정 문화재

이상의 등록 문화재 외에도 대구지방의 비지정 문화재는 아래와 같다.[124]

명칭	건립연도	소재지	용도
이해영정형외과(교남YMCA)	1917	중구 남성로 117	교육
계명대학교 대명동 캠퍼스 본관	1955	남구 대명동 2139	교육
애락교회	1928	서구 내당동 12-37	종교
성공회 대구교회	1928	중구 동문동 11	종교
구세군제일교회	1929	중구 종로 2가4	종교
남산교회	1932	중구남산2동 941-22	종교
대구 애락원 보건병원	1920	서구 내당동 12-37	의료
대구애락원보건병원 강당	1930	서구 내당동 12-37	의료

---

[124] 전재홍, "대구지역 개신교 근대문화유산의 내력과 현황",「계명신학」13(2013), 29.

3
문제와 과제

이상과 같이 영남지역에서 개신교 사적으로 지정된 경우는 전무하고, 시도유형문화재로 지정된 경우는 7건, 시도기념물로 지정된 경우 1건, 문화재자료로 지정된 경우 1건, 등록문화재의 경우는 9건에 불과하다. 영남지방의 경우 기독교 전파는 서울에 이어 가장 먼저 전파된 지역이며, 수많은 문화유산을 생산했음에도 불구하고 소실되거나 훼손되었고, 다수 문화재는 등록되지 못한 상태에 있다. 초기 기독교유

부산의 양관 (사진 제공: 연세대학교 의과대학 박형우 교수)

적, 혹은 건출물 등은 역사적으로 매우 중요한 의미를 지니지만 소실되거나 파괴되었다. 그 대표적인 경우가 부산의 양관(洋館)이라고 할 수 있는 부산 중구 영주동 일대의 선교사관이다. 이곳 부산 양관은 완전히 소멸되어 그 흔적조차 찾을 수 없으나 최근 연세대학교 의과대학 의사학 교실의 박형우 교수는 유관 사진 자료를 발굴하였다.

그 외에도 부산의 복병산 외국인 묘지와 묘비석, 부산초량교회의 첫 예배당, 부산진교회의 첫 예배당, 경남 통영 문화동의 호주선교관, 마산문창교회의 돌 예배당(1919) 등이 있다.

이처럼 문화적 가치가 높은 건축물 혹은 기념물이 소실 혹은 훼손된 것은 해방 후 급격한 교회성장의 와중에서 역사적 가치가 있는 건물을 부수고 새로 짓는 등, 옛것에 대한 관심의 소흘이 가져온 결과였고, 한국적인 것에 대한 정체성을 확보하기보다는 서양의 기독교 문물만을 선호하고 중시했기 때문이다. 이런 의식이 우리의 문화유산에 대한 무관심을 초래했는데, 따지고 보면 역사의식의 결여였다.

따라서 다음과 같은 노력이 요구된다. 첫째, 우선 한국교회는 유무형 문화유산에 해당 될 수 있는 문화재 발굴과 목록 작성에 유의하여야 하고, 이를 위해 거 교회적인 관심을 불러 일으켜야 한다. 문화재에 대한 관심 부족, 전문 인력의 부족은 이런 일의 장애가 되고 있다.

둘째, 이상에서 조사된 유무형 문화유산 가운데, 역사적 가치가 높은 유산들부터 정부기구에 등록하는 노력이 필요하다. 정부는 1962년에 재정된 문화재보호법에 따라 문화재를 국보, 보물, 사적, 명승, 천년기념물, 국가무형문화재, 국가민속문화재, 시도무형문화재, 시도유형문화재, 시도기념물, 시도민속문화재, 문화재 자료, 등록문화재, 이북5도무형문화재 등으로 구분하고 있는데, 한국교회와 관련된 것은 사적, 시도유형문화재, 시도기념물, 문화재 자료, 등록문화재 등인데, 대다수의 경우는 등록문화재에 해당한다. 불교계는 2000년 불교문화재연구소를 설립하여 다양한 불교문화재를 발굴하고 국가의 문화재로 등재하기 위해 체계적인 노력을 경주하고 있으나 개신교는 이런 노력이 거의 전무한 실정이다. 이런 현실에서 문화재 지원금의 절대다수가 불교계에 지원되고 있어 심각한 불균형을 보여주고 있다. 개신교회의 경우 2014년 7월 '기독교문화유산보존협회'가 공식적으로 출범하여 활동하고 있으나, 많은 과제를 안고 있다.

셋째, 한국교회는 문화재청에 등재 혹은 등록하는 일 외에 거 교회적으로, 혹 그것이 불가하다면 교단적으로 문화재 등록 제도를 마련하여 역사적 예술적 가치가 높은 문화유산을 보존하고 관리하는 노력이 요구된다. 오늘의 급변하는 사회에서 허물어지거나 사라지기 쉬운 역사적 건축물이나 시설을 보존하여 후대의 역사자료로 활용하기 위해선 교회 자체 내의 노력도 동시에 강조되어야 한다. 이런 노력이 없었기 때문에 불과 150여년 미만의 역사이지만 많은 역사적 가치가 있는 건물이나 시설물들이 파괴되거나 훼손되었다. 예컨대 부산에 있던 호주선교부 건물은 현재 일신여학교 기념관으로 사용되고 있는 한 동(棟)을 제외한 전부가 사라졌고, 호주 출신 첫 선교사인 데이비스(J. H. Davies)의 묘와 묘비석를 비롯한 복병산 선교사 묘와 묘비가 완전히 사라졌다. 경남 통영의 경우, 문화동에 있던 선교관(선교사 숙사, 선교사 무소 학교 건물)은 1992년까지 있었으나 그 이후 완전히 훼손되었다.

결국 가장 시급한 일은 각종 문화재를 유형별로 파악하고 분석하여 목록화 해야 한다. 그리고 이에 근거해서 등급을 매겨 그 정도에 따라서 국가지정문화재, 혹은 시도지정문화재로 등재하게 하고, 여기에 해당되지 않는 것은 기독교계가 기독교등록문화재로 등재하는 제도를 개발해야 할 것이다.

부산경남지방 기독교 연구

제3부

해방 이후 부산지방 기독교

부산경남지방 기독교 연구

제1장

해방정국과
부산지방 기독교

시작하면서: 해방 정국

1945년 8월 일본의 식민지배로부터의 해방은 한국현대사의 전환이었을 뿐만 아니라 한국기독교회에도 중요한 변화의 시작이었다. 1941년 12월 8일는 하와이 진주만 습격으로 촉발된 대동아전쟁에서 패전의 길로 접어든 일본은 항복을 결정하고(1945. 8. 14) 8월 15일 정오 히로히토 천왕이 항복 방송을 했다. 이 방송은 두 시간 후 재방송되었다. 전쟁은 끝났고 9월 2일 미국 미조리호 함상에서 일본 정부 대표 시게미츠(重光) 외상, 군부 대표 우메즈(梅津) 참모총장은 천황의 항복 명령에 따라 미국 영국 중국 소련, 그 밖의 연합국에 대한 항복문서에 조인했다.

해방 당시 한국에 거류하던 일본인은 민간인과 군인을 합쳐 80만 명에 달했다.[1] 송건호는 71만 2천명으로 파악하고 있다. 항복 이후 조선총독부는 약 10일간에 걸쳐 총독정치의 죄악사와 관련된 총독부 문서를 불태우기 시작했다. 이를 시작으로 전국의 공공기관, 곧 헌병대, 경찰서, 검찰, 법원, 주재소, 도, 부(府), 군 등 3천여 각급기관의 기밀문서를 불태웠다. 조선통치에 관한 문서는 조선에서만이 아니라 일본 본토에서도 대대적으로 소각되었다. 조선에 있던 일부 기밀문서는 일본으로 가져갔다. 또 조선의 광업자원에 관한 문서 등을 가져간 것은 후일의 조선 진출을 위한 의도였다고 할 수 있다.

해방 당시 조선에는 서울 남산의 조선신궁과 부여신궁을 비롯하여 1,141개의 신사(神社)가 있었는데, 일제는 이를 불태웠다.[2] 이른바 승신식(昇神式)이었다. 한국인들에 의해 모욕적으로 태워지기 보다는 영

---

[1] 강만길, 『한국현대사』 (서울: 창작과비평사, 1983), 167.
[2] 송건호, 『한국현대사론』, 414.

예로운 자결을 택한 것이다. 전국의 136개 신사는 조선인들에 의해 불태워졌다.[3] 평양신사는 8월 15일 밤에 불살라졌다. 가장 늦게까지 남아 있던 부산의 용두산 신사는 사상교회 청년 집사였던 민영석에 의해 11월 17일 불살라졌다.[4]

해방이 되자 신사참배를 거부하여 마지막까지 투옥되어 있던 26명은 8월 17일 밤 11시가 넘어 평양 대구 부산 청주 형무소에서 출옥했다.[5] 해방은 많은 변화를 가져왔고 우리나라와 교회는 새로운 과제에 직면했다. 이런 상황에서 부산지방 기독교계는 어떠했을까?

---

[3] 김성식,『한국현대사』5권, 520, 송건호, 414.
[4] 용두산신사 방화 사건에 대해서는, 이 책 제3부, 2장을 참고할 것.
[5] 미국북장로교 선교사 마포삼열(Samuel H Moffett)은 그의『한국의 그리스도인들 The Christians of Korea』에서 일본인은 1945년 8월 18일을 기해 한국인 5만 명을 학살할 살인 음모가 있었음을 말하고 있다(76쪽). 선교사 방위량(William Blair)은, "미군이 필리핀을 함락시켰을 때 일본군 지도자들은 미국과 소련이 조선에 진주할 것을 예상하고 조선의 그리스도인들이 이들에게 협력할 것을 우려하여 1945년 8월 중순경 한국인 기독교 신자들을 모두 학살하도록 본격적으로 활동하고 있었다."고 기록하고 있다(William Blair, Gold in Korea, 105). 또 문정창 또한 이 점을 지적하고 있다. 문정창,『일본군국 조선강점 36년사, 하』(서울: 백문당, 1967), 550.

1
해방 당시의 상황과 교회의 역할

1) 해방 당시의 상황

우리나라가 일제에 합병될 당시 한반도 인구는 1,300만 정도에 불과했다. 그러나 해방 당시는 2,500만명에 달했다. 해방이 되자 해외 이주 한국인들이 귀환하기 시작했다. 식민지 조선에서 한국인의 해외 이주는 다른 나라에서 유래를 찾아볼 수 없을 만큼 잦았다. 해외 거주 동포가 전체인구의 12%를 상회하는 400만 명에 달했다. 이들 중 비정착 인구는 해방과 함께 귀환 길에 오르게 된다. 해방 3년간 공식 귀환자는 일본에서 100만 명, 중국에서 6만 명, 만주에서 1만 명 등을 포함하여 120만 명에 달했다. 이들 절대다수가 남한을 선택했다. 또 1백만명이 넘은 북한 주민이 월남했다. 따라서 남한 인구는 급증했다. 해방 당시(1945. 9) 남한 인구는 1,588만 명이었으나 1년 만에 350만이 증가하여 거의 2천만에 육박하였다.[6] 해방 당시 서울 인구는 100만 명 정도에 불과했으나 3년간 40만명이 증가하였다.[7] 도시산업화가 이루어지지 않는 가운데 인구의 급증은 경제적 혼란을 가중시켰다. 실질적인 실업자 수는 150만 명으로 인구의 10%에 이르렀다. 1945년의 물가상승률은 인플레이션의 영향으로 이전보다 25배 정도 높을 정도였다. 해

---

[6] 『한국경제연보』 1948; 도진순, 『한국민족주의와 남북관계』 (서울대학교 출판부, 1998), 21.
[7] 도진순, 21.

방정국의 경제적 무질서는 정치적 혼란과 함께 사회혼란의 요인이었다. 이런 현실이 한국 기독교 형성의 '결정적인 시기'였다. 이런 상황에서 교회의 역할은 증대되었다. 선교 재개를 위해 내한한 다수의 선교사들은, '한국의 현실에서 교회의 역할이 증대되었고, 한국인들은 우리의 사랑과 구호, 협력의 손길을 요구하고 있다'고 보고했다.

해방 당시 한국교회 신자수는 약 35만-38만 명에 달한 것으로 볼 수 있다. 북한의 기독교 인구는 약 30만 명으로 추산된다. 북한을 장악한 공산정권이 의도적으로 1946년 11월 3일 주일 선거를 강행하려 했을 때, 주일선거를 반대하는 '이북오도연합노회의' '결의문'을 보면 "북한의 2천교회와 30만 기독교신도들은..."이라고 하여 북한의 기독교 인구를 30만 명으로 파악하고 있다.

그러나 김양선은 해방 당시 남북한 기독교 인구를 약 70만 명으로 보고 있다. 김양선은, 일제 말기 교회에 대한 극심한 탄압으로 "뜻 있는 신도들은 많이 지하에 숨어버렸음으로 일시 70만을 산(算)하던 프로테스탄트의 신도수는 거의 반수로 줄었다."고 했다. 또 해방이 되자 "감사와 감격에 싸인 70만 기독교도들은 교회재건과 아울러 조국건설에 서슴치 않고 나섰다."고 하여 해방 당시 신자 수를 70만으로 헤아렸다.[8] 일제말기의 공식통계를 보면 이 수는 과장으로 보인다. 소화(昭和) 20년(1945) 『조선연감』(朝鮮年鑑)에서는 한국의 기독교 인구를 37만 4천 4백 명으로 제시하고 있다.[9] 1937년 당시 장로교인 수만 34만 6천 명에 달했는데,[10] 기독교에 대한 탄압으로 교인 수가 감소된 점을 고려

---

[8] 김양선, 『한국기독교해방십년사』, 44.
[9] 京城日報社, 『朝鮮年鑑』(昭和 20年), 211.
[10] 노치순, "일제하 한국개신교 운동의 사회학적 연구", (서울대학교 사회학과 석사학위 청구논문, 1982), 110.

하더라도 해방 당시 개신교 신자는 약 40만정도로 추산할 수 있다.

이렇게 본다면 남한의 기독교 인구는 약 10만 명 정도에 불과했다. 그러나 해방 후 해외 거주 한국인의 귀환과 월남 기독교인들의 증가로 교회는 급증가하기 시작한다. 해방 후 6.25 전쟁 초기까지 월남한 인구 중 기독교 신자는 약 8만 명으로 추산되는데, 북한 전체 기독교 인구의 27%에 해당한다. 북한 기독교 인구의 3분지 1이 남한으로의 이주를 선택한 것이다. 1947년 봄에는 교역자만 해도 수백 명이 월남한 것으로 보고되었다.[11] 따라서 남한에서 기독교 인구의 증가와 교회의 신설은 불가피한 것이었다.

2) 귀환 동포들을 위한 구호활동

서울, 부산, 대구 등 대도시에서 귀환 동포들, 그리고 월남 그리스도인들을 수용하는 교회들이 급속도로 증가 되었다. 사회적 혼란은 종교적 열성을 강화시켜 주었다. 그 결과로 기독교신자는 1955년에는 60만, 1950년대 말에는 100만 명으로 증가했다. 해방 후 15년 동안 개신교신자는 연평균 25% 이상 성장했다.

해외 거주 동포들이 귀환하게 되자 부산도 사회적 혼란이 가중되었다. 이런 상황에서 귀국동포 구제위원회가 구성되었다. 부산지방에서 이 일을 주도했던 인물이 권남선(權南善, 1889-1972) 목사였다. 항남교회 목회자였던 그는 김길창 노선을 지지했던 인물인데, 후일에는 아오야마 가꾸인(靑山學院)에서 맺은 김재준과의 인간적인 때문에 부산의 배성근과 함께 기독교장로회(교단)에 가담하게 된다. 그는 목회활동 외에도 해방 직후 귀환 동포들을 후원하는 '전재(戰災)동포 구제

---

[11] 강인철, 280.

회'를 관장하고 회장을 역임했다. 특히 그는 서대신동 3가 185번지에 거주하면서 서대신동 실내체육관에서 꽃마을로 가는 길목에 무료급식소를 설치하고 생활고를 겪고 있던 귀환 동포들에게 온정을 베풀었다. 1946년에는 부산 건국중학교 설립에도 관여하였다.

3) 기독교 엘리트들의 활동

해방 정국에서부터 한국 기독교의 사회적 영향력은 확대되기 시작했다. 이것은 기독교인의 수적 우위의 결과이기도 하지만 기독교인들이 한국의 엘리트 집단의 다수를 점했고, 사회 지도층을 형성하고 있었기 때문이다. 한국에서 프로테스탄티즘을 매개로 한 서구문화의 유입은 홍의섭 박사에 의해 이미 확인된 바 있다. 해방 후부터 1950년대까지 한국사회 모든 영역에서 주도권을 행사했던 이들은 미국유학 출신의 엘리트 집단이거나 과거 기독교 교육을 받았던 인물들이었다. 한국교회는 이들 지식층 집단의 다수를 포함하고 있었다. 따라서 정계와 관료집단, 국회, 교육 의료 언론계 등 각계각층에 기독교의 영향력은 심화되었다. 부산 경남지방에서도 동일했다.

해방 후 경남지방 지도자로 활동한 기독교 인물은 윤인구, 양성봉, 양한나, 우덕준, 임학찬 등이었다. 특히 윤인구(尹仁駒, 1903-1986)는 이 지역 선각자이자 금융인이었던 윤상은(尹相殷, 1887-1984)과 부산 최초의 근대학교 설립자이자 최초로 기선(汽船)회사를 설립했던 박기종(朴琪淙, 1839-1907)의 막내딸인 박영자(朴英子, 1881-1982) 사이의 장남으로 출생했다. 메이지가꾸인(明治學園), 프린스톤과 에딘버러에서 유학한 그는 교또(京都)의 도시샤여학교(同志社女學校)와 이화여전에서 공부한 방덕수와 결혼했는데, 해방과 함께 미군이 진주하게 되자 윤인구는 1945년 11월 경상남도 학무과장에 임명되었다.

학무과장은 지금의 교육감에 해당하는 직책이었다. 그의 아버지 윤상은은 재무부장으로 임명을 받았다. 윤인구는 구미(歐美)에서 유학한 지식인이라는 점과 영어 구사 능력이 있었다는 점이 고려되었다. 정상적인 학교 교육을 위해서는 일본인이 떠나간 자리에 필요한 교원을 확보하는 일이 학무과장의 가장 시급한 과제였다. 이때 윤인구는 연희전문학교와 일본 유학을 마치고 돌아온 강성갑(姜成甲, 1912-1950) 목사를 불러 함께 일했다. 또 윤인구는 교원양성을 위해 부산사법학교를 설립했는데, 후일 부산교육대학교로 발전했다. 이때 부산에서도 대학 설립을 꿈꾸는 여러 기성회가 조직되었는데, 윤인구는 이들을 통합하고 또 기금을 조성하여 당시 문교부장관 유억겸을 통해 대학 설립 인가를 받았다. 이때가 1946년 5월 15일이었다. 대학은 국립으로 하되 대학이 어느 정도 자리 잡을 때까지는 기성회가 경비를 충당하기로 했다. 이것이 오늘의 부산대학교의 시작이었다.

2
교회의 설립

해방 당시 북한의 기독교 인구는 약 25-30만, 남한의 기독교 인구는 약 10만 정도에 불과했다는 점을 앞에서 지적했다. 해방 당시 부산의 교세는 어떠했을까? 해방 당시 부산인구는 28만 명 정도에 불과했다. 1946년에는 36만 3천 명으로, 47년에는 43만 8천 명으로 48년에는 50만 2천 명으로 증가된다. 전쟁이 발발하자 1951년에는 84만 4천 명으로 급증했다.

대한예수교 장로회 총회는 일제의 강압에 의해 1943년 5월 5일자로, 경남노회는 1943년 5월 26일자로 해산되는데, 해방이 되자 교회 조직의 재건과 정비는 시급한 과제였다. 이와 관련된 기록은 해방 당시 부산경남 지방 교계를 헤아리는데 도움을 준다. 일제에 의해 교회가 통폐합되기 이전, 곧 1942년 4월 이전 경남지역의 교회수는 325개 교회였으나, 1942년(소화17년) 4월 말 현재 피폐합(被廢合) 교회가 108개 처였고, 존립교회는 217개 교회였다.[12]

즉 경남지역교회 3분지 1이 통폐합 된 것이다. 피폐합교회는 무자

---

[12] 『慶南基督教會廢合名簿』(경남노회, 1942. 5), 1. 이 명부에는 1942년 4월말 현재의 府郡別 교회 통합명부가 기제되어 있다. 피폐합된 교회로는 부산부의 경우, 산리교회, 조도교회, 초읍교회, 우암교회, 동래부의 경우, 엄궁교회, 화명교회, 금사리교회, 수영교회, 송정교회, 화전교회, 내덕교회, 창원군의 경우, 평성교회, 용담교회, 모산(牟山)교회, 신천교회, 학포교회, 석산교회, 지산교회, 하구교회(진해), 귀곡교회, 용원교회, 천성교회 등이다.

격교회라는 이름으로 주변교회에 통합되었고, 존립교회는 유자격교회라는 이름으로 존립을 허락받게 된 것이다. 1945년 해방과 함께 피폐합되었던 교회가 다시 문을 열기 시작하였고, 부산경남지역 교회도 새로운 변화를 겪게 된다. 해방과 더불어 외국에 거주하던 한국인 목회자들이 귀국하였고, 일본인 교회를 접수하여 새로운 교회로 발전하였다. 이런 유형의 대표적인 교회가 부산의 중앙교회와 광복교회였다. 그래서 해방 당시 부산 경남지방에는 250여 개 교회가 있었다.

지역교회도 증가하기 시작하여 1949년 6월 당시 경남지방의 장로교회 수는 294개 처에 달했다.[13] 이 당시 경남노회에는 66명의 목사가 있었는데,[14] 성향을 분석하면 크게 3분파로 나눠져 있었다. 첫째는 교회재건 혹은 쇄신을 주장하는 고려신학교 중심의 한상동, 주남선 등 출옥인사들을 지지하는 일파, 둘째, 고려신학교를 반대했던 김길창, 권

---

[13] 기독청년면려회 경남연합회, <경남노회소속 교회 명부>(1949. 6) 참고.
[14] 66명의 목사는 다음과 같다. 강상은(마산제건교회), 강성갑(진영읍 한얼중학교), 강주선(함양읍교회), 권남선(부산 남부민동 항남교회), 권태희(서울 대한민국 국회), 김길창(부산부 대청동 항서교회), 김동선(경남도 학무국 사회교육과), 김두만(창녕 남지교회), 김만일(부산부 복천동 동래읍교회), 김몽수(김해군 대저면 대지교회), 김봉갑(사천군 곤양 성내교회), 김삼도(부산부 용호리 상애원교회), 김상도, 김상세(사천읍 수석리), 김상순(부산부 부전교회), 김석권(김해군 장유면 무계), 김석흰(남해군 남면 평산교회), 김재규(함안군 칠북면 이령교회), 김응상(부산부 동광동 4가 10), 김응진(창원군 대산면 일동교회), 김학용(밀양군 무안면 무안교회), 노윤거(신마산교회), 노진현(부산부 대청동 중앙교회), 민영완(구포교회), 박군현(김해 대동 조눌교회), 박도홍(마산 형무소), 박손혁(밀양읍교회), 박시순(통영군 욕지교회), 박창근(산청읍교회), 박형룡(서울 장로회신학교), 배운환(남해군 남면장항교회), 배성근(창녕읍교회), 백운학(진해읍 경화동교회), 백영(?)기, 손순열(밀양 역전교회), 손양원(전남 여수 애양원교회), 손의원(부산진교회 유), 송상석(마산부 문창교회), 심문태(마산부 창신중학교), 심취명(울산읍교회 유), 양이녹(창원군 동면 본포리), 윤술용(밀양군 상남면 예림리), 윤주환(부산형무소), 은희봉, 이병섭(창원군 상남면 가음정교회), 이성관(울산읍교회), 이수필(부산부 보수동 광복교회), 이약신(진해읍 진해교회), 이영규(부산부 서대신동 1가 100), 이영환(하동읍교회), 이재만(창원군 웅동면 마천리교회), 이학경(?), 임도오(통영군 사등면 사등교회), 임학찬(부산상업실천학교), 주남선(거창읍교회), 조상민, 전성도(김해읍교회), 지수왕(진영읍 진영교회), 진종학(통영군 문화동교회), 한대식(진주부 남성동 성남교회), 한명동(부산부 영도교회), 한상동(부산부 초량교회), 한익동(부산부 광복교회), 홍순탁(함안 역전 말산교회), 황철도(진주부 봉래동교회).

남선, 배성근 등을 지지하는 일파, 셋째, 양측에 직접적으로 관여하지 않았던 노진현(盧震鉉), 심문태(沈文泰), 이수필(李秀弼) 등 중간파가 있었다.

해방 당시 부산시의 교회는 약 30여 개 처에 불과했다. 1949년 6월 당시 경남노회, 곧 부산경남 지역 장로교회 수는 280개 처였는데, 이중 부산부에 속한 교회는 19개 처, 동래부에 속한 교회는 12개 처였다.[15] 교회 명단은 아래와 같다.

부산부(釜山府)의 19개 처 교회

부산진교회(좌천동), 초량교회(초량), 항서교회(부용동), 영도교회(현 제일영도교회, 영도 영선동), 항남교회(남부민동), 중앙교회(대청동, 현 광안동 부산중앙교회), 광복교회(보수동), 항도교회(곡동), 부전교회(부전동), 초읍교회(초읍동), 양노원교회(초량), 대연교회(대연동), 감천교회(감천동), 다대교회(다대동), 하단교회(하단동), 수영교회(수영), 해운대교회(해운대), 동래읍(수안동, 현 수안교회) 상애원교회(용호동).

동래부에 속한 12개 처 교회

구포교회(구포읍), 금성교회(구포읍), 사상교회(사상면), 기장읍교회, 송정교회, 월전교회(이상 기장면), 좌천교회, 내덕교회, 신평교회(이상 일광면), 평전교회(정관), 장전교회(철마), 두구교회(북면).

1951년 4월 당시 부산지방의 장로교회수는 약 50여 개 처에 불과했다. 기독청년면려회 경남연합회가 펴낸 "대한예수교장로회 경남노

---

[15] 기독청년면려회 경남연합회 편, '경남노회소속교회명부'(1949. 6).

회 교회 및 교역자명부(1951. 4)에 의하면 부산지역의 장로교회는 아래의 41개 처로 보고되어 있다. 괄호 안의 지역은 교회 소재지, 인명은 당시의 교역자이다.

초량교회(초량동, 구영기), 성산교회(좌천동, 김승곤), 부산진교회(좌천동, 김성여), 남교회(광복동, 한명동), 제1영도교회(영도, 박손혁), 제2영도교회(영도, 김영진), 제3영도교회(영도, 박상순), 항서교회(부용동, 김길창), 항남교회(남부민동, 권남선), 항도교회(초장동, 송상석), 서부(동대신동, 손의원), 대신동교회(대신동, 홍반식), 서대신동교회(대신동, 정규창), 완월동교회(완월동, 김현중), 중앙교회(중앙동, 노진현), 광복교회(광복동, 이수필), 부민교회(부민동, 오종덕), 아미동교회(아미동, 최대연), 성경교회(충무동, 김신욱), 은혜교회(좌천동, 박병호), 대연교회(대연동), 우암교회(우암동, 강수룡), 성진교회(범일동, 정해동), 거제교회(거제동, 이갑득), 서면교회(서면), 초읍교회(초읍동), 감천교회(감천동, 윤상두), 다대교회(다대동, 배근호), 하단교회(화단동, 민영석), 수영교회(수영동, 서영수), 해운대교회(감장원), 동래읍교회(수안동), 온천교회(온천동, 이경석), 송도교회(암남동, 진열근), 제4영도(청학동, 이달용), 양노원교회(온천동, 한형세) 등 36개교회가 있었다.

지금은 부산시에 편입되어 있지만 당시 동래군에 속한 교회로 현재 부산으로 간주되는 지역의 교회로는, 금성교회(구포), 구포읍교회(구포), 사상교회(사상), 엄궁교회(사상, 지수만), 두구교회(북면) 등 5개 처가 있었다.

장로교 아닌 교파는 해방 이후 부산지방에 소개되지만, 예외적인 경우가 없지 않았다. 대표적인 경우가 성결교회인데, 수정동성결교회는 1918년 4월에, 온천중앙성결교회는 1918년 9월에 설립된다. 위의 두 교회 외에 역사가 오랜 성결교회로는 동광성결교회(1945. 12.15), 영도성결교회(1951. 11. 9)가 있다.

감리교회가 부산에 소개된 것도 해방 이후인 1946년이었다. 경남지방에 설립된 첫 감리교회는 1901년에 설립된 진영교회라고 말하지만 이는 사실이 아니다. 본래 1901년 장로교회로 설립되었으나 후에 교회 문제로 장로교를 떠나 소속을 감리교회 바꾼 것이다. 부산에 설립된 첫 감리교회는 1948년 7월에 설립된 부산제일감리교회였다. 이어서 부암감리교회(1951.1), 해운대감리교회(1951. 1)가 설립된다. 그래서 1951년 4월 당시 부산에서 장로교회가 아닌 다른 교파 교회는 10개 미만이 있었을 뿐이다.

일본인 교회로 남아 있던 교회가 해방 후 한국인교회로 전환된 경우도 있다. 일제 치하의 부산에서 일본인 교회가 가장 많았을 때가 7개 교회였는데, 해방 당시 대표적인 일본인 교회는 1903년에 설립(1906년 1월 설립되었다는 주장도 있다)된 성공회, 1904년 설립된 일본기독교회, 그리고 1913년 설립된 일본감리교회였다. 1903년 일본인을 위한 교회로 시작된 부산성공회는 1914년 대청동 2가 17-18번지의 385평을 매입하였고, 1924년 10월 말에는 40평 규모의 성당을 건축했다. 이때 성 구주성당(St. Saviour's Church)으로 명명되었다. 해방 이듬해인 1946년 1월 한국인 신부 임인재(요셉)에게 인계되어 한국인 교회가 되었고, 부산 중구 대청로 99번길 501에 위치하고 있다. 1924년 건축된 예배당이 현재까지 사용되고 있다.

1904년 2월 일본인을 위해 설립된 일본기독교회는 아키모토 시게오(秋元茂雄) 목사에 의해 중구 보수동 현 광복교회 위치에 설립되었는데, 처음에는 10명 미만의 소규모교회였으나 점차 교인수가 증가하여 1910년 11월에는 그 자리에 자체 교회당을 건축하기도 했다. 해방 당시 담임 목사는 가라우시 다다시(唐牛正) 목사였는데, 그는 1945년 11월 마지막 예배를 인도하고 이 교회를 윤인구 목사에게 인계하여 광복교회로 출발했다.[16] 이운형 목사가 이 교회당을 인수하여 1945년 11월에 교회를 설립했다는 주장도 있다.[17] 그런데 일본인이 건축했던 이 교회당은 전쟁 중 소실되었다.[18]

1913년 4월 일본인 나가야마(中山忠怒) 목사에 의해 시작된 일본 감리교회는 1920년 5월에 부산 대청정 2정목 25번지의 집을 매입하여 예배처로 사용하였다. 1932년 9월에는 대청동 2가 25번지에 교회당을 신축했다. 해방 당시 담임 목사는 에노모도(榎本泰治) 목사였다. 해방 후 일본인들이 부산을 떠나게 되자 일본에서 귀국한 노진현(盧震鉉) 목사가 일본인 목사 에노모도 목사로부터 이 건물을 인수받아 1945년 12월 2일 첫 예배를 드렸는데, 이것이 부산 중앙교회의 시작이었다.

또 1911년 당시 부산에는 서면지역에 2개 처의 구세군교회도 있었던 것으로 알려져 있다.[19]

---

[16] 방덕수 편, 『윤인구, 그 참다운 삶과 정신』 (부산: 제일인쇄, 1988), 20.

[17] 이인숙, 이덕화 편, 『백광일기』 (서울: 장로교출판사, 2006), 175.

[18] また、釜山教会の場合、韓国の教会(光復教会－宝水洞)にお讓りした礼拜堂は、殘念ながら戰時火事で消失してしまいました。전쟁 전의 일본기독교회(日本基督教會) 부산교회에서 세례를 받은 유키 히대오(幸日出男) 씨가 필자에게 보낸 2010년 11월 18일자로 편지에 근거함.

[19] 1911년 2월 당시 부산, 경남 지방의 장로교 및 구세군의 교세현황은 다음과 같다.

교파	교회당	선교사	전도(조)사	신도수	부속학교
장로교	103	20	133	9,293	10
구세군	2	0	2	46	0

(자료, 田口春二郎 編, 『最新朝鮮一般』, 朝鮮總督府 警務摠監府, 309-11).

3
교회 쇄신운동

　해방을 맞은 한국교회가 시급히 해야 할 과제는 두 가지였다. 첫째는 친일청산을 통해 신앙적 정의를 확립하는 일이었고, 다른 한 가지는 해산된 교회와 교회조직을 재건하고 교회를 쇄신하는 일이었다. 이 두 가지 과제는 별개의 것이 아니라 상호 관련된 동시적 과제였다. 그러나 불행하게도 한국교회는 이 두 가지 과제를 성공적으로 수행하지 못했다. 마치 우리나라가 해방 후 친일청산에 실패했던 것처럼 한국교회도 반 신앙행위를 반성하고 청산하는 데 실패했다. 해방 후 친일 전력(前歷)의 인사들은 신속한 변신을 통해 여전히 교권을 장악하였고, 교회쇄신론자들의 교회 재건을 위한 노력은 교권주의자들의 저항에 직면했다. 해방 정국의 혼란은 교계도 동일했다. 친일전력의 교권주의자들과 교회쇄신론자들 간의 대립은 결국 교회 분열로 이어졌다.

북한과 서울에서의 재건운동

　이북에서의 교회 재건 혹은 쇄신운동은 공산정권의 수립으로 와해되고, 김화식 김인준 이정심 목사(이상 1947년), 김철훈(1948), 이유택 목사(1949) 정일선 목사(1950) 등은 순교당하고 교회는 파괴되었다. 공산정권의 압제하에 있던 많은 이들은 월남의 길을 선택했는데, 그 수는 1947년 말까지 80만 명에 이르는 것으로 보고 되었다. 북한에서의 교회는 와해되고 일부는 '침묵의 교회'로 남게 되었다.

서울에서도 교회재건운동이 일어났으나 그것은 일제 하에서 해산된 교회조직, 곧 치리회의 정비와 재조직, 그 이상의 의미가 없었다. 서울에서는 '일본기독교조선교단'을 그대로 존속시키려는 움직임까지 있었다. '일본기독교조선교단'이란 일제의 압력에 의해 통합되어 일본기독교에 편입되었던 교회 조직이었다. 성결교, 안식교, 동아기독교 등이 강제 해산된 가운데, 장로교는 '일본기독교조선장로교단'으로 (1943.5), 감리교는 '일본기독교조선감리교단'으로(1943.8) 예속되어 있었으나 1945년 7월 19일에는 장로교, 감리교, 구세군 등 모든 교파를 망라하여 '일본기독교 조선교단'으로 통폐합되어 일본기독교에 완전히 예속되었다. 중앙 조직은 장로교와 감리교에서 통리와 부통리를 맡았는데, 통리가 장로교의 김관식(金觀植, 1888-1848) 목사였고 부통리가 감리교의 김응태(金應泰, 1890-1971) 목사였다. 지방에는 교구장을 두었고, 조선 8도 외에 중국에도 지부를 두었다. 이들이 업무를 시작했을 때가 8월 1일이었다. 해방되기 꼭 15일 전이었다.

'일본기독교조선교단'이 해체되자 남한에서의 각 교파의 복원운동으로 발전하였다. 1945년 9월 말까지 장로교, 감리교, 성결교, 구세교, 침례교, 안식교 등 각 교파의 복원작업이 진행되었다. 장로교의 경우 1946년 말까지 지방별로 노회가 재건되었고, 1946년 6월에는 '남부총회'가 소집되었다. 즉 1946년 6월 11일부터 13일까지 3일간 11개 노회 54명의 총대가 참석한 가운데 서울 승동교회에서 '대한예수교장로회 남부총회'가 조직된 것이다. 남한지역에서만이라도 총회를 구성하여 한국장로교회를 재건해야 한다는 취지였다. 이 때 재야 교역자였던 배은희(裵恩希, 1888-1966) 목사가 회장으로, 함태영(咸台永, 1873-1964) 목사가 부회장으로 선임되었다. 이 총회는 두 가지 중요한 결의를 했는데, 그것은 장로교 제27회 총회가 범과(犯過)한 신사참배 결의를 취소한다는 것과 1940년에 설립된 조선신학교를 남부총회 직영신학교로 가결한 일이었다. 신사참배 결의에 대한 취소는 그 후 제34회 총회(1948)와 제38회 총회(1952)에서 반복되었다. 조선신학교에 대한 결의는 후일 논란의 불씨가 되었다.

부산, 경남에서의 재건 운동

부산, 경남지방에서에도 교회재건 운동이 일어났는데, 해산된 노회의 재조직과 함께 신사참배의 죄에 대한 회개와 함께 영적 쇄신을 추구했다. 이런 점에서 필자는 '교회쇄신운동'이라고 부른다. 부산에서 교회 쇄신운동은 친일전력 인사들의 강력한 저항에 직면하여 이 대립은 경남노회의 분열(1949)을 초래했고, 결국 한국장로교회의 분열로 이어졌다. 부연하면, 해방이 되자 부산 경남지방 교계 지도자들, 곧 최재화(崔載華), 권남선(權南善), 김길창(金吉昌), 노진현(盧震鉉), 심문태(沈文泰) 등 20여 명은 1945년 9월 2일 부산진교회에서 회집하여 '신앙부흥운동 준비위원회'를 조직하고 "과거의 모든 불손한 요소를 청산하고 순복음적 입장에서 조선예수교장로회 경남노회를 재건" 할 것을 결의했다. 이 결의에 따라 최재화, 심문태, 두 사람의 이름으로 선언서를 발표하였다. 9월 18일에는 이들을 중심으로 부산진교회당에서 경남노회 재건을 위한 노회를 개최했다. 1943년 5월 5일 일제에 의해 장로회 총회가 해산됨에 따라 경남노회도 그해 5월 25일 "경남노회는 발전적으로 해소(解消)한다"는 성명을 발표하고 타의에 의해 해산되었는데, 이 해산된 노회를 다시 조직하게 된 것이다. 노회장에는 심문태, 부회장 최재화, 서기 강성갑, 회계 구영기 목사가 각각 선임되었다.[20] 이때 '자숙안'(自肅案)이 상정되었다. 목사, 전도사, 장로는 일제히 자숙에 옮겨 일단 교회를 사직하고, 자숙기간이 종료되면 교회는 교직자에 대한 시무투표를 시행하여 그 진퇴를 결정한다는 내용이었다.

경남노회에서의 자숙안은 북한에서의 그것보다 더 엄격한 것이었다. 북한에서의 자숙안은 "2개월 간 휴직하고 통회 자복하는" 것이었으나 경남노회 안은 "일제히 자숙하고 일단 교회를 사임하는" 것이었다. 이 안은 부산진교회의 최재화 목사를 중심으로 강주선, 김상순, 윤술용 목사 등에 의해 제안된 것이었다. 이때는 주남선, 한상동 목사 등 이른바 출옥성도가 남하 하기 이전이었고, 자숙안은 출옥성도들에 의해 제안된 것이 아니었다. 자숙안을 발표했으나 신사참배를 수용했던 친일 전력의 인사들은 이 안을 거부했다. 이들은 "신사참배는 우리가 양심적으로 이미 해결한 것인데 해방이 되었다 하여 죄로 운운함은 비양심적이다"라고 말하면서 자숙안을 거부했다. 뿐만 아니라 이들은 노회 주도권을 장악함으로 일제하에서 누렸던 기득권을 유지하고자 했다. 그래서 이들은 '교권주의자'라고 불리게 된 것이다. 이때부터 교회 쇄신론자들과 친일 전력의 교권주의자들은 대립하게 된다.

1946년 12월 3일 진주 봉래동교회에서 모인 제48회 경남노회에서 김길창 목사는 노회장이 되었고, 신사참배에 대하여 더 이상 거론하지 못하도록 가결했다. 이때부터 평신도들의 거센 항거가 일어났다. 1947년 1월 3일자로 부산의 초량교회, 부산진교회, 영도교회, 마산의 문창교회, 거창의 거창읍교회, 남해의 남해읍교회 등 6개 교회는 공동으로 성명서를 발표하고 교회 쇄신운동을 지지하였고, 부산노회 소속

---

[20] 이인숙, 이덕화 엮음, 『백광일기』, 173.

67개 교회는 제48회 노회의 결의에 항거하고 한상동 목사를 지지하는 성명서를 발표하였다. 부산의 초량교회에서는 신도대회(信徒大會)를 개최하여 철저한 회개와 자숙 등 교회개혁을 요구했다.

사태가 이렇게 발전하자 1947년 3월 10일 구포교회에서 개최된 임시노회에서 김길창 노회장과 임원은 총사퇴했다. 그해 3월 24일에는 마산 문창교회 등 68개 교회 평신도 대표 200여 명이 모여 '경남노회의 부패성과 그 교권주의자들의 비양심적인 태도'를 규탄했다.

경남지방에서의 교회쇄신론자들과 친일전력의 교권주의자들의 대립은 1948년 12월 7일 마산문창교회 별관에서 개최된 제50회 경남노회에서 심화 되었다. 논란의 와중에서 3일을 보내고 김만일 목사를 노회장으로 선임했다.[21] 김길창 목사 측이 주도권을 장악한 것이다. 이런 상황에서 양심의 가책을 느낀 한대식 목사는 자신의 죄를 고백했다. 그는 신사참배는 물론 '미소기바라이'(禊祓)[22]를 한 사람이라고 고백했다. 회중은 숙연해졌다. 이때 김길창 목사는 "미소기바라이가 무엇인가? 나는 들어보지도 못한 말"이라고 했다. 그의 거짓됨을 보고 노회원들은 분노했고 한상동 목사는 그를 제명해야 한다고 동의안을 제기했다. 급격한 반전이었다. 불리해진 상황에서 김길창 목사는 노회장을 이탈했다. 그는 별도의 노회 조직을 의도하고 1949년 3월 8일 부산 항서교회에서 10여 명의 지지자들을 규합하여 별도의 사조(私組) '경남노회'를 조직했다. 이를 51회 노회로 명명하고, 총회에 파송할 총대를 선출했다. 기존의 경남노회를 이탈하여 별도의 노회를 조직한 것은 자

---

[21] 김석진, 『한세상 다하여』 (광명출판사, 1972), 180. 이 당시 노회록은 소실되었는데, 『대한예수교장로회 부산노회 100회사(통합)』에서는 노회장을 노진현으로 기록하고 있으나, 이것은 노회록이 소실된 가운데 작성된 오측으로 보인다.

[22] 한자로 계불(禊祓)인 신도의 정결예식인데, 정확한 발음은 '미소기하라이'이지만 통상 '미소기바라이'라고 말해왔다.

기 보위를 위한 수단이었다. 이것이 해방 후 한국장로교회 분열의 시작이었다. 그해 3월 8일에는 예정대로 마산 문창교회에서 본래의 경남노회 제51회 정기노회가 개최되었다. 이 노회에서도 총회에 파송할 총대를 선출했다. 이 노회는 앞의 사조 노회와 구별된 법적 정통성을 지닌 노회라는 점을 드러내기 위해 '경남법통노회'라고 불렀다. 이것이 경남노회의 분열이자 한국장로교회 분열의 시작이었다.

4
고려신학교의 설립

해방 후 장로교계 신학교의 설립은 교회 분열과 무관하지 않았다. 감리교의 경우, 해방 이듬해인 1946년 9월 '교회지도자 양성'이라는 목표로 평양에 성화(聖化)신학교를 설립하였으나 공산정권하에서 폐쇄되었다. 남한에서는 소위 재건파에 의해 1946년 2월 서울에 '감리교신학교'를 개교하였고, 부흥측에서는 1948년 3월 '조선감리회 서울신학원'을 설립하였다. 두 학교는 대립하는 듯했으나 양측은 1949년 4월 무조건 통합하여 하나의 신학교로 단일화 되었다. 따라서 교회 분열도 막을 수 있었다. 그러나 장로교의 경우는 사정이 달랐다.

해방 후 가장 먼저 설립된 신학교는 1946년 9월 20일 부산 동구 좌천동에서 개교한 고려신학교였다. 주남선(朱南善)과 한상동(韓尙東) 목사는 한국교회 재건을 위해서는 '정통신학'에 기초한 신학교육이 긴요하다고 보아 고려신학교를 설립한 것이다. 해방 당시 장로교계 신학교는 1940년에 설립된 '조선신학교' 뿐이었다. 이 학교는 1946년 6월 11일 서울 승동교회당에서 회집한 '남부총회'에서 장로교 직영 신학교로 승인되었다.[23] 그러나 한상동 목사는 조선신학교를 현실 타

---

[23] 이때의 결의문은 다음과 같다. "조선신학교를 총회가 직영키로 하고 대학령에 의한 신학교로 하기로 함." 이 결의문은 총회록에는 기록되지 않았다. 『총회회의록』11권(1946-1956) (대한예수교장로회 총회, n.d.), 1-6참고. 1946년 6월 11-14일 개최된 남부총회에서는 전주서문교회 배은

협적인 학교로 간주하여 이 신학교에 한국교회의 미래를 맡길 수 없다고 보았다. 그래서 그는 주남선 목사와 신학교 설립을 합의하고 박윤선 목사의 협조를 받았다. 1946년 7월 9일 진해읍교회당에서 개최된 경남노회 제47회 임시노회에서는 신학교 설립을 허락 받았다.[24] 그래서 박윤선 목사를 임시 교장으로 고려신학교를 개교하게 된 것이다. 첫 교수단은 박윤선 외에도 김진홍, 한상동, 한명동 등이었고, 곧 한부선(Bruce F. Hunt), 함일돈(Floyd Hamilton), 마두원(馬斗元, Dwight L. Malsbary), 최의손(William H. Chisholm) 등 선교사의 도움을 입었다.

고려신학교는 출발부터 순탄치 못했다. 교회쇄신운동을 반대하는 이들이 고려신학교를 반대했기 때문이다. 논란 가운데 1946년 12월 3일 진주에서 모인 경남노회 제48회 정기노회는 고려신학교 인정결의를 취소하고 학생 추천도 거절했다. 후일 고려신학교 문제는 총회문제로까지 비화 되면서 격한 논란에 휩싸이게 된다. 1947년 10월 14일에는 박형룡 박사가 고려신학교 교장으로 취임했다. 이때 조선신학교에 재학하고 있던 학생 34명이 부산으로 내려와 고려신학교에 편입했다. 이들은 조선신학교의 신학교육에 반대했던 '신앙동지회' 출신들이었다. 그러나 6개월 후인 1948년 4월 박형룡은 교장직을 사임했다. 설립자인 한상동 목사와의 학교운영에 대한 견해차 때문이었다. 그가 교장직을 버리게 되자 고려신학교 인사들은 박형룡 박사도 수용하지 못하

희 목사를 총회장으로 선출했고, 장로교 제27차 총회에서 가결했던 신사참배 결의안을 취소하고, 총회회수를 32회로 하기로 했다. 조선예수교장로회 총회는 1943년 5월 5일 해산되었는데, 이제 다시 재건된 것이다.

[24] 이때의 결의는 다음과 같다. "고려신학교 설립건은 한상동 목사의 취지와 경과보고를 듣고 본 노회에서 인정하고 원조하는 의미로 노회에서 관리하는 진해교회 부속건물 2동을 교사와 기숙사로 사용하기로 가결하다."

는 독선적 집단으로 매도되었다. 1948년 5월에 소집된 장로교 제34회 총회에서는 '고려신학교는 총회와 무관한 학교이고 노회는 학생을 천거할 필요가 없다'고 결의했다. 그해 9월 21일에 모인 경남노회는 다시 고려신학교 승인을 취소했다. 이런 상황에서 고려신학교를 지지하는 교회쇄신론자들과 이를 반대하는 이들 간의 대립의 심화되었다. 고려신학교는 설립자의 의도와는 상관없이 경남노회에서 논란의 중심이 되었다.

고려신학교를 떠난 박형룡은 1948년 6월 20일 서울 창동교회에서 시작된 새로운 신학교에 가담하여 임시교장에 취임했다. 박형룡이 고려신학교 교장으로 취임했을 때 따라왔던 34명의 학생 대부분이 다시 박형룡을 따라 이 학교로 옮겨갔다. 이 학교가 현재의 장로회신학대학교로 발전하고 있다. 이 학교 설립을 주도한 이들이 권연호, 계일승, 김선두, 김현정, 이운형, 이인식, 전인선 등이었다.[25] 이렇게 되자 장로교회에는 고려신학교 외에도, 김재준이 이끄는 조선신학교와 박형룡이 중심이 된 장로회신학교가 존재하게 된 것이다.

그런데, 장로회신학교도 1949년 4월 제35회 총회에서 직영신학교로 가결됨으로써 신학적 입장을 달리하는 두 신학교가 총회직영학교로 가결되었다. 그런데 장로회신학교와 조선신학교 간의 대립이 심화되자 1951년 5월 총회는 양 신학교의 직영을 취소하고, 양 신학교를 합동하여 새로운 신학교를 설립하기로 결의했다. 이 결정에 따라 1951년 9월 18일 새로운 대구에서 신학교를 개교했는데, 이것이 '총회신학교'였다. 감부열(Edwin Campbell) 선교사를 초대교장으로, 인돈(William Linton), 권세열(Francis Kinsler), 조하파(Joseph Hopper) 선

---

[25] 『장로회신학대학 70년사』(서울: 장로회신학대학, 1971), 130.

교사와 김치선, 계일승, 명신홍, 박형룡 한경직 목사가 초대 교수로 추대되었다.[26] 이 때 조선신학교 측은 학교 통합에 응하지 않고 독자적으로 신학교를 운영하다가, 1953년 '기독교장로회'라는 이름으로 분립했고, 조선신학교는 한신대학교로 발전하고 있다.

대구에서 시작된 총회신학교는 1953년 서울로 옮겨가 남산의 구 조선신궁 자리에서 수업했다. 이 자리가 적산(敵産)이었으므로, 정부로부터 불하를 받아 교사 건축을 준비하는 과정에서 3,000천 만 환을 사기당하는 사건이 발생하였다. 이에 대한 책임을 묻는 과정에서 에큐메니칼운동을 지지하는 측과 이를 반대하는 측이 대립했다. 이 싸움은 결국 1959년 대전에서 모인 제44차 총회에서 폭발했다. 총회가 두 파로 나뉘어, 에큐메니칼 측이라고 불린 연동측은 서울 광진구 광장동 353번지 1만 9천 평의 대지를 구입하여 교사를 짓고 '장로회신학교'로 새 출발 하였고, 에큐메니칼운동을 반대하는 NAE측인 승동측은 사당동에 교사를 짓고, 옛 이름 그대로 '총회신학교'로 출발하였다. 전자가 지금의 장신대학교로, 후자가 총신대학교로 발전하고 있다.

---

[26] 『장로회신학대학 70년사』, 135; 이요나, 『총신90년사』(서울: 양문, 1991), 350.

부산경남지방 기독교 연구

제 2 장

용두산 신사(神社)는 누가 불태웠는가?

1945년 11월 17일 토요일 오후 6시 경. 아직 거리의 움직임을 어렴풋이 식별할 수 있는 초저녁, 용두산(龍頭山) 신사(神社)가 불길에 휩싸였다. 현재의 부산 용두산 공원에 자리하고 있던 용두산 신사는 우리나라에 세워진 가장 오래된 신사로서 1675년 3월 금도비라신사(金刀比羅神社)로 시작되었다. 한국에서 신사제도의 기원이 되는 신사라고 할 수 있다. 그런데, 해방된 지 꼭 3개월이 지난 이날 신사 배전(拜殿)에서 발화된 불길은 부산 앞바다에서 불어오는 해풍을 맞으며 순식간에 본전(本殿)으로 진화되면서 신체(神體)는 걷잡을 수 없는 불길에 휩싸였다. 신사 경내에 있던 소나무 등 수목은 불길을 전파하여 용두산 신사를 불태웠고, 신사의 배전으로 들어가는 입구, 곧 새가 머무는 곳을 상징화한 도리이(とりい, 鳥居, ㅠ 자 모양의 신사입구)도 검게 그슬려 흉칙한 잔해로 남게 있었다. 이날의 화제에 대해 11월 19일(월)자 「민주중보」(民主衆報)[27]는 "용두산 신사 소멸", "방화혐의 농후... 일인의 모략"이라는 제하에서 이렇게 보도했다.

> "'우리나라는 신국(神國)이요, 신(神)이 보호하는 우리 국체(國體)는 영원히 불멸할 것이며 우리는 동아(東亞)의 맹주다'하고 덤비던 일본제국 착취 정부도 말말이 신국을 절규하며 또 우리 동포들은 40년 동안 소위 황국신민화라는 미명 아래 기회마다 숭배치 않으면 안 된다고 참배 요배(遙拜)를 시키던 식민지에 대한 기만정책의 본영인 부산 용두산 신사가 지난 17일 오후 원인불명의 화재로 소멸하였다. 물론 해방된 그날부터 시민이면 누구 없이 용두산 신사의 처분

---

[27] 이 신문은 미군정기 부산 최초이자 최대의 신문으로 1945년 9월 1일 김형두(金炯斗)에 의해 부산시 중구 대창동에서 「중보 衆報」라는 제호로 창간되었다. 체재는 타블로이드판 2면제였다. 얼마 후 「민주중보 民主衆報」로 제호가 변경되었다. 이 신문은 통신사가 제공하는 기사로 중앙의 소식을 게재하는 한편 부산을 중심으로 경상남도 지방의 소식을 보도하는 데 주력하였다. 후에는 제호를 「민주신보 民主新報」로 다시 변경하였다. 폐간일자 미상.

문제에는 많은 관심을 두고 있던 차에 이러한 사건이 생겼으므로 아까운 생각은 없을 것이다. 소방서에 이 화재 원인을 물은 즉 아직 확실치 않다고 하나 방화의 의심이 많다고 하며 항간에는 일인의 모략 방화라는 소리도 높다. 만약 일인의 방화라면 과거에 있어서 소위 신부(神符)라고 숭배하던 신사를 왜 태워버렸는지 그 심리를 모르나 여하간 악괴의 본성을 폭로한 것이다."

용두산 신사는 가장 역사가 오랜 신사일 뿐 아니라 부산지방의 대표적인 신사였다. 일본인들이 부산에 상주하게 되면서 항해의 안전을 기원하는 금도비라신(金刀比羅神)을 모신 사당을 부산진에 지었는데, 1678년 왜관을 용두산 기슭으로 옮기면서 쓰시마 번주(宗義眞)가 금도비라신사(金刀比羅神社)를 건립하였다. 이 신사가 1894년에는 거류지 신사로 개칭되었다. 그런데 당시만 해도 이 신사가 초라하여 부산 거류 일본인들이 거액을 모금하여 신사재건사업을 전개하여 1899년 준공하고 그해 7월 8일에는 신사 천궁식(遷宮式)을 거행하였다.

1900년에는 이 신사가 용두산 신사로 개칭되었다.[28] 이 용두산 신사는 천조황대신(天照皇大神)을 비롯하여 항해의 안전을 지켜 준다 하여 뱃사람이 신봉했던 금도비라신, 바다의 신인 주길대신(住吉大神), 관원대신(菅原大神), 총국대신(總國大神), 풍국대신(豊國大神) 등 여러 신들을 모시는 사당이었다. 1910년 당시 우리나라에는 31개의 신사(神社) 혹은 신사(神祠)가 있었는데 용두산 신사는 으뜸이었다. 1915년에는 용두산 신사는 새로운 건물인 신락전(神樂殿)을 건립하였고, 1916년 10월 15일 용두산 공원 조성을 계기로 용두산 신사는 일제의 현존과 일본적 종교의 중요한 거점이자 부산의 명소로 소개되

---

[28] 近藤喜博, 『海外神社の史的研究』(1943), 47-8.

기 시작한다.

조선총독부는 1915년 8월 "신사는 국가의 종사(宗祀)로서 존엄한 우리 국체의 성립, 찬란한 역사의 발자취와 표리일체를 이룬다. 경신(敬神)의 참뜻을 명징하여 이 도(道)의 융성을 꾀하고자 하는 것은 국민사상의 함양에 절대 필요한 일"이라고 하여 신사사원규칙(神社寺院規則)을 공포하고 신사의 건립을 장려하는 한편 신사참배를 강제하려는 의도를 드러냈다.

1917년 3월 조선총독부는 '신사에 관한 건'을 발표하여, "신사(神社)가 아니면서 공중이 참배할 수 있도록 신불을 봉사하는 곳"을 신사(神祠)라 하여, 신사(神社)의 요건을 갖추지 못한 작은 사당이라도 신사와 같은 역할을 할 수 있도록 그 설치를 장려하였다. 이런 조치에 따라 3·1독립운동이 일어나던 1919년 당시에는 신사(神社)가 36개, 신사(神祠)가 41개, 조선에서의 신사제도의 총본산인 조선신궁(朝鮮神宮)이 설립되던 1925년에는 신사(神社) 42개, 신사(神祠)가 108개에 달했다. 1925년부터 조선인에게 신사참배를 강요하려는 의지가 드러나기 시작하지만 구체적으로 강요된 것은 1935년 이후였다. 앞서 인용한 "경신(敬神)의 본의에 철저하다."는 의미는 구체적으로 신사참배를 의미했고, 그것은 국가제사 혹은 국민의례로서 어떠한 종교 신앙과도 배치되지 않는다고 보았다. 특히 1935년 4월 정무총감(今井田淸德)은 도지사 회의석상에서, "신을 경배하고 조상을 숭배하는 것이 우리가 나라를 세운 도의 요체이고, 국민도덕의 연원임에 비추어 이를 명징하고 선양함으로서 날로 국민정신의 진작, 경장을 도모할 것이다"고 훈시하고, "신사에 참배하여 경건한 기(氣)를 갖고 감사하는 것이 품성 도야에 알게 모르게 심대한 영향이 있음을 부인하기 어려운 사실"이라고 하여 신사참배를 강요할 것임을 보다 분명히 했다.

1936년 8월에는 신사제도개정에 관한 5건의 칙령이 발표되었다. 이때 경성신사와 함께 용두산 신사가 국폐사(國幣社)로 격상되었다. 국폐사란 조선총독부가 관리비용 일체를 부담하는 신사였다. 곧 이어 대구신사(1937), 평양신사(1937), 광주신사(1941), 강원신사(1941), 함흥신사(1944), 전주신사(1944)가 국폐사로 격이 정해졌고, 조선신궁을 보좌하는 관폐대사로서 1939년 부여신사를 창립했다. 정리하면, 이세(伊勢)신궁에 직접 봉사하는 조선신궁과 이를 보좌하는 관폐대사로서 부여신궁을 두고, 그 아래 용두산 신사 등 국폐사로 격이 정해진 신사를 두고, 그다음에 거류민설치 신사를, 맨 밑에는 민중과 일상적으로 접촉하는 신사(神祠)를 두어 신사제도의 계층제가 확립되었다. 이렇게 볼 때 용두산 신사는 신사제도에 있어서도 중요한 곳이었고, 신사참배가 강요된 1935년 이후 부산지방에서의 참배의 중요 거점이었다. 기독교인들에게 있어서 신사는 한국인들의 정신과 영혼을 짓밟는 귀신들의 전당이었고, 기독교인들의 원부(怨府)였던 것이다.

불타기 전의 용두산 신사

따라서 해방과 함께 일본종교의 거점이었던 신사는 불타거나 파괴된 것은 당연한 일이었다. 서울 남산의 조선신궁의 경우, 일제의 패망이 확실해 지자 조선총독부가 도리이는 남겨둔채 신궁의 본전(本殿)까지 스스로 소각하고 파괴했다. 그러나 대부분의 경우 한국인들에 의해 불탔다. 해방 후 8일 만에 전국 136개 처의 일본 신사가 불태워졌다. 그럼에도 불구하고 부산의 용두산 신사는 해방되고 3개월이 지나도록 멀쩡하게 남아 있었다. 그런데 1945년 11월 17일, 부산 앞바다의 세찬 바람이 귓전을 스치는 음산한 저녁 무렵, 용두산 신사에 불이 붙기 시작하고 불길은 삽시간에 이것 저곳으로 진화되었다. 사람들은 조선 사람들의 억지 절까지 받아먹어 화력(火力)이 세다고 생각했다.

용두산 신사는 다른 곳과 마찬가지로 도리이(鳥居)라고 불리는 'ㅠ'자 모양의 입구가 있었다. 도리이는 일본 지도에서 신사를 가리키는 표지이기도 하다. 도리이를 지나 계단을 올라가면 석등(石燈)이 늘어져 있고 그 길을 따라 좀 더 들어가면 한 쌍의 사자상이 있는데, 흔히 해태상이라고 말하지만 일본말로는 '고마이누'라고 한다. 이것은 해태상과 마찬가지로 악귀를 막는 수호상이었다. 신사 건물 앞쪽 한 귀퉁이에는 약수터같이 보이는 곳이 있는데 데미즈야(手水舍)라고 부른다. 신 앞에 나아가기 전에 몸과 마음을 정결케 한다는 의미로 손을 씻는 곳이다. 이런 정화의식을 '하라이'라고 부른다. 이런 석상 뒤에 있는 것이 배전(拜殿)이다. 이곳이 참배자들이 두 번 절하고 두 번 손벽을 치는 곳이다. 그 뒤에 신사에서 가장 중요한 건물인 본전(本殿)이 있다. 본전을 신전(神殿), 혹은 정전(正殿)이라고 부른다. 본전에는 제신과 제신을 상징하는 예배 대상물 곧 신체(神體)가 모셔져 있어 일반 참배자의 출입이 금지된다. 현재 부산탑이 위치한 곳이 본전이 서 있던 자리였다. 경내에는 소나무(神木)들이 있었고 그 둘레에는 새끼줄에 흰 종이오리를 여러 갈래로 드리운 일종의 금줄 같은 것이 걸려 있었다. 이런 금줄을 '시메나와'라고 하는데, 신선(神仙)지역을 나타내는 표시였다.

이날 화제는 배전에서 시작되어 본전과 경내로 확산되었다. 비록 신사가 불탔으나 「민주중보」의 기사처럼 그 누구도 이를 애석하게 여기지 않았다. 문제는 어떻게 이 신사가 불탔을까? 방화의 혐의가 짙다고 보았지만 어떤 단서도 찾을 수 없었다. 혹자는 하늘의 천사가 내려와 불을 질렀다고 말했을 만큼 신비로운 것이었다. 필자는 여러 사람들을 통해 용두산 신사가 전소된 것은 분명 하나님이 하신 일일 것이라는 이야기를 여러 차례 들은 바 있다.

용두산 신사의 파괴는 방화에 의한 것이고, 방화자는 청년 집사 민영석(閔泳石, 1909-2011)이었다는 사실을 알게 된 것은 1993년 3월 21일 주일이었다. 부산 대연5동의 새순교회 예배 인도 차 갔다가 이 사실을 방화자 본인의 증언을 통해 알게 된 것이다. 1945년 당시 36세의 부산 사상교회 집사였던 민영석은 한국 그리스도인들의 신앙을 유린했던 신사가 버젓이 서 있는 것을 보고 의분을 감추지 못하고 방화를 결심했고, 이를 다른 이와 결행하면 비밀이 누설될 수 있다고 판단하여 단독으로 방화하기로 작정했다. 일제하에서 신사참배를 반대하여 두 번이나 투옥되었던 그는 직장을 잃었고, 해방 후에는 이승원 전도사의 제매인 김채민 씨가 경영하는 가방공장에 다니고 있었다. 민영석은 가방공장에서 사용하는 염색용 물감을 회석할 때 사용하는 신나를 두되들이 병에 담아 신문지로 숨긴 후 용두산 공원으로 올라갔다. 인적이 드문 틈을 타서 도리이를 지나 계단을 올라 배전으로 갔고, 이곳저곳에 숨겨온 신나를 뿌렸다. 그리고는 불을 붙였다. 불을 붙인 뒤 민영석은 신속히 그곳을 빠져나왔다. 마침 해풍이 불어 불길은 삽시간에 이곳저곳으로 확산되었다.

    이때의 방화는 아무도 모르는 비밀이었다. 민영석은 오직 두 사람의 근친한 친구에게 알렸는데, 그 한 사람이 이승원 전도사(후일 목사가 됨)였고, 다른 사람이 사상교회 방문수 집사(후일 장로가 됨)였다. 후에 민영석은 고려신학교에서 수학하고 1951년 6월 제5회로 졸업하여 목사가 되었다. 함양중앙교회, 병곡교회, 대남교회, 합천가야성산교회, 안의교회, 함안 영생교회, 의령덕실교회, 진주 금산교회 등 서부경남지방에서 목회를 마감하고 은퇴하였다. 그리고는 장남 민상식 집사(현 장로)와 함께 새순교회에 출석하고 있었다. 필자가 민영석 목사를 만났을 때가 바로 이 때였다.

    민영석 목사는 역사를 공부하는 필자에게 용두산 신사 방화 사실을 공개했던 것이다. 나는 이 사실을 듣고 후일에 공개하리라 마음먹고 오늘까지 지내왔다. 그러나 이제는 주변의 여러 분들도 알게 되었고, 지난 2006년 9월 2일 민영석 목사는 필자가 회장으로 봉사하고 있는 부산경남교회사연구회에서 공개적으로 이 사실을 증언하였다. 이재 용두산 신사의 방화는 더 이상 은밀한 사건이 아니다. 50여년의 세월 덕분에 민영석은 건조물 방화범에서 자유하게 되었다. 도리어 그것은 의로운 결행이었다. 그는 신나를 뿌리면서 인명 피해가 없기를 기도했다는데, 다행히 단 한 사람의 인명피해도 없었던 점을 그는 감사하고 있다. 이날 대화에서 민영석 목사는 서울 남산에 있던 조선신궁을 방화한 이는 독고 삼(獨孤 釤)목사였다고 말하기도 했다. 민영석 목사는 장남인 민상식 장로와 함께 부산 대연동에 거주하던 중 2011년 4월 21일, 102세의 나이로 하나님의 부름을 받았다.

부산경남지방 기독교 연구

제 3 장

해방 전후 윤인구 목사의 경남지방에서의 활동

1
문제와 과제

　광복 전후 부산 및 경남지방 기독교회의 중요한 인물이 윤인구(尹仁駒, 1903-1986) 목사였다. 경남 구포 출신인 그는 장로교 목사로서 신학자이자 목회자였고, 1940년에는 조선신학교 설립에 동참했다. 해방 후 미군정하에서는 교육일반을 관장했던 학무과장 그리고 도(道) 학무국장이었고, 1946년 5월에는 최초의 민립대학으로 불리는 부산대학교를 설립하는 등 이 지방 교육을 주도했다. 1961년 11월부터 1964년 8월까지 연세대학교 총장으로 봉사했고, 1965년 이후 부산의 대한예수교장로회 통합 부산경남노회가 운영하던 장로교신학교에서 가르치며 생애를 마감했다. 이렇듯 그는 목회자, 신학자, 교육가, 그리고 교육행정가로 일생을 살았고, 부산교계와 학계, 그리고 정계에도 상당한 영향을 끼쳤으나 그에 대해서는 깊이 연구되지 못했다.
　부산 기독교계에서 윤인구에 대해서 연구된 바가 전혀 없고, 그의 교육활동에 대한 기록도 매우 인색하다. 그는 조선신학교 설립과 함께 교수로 추대되었고, 1940년 9월에는 김대현 장로에 이어 제2대 학원장으로 취임하여 2년 남짓 그 직에 있었으나『한신대학 50년사』에서 그에 대한 언급은 인색하다기보다는 무시되고 있다.[29] 윤인구는 1961

---
[29] 『한신대학 50년사』에서 윤인구의 기록은 다음과 같다. "이사회는 1940년 2월 29일 회의에서

년 11월 이후 약 3년간 연세대학교 총장으로 봉직했으나 약 1,400쪽에 달하는 연세대학교사 통사에서 윤인구에 대한 기록 역시 매우 인색하다. 이사회가 윤인구를 총장으로 선임했다는 사실과 그때의 보직자 명단 소개, 대학 행정에 대한 간략한 기록에 불과하다. 총장으로서의 그의 활동이나 업적에 대해서는 거의 언급되지 않았다.[30] 그가 부산대학교를 설립했으나 부산대학교 역사에서 그의 대학 설립의 과정을 정리한 것은 최근의 일이었고, 설립자 윤인구에 대한 최초의 논구는 '부산대 건학정신 회복을 위하여' 준비위원회에 의해 2013년 11월 1일 개최된 "왜 이 시대에 윤인구인가?"가 처음이었다.[31] '부산대 건학정신 회복을 위하여' 준비위원회는 몇몇 크리스천 교수들의 임의 조직이었고 부산대학교의 공식적인 기구가 아니었다. 필자는 이 일에 자료를 제공하고 인터뷰에 응하는 등 도움을 준 바 있다.

실제로 윤인구는 한국 신학계에서도 무시되거나 경시되어 왔다. 1930년 전후 활동한 초기 한국 신학자들은 대체적으로 이북 출신이었으나[32] 윤인구는 영남지방 출신이었다. 다수의 신학자들이 미국유학파

윤인구 목사, 김재준 목사 및 미야우찌 아키라 일인 목사를 전임교수로 채용하였다."와 "윤인구 교수는 일본 아오야마 신학원을 거쳐 영국 에딘버러대학에서 조직신학을 전공하였고,"가 전부였다[『한신대학 50년사』 (50년사 편찬위원회, 1990), 24]. 또 "본교 이사회는 윤인구 목사를 2대 원장으로 임명하였다. ... 윤인구 교수는 원장직을 사임하고 학교를 떠나버렸다."고 부정적인 암시를 주고 있다[『한신대학 50년사』, 25]. 그의 원장 취임일과 사임일에 대해서도 분명하게 정리되지 못했다.
[30] 『연세대학교 백년사2』(서울: 연세대학교, 1985), 67-68.
[31] 이때 발표된 세 주제는, 김유신(전자공학과), "윤인구의 삶과 사상", 이용재(문헌정보학과), "부산대의 건학 정신: 윤인구를 중심으로", 김재호(전자공학과), "윤인구와 캠퍼스 비전"이었다.
[32] 예컨대, 한국인 최초의 신학(교회사) 전공 박사학위(PhD) 수득자 백낙준(1895-1985)은 평안북도 정주출신이었고, 진보적 인물 김재준(1901-1987)과 송창근(1898-c.1951)은 함경도 경흥 출신이었다. 보수계의 박형룡(1897-1978)은 평안북도 벽동 출신이었고, 한국인으로 구약학을 공부하여 처음으로 박사학위를 얻는 김치선(1899-1968) 또한 함경도 함흥 출신이었다. 남궁혁(1882-1950)에 이어 1928년 평양신학교 교수가 되는 이성휘(1889-1950)는 평북 철산 출신이었다.

였으나 윤인구는 (일본과 미국에서 수학하기도 했으나) 스코틀랜드에서 공부한 인물이었다는 점에서 그런 대우를 받았다는 의견도 있다.

윤인구에 대해서는 오랫동안 논구된 바 없었으나 필자가 처음으로 그의 삶의 여정을 정리하여 발표한 바 있고,[33] 이병원의 "윤인구의 생애와 교육사상 연구"[34]는 윤인구의 교육관에 대한 최초의 연구라고 할 수 있다.[35] 윤인구에 대한 일차 문헌으로는 부인 방덕수가 편집한, 『윤인구 박사, 그 참다운 삶과 정신』(부산: 제일인쇄, 1988)과 윤인구 탄생 110주년을 기념하여 출판된 유고집 『진리가 너희를 자유케 하리라』(소정교회 윤인구 추모위원회, 2013)가 전부이다. 전자는 윤인구의 미간행 회고록과 강인선, 고현봉 등 12인의 윤인구 회고기를 편집한 것이고, 후자는 방덕수 편집본에 수록된 윤인구의 회고록을 재수록하고 46편의 설교 혹은 짧은 논설을 첨가하여 엮은 문집이다. 전자가 윤인구의 삶의 여정을 이해하는 데는 도움을 주지만, 기억의 착오 등으로 내용상 오류가 없지 않다. 후자의 경우 윤인구의 유고 설교문으로 구성되어 있으나 이 문헌이 제공하는 정보는 매우 제한적이다.

이 글에서는 기간 문헌과 연구를 참고하되 여러 오류를 바로 잡았고, 윤인구 박사의 생애 여정과 활동, 그리고 그가 부산지방 기독교 형성에 어떤 기여를 했는가를 그의 삶의 여정을 따라 정리하였다.

---

[33] 이상규, "윤인구, 1903-1986", 『부산지방 기독교회의 선구자들』(부산: 고신대학교 출판부, 2011), 288-301.
[34] 「로고스경영연구」 12/4(2014. 12), 1-22.
[35] 이 논문에서 저자는, 윤인구는 훌륭한 교육자이자 목회자, 교육행정가였고, 우리나라 최초의 국립대학인 부산대학교를 설립한 인물이라는 점을 지적하고, 그의 생애를 통해 나타난 교육사상은 일곱 가지로 지적했다. 첫째, 민족주의 지향의 교육이었다. 둘째, 사회구원 지향의 교육이었다. 셋째, 삶의 실천 지향의 교육이었다. 넷째, 에큐메니칼 지향의 교육이었다. 다섯째, 청년을 통한 그리스도 복음화였다. 여섯째, 교육 사업을 통한 그리스도 복음화였다. 일곱째, 기독교세계관 지향의 교육이었다가 그것이다.

2

출생, 가정배경

　윤인구는 1903년 11월 1일(음력) 경남 동래부(현 부산시) 구포에서 청운(聽雲) 윤상은(尹相殷, 1887-1984)³⁶과 박영자(朴英子, 1881-1982)의 4남 2녀 중 장남으로 출생했다. 아버지 윤상은은 파평 윤씨(坡平 尹氏) 가문의 부유한 가정에서 성장한 부산 근대의 대표적인 선각자였고, 지방 최초의 구포은행을 설립한 자본가이자, 부산 강서구 대저동의 맥도(麥島)를 일군 농업 경영가였다. 1904년 동래감리서(東萊監理署)³⁷ 주사(主事)와 해방 후 초대 전매국장을 역임한 행정관료였고, 1907년 10월에는 사립구포구명학교(私立龜浦龜明學校, 현 구포초등학교)를 설립한 교육가이도 했다. 그는 사천현감(1887)과 동래부사를 역임한 구포의 명문가 윤홍석(尹洪錫, 1843-1902)의 셋째 아들이었다. 윤홍석은 양산에서 만성재(晩惺齋)를 열어 많은 인재를 길러낸 인물이었고, 그의 자녀들은 구한말 관계에서 활동했다.

　윤상은은 1901년 박기종(朴琪淙, 1839-1907)의 넷째이자 막내 딸

---

³⁶ 윤상은에 대한 자세한 논의는, 차철욱, "근대 부산의 경제인 윤상은의 생애와 활동", 『부산의 근대자본가 청운 윤상은의 생애』, 218-227가 있다.
³⁷ 감리서는 1883년 개항장의 제반 사무를 관장하기 위해 설립된 관아로서 처음에는 동래부사가 감리를 겸하였다. 이 감리서가 1896년 영주동 봉래초등학교 자리에 칙령으로 설치되면서 부산항의 외교, 행정, 경찰업무를 수행하게 되었다. 감리서에는 사송과(司訟課), 회계과(會計科), 교섭과(交涉課), 서무과(庶務課)가 있었는데, 주사는 과장의 역할을 수행했다. 1905년 을사조약이 체결되면서 외교권이 박탈당했고 따라서 감리서는 폐지된다.

박영자와 혼인하게 되는데, 박기종은 역관으로서 1876년과 1880년 일본에 수신사 파견시 통역관으로 동행하여 신문물을 접했고, 근대문물을 도입하고자 했던 인물이다. 그는 한국 최초의 철도회사와 기선(汽船)회사를 설립한 부산개화기의 선각자였다. 1895년 부산항 경무관으로 취임한 후 그 해 부산 최초의 근대학교로서 부산상업학교의 전신인 개성학교[38]를 설립한 인물이었다.

박기종의 사위가 된 윤상은은 장인이 설립한 개성학교에서 1902년 초등 전기(前期) 제3학년의 과정을 수학하고, 앞에서 언급한 바처럼 동래감리서 주사로 일하던 중 사립구포구명학교를 설립하게 된 것이다. 1908년에는 민족자본 육성을 위하여 우리나라 지방 금융기관의 시초로 알려진 구포저축주식회사를 설립했는데, 이것이 1911년에는 구포은행으로 발전했다. 구포은행은 후일 경남은행으로 발전하고 윤상은은 전무취체역(현 이사에 해당함)을 맡았다. 그는 상해임시정부에 특별융자형식으로 독립자금을 지원했는데, 이 사실이 일경에 알려지자 은행에 손을 떼고 일본으로 도피하여 게이오(慶應)대학 경제학부에서 수학했다. 34세의 나이였다. 해방 후에는 초대 전매국장을 역임했던 관료로서 부산의 선각자라고 할 수 있다.

윤상은의 동생 윤영은은 일본의 동경공업고등학교를 졸업하고 구포의 구명학교 교사와 교장으로 일했고, 구포청년회를 조직하여 민족운동을 전개하는 한편 야간학교를 열었다. 윤상은의 사촌형 윤정은(尹正殷)은 62세의 나이에도 불구하고 1919년 구포장에서 벌어진 만세

---

[38] 1895년 설립된 이 학교는 1909년 6월 4일 공립학교로 정식 개교하였고, 1911년 11월 1일에는 부산공립상업학교로, 1922년 4월 1일에는 부산진상업학교로, 1923년 4월 1일에는 부산제이공립상업학교로, 1950년 5월 17일에는 부산상업고등학교로 개칭되었고, 2004년 11월 1일 개성고등학교로 명칭변경 되어 오늘에 이르고 있다. 부산근대역사관, 『부산의 근대자본가 윤상은의 일생』(부산근대역사관, 2010), 44.

운동을 진두지휘하다 일경에게 체포되어 징역형을 받고 복역 중 순국했다. 윤상은의 조카 윤현진(尹顯振, 1892-1921)[39]은 동래부윤을 지닌 윤필은의 아들로서 대한민국 임시정부 초대 재무차장, 임시의정원 의원을 지낸 독립운동가였다. 이상에서 보는 바처럼 윤인구는 친가나 외가 양측 모두가 근대 선각자이자 독립운동에 관여하는 등 명문가였고, 민족교육을 이끈 지도적인 가문이자, 경제적으로도 부유하여 윤인구는 유복하게 성장했음을 알 수 있다.

---

[39] 윤현진에 대한 자세한 논의는 김승, "독립운동가 右山 尹顯振의 생애와 활동" 『부산의 근대자본가 청운 윤상은의 생애』, 228-236가 있다.

3
학구의 날들

윤인구는 7세 때인 1910년 4월 아버지가 설립한 사립구포구명학교에 입학하였고, 2년 후인 1912년에는 부산진공립보통학교로 전학하였다. 1915년경에는 구포에서 부산진구 좌천동으로 이거하였으나 이곳에서 오래 거주하지는 못했다. 보통학교를 졸업한 윤인구는 1916년 4월 서울제일고등보통학교에 입학하였다. 안국동에서 하숙하며 3개월을 수학했으나 그해 7월 장티푸스에 감염되어 더 이상 수학하지 못해 부산으로 돌아왔고, 1917년 4월에는 동래사립고등보통학교에 입학하였다. 이 학교는 동명학교(東明學校)의 후신으로 부산의 개성학교와 쌍벽을 이루는 학교였다. 윤인구의 백부 윤필은(尹弼殷)은 당시 동래부윤(東萊府尹)으로 이 학교 설립자 중의 한 사람이었다. 민족의식이 강한 학교였던 이 학교는 동래고등학교로 개칭되어 존속하고 있다. 이 학교 재학 당시 윤인구의 동료들이 한영교(후일 목사), 손영수(후에 부산시장), 오종식(언론인) 등이었다.

윤인구의 부모는 1918년 영주동으로 이사하게 되는데, 이 무렵 초량교회에 출석하며 기독교 신앙을 받아드린 것으로 보인다. 부친 윤상은은 1917년 5월 4일에,[40] 모친 박영자 여사는 1920년 10월 18일 초

---

[40] 윤상은의 신앙생활에 대해서는 논란의 여지가 있으나 부산초량교회 기록에는 그가 1917년 5

량교회에서 학습을 받는다.[41] 불교적 환경에서 성장한 윤인구 또한 이 무렵 모친과 함께 교회에 출석하기 시작한 것으로 보인다.

동래고보 3학년 때인 1919년 독립만세운동이 일어나고 당숙인 윤정은(尹正殷)과 재종형 윤경봉(尹敬奉)이 피검되자 신변의 위험을 느껴 학교를 중퇴하고 상경하여 YMCA 학관에서 수학했다. 17세가 되던 1920년 1월 윤인구는 동경 유학생 하준석(河俊錫)의 영향으로 일본 동경으로 유학을 떠나 메이쿄우(名敎)중학 3학년에 편입했다. 이때 그의 아버지도 은행일을 그만두고 경응대학(慶應大學) 이재과(理財科)에 입학했는데, 상해임시정부에 독립운동자금 송금 사건으로 인한 위험을 피하기 위한 의도였다고 한다.[42] 이때 윤인구는 아버지와 함께 재일본동경조선기독청년회(在日本東京朝鮮基督靑年會) 내의 장감연합교회에 출석하기 시작했고, 1922년에는 임종순(林鐘順) 목사에게 세례를 받게 된다.[43]

1920년 9월에는 메이지가꾸인(明治學園) 중학교로 전학하였다. 이 학교에 중학부에서 수학한 이들이 이광수(李光洙, 1892-1950), 백남훈(白南薰, 1885-1967), 주요섭(朱耀燮, 1902-1972), 김락영(金洛永) 등이었다. 1923년에는 이 학교 고등학부 문예과에 입학하였다. 이

월 4일 만30세의 나이로 학습을 받은 것으로 기제 되어 있고, 1922년 작성된 초량교회 교인명부에 학습교인으로 등제되어 있다[『초량교회 100년사』 (초량교회, 1994), 117]. 윤인구는 1926년경 그가 일본 유학 중 귀국하여 동래에서 지낼 때 동래 수안교회에 출석했고, "아버지도 출석하는 일이 있었다."고 회상했다. 방덕수 편, 『윤인구 박사, 그의 참다운 삶과 정신』(제일인쇄, 1988), 43.

[41] 대한예수교장로회 초량교회 학습인 명부, 34. 『초량교회 100년사』, 119. 후에 박영자는 남편 윤상은과 더불어 구포교회에 교회 부지로 논(畓) 148평을 조건 없이 기증하는 등 헌신적인 봉사를 했다. 박영자는 1931년에는 구포교회 초대 권사가 된다.

[42] 방덕수, 24.

[43] 소정교회 윤인구 목사 추모위원회, 『진리가 너희를 자유케 하리라』 (부산: 소정교회, 2013), 32.

것은 신학예과 과정에 해당했다. 이 학교에서 3년간 수학하고 졸업할 때 토마스 아켐피스(Thomas à Kempis)의 '그리스도를 본받음'(*Imitatio Christi*)에 대한 논문을 썼다고 한다.

졸업과 함께 1926년 3월에는 메이지가꾸인 신학부에 입학했다. 메이지가꾸인은 메이지대학과는 별개의 교육기관이었다. 미국장로교 선교사가 설립한 에이와(英和)학교(중학과정), 츠키지(築地)대학(고등과), 잇치신학교(Union Theological Seminary)가 합쳐져 메이지가꾸인(明治學園)이 된다. 이 학교는 한국의 평양신학교에 비해 훨씬 진보적인 학교였다. 이 학교가 후에는 동경신학대학으로 개칭되는데, 당시 이 학교에서 신학을 가르친 교수들은 구약의 쯔루센지(都留仙次, 1884-1964)[44], 신약의 무라타 시로우(村田四郎, 1887-1971),[45] 조직신학을 가르친 꾸와다(桑田), 교회사를 가르친 무라타(村田), 기독교 윤리를 교수한 카지노스케 이부카(井深梶之助, 1854-1940)[46] 등이었고, 기독교사상사는 미국 선교사인 라이샤워(Reischauer) 교수였다.[47]

---

[44] 나가사끼의 화란 개혁교회가 설립한 선교학교인 동산(東山)학원, 메이지가꾸인 고등부를 거쳐 미국 오번신학교에서 구약을 공부하고 1911년부터 메이지 가꾸인에서 구약을 교수했다. 1913년 목사가 되었고, 1921년부터 4년간 고등부장을 역임했다. 관동대지진 때는 두 조선인 학생을 은익해 준 일이 있다. 1926년에는 일본기독교회 목회자로 활동했다. 1949년 미국 요크대학으로부터 명예신학박사 학위를 수여 받았다. 1957년에는 메이지가꾸인 제6대 원장이 된다.

[45] 1911년 메이지가꾸인 신학부를 졸업하고 1912년 도미하여 오번신학교에서 수학했다. 1917년 귀국하여 목회하던 중 1919년 메이지 가꾸인 중학부 교사로 가르치기 시작했다. 1948년 4월에는 메이지 가꾸인 제5대 원장이 되어 1957년까지 봉사했다.

[46] 1873년 19세의 나이로 세례를 받고 신자가 되었고, 미국선교사 브라운이 설립한 브라운학원에서 수학하고 도쿄 잇치신다이가꾸(一致神學校)에서 수학했다. 우에무라 마사히사(上村正久)와 동기였다. 일본 잇치기독교회 목사가 되었고, 1881년에는 잇치신다이가꾸 교수가 된다. 1883년 5월에는 전국기독교신도대친목회(이때 이수정이 참석하여 신앙고백을 했음) 일본 잇치교회(一致敎會) 대표로 부의장으로 선출된다. 1887년 메이지 가꾸인이 성립되면서 교수로 취임했고, 1891년에는 메이지 가꾸인의 제2대 원장이 된다. 당시 일본을 대표하는 교계 지도자였다.

[47] 그의 아들이 일본 대사를 역임한 저명한 역사학자이자 외교관이었던 Edwin Oldfather Reischauer(1910-1990)였다. 그가 옌칭연구소 연구원으로 재직하고 있을 당시인 1938년 한국을 방문하고 조지 매큔과 함께 한국어의 로마자 표기법인 '매큔-라이샤워' 표기법을 만들었다. 제2차

윤인구는 당시 이 학교의 신학은 리츨적이었다고 회상했는데,[48] 신정통주의로서 자유주의에 가까웠다. 조직신학을 가르친 꾸와다(桑田) 교수는 스코틀랜드의 매킨토시에게 심취한 인물이었다고 회상했다. 그가 말하는 매킨토시(Hugh Ross Mackintosh, 1870-1936)는 에딘버러의 뉴칼리지 조직신학 교수로서 스코틀랜드를 대표하는 신학자이자 목회자였는데, 1932년에는 스코틀랜드장로교회(General Assembly of the Church of Scotland) 총회장을 역임했다.

윤인구가 신학을 공부하게 된 구체적인 동기는 알려져 있지 않으나 일본 유학기 점진적으로 형성된 것으로 보인다. 메이지가꾸인 중학 때 산상수훈을 접하고 이때부터 적극적인 신앙생활을 하게 되는데, 이런 학구 기간의 신앙적 확신이 신학도의 길을 가는데 영향을 주었던 것으로 보인다. 특히 메이지가꾸인 출신인 가가와(賀川豊彦)의 『사선을 넘어서』와 그의 빈민구호활동과 사회사업, 톨스토이의 작품들, 나까야마(中山昌樹)의 성경해석, 그리고 동경의 조선유학생교회의 임택권 목사의 설교 등이 신학도의 길에 영향을 주었다고 한다.[49] 그래서 고등과에 다닐 때는 신학을 공부하기로 작정했고, 이 무렵 자신의 뜻을 아버지에게 알린 것으로 보인다. 그러나 그의 아버지는 강하게 반대했다. 경제학이나 농학, 공학이나 의학 등 실용적인 공부가 한국의 장래를 위해 보다 중요하다고 여겼기 때문이었다. 그러나 신학도의 길을 가려는 아들의 마음을 돌려놓지 못했다.

9년 3개월 간의 일본 유학을 마감하고 1929년 메이지가꾸인 신학

세계대전 때는 미군 정보장교로 국무부 특별 보좌관으로 일했고, 1956년에는 하버드대학교 옌칭연구소 소장을 지냈다. 일본 대사로 일한 기간은 1961년부터 1966년까지였다.
[48] 방덕수, 46.
[49] 방덕수, 39.

부를 졸업한 그는 신약을 가르쳤던 무라다(村田四郎) 교수의 추천으로 미국 프린스톤신학교(Princeton Theological Seminary)로 유학을 떠나게 된다. 26세 때였다. 무라다 교수는 과거 대구일본인교회 목사로 일한 일이 있었다고 한다. 일본을 거쳐 미국으로의 유학은 당시 한국인들의 일반적인 면학노정이었다. 그가 프린스톤에 갔을 때는 김재준(金在俊, 1901-1987), 송창근(宋昌根, 1898- 1951?)은 프린스톤을 떠나 웨스턴신학교로 간 뒤였고, 한국인은 오직 김성락(金聖樂, ?-2014)만 있었다. 이때가 미국장로교회에 신학적 논쟁이 일어난 때였는데, 그레샴 메이첸 교수 등이 신학생 일부를 데리고 웨스트민스터신학교로 분리해 나갔기 때문에 학생 수는 약 150여 명에 불과했다. 당시 교장은 실천신학 교수였던 로스 스티븐슨(Ross Stevenson)이었고, 찰스 어드만(Charles Eerdman), 프레데릭 로에쳐(Frederick Loetscher) 등이 교수였다. 프린스톤 신학교 대학원 연구과 과정에 입학한 윤인구는 이듬해 "리츨적 신학"(Ritschlian Theology)이라는 제목의 논문으로 신학석사 학위를 수여받았다.[50]

1930년 9월에는 스코틀랜드 에딘버러대학으로 유학을 떠났다. 그가 미국을 떠나 스코틀랜드로 간 것은 메이지가꾸인에서 공부할 당시 메킨토시(H. R. Mackintosh)에게 심취한 꾸와다 교수의 영향이라고 말하지만 또 다른 이유가 있었을 것이다. 그가 수학한 곳은 에딘버러대학 신학대학원이었지 에딘버러대학교의 뉴 칼리지(New College)가 아니었다. 에딘버러에 체류한 기간은 6개월 정도에 불과했다. 6개월간 주로 조직신학을 공부하고 1931년 3월 그곳을 떠나 귀국했다. 그는 후일 "스코틀랜드에 더 있을 필요를 느끼지 않았고, 고국에는 할 일이 너

---

[50] 방덕수, 51.

무 많다고 생각했다."라고 회고했지만,[51] 매킨토시 문하에서 수학을 갈망하던 그가 불과 6개월 후 귀국을 결심한 것은 이해하기 어렵다.

---

[51] 방덕수, 54.

4
진주교회에서의 목회활동

　유학생활을 마감하고 귀국한 윤인구는 1931년 4월 16일, 부산 초량교회에 출석하던 방덕수(方德守)와 부산진에 위치한 호주장로교 선교사 위대서(Muriel Withers, 1889-1979) 집에서 초량교회 주기철 목사의 주례로 혼인했다. 방덕수는 방사원의 딸로서 1917년 8월 26일 초량교회에서 세례 받았는데,[52] 서울 정신여학교를 졸업하고 교또(京都)의 도시샤여학교(同志社女學校)에 유학한 후 이화여전으로 전학하여 영문학을 공부한 엘리트 여성이었다. 방덕수는 경남노회 종교교육협의회가 발간하는 「복음과 종교교육」 24호에 "인생의 찬가"라는 롱펠로의 시를 번역 게재하기까지 했던 신여성이었다. 윤인구가 그를 처음 만난 것은 일본 유학 중 잠시 귀국했던 1923년이었고, 그해 여름 초량교회에서 함께 여름 성경학교를 운영한 일이 있다. 이후 교제가 계속되었고 약 7년 후 혼인하게 된 것이다.

　당시 윤인구는 동래읍교회(현 수안교회)에 적을 두고 있었고, 그 교회의 치리 하에 있었다. 1930년 6월 9일 항서교회에서 개최된 제28회 경남노회의 당회 정황보고 시 동래읍교회는, "본 교회 청년 윤인구 씨는 본 노회 천서로 일본 동경 명치학원 신학과를 마치고 작년 5월경

---

[52] 『초량교회 100년사』, 116.

에 미국 프린스톤신학교로 가서 금년 4월 말일에 신학사 학위를 얻고 또 영국 스코틀랜드 정통신학을 연구하기 위해 영국으로 건너갈 준비로 지금 뉴욕 한인교회에서 일하는 중이오며"라고 보고했다.[53] 또 이 노회에서 스코틀랜드 에딘버러대학에 추천서를 써 주기로 결의한 바 있다.[54] 이와같이 노회의 관리하에 있었기 때문에 귀국한 윤인구의 강도사 인허 요청이 받아드려졌고, 1931년 7월 28일 개최된 경남노회는 윤인구에게 강도사 인허를 허락했다. 노회 기록은 아래와 같다.

"신학준사 윤인구 씨 강도사 시취 문답을 행할세 신경에 예원배, 신학에 박문찬, 성경내력에 김웅진, 교회사기에 심문태, 정치에 김만일, 논문에 주기철, 강도와 성경해석에 최상림 제씨의 문답이 잘 된 줄 알고 강도사 인허하기로 회중이 가결하다. 회장이 윤인구 씨에게 헌법대로 문답하고 기도한 후 강도사 인허함을 회중에 선언하다."[55]

강도사 인허를 받은 윤인구는 진주교회 청빙을 받고 1931년 7월 말 담임교역자로 부임하게 된다. 그의 나이 28세 때였다. 그는 부산 초량교회로 이동한 이약신(李約信, 1898-1957) 목사[56]의 후임이었다. 당시 진주옥봉리교회(晉州玉峯里敎會)로 불린 진주교회는 부산의 초량, 마산의 문창교회와 함께 경남의 유력한 교회였다. 이때부터 1934년 말까지 3년 5개월간 일하게 된다. 일 년 후 진주교회는 그를 위임목

---

[53] 『경남노회 회록 2』 (부산경남기독교역사연구회, 2017), 39.
[54] 노회 결의는 다음과 같다. "동래읍교회 당회장 최상림씨 청원에 의하여 영국 스코틀랜드 신학교에 윤인구 씨 천서 주기로 회중이 가결하다." 『경남노회 회록 2』, 39.
[55] 『경남노회 회록 2』, 97.
[56] 평안북도 정주 출신인 이약신은 오산보통학교, 오산중학교를 거쳐 1929년 평양신학교를 졸업하고(제24회) 1929년 4월 진주교회에 부임하여 2년 3개월간 시무하고 1931년 8월 초량교회 제4대 목사로 부임했다. 이약신 목사에 대한 자세한 논의는, 이상규, 『교회쇄신운동과 고신교회의 형성』 (부산: 생명의 양식, 2016), 371-405를 보라.

사로 청빙했다. 청빙서는 1932년 7월 28일 개최된 제30회 노회 임시회에서 인용되어,[57] 이날 목사 안수를 받았다. 그날 저녁 8시에는 위임식이 거행되었다. 진주교회에 부임한 지 약 1년 후 교회당 신축을 시작하여 총건평 115평, 부속실 7,8개, 70평의 기와집 교회당을 총경비 1만 원으로 신축하고, 1932년 성탄절에 입당했다.[58]

1905년 호주선교부에 의해 설립된 진주교회는 이 지역에 설립된 첫 교회로서 호주장로교 선교부 관할하의 진주지역 거점 교회로 인식되고 있었다. 이 점은 호주빅토리아주 장로교 총회장 매카울리(R. W. Macaulay) 목사가 1934년 내한했을 때 특히 진주교회를 방문한 점에서도 확인된다.[59]

윤인구는 진주교회에서 목회하는 기간 경남노회 종교교육부, 학무부, 성경학교 이사 등으로 활동했고, 다른 교회나 연합회의 부흥집회를 인도하고 진주성경학교에서 가르치기도 했다.[60] 숭실전문학교 채플에 강사로 초빙되기도 했다.[61] 해방 후 윤인구는 부산시 중구 보수동

---

[57] 『경남노회 회록 2』, 125.
[58] 방덕수, 63.
[59] 이 때 매카울리 총회장은, 윤인구에게 당시 미국 선교사가 주도하는 평양신학교의 신학이 너무 고루하다고 말했다고 한다. 호주장로교회는 미국선교사들의 신학이 과도하게 보수적이었다고 인식한 것으로 보인다. 윤인구 목사는 일본 메이지가꾸인(靑山學園)과 프린스톤신학교 등에서 공부한 이유로 '신신학자' 혹은 '진보적 신학자'로 인식되어 경원시 되었던 점을 고려해 볼 때 그에게도 보수적 성향에 대한 심리적 거부감이 있었을 것이다. 이 당시 경남노회에서 소위 순육설(純肉說)의 문제로 백남용(白南鏞, 1897-1950)의 교리를 따르는 김형윤, 배철수, 금석호 등이 치리를 받은 일이 있었는데, 이때도 그가 이들을 지지하는 듯한 인물로 의심을 받기도 했다. 윤인구 목사는 이일에 대하여 자신의 입장을 밝히는 "나의 입장"을 「경남노회 종교교육통신」 19호 (1932. 7)에 발표한 바 있다.
[60] 『경남노회 회록 2』, 154. 진주성경학교에서 가르친 동료 교수는 교장인 선교사 권임함을 비롯하여 주기철, 최상림, 심문태, 안란애 안다손 등이었다. 『경남노회 회록 2』, 154.
[61] 이때 설교를 들었던 철학자 김형석(金亨錫, 1920)은 이렇게 회고했다. "설교자는 두 분이었다. 장로교를 대표하는 윤인구 목사와 김창준 목사였다. 윤인구 목사는 영국에서 돌아 온지 얼마 안 되는 비교적 젊은 편이었고, 김창준 목사는 좀 더 나이가 많아 보였다. ... 특히 윤인구 목사의 설교에 감명을 받았다. 지금도 그 제목과 내용을 기억하고 있을 정도였다. 지금 생각해 보면 그

에 위치한 부산일본인교회당[62]을 인수하여 1945년 11월 25일 대한예수교장로회 광복교회라는 이름의 교회를 설립했으나 이 교회에서 일한 기간은 6개월에 불과했다. 이때 윤인구는 경상남도 학무과장을 겸하고 있어 김동선, 한영교 목사와 동사했다. 부산대학교에서 일할 당시인 1958년 3월에는 대학생 전도를 위해 부산대학교에서 인접한 곳에 소정교회를 설립한 바 있으나 목회자로 일한 것은 아니었다. 따라서 그가 목회자로 일한 기간은 4년에 불과했다. 그 외에도 1959년 9월 이후 9개월 간 구포교회 임시당회장으로 봉사하는 등 짧은 기간 지역 교회 설교자로 봉사하기도 했다.

아늑하고 엄숙했던 예배 분위기는 성경에 나오는 말씀의 잔치집을 연상시키는 것이었다. 많은 젊은이가 영혼의 양식을 얻을 수 있었고, 나도 그중의 한 사람이었다." 김형석, 『선하고 아름다운 삶을 위하여』 (두란노, 2018), 31.

[62] 이 일본인교회는 1904년 2월 25일 일본기독교회 秋元茂雄 목사에 의해 설립되었는데, 1910년 11월 예배당을 신축했다. 해방 후 이 예배당을 인수하여 광복교회를 설립했다. 이상규, 『부산지방 기독교전래사』, 82.

5

교육자로서의 활동

1) 복음농업실수학교

　1935년 정월에는 진주교회를 사임하고 마산의 복음농업실수학교(Gospel Farm School) 교장으로 부임했다. 32세 때였다. 호주장로교 선교사 부오란(Frank Borland)이 1934년 설립한 이 학교는 농촌지도자들을 양성하기 위한 본과(本科) 1년, 전수과(專修科) 1년 과정의 농촌지도자 양성학교였다. 일본 가가와(賀川豊彦)의 농촌학교나 덴마크의 민중학교(Danish Flok School)가 이 학교의 모델이었다. 교사는 1933년 4월 폐교된 마산 회원동의 호신(濠信)학교 건물이었다. 애신(愛神), 애린(愛隣), 애토(愛土)라는 취지로 개교한 이 학교 운영을 위해 한국인 지도자의 도움이 절실했고 윤인구 목사에게 이 일을 맡기게 된 것이다.

　윤인구 목사가 이 학교와 처음 관련을 맺는 것은 학교 설립이 준비되던 1933년 7월이었다. 1933년 7월 3일 개최된 경남노회 임시노회는 주기철, 심문태 목사와 더불어 윤인구 목사를 복음농학교 이사로 선정했는데,[63] 이것이 이 학교와의 관계의 시작이 된다. 1935년에는 이 학교 이사장이 되는데, 윤인구는 이 학교의 교장을 겸하게 된 것

---

[63] 『경남노회 회록 2』, 306.

이다. 교장으로 부임하던 해인 1935년 5월 31일 현재 경남노회에 보고된 '복음농업실수학교 보고서'에 의하면, 교장 윤인구, 교사 신용우였고, 이 학교 재학생은 35명(경북 7명, 경남 21명, 전북 5명, 황해도 1명)이었다. 이 중 수세자는 25명, 학습인 4명, 원입 5명으로 구성되어 있었다. 이들 절대 다수가 농촌교회 교역자를 희망하고 있었다.[64]

이 학교의 본래 목적은 이름 그대로 농촌지도자 양성이었으나 윤인구는 일종의 신학교육기관으로 발전시키고자 했다.[65] 신학을 공부한 사람이 가질 수 있는 당연한 욕심이었을 것이다. 윤인구는 이 학교 운영을 주도했고, 1937년에는 이 학교가 김해군 대저면 대지리로 이전하였다. 교사와 강당, 기숙사, 사택 등을 건축했고, 교지와 실습지를 매입했다. 윤인구 목사는 4년간 교장으로 일하고 1939년 복음농업실수학교는 심문태(沈文泰, 1895-1978) 목사에게 인계되었다. 심문태 목사는 3대 교장으로 일했으나 교사가 전소되는 등 경영의 어려움을 겪다가 1943년 부실경영이라는 이유로 일제에 의해 강제 폐교되었다. 이 학교는 약 200여 명의 졸업생을 배출했다.[66]

2) 조선신학교

복음농업실수학교를 사임한 윤인구는 새로운 신학교 설립을 위해 1939년 3월 서울 용산(龍山)으로 이거하게 된다. 1901년 설립된 평양의 장로교신학교는 1938년 1학기를 끝으로 폐교되자 새로운 신학교 설립안이 제기된 것은 당연한 일이었을 것이다. 이때의 상황을 윤인구는 다음과 같이 회상한다.

---
[64] 『경남노회 회록 2』, 323-5.
[65] Edith Kerr, 61.
[66] 이상규, 『부산지방 기독교전래사』, 194.

"그래서 교역자를 양성할 수 있는 한국의 신학교, 한국 사람의 손으로 운영하는 신학교의 필요성이 대두했다. 새로운 신학교를 설립하려는 논의는 서울에서 활발히 일어났고, 외국에서 신학교를 졸업하고 지방에서 일하고 있는 교역자들도 이에 호응하게 되었다."[67]

새로운 신학교 설립운동은 서울에서 일어나게 되는데, 윤인구 목사도 이 운동에 동참하게 된다. 그런데 조선신학교 측은 이 운동을 주도한 이가 함태영 김우현 채필근 송창근 등이었다고 주장한다. 즉『한신대학 50년사』의 제1장 조선신학교의 설립을 말하는 제1절, '설립위원회 조직과 설립계획'에서,

"1939년 초에 함태영, 김우현, 채필근, 송창근 등 여러 교역자들이 서울에 장로교회 신학교를 설립할 필요성을 인정하고 경향 각지의 장로회 교회 지도자들의 호응을 얻어 동년 3월 27일에 '장로회 신학교 설립 기성회 실행위원회'를 조직하였다.

위원장   채필근(경성)
서기   김우현(경성) 부서기 윤인구(김해)
회개   이학봉(평양), 부서기 이인식(평양)
위원   조희염(원산) 함태영(경성) 김길창(부산) 차재명(경성)
         한경직(신의주) 백영엽(선천) 김관식(평양)
         김응순(해주)"[68]

라고 하여 윤인구를 신학교 설립을 주도한 인물이 아니라 협력한 인물로 간주하고 있다. 그 후 이사회가 구성되었는데, "설립자겸 이사장

---

[67] 방덕수, 68.
[68] 『한신대학 50년사』, 11.

은 김대현 장로, 이사는 함태영, 김관식, 오진영, 조희염, 김길창, 김영주, 김영철, 한경직, 윤인구, 전임교수는 윤인구, 김재준, 미야우찌 아키라(宮內彰)"였고, "조선신학교 이사회는 이사장인 김대현 장로를 초대 원장으로 선임하고 윤인구 목사를 원장직무대리로 임명하였다"라고 기술하고 있다.[69]

그러나 윤인구는 아빙돈 단권성경주석 역간에 가담했던 평양의 김관식, 신의주의 한경직, 원산의 조희염, 이규용(李奎鎔)과 평양의 송창근, 그리고 김재준이 새로운 신학교 설립에 가담했다는 점을 말하면서도 신학교 설립을 주도한 이는 자신과 채필근이라고 말하고 있다.

"이분들이 중심이 되어 한국인의 손으로 서울에 신학교를 세울 계획을 했다. 신학교 설립의 주 역할은 서울의 채필근 목사와 나였다. 새로 세워질 신학교의 교육 내용은 주로 나의 구상에 의한 것이었다. 계획의 실현을 위하여 서울에서 모임이 있었고, 자금 마련 운동도 했다. 단편적인 인쇄물도 간행했다."[70]

또 학교 운영의 책임을 맡았다고 말한다.

"나는 곧 신학교육 활동을 시작했다. 신학교 인가는 얻지 못했지만 계획했던 대로 일을 진행했다. '조선신학원이란 간판을 붙이고 4월에 학생을 모집하여 승동교회에서 문을 열었다. 교회의 상하층 예배실에서 수업을 시작했고, 기숙사도 그곳에 마련했다. 간도 용정촌 은진학교 교사로 있다가 서울에 와 있었던 김재준 군은 신학교 운영 자금 출자자인 김헌필(金必獻)의 아들과 친구로서 서무를 맡았고, 정필순 이승로 외 몇 목사와 연희전문의 갈홍기, 현재명 씨 등이 강

---

[69] 『한신대학 50년사』, 20.
[70] 방덕수, 69.

사로 나왔다. 한동안은 당시 연전(延專)교장으로 와 있던 일본인 신학자 松本卓 박사도 강의를 했다. 학교 운영 책임을 맡는 나는 조직신학과 교회사를 강의했고, 김재준 군은 구약을, 전필순, 이승로 목사는 신약을, 갈홍기 씨는 철학을, 현재명 씨는 교회음악을 맡아 각각 강의했다."

윤인구 목사가 1939년 3월 서울로 이거하여 서울에 상주하며 지낸 점 등 여러 정황을 고려해 볼 때 윤인구는 경남지방을 대표하여 신학교 설립 운동에 가담하였고 설립 초기 중요한 역할을 한 것은 분명하지만 차츰 주도권을 상실하였고, 결국 학교를 떠난 것으로 판단된다.

어떻든 윤인구는 1940년 2월 29일 개최된 이사회에서 김재준 목사와 일본인 미야우찌 아키라(宮內彰)과 함께 전임교수로 임명되어 교수하기 시작했으나, 학교의 운영에는 여러 난제들이 있었다. 평양중심의 교계의 반대도 있었고, 학교 인가문제, 타 교파 신학교와의 합동 시도도 무산되었다.[71] 당시 서울에는 성결교신학교와 감리교신학교가 있었는데, 감리교신학교와의 합동을 구상하며 1년간 합동수업을 했다. 그러나 합동은 무산되고 조선신학교 설립에 동참했던 이들 간의 갈등도 빗어져 결국 그는 1943년 조선신학교를 사임했다. 신학교에서 일한 기간은 3년 남짓한 기간이었다.[72] 서울에 체류하는 동안 사적인 어려움을 겪었는데, 1939년 9월말에는 일경에 검속되어 육군 형법, 보안법, 치안유지법 위반이란 이유로 50일간 구금된 바 있고, 신학교 운영상 갈등으로 심적 고통을 겪기도 했다. 학교를 사임한 그는 다시 고향

---

[71] 방덕수, 74.
[72] 윤인구는 "1943년까지 조선신학교 운영에 관계했다"고 말한다. 방덕수, 73.

김해군 대동면 상동으로 돌아갔다. 이때부터 그는 벌목일을 하며 해방의 날을 기다리고 있었다.

6

광복 후의 활동:
경상남도 학무국장, 부산대학교의 설립,
연세대학교에서의 봉사

광복은 윤인구의 삶의 여정의 커다란 변화였다. 자신의 표현처럼, 해방은 "우리 민족사의 일대 전환점이었고", 자신에게도 "획기적인 사건이 되었다."[73] 그러했기에 그도 한 편의 시로 해방을 기념했다.

1. 죽음의 쇠사슬 풀리고 자유의 종소리 울린 날
   삼천만 가슴엔 눈물이 샘솟고 삼천리 강산엔 새봄이 오던 날
   아, 동무여 그날을 잊으랴
   우리의 생명을 약속한 그날을 8월 15일 8월 15일.
2. 어둠의 절벽이 문허저 해방의 기빨이 날린날
   삼천만 가슴엔 새노래 샘솟고 삼천리 강산엔 무궁화 피던 날
   아, 동무여 그날을 잊으랴
   우리의 영광을 보여준 그날을 8월 15일 8월 15일.
3. 뭉치세 삼천만 동포여 찾으세 삼천리 강산을
   지고온 쓰라린 멍에를 버리고 새로운 만년의 역사를 써가세
   아, 동무여 일어서라 이제
   자유의 종소리 힘차게 울린다 8월 15일 8월 15일.

광복 당시에 쓴 글이 아니라 1946년 8월 해방 1주년을 기념하여

---

[73] 방덕수, 81.

쓴 시이지만 해방의 기쁨을 노래했다. 이 시에 곡을 붙인 이가 작곡가 김수현(金守賢, 1919-1992)이었다.[74] 그 역시 독립운동에 연루되어 옥고를 치렀던 인물인데, 이 시는 경상남도 학무과 제정이라 하여 널리 불렸고, 부산진교회 김경석 장로의 회고에 따르면 경남 김해에 소재한 대지교회 찬양대도 이 노래를 부르며 광복을 기렸다고 한다.

1) 경상남도 학무국장

광복과 함께 미군정이 실시되는데, 미군정은 1945년 9월 미군의 인천 상륙에서부터 1948년 8월 대한민국건국까지 약 2년 11개월에 걸쳐 실시되었다. 1945년 9월에서 1947년 6월 3일까지 약 1년 8개월간은 미군이 직접 정권을 장악하고 통치했던 기간이었고, 그 이후 약 1년 2개월은 이른바 남조선 과도정부라는 이름으로 미군의 임명을 받은 소수의 한국인들이 행정을 담당했다. 통치권 위임이 없지 않았으나 실질적인 통치권은 미군에게 있었다. 1945년 9월 18일부터 기존의 총독부 통치체계의 관직자가 미군 장교들로 임명되었고, 10월 5일 행정고문이라는 이름으로 지도적인 한국인들이 임명되었다. 그들이 김성수(동아일보 사장) 전용순(목사) 이동원(목사) 이용설(세브란스 의전 교수) 송진우(동아일보 사장) 김용무(변호사) 윤기익(목사) 여운형(정치인, 자진 사퇴) 조만식(민족지도자) 등이었다.[75] 이들은 대체로 부유하고 영어를 해독할 수 있는 인물이자 기독교와 관련된 인사가 다수였다. 이때 미군정청은 교육자문기구인 조선교육위원 12명을 임명했는데, 이중 7명이 기독교 신자였고 대학교육 이상의 학력을 지닌 이들이

---

[74] 한글전용 주창자였던 김수현은 후일 그의 이름도 금수현으로 개명했다. 그는 장모였던 여류작가 김말봉(金末峰, 1901-1961)의 '그네'를 작곡하여 세상에 널리 알려지게 되었다.
[75] 진덕규, "미군정의, 정치사적 인식" 『해방전후사의 인식』 (서울: 한길사, 1979), 49.

었다.[76]

곧 도지사 등 지방 고위관직자가 임명되었는데, 경남지사가 김병규(金秉圭)였다. 경남지방을 관장하는 군정도지사가 부산에 진주했는데, 그가 해리스(Charles S. Harris) 준장이었고 1945년 9월 28일 부임했다. 그 후 질레트(Francis E. Gillette) 대령이 1946년 1월 25일 부임했다.[77] 이때 윤인구 목사는 경상남도 미군정청 해리스 준장에 의해 1945년 11월 경상남도 학무과장에 임명되었다. 학무과는 내무부 산하 기구로서 교육행정을 관장했다. 그후 군정 법령 제114호에 의하여 1946년 10월 23일 중앙행정기구의 개편에 따라 학무과가 학무국으로 개편되었는데,[78] 윤인구는 학무국장(Director of the Bureau of Education)이 되었다. 이때부터 1948년 11월까지 일하고 학무국장직을 사임했다. 학무국장은 지금의 교육감에 해당하는 직책이었다. 그의 아버지 윤상은은 한 달 앞서 1945년 10월 16일자로 재무국장(Director of the Bureau of Finance)으로 임명을 받고 일하고 있었다.[79] 윤인구는 구미(歐美)에서 유학 한 지식인이라는 점과 영어 구사 능력이 있었다는 점이 고려되었다. 학무국장으로서 그가 시행 한 가장 중요한 일은 교사양성, 부산사범학교와 부산대학교의 설립이었다.

---

[76] 김석준, 『미군정시대의 국가와 행정』(서울: 이화여자대학교 출판부, 1996), 428. 허명섭, "한국 기독교와 대한민국 건국" 『한국 근대화와 기독교의 역할』 (서울: 두란노 아카데미, 2011), 325에서 중인.
[77] 『미군정기 군정단,군정중대문서 5』 (국사편찬위원회, n.d.), 11.
[78] 당시 도지사 휘하에 내무국, 학무국, 농무국, 재무국, 상공국, 노동국, 보건후생국, 토목국 등 8개 국으로 편성되어 있었는데, 학무국에는 서무과, 학무과, 조사기획과, 사회교육과 등 4개 과로 구성되어 있었다.
[79] 윤상은은 1947년 3월 3일 미국 군정청 경상남도 고문으로 추대된다. 『부산의 근대자본가 윤상은의 일행』, 148.

2) 부산사범학교의 설립

교육행정 관료가 된 그에게 있어서 가장 시급한 현안은 정상적인 학교 교육을 위해 일본인이 떠나간 자리에 필요한 교원을 확보하는 일이었다. 광복 당시 부산의 경우, 동래, 부산진, 목도, 부민, 남부민, 수정, 초량, 남항, 대신, 성지, 복정, 유락, 대연, 동항, 동삼, 수영, 해운대, 사하, 다대, 성북초등학교 등 20개 국민학교(초등학교)가 운영되고 있었는데, 일본인 교사가 전체의 40%를 점하고 있었다.[80] 그런데 이들 모두가 귀국했기 때문에 교사가 부족한 현실이었고, 특히 귀환 동포의 급증으로 교사 부족 현상이 심각했다. 이런 현실에서 교사양성은 시급한 과제였다.

이때 윤인구는 연희전문학교와 일본 유학을 마치고 돌아온 강성갑(姜成甲, 1912-1950) 목사를 불러 함께 일했다.[81] 윤인구는 교원양성을 위해 임시교원 양성소를 설치하는 등 잠정적인 조치로 약 1,500명의 교사를 양성했다. 이런 노력과 함께 1946년 7월 2일 도립 부산사범학교를 설립했는데, 1955년 5월에는 부산사범대학으로, 1962년 3월에는 부산교육대학으로, 1981년 3월에는 부산교육대학교로 개칭되어 오늘에 이르고 있다.[82] 경상남도 학무국장이었던 윤인구는 부산사범학교 초대교장을 겸했다. 그해 9월 초급과 남녀 90명씩 180명, 본과생 61명, 본과 강습과 31명으로 개교되었다. 부산사범학교 교가도 윤인구가 직접 작사한 것이었다.[83] 일 년 후인 1947년 6월 1일에는 강재호

---

[80] 『부산교육대학교 60년사』 (부산: 부산교육대학교, 2006), 14.
[81] 강성갑 목사의 생애와 교육활동에 대해서는, 이상규, 『부산 경남지방 기독교회의 선구자들』, 357-367을 보라.
[82] 『부산교육대학교 60년사』, 연혁.
[83] 방덕수, 83. 교가 첫 구절은 다음과 같다. "태백산 정기는 이 땅에 맺히고/ 태평양 물결은 이곳에 부딪혀/ 해방의 새날 앞에 일어난 이 학교/ 아 아름답다 너의 이름 부산사범."

경상남도 학무국장이 교장직을 승계했다.

3) 부산대학교의 설립

이때 부산에서도 대학 설립을 꿈꾸는 여러 기성회가 조직되었는데, 윤인구는 이들을 통합하고 또 기금을 조성하여 미군정청 문교부장 유억겸(兪億兼)을 통해 대학설립 인가를 받았다. 이때가 1946년 5월 15일이었다. 이날이 부산대학 설립일이기도 했다. 대학은 국립으로 하되 대학이 어느 정도 자리 잡을 때까지는 기성회가 경비를 충당하는 방식이었다. 이것이 오늘의 부산대학교의 시작이었다. 부산대학은 해방 후 설립된 첫 민립대학이자 국립대학이었다. 처음에는 부산수산전문대학을 통합하여 수산과(水産科) 대학과 인문과 대학으로 이루어진 국립부산종합대학교를 출범시켰고, 그해 8월에는 선교사로 내한하여 연희대학에서 가르치던 베커(Arthur L. Becker, 1879-1978) 박사를 부산대학 학장으로 추대했다. 미시간대학에서 물리학을 전공하여 박사학위를 취득하고 1903년 감리교 선교사로 내한하여 숭실대학과 연세대학에서 가르쳤던 학자였다.

부산대학은 이처럼 어렵게 출발했으나 기존의 부산수산전문대학 학생들의 반발로 학교 운영이 제대로 이루어지지 못했다. 1947년 베커가 미국으로 돌아가 버리자, 그해 7월 16일 윤인구 목사가 부산대학교 인문과 대학 학장 서리에 임명되었다. 그러다가 1948년 5월 종합대학의 한 축을 이루던 수산과 대학이 부산수산대학으로 분리되어 나가면서 '국립부산종합대학교'는 해체되고, 인문과 대학은 '국립부산대학'이라는 교명을 사용하게 되었다.

윤인구는 1948년 11월 대학 재건에 매진하기 위해 경상남도 학무국장직을 사임했다. 이듬해 10월에는 부산대학건설위원회를 도지사 중심으로 개편하여 자신은 부위원장이 되었다. 1949년 11월 23일 부산대학 학장이 된 윤인구의 불굴의 노력으로 부산대학은 1953년에는 문리과대학, 법과대학, 상과대학, 공과대학, 약학대학, 의과대학 등을 갖춘 종합대학으로 발전하였다. 그해 11월 26일, 윤인구는 50세의 나이로 국립부산대학교 초대 총장에 취임하여 오늘의 대학으로 발전하는 기틀을 마련했다. 1954년에는 미 국무성 초청으로 경북대학의 고병간 총장, 전남대의 최상채 총장과 함께 미국 대학들을 순방하며 미국 대학을 시찰했다.

부산시 금정구 장전동의 현재의 교사를 마련한 것은 윤인구 총장의 특별한 기여였다. 대학을 설립했으나 마땅한 교사(校舍)가 없어 수산대, 대신동의 청년학술원 등을 전전하는 동안 윤인구 총장은 학교 부지 마련을 위해 고심했고, 미군 군수기지 사령관 리차드 위트컴(Richard S. Whitcomb, 1894-1982) 준장을 만나 도움을 청했다.[84]

위트컴은 정부와 경상남도 도지사를 설득하여 현재의 부산대학교 교정인 부산 금정구 장전동 캠퍼스 부지 50만 평을 무상으로 불하받도록 도움을 주었다. 이런 과정을 거쳐 1957년에는 부산 서구 대신동에 있던 캠퍼스를 현재의 위치로 이전하게 된다. 1959년 11월 25일

---

[84] 위트컴 장군의 한국 사랑과 선행, 그리고 그의 거룩한 열정은 기독교 신앙에 근거한 것이었다. 그는 캔사스 주 토페카(Topeka)의 토페카제일장로교회 출신이었고, 그의 할아버지는 이 교회 장로였다. 토페카제일장로교회 출신으로 한국에 온 선교사는 윌리엄 베어드(배위량)의 부인인 애니 베어드(안애리, 1864-1916)가 있고, 애니의 남동생 제임스 아담스(안의와, 1867-1929), 그의 아들 에드워드 아담스(안두회, 1895-1965)도 한국 선교사였다. 캔사스의 파크대학 출신인 조지 맥쿤(윤산온, 1872-1941), 윌리엄 블레어(방위량, 1876-1950)와 동생 허버트 블레어(방해법, 1889-1945)도 이 교회 출신이었다. 이런 교회 부위기속에서 성장한 위트컴은 선교적 이상을 갖게 되었고 한국에 대한 깊은 관심을 갖게 된 것이다. 그는 비록 군인 신분이었으나 자신은 군 선교사라는 자각을 가진 인물이었다. 이런 그의 신앙적 바탕이 한국에서 구호 재건 교육 사업에 기여하게 된 것이다. 위트컴 장군에 대한 더 자세한 기록으로는, 이상규, "위트컴 장군의 한국 사랑", (「크리스천경남」 2023. 11. 22일), 이상규, "토피카 제일장로교회와 한국 선교", (「크리스천경남」 2024. 6. 12일)가 있다.

초대 총장의 임기가 끝나고 총장 연임은 교수회의에서 부결되었다. 문교부는 그를 총장 서리로 임명하여 다시 총장직을 수행했으나 1960년 4·19 혁명 이후 사표를 제출하였다. 이름이 국립대학이지 사립대학으로 이끌어 온 윤인구 박사는 1946년 이래 약 15년간 부산대학을 위해 일하고 물러났으나 그가 일한 것에 비하면 배신감을 느낄 정도로 그에 대한 합당한 예우가 없었다고 한다. 퇴임식이나 퇴직금도 받지 못했다고 한다.[85]

한 가지 논의할 점은 그의 교육관이다. 윤인구 박사는 마음만 있었다면 사립대학으로, 특히 기독교대학으로 출발할 수 있었을 것이다. 그러나 그는 국립대학을 지향했고, "대학교육을 국가적 차원에서 설립 유지해야 한다."고 생각했다.[86] 학교 설립 당시 그가 공인이었다는 점과 광복 이후의 부산의 교육상황에서 볼 때 국립대학을 지향한 점은 이해할 수 있다. 그는 "진리가 너희를 자유케 하리라"(요8:32)에서 따온 진리와 자유를 부산대학의 이념으로 제시하는 등 기독교적 가치에 무관심하지 않았으나, '대학교육은 국가적 차원에서 수행되어야 한다'는 대학 교육관은 서구 기독교적 전통에서 볼 때는 이해하기 어려운 측면이 있다.

당시 부산교계가 대학을 설립하거나 운영할 역량을 갖추지 못했다고 판단하여 국립대학을 지향한 점은 충분히 이해할 수 있으나, 서구 교회는 교육의 주체가 '부모'인가 '국가'인가 하는 점에 대하여 오랜 토론이 전개되었고, 국가주도의 교육은 가치중립적일 수밖에 없다는 점에서 기독교교육을 위한 생존의 투쟁을 전개한 사례가 있기 때문

---

[85] 방덕수, 98.
[86] 방덕수, 86.

이다. 예컨대, 화란 개혁교회는 '학교전쟁'(school war)이라 불리는 60여 년간의 사립대학 설립운동을 전개하였고, 그 결과 1880년 자유대학교(Free University)를 설립했던 카이퍼와 기독교국민교육협회'(The Society for Christian National Education)의 힘겨운 싸움을 고려한다면 신학을 공부한 목사 윤인구의 가치중립적 교육관은 후일 논란의 주제가 될 수 있다.[87]

윤인구는 미국 유학에서 기독교대학, 혹은 기독교교육을 지향했던 18세기 설립된 윌리엄 메리대학(1693), 예일대학(1701), 뉴저지대학(1746), 햄돈-시드니대학(1783), 킹스 칼리지(1754), 19세기 설립된 하노버대학(1827), 일리노이즈대학(1829), 웨스트민스터대학(1815), 듀북대학(1852) 등을 알고 있었을 것이다. 또 1954년 미국 대학 순방 시 인문대학(Liberal Art College) 중심의 기독교대학들에 대해서 모르지 않았을 것이다. 이런 대학이 지향했던 대학이념을 한국적 상황에서 적용하려는 생각을 하지 못했을까 하는 아쉬움이 있다.

윤인구가 대학설립의 이상과 함께 신앙입국(信仰立國), 곧 기독교

---

[87] 1880년 10월 아브라함 카이퍼(Abraham Kuyper, 1837-1920)에 의해 설립된 자유대학은 학문의 중립성을 거부하고, 비기독교적 학리에 대항한 기독교적 학리 위에서 보다 일관된 기독교 학문운동을 전개했다. 카이퍼는 이 대학 개교식에서 '영역주권'(Souvereiniteit in Eigen Kring)에 대해 강연했는데 이것은 그의 사상의 중심이었다. 당시 화란에서는 교육은 '국가'가 하는 일이라 하여 국립학교만 인정할 뿐 사립학교는 오랫동안 허용되지 않았다. 비록 공립학교에 반대하고 비공립학교(non-state school)를 설립하기도 했으나 공립학교와 동일한 법적인 권리를 보장받지 못했다. 이런 상황에서 19세기 당시 칼빈주의자들은 종교의 자유와 함께 종교교육의 자유를 주장하며 교육에 있어서 종교적 신념의 허용을 주장하는 기독교 교육을 위한 투쟁을 시작하였다. 이것은 합리주의와 세속주의 그리고 당시, 학교교육에서 영향을 끼치는 19세기 자유주의 신학을 배격하기 위한 노력의 일환이기도 했다. 학교는 국가기관이며 교육은 '부모'가 할 일이 아니라 '국가'가 할 일이라 하여 정부는 사립학교 설립을 반대하였다. 그러나 칼빈주의자들은 자녀들에 대한 교육의 책임은 일차적으로 '부모'에게 있다는 점을 들어 사립학교의 설립을 주장하였고, 사립학교를 통한 신앙교육을 줄기차게 요구하였다. 이들은 학문과 신앙, 혹은 신앙과 학문은 별개일 수 없으며 상호 구별된 이원론적인 실체로 파악할 수 없다고 본 것이다. 이상규, "대학의 역사에서 본 기독교대학", 『기독교대학과 교육』(부산: 고신대학교 출판부, 2014), 75-6.

대학 혹은 기독교교육에 대한 이상이 있었더라면 부산의 학교 상황은 크게 달라졌을 것이다. 부산대학이 국립대학으로 출발하였으나 1948년 정부수립 후 첫 문교부 장관이었던 안호상 씨가 부산대학은 윤인구 목사가 설립했다는 점에서 "대한민국 정부가 설립한 대학이 아니라"며 홀대하기까지 한 점을 고려해 볼 때 더욱 그러하다.

부산대학교 총장으로 재임하던 1958년 윤인구 목사는 미국 휴런대학(Huron College)으로부터 명예신학박사 학위를 받았다. 사우스다코타(South Dakota) 휴런에 위치한 장로교회의 대학으로서 1883년에 설립된 이 학교는 한국 선교사 출신인 매쿤(McCune, 尹山溫)이 총장으로 있던 학교였다. 이 대학이 개교 75주년을 기념하여 윤인구에게 학위를 수여하게 된 것이다.

4) 연세대학교 총장으로서의 활동

부산대학을 떠난 윤인구는 연세대학교 총장으로 선임되었다. 1961년 9월 25일 모인 연세대학교 이사회는 그가 목사이자 대학교육 경력자라는 점을 고려하여 총장으로 초빙한 것이다. 그래서 윤인구는 1961년 11월 12일 연세대학교 총장에 취임했다. 1915년 설립된 연희대학과 1901년 시작된 세브란스의과대학이 1957년 통합하여 연세대학교로 개칭되었는데, 윤인구는 백낙준, 고병간에 이어 제3대 총장으로 취임하게 된 것이다.

윤인구는 연세대학교 총장으로서 재임하는 동안 기독교대학에 근본이념을 둔 교육기관으로서의 육성과 교수진 강화에 역점을 두었다.[88] 또 1962년에는 교수계약제도를 실시했는데 이는 한국에서의 첫

---

[88] 『연세대학교백년사 2』, 67.

시도였고 매우 획기적인 시도였다. 교수의 연구와 교수 활동을 격려하고, 학문의 침체를 자율적으로 방지할 수 있는 제도였으나 반발과 우려가 없지 않았고,[89] 오래지 않아 이 제도는 폐지된다. 또 학생들의 신앙지도를 위해 교목실을 신설하여 기독교 교육과 채플을 체계적으로 운영할 수 있도록 하였고, 서울역전에 있던 세브란스 병원을 신촌캠퍼스로 이전하였다. 그리고 교양교육의 중요성을 인식하여 교양학부를 신설하였는데 이는 그의 교육관을 반영했다. 1964년에는 가정대학, 음악대학, 교양학부, 그리고 연합신학대학원을 설립하였다.[90] 그의 재임기에 연합신학대학원을 설립한 일은 후일의 성과를 고려해 볼 때 중요한 기여였다.

그러나 이해에 발생한 기부금 입학과 관련된 '입학사건'으로 총장과 교수, 이사회와 격하게 대립하였고, 총장은 이 일에 책임을 지고 사임을 결정했다.[91] 즉 윤인구는 꼭 3년을 일한 다음 1964년 8월 총장직에서 물러나 부산으로 돌아왔다.[92] 부산대학을 떠날 때와 마찬가지로 연세대학교에서도 내분과 자리다툼을 경험하고 유쾌하지 못하게 학교를 떠났다. 많은 사람들이 높은 자리를 탐하지만 그 자리에서 누리는 특권만큼이나 비감도 적지 않았다.[93]

---

[89] 『연세대학교백년사 2』, 67-8.
[90] 『연세대학교백년사 2』, 68. 방덕수, 100-101.
[91] 이 사건에 전말에 대한 해명은 방덕수, 103-4을 보라.
[92] 『연세대학교백년사 4』, 420.
[93] 원일한(H. G. Underwood) 박사는 윤인구의 연세대학교 총장 재직 기를 부정적으로 인식하고 있다. 윤인구는 '자기 소유'의 대학교 총장으로 일했기 때문에 연세대학교와 같은 진정한 법인체 대학교에서 서로 협조하며 운영하는 풍토에 적응을 하지 못했다고 평가했다. 또 윤인구는 "권위주의적으로 학교를 혼자서 운영하려고 하였다. 재단위원회나 행정위원회와 협의도 없이 학교의 고액의 기부금을 낸 가족의 자녀들을 입학시켰다."라고 했다. 그리고 그런 일은 '자기 소유'의 대학에서는 흔히 볼 수 있는 일이지만 연세대학교에서는 용납되지 않는다고 덧붙였다. 원일한, 『한국전쟁, 혁명, 그리고 평화』(서울: 연세대학교 출판부, 2002), 284.

7

후기의 날들: 통일주체국민회의 의원

연세대학교 총장직에서 물러난 후 다시 부산으로 돌아온 윤인구는 고혈압으로 3개월가량 투병했고, 다시 건강을 회복하게 되자 대한예수교장로회 통합교단이 운영하는 영남신학교 강사로 혹은 교수로, 그리고 교장 혹은 명예교장으로 활동했다. 이것이 그의 마지막 봉사였다. 1958년 휴런대학으로부터 명예신학박사 학위를 수여받는 그는 동경신학대학에서 다시 명예신학박사 학위를 받았고, 1966년에는 부산대학교에서 명예문학박사 학위를 받았다. 그간의 교육활동에 기여한 공로를 인정한 것이다.

1973년부터 6년간 윤인구 박사는 통일주체국민회의 대의원으로 활동했다. 통일주체국민회의(統一主體國民會議)는 1972년 10월 17일 박정희 대통령이 소위 '10월 유신'을 통해 제4공화국이 출범하면서 헌법에 따라 구성된 간접민주주의 기관이었다. 가장 중요한 기능은 유신헌법의 핵심인 대통령을 간접 선거로 선출하는 것이었다.

법률상으로 통일주체국민회의 의원은 국민의 직접선거로 선출되는데, 대통령을 선출하고 유신정우회로 불리는 국회의원 정수의 3분의 1을 선출하고, 또 국회의 헌법 개정안을 최종 의결하고 통일 정책을 심의하는 기구로 규정되어 있지만, 사실은 통일주체국민회의 의장이자 대통령인 박정희의 거수기 노릇하는 기관이었다. 이 기관은 1979

표 1 윤인구 박사의 교육과 중요 활동

구 분		년 도
유초등기	사립구포구명학교 부산진공립보통학교	1903 - 1915
청소년기	동래사립고등보통학교 서울 YMCA학관 수학	1917 - 1919
해외 유학기	일본 名教中學 3年편입 일본 明治學院 중학부, 고등학부, 신학부 미국 프린스톤신학교 신학석사 영국 에딘버러대학교 대학원(신학과) 수학	1920 - 1930
목회와 종교활동	진주옥봉(리)교회	1931 - 1934
	부산 광복교회 설립	1947. 11 설립
	부산 소정교회	1953. 3 설립
	구포교회 임시당회장	1959. 9 - 1960. 6
학교설립과 교육활동	복음농업실수학교	1935 - 1939
	조선신학원 교수, 원장	1941 - 1943
	부산대학교 설립, 학장, 총장	1946. 5 - 1960. 4
	연세대학교 3대 총장	1961. 11 - 1964. 8
	부산신학교(영남신학교) 강사, 교장	1969 -?
행정과 공무 활동	미군정 경남 내무부 학무과장	1945. 11 - 1946. 10
	문교부 학무국장	1946. 10 - 1948. 11
	통일주체국민회의 대의원	1973 - 1979
노년기		1979 - 1986

년 10월 26일 박 대통령이 사망하자 다음 대통령인 최규하와 전두환을 형식적으로 선출해주는 역할을 맡은 뒤, 이듬해 제5공화국 헌법 발효와 함께 해체되었다. 이런 기관의 대의원이 되겠다고 입후보한다는 것은 그의 명예에 누가 될 수 있다. 윤인구 목사는 이때의 출마가 자의에 의한 것이 아니었음을 밝히고 있으나[94] 당시 필자는 신학대학원생

---

[94] 방덕수, 114.

에 불과했지만 부산 동래지역 전봇대 기둥에 붙어 있는 대의원 후보자 윤인구 박사의 선거벽보를 보고 약간 실망한 일이 있다. 부산대학교와 연세대학교 총장까지 한 분이 뭐가 부족해서 이런 기관의 대의원이 되겠다고 출마하실까 하는 생각이 들었다. 그것이 전적으로 자의에 의한 것이 아니었다고 하더라도 그가 걸어갔던 교육자의 여정에 비추어 볼 때 이 점 또한 아쉬운 점이라고 생각했다.

윤인구 박사는 신학을 공부한 학자였지만 목회자 혹은 신학자라기 보다는 교육행정가로 활동했다. 물론 해방 이전 조선신학교에서 가르친 일이 있고, 또 연세대학교 총장직에서 은퇴한 후 부산의 부산신학 혹은 영남신학교에서 가르친 일이 있으나 신학자로서의 그의 역할은 미미했다. 또 그는 신학계 주류에서 활동하지 못했다. 평양신학교 출신도 아니었고, 미국에서 학위를 한 것도 아니었고, 또 이북 출신 학자들이 중심이 된 신학교육의 현장에서 경상도 출신이라는 점도 그의 소외에 영향을 주었을 것이다. 그는 신학적으로 볼 때 복음주의 성향의 신정통주의자였다. 그러나 실제 이상으로 진보적이라는 평가를 받았다. 그래서 평양신학교 중심으로 생각하던 미국선교사들은 늘 그의 신학을 의심했다. 이런 여러 이유로 한국교계에서의 그의 역할은 제한될 수밖에 없었다.

그는 지도력과 함께 능력 있는 교육자로 알려져 있다. 그의 삶의 여정을 굽어보면, 그는 어느 한곳에 정주하면서 자신의 아성을 구축하지 않았다. 자신을 필요로 하는 곳이라면 기꺼이 가서 일하되 최선을 다하고, 더 이상 자신을 원치 않는다면 깨끗이 물러서는 분이었다. 그러했기에 자신이 설립하거나 설립의 주체였던 조선신학교나 부산대학교를 미련 없이 떠났고, 연세대학교 총장직에도 연연하지 않았다.

그는 말년에 건강을 잃기도 했으나 1986년 1월 25일, 83세로 하나님의 부름을 받았고, 부산 북구 구포동 산 18번지에 묻혔다. 그의 부인 방덕수 여사는 9년 뒤인 1995년 11월 7일, 92세의 나이로 하나님의 부름을 받았다.

8

종합과 평가:
윤인구와 경남 지방 정치

　이상에서 고찰한 바처럼 윤인구 박사는 국내외에서의 수학 이후, 진주교회에서의 목회 등 종교적인 활동, 조선신학교에서의 교육, 부산사범학교와 부산대학교의 설립 등 교육활동, 그리고 미군정기 학무국장으로 일하는 등 종교가, 교육가, 행정가로 일생을 살았지만 그의 가장 중요한 역할은 교육자 혹은 교육행정가로서의 삶이었다(표 1 참고). 특히 그가 부산교육대학과 부산대학을 설립한 일은 해방 후 부산지방 학계에 커다란 영향을 끼쳤고, 부산 경남지방 고등교육사에서 지을 수 없는 공적이라고 할 수 있다.

　그러나 해방 후 정치 발전에 끼친 영향은 크지 않는 것으로 평가된다. 그가 정치인이 아니었기 때문에 그에게서 정치적 역할이나 공헌을 기대하는 것은 논리적이지 않다. 그가 광복 직후인 1945년 11월 미군정 하의 경상남도 내무부 소속의 학무과장으로, 후에는 학무국장으로 일한 바 있으나 직접적으로 정당에 가입하거나 정계에 투신하지 않았다. 그의 회고록에서도 당시 정치 현실이나 좌우익의 대립과 같은 정치현안에 대한 관심을 피력하지 않았다. 이 점은 정치적 현안이나 정치적 역할은 그가 추구한 삶의 가치가 아니었음을 보여주고 있다. 도리어 그의 관심은 광복 후의 한국 현실에서 교육입국(敎育立國)을 통한 봉사였고, 그것을 자신의 역할로 인식한 것으로 볼 수 있다.

그는 단지 정치적 조직으로 볼 수 있는 '조선건국 준비위원회'에 수동적으로 참가한 일이 있다. 해방 후 좌우익의 대립이 심화 되었고 부산경남지역의 경우 좌익 세력이 강했다. 이들이 중심이 되어 8월 17일 건준 경남지부가 결성되었다. 위원장 노백용은 1927년 3차 공산당 경상남북도 책임자였고, 기타 임원들도 좌익계가 독점했다.[95] 박명수는 경남지부가 전국적으로 가장 좌익적인 건준지부였다고 판단하고 있다.[96]

경남건준 지부는 1945년 10월 5일 인민위원회로 개칭되는데, 경남 양산출신 민족운동가 김철수 등이 이에 반발하여 동일 오후 3시 '조선건국준비위원회 경남연합'이라는 조직을 창립하는데, 윤인구는 이 조직에 수동적으로 참여했을 뿐이다.[97] 윤인구에게 경상남도 교육회의 특별 공로상(1958년)과 부산시 문화상(1959년)을 수여한 것은 부산경남지역에 끼친 그의 공헌에 대한 공적인 인정이라고 할 수 있을 것이다.

---

[95] 박명수, "해방 후 건국준비위원회와 기독교의 역할", 『대한민국 건국과 기독교』(서울: 북코리아, 2014), 96.
[96] 박명수, 96.
[97] 신종대, "해방 이후 부산,경남지방의 변혁운동" 역사문제연구소 편, 『한국 근현대 지역운동사 1: 영남편』(여강, 1993), 193-227. 박명수, 96에서 중인.

부산경남지방 기독교 연구

제4장

부산YMCA는 언제 창립되었는가?

'기독청년회'라고 불리는 한국 YMCA는 '황성기독청년회'(皇城基督靑年會)란 이름으로 1903년 창립되었다. 이 당시 열강의 위협적 경쟁으로 대한제국의 정치적 상황이 혼미를 거듭하고, 경제적 빈곤, 독립협회 해산 등으로 겨레가 소망을 잃어가고 있을 때 개화청년들이 중심이 되어 창립된 YMCA는 기독교 정신에 입각하여 민족의 자주와 개화를 이루고자 하는 청년조직이었다. 물론 YMCA가 한국에서의 최초의 청년운동 단체는 아니었다. 이미 1896년 11월 이승만과 서재필을 중심으로 배재학당 내에 협성회(協成會)를 조직한 바 있는데, 이것이 한국에서의 기독청년운동의 효시라고 할 수 있다. 또 1897년에는 감리교회에 의해 엡윗청년회가 조직된 일도 있다. 그러나 이런 청년운동 단체는 일정기간 나름대로의 기여와 역할을 감당했지만, 오래 지속되지는 못했다. 그러나 1903년 10월 28일 '황성기독교청년회'란 이름으로 창립된 YMCA는 오늘에 이르기까지 장구한 기간동안 체계적인 청년활동을 통해 우리 사회의 개화와 문화운동, 체육 발전에 커다란 자취를 남겨주고 있다. 상류층 중심의 독립협회 계열의 청년들로 구성된 이 조직체는 철저한 민주적 정신과 항일 충국의 이념을 지니고 있었고, 반드시 종교적이 아닌 폭넓은 여러 활동들, 예컨대, 체육과 농촌사업, 직업 교육 등 기존의 교회가 접근할 수 없는 프로그램을 통해 민족운동과 개화운동을 전개하였다. 1913년에는 '황성'(皇城)이 '조선'(朝鮮)으로 바뀌어져 조선중앙기독청년회로 개칭되어 오늘에 이르게 된 YMCA는 우리나라에서 가장 오래된 민간단체, 혹은 비정부기구(NGO)로써 민족의 역사와 고난을 함께 오늘에 이르렀다.

YMCA는 1920년대를 전후하여 여러 지역으로 확산되기 시작했는데, 1918년에는 함흥YMCA가, 1919년에는 선천YMCA가, 1921년에는 교남(嶠南)YMCA와 평양YMCA가, 1922년에는 광주YMCA

가 설립되었다. 또 1925년에는 전주와 원산에, 그리고 곧 신의주에도 YMCA가 조직되었다. 그런데 문제는 당시 한국의 중요한 지역마다 YMCA가 조직되었으나, 유독 부산지방에서의 YMCA의 조직이나 활동에 대해서는 분명한 기록이 없다.

물론 '교남'(嶠南)이란 어자적으로 뾰족하게 높은 다리(橋) 남쪽, 곧 충청도와 경상도의 경계인 조령(鳥嶺) 이남의 영남(嶺南)을 일컫는 말이기 때문에 경상도 지방 전역을 아우르는 의미가 있다. 비록 교남YMCA가 대구지방 중심이라 하더라도 형식상 부산까지 포괄한다고 여길 수 있지만 이것이 부산 YMCA의 설립이라고 볼 근거는 없다.

그래서 부산지방에서의 YMCA의 기원이나 창립 시기에 대해서는 여전히 안개 속에 가려져 있다. 부산에서 YMCA가 창립되었다는 공식적인 기록이나 이를 뒷받침해 줄 수 있는 문헌이 없지만 청년단체나 청년운동이 없었던 것은 아니다. 1920년대 부산에는 여러 교회에 기독청년회가 조직되어 있었고, 여러 단체가 활동하고 있었다. 예컨대 동래읍교회(현 수안교회)의 '동래기독청년회'(1920. 6. 6 조직), 부산진 교회의 '부산기독청년회'(1921) 등이 그것이다. 이러한 상황에서 1920년대 초에 부산에서 공식적으로 YMCA 혹은 YMCA에 준하는 조직을 시도하거나, 이 조직을 위해 일할 사람을 요청한 흔적을 발견할 수 있다.

부산과 경남지방을 선교구역으로 활동하던 호주장로교 한국선교부(Korea Mission of the Australian Presbyterian Mission)가 1920년 10월에 작성한 연례보고서(*Annual Report*), 그리고 *Extracts From the Records, 1919-1920*를 보면 부산,경남지방 주재 선교사들이 호주장로교회 해외선교부에 YMCA 계통의 청년사역을 감당할 사람을 파송해 줄 것을 요청하고 있다. 흥미로운 사실은 알렉 무디(Alec Moodie)을 지칭하여 그를 파송해 주도록 건의하기로 한 기록이 남아 있다는 점이다.

"선교부의 다른 정책에 방해가 되지 않는다면 YMCA 라인을 따라 우리 도(道)의 젊은이들 가운데서 특별한 사역을 감당할 수 있도록 알렉 무디(Mr. Alex Moodie)씨를 선교사로 파송해 줄 것을 건의하자는 동의안이 가결되었다."[98]

또 주한장로교 선교지부에 인원 충원을 요청하면서 부산의 YMCA계의 인원을 요청하고 있다.

"해외선교위원회(FMC)/ 부산진지부에 한 사람의 목사 선교사를, 마산에 한 사람의 목사 선교사를, 진주에 한 사람의 목사 선교사와 한 사람의 의료선교사를, 거창에 한 사람의 목사 선교사를, 그리고 경상남도를 위해서 한 사람의 YMCA 인사를 요청하기로 하다."[99]

이런 점을 미루어 볼 때 부산지방 교회에는 이미 여러 기독청년 조직이 있었는데, 그것은 YMCA와 유사한 조직이거나 YMCA 조직일 수도 있고, 이를 위해서 알렉 무디의 파송을 제안했던 것으로 보인다. 이것은, 호주장로교 한국선교부로서는 이런 청년사역자가 필요했고, 이 사역을 통해 이 지방 복음화에 기여하려고 했음을 암시하고 있다. 비록 알렉 무디는 파송되지 못했고 그 이유도 알려진 바가 없으나 이상의 점들을 종합해 볼 때 부산지방에서는 적어도 1920년대에 YMCA와 준하는 단체의 조직을 시도했다고 가정할 수 있다. 앞서 언급한 바와 같이 당시 한국의 주요도시에는 YMCA가 조직되었는데, 한국의 관

---

[98] *Extracts from the APM in Korea.* vol. 8 (APM, 1920), 54.
[99] 『부산 YMCA운동사』, 48.

문인 부산지역에만 YMCA와 같은 청년단체가 조직되지 않았다는 것은 납득하기 어렵기 때문이다.

그러나 역사는 분명한 사실과 사료에 근거해야 하고, 실증적 문헌에 기초해야 하므로 이를 사실로 확정하기 어려운 점이 있다. 비록 1920년대 이후 부산지방에서의 청년운동을 딱히 YMCA 조직이나 YMCA계 청년운동으로 확증할 수 없다 하더라도 이 운동이 후일의 이 지방 청년운동에 끼친 영향을 간과할 수 없다. 1920년대 이후의 청년운동이 해방 후 부산에서의 YMCA 조직의 근간이 되었고, 인적 자원을 제공했기 때문이다.

부산에서의 YMCA의 공식적인 창립은 해방 후인 1945년 10월 28일이었다. 이날 부산시 동구 좌천동에 위치한 부산진교회에서 부산교계 지도자와 기독청년 200여 명이 회집한 가운데 부산 YMCA 창립총회를 개최했다. 비록 일제 식민통치로부터 독립을 얻었으나 해방 후의 혼란과 무질서, 문화적 폐허는 심각했다. 이런 현실에서 이 지역사회에 대한 청년운동의 소명을 가진 양성봉(梁聖奉) 장로는 동료이자 친구였던 우덕준(禹德俊)의 협조를 얻고 노진현(盧震鉉) 목사를 가담시켜 YMCA를 조직하게 된 것이다. 이 자생적 청년운동 단체의 결성은 향후 부산의 사회, 문화적 향배를 결정하는 의미 있는 시작이었다. 회장에는 초량교회 양성봉 장로가, 초대 총무에는 후에 부산중앙교회를 설립하게 되는 노진현 목사가 피임되었다. 이때의 상황에 대해 노진현 목사는 이렇게 회고하고 있다.

"해방이 되어 부산시장도 하고 경남도지사도 하고 농림장관도 지냈던 초량교회 양성봉 장로가 부산에서 YMCA를 하게 되었으니, 나에게 내려와서 협력해 달라고 했다. 그때 나는 맡은 교회도 없었다. 그분은 그때 부산부시장이었다. 미군 중에 한국인 대위로 있던 사람이 시장이란 이름을 가지고 있으면서 양성봉 장로를 부시장으로 임명했다. 그래서 양 장로는 YMCA 회장이 되고, 나는 총무가 되어 YMCA를 만들기로 의논이 되었다. 그 당시 양 장로는 회장이란 이름만 가지고, 총무인 내가 모든 일을 총괄하게 되어 매우 바쁘게 다녔다. 비록 경험은 없었지만 숙식을 양 장로 댁에서 해결하면서 YMCA 일로 최선을 다하며 바쁘게 뛰어다녔다."[100]

새로 시작된 부산 YMCA는 활발하게 사업을 시작했다. 부산 시민을 위한 공개 교양강좌라고 할 수 있는 '시민강좌'의 개최로부터 시작된 부산 YMCA의 활동은 점차 그 활동 영역을 확대하여 갔다. 그래서 연합예배, 하계성경학교 개최, 기독교 강좌, 세계기도주간 시행, 순회전도와 교도소 위문 등 종교 활동과, 어학강좌, YMCA 야학의 개설, 강연회, 웅변대회 개최, 농촌 사업 등 교육사업, 영화감상회, 음악회 혹은 음악경연대회 등 문화 활동과, 고아원 위문과 구제사업, 빈민 구제 혹은 이재민 복지 사업 등과 같은 구제활동, 기타 회원 운동회 교회연합 체육대회, 체육강습 등 일반사업을 시행하였다. 이런 일련의 활동을 통해 이 지역사회의 사회 개혁, 문화운동의 구심체의 역할을 수행해 왔다. 부산 YMCA의 초기 인물은 양성봉, 우덕준, 노진현 외에도 윤인구(尹仁駒), 김우영(金雨英) 이사, 그리고 노진현 총무를 도와 일했던 최종수(崔鐘壽) 간사였다. 최종수는 후일 영문학자가 되어 총신대학교 교수, 외국어대학교 부총장을 역임했다.

초기 부산 YMCA의 주요한 사역은 '기독의원'(基督醫院)을 운영한 일이었다. 이 병원은 군정청에서 일하던 웰본 목사(Rev. Henry G.

---

[100] 노진현, 『진실과 증언』 (서울: 도서출판 하나, 1995), 37-38.

Welbon)[101]의 제안으로 시작되었다. 웰본 목사는 노진현 총무에게 부산 YMCA가 의료사업을 하도록 제안하였고, 부산 대청동 3가에 위치한 일본인 의사 다쿠치(田口)가 운영하던 산부인과 병원의 관리권을 넘겨줄 수 있다고 제안한 것이다. 말하자면 적산건물 이용권을 주겠다는 제안이었다. 노진현 총무는 이를 흔쾌히 받아드려 1946년 8월 부산 YMCA는 의료사업을 시작하게 된다. 당시 부산의 의료 환경을 고려해 본다면 YMCA의 특별한 봉사였다. 부산 YMCA는 이봉은(李奉恩, 1916-2005) 의사를 초대원장으로 초빙했다. 1935년 세브란스에 입학하여 1939년 졸업하고 내과학을 전공한 이봉은 의사는 경남 지방교계 지도자 이약신 목사의 사위이기도 했다. 그는 후일 호주로 유학을 떠난 첫 한국인 의사가 된다. 이봉은 의사를 도와 이주식 의사가 초빙되었고, 박갈채 약국장, 김영숙 간호사 등 7명의 직원으로 출발했다. 1948년 5월 15일에는 이갑득(李甲得, 1914-1984) 전도사가 병원 전도사로 채용되었다. 후에 이갑득 전도사는 거제교회를 개척했고(1949.10), 고려신학교에서 수학 한 후(1953. 3-1956. 4) 1962년 3월 목사가 되었다. 거제교회에 이어 대연중앙교회를 개척하여 5년간 시무하고 그 후에는 브니엘 중고등학교 교목으로 활동했다. YMCA가 직영했던 기독병원은 선교 구제병원으로서의 기능을 행사했으나 오래 유지 되지 못한 것은 안타까운 일이다.

언제나 그 시대의 아픔을 외면치 않았던 부산YMCA는 특히 1970년대 이후에는 민주화 운동과 인권운동의 중심이자 산실의 역할을 했다. 군사 독재 정권에 항거하는 각종 강연회를 개최하고, 인권의 천부

---

[101] 1900년 내한하여 1919년까지 안동선교부, 평양선교부에서 활동했던 Arthur G. Welbon (오월번, 1867-1928)선교사의 아들로 미군정청에서 활동했다.

적 권리를 고양시켰다. 또 수출 주도형의 국가정책 하에서 노동자의 인권을 지키고자 힘썼다. 부산 YMCA는 국제사면위원회 부산지회, 도시산업선교회, JOC, 기독자교수협의회 등 당시 인권과 민주화를 위한 단체들의 회집 거점이기도 했다.

1980년대 이후는 그 이전 시대의 부산YMCA의 주요 사업을 계승하되, 근로청소년 교실, 십대의 전화, 양담배 추방 범시민운동, 향락퇴폐산업 추방운동, TV 모니터클럽 운영 등 사회변혁 운동을 전개하였다. 특히 1990년대 이후는 수련관과 복지관의 설립과 운영 등을 통해 구체적이고 체계적인 프로그램과 시설을 통해 지역사회를 위해 봉사하는 다양한 프로그램을 운영해 왔다. 와이즈맨 클럽과의 연계 등 국제기구와의 교류 등도 중요한 활동이었다.

1945년 부산YMCA가 창립된 이래 반세기가 지난 오늘에 와서 볼 때 부산YMCA는 이 지역사회에서 건실한 문화 운동과 사회개혁운동을 전개하고, 민주이식과 봉사 정신을 고양시켰다. 또 지역사회의 균등한 발전과 시민의식 개발 및 복지향상을 위해서도 봉사했다.

문제는 지난 과거의 역할이나 기여가 아니라 앞으로의 과제일 것이다. 부산 YMCA는 창립 70여년이 지난 오늘에도 여전히 부산지방 시민운동의 중심에 서 있다. 지난 반세기의 역사는 내일의 새로운 역사를 창조해 가는데 소중한 경험이 될 것이다.

21세기는 이전 시대와는 다른 새로운 세기가 될 것이 분명하며, 인간의 삶과 사회 구조는 그 이전 시대와는 다른 양상을 띄게 될 것이다. 이미 2차 대전이 끝난 후 스키너(B. F. Skinner)나 사이덴버그(Seidenberg) 등 미국의 미래심리학자들은 인간의 자유 추구와 과학기술 혹은 정보의 발달은 상호관계 속에서 인간성의 파괴와 같은 사회적 변화를 예견했다. 실로 우리 시대는 급변하는 국제정치 질서와 함께, 이념적 경계의 와해, 환경오염과 생태계의 파괴, 인간유전자 연구와 인간복제, 가속화되는 정보화, 그리고 문화와 종교의 다원화 현상 등으로 과학기술주의가 팽배하고, 포스터모더니즘의 영향하에서 가치나 윤리의 상대주의 사상이 편만하게 될 것이다. 이러한 변화는 사회구조나 사회적 삶의 양식과 사회적 규범에 엄청난 변화를 초래할 것이다.

이런 시대적 상황에서 부산 YMCA는 앞으로의 활동 방향 설정을 위한 수렴접근(convergence approach)을 시도할 때가 되었다. 부산YMCA는 지금까지의 활동을 근간으로 하되 변화된 상황과 환경에서 인간의 가치와 인권을 지켜가며 자유, 평등, 복지 등 건실한 사회, 문화 운동을 통해 인간다운 사회를 건설해야 한다. 해방 후 자주적으로 조직된 부산YMCA가 오늘에 이르기까지 그 소임을 감당할 수 있었던 것은 지도적 인사들 외에도 수많은 이들의 자기희생적인 수고와 헌신, 봉사가 있었기 때문일 것이다. 이들의 봉사를 기억하는 것은 오늘 우리들의 의무라고 할 수 있다.

부산경남지방 기독교 연구

제 5 장

6.25 전쟁 중 부산에서 있었던 회개 집회

우리 민족의 아픔과 고난의 실체였던 6.25 전쟁 중 피난지 부산에서 회개집회가 있었다는 사실을 아는 이들이 적지 않다. 그러나 그때의 모임이 어떻게, 어떤 방식으로, 어디서, 누구의 주도로 진행되었는가에 대해서는 별로 알려진 것이 없다. 그래서 이 글에서는 그 때의 정황에 대해 여러 기록과 증언을 종합하여 소개하고자 한다. 6.25 전쟁이 발발하기 두 달 전 부산 고려신학교에서 일어났던 회개 역사에 대해서는 이미 소개한 바 있는데,[102] 회개와 부흥의 역사라는 점에서 이 글과 함께 읽으면 좋을 것으로 생각된다.

---

[102] 이상규, "고려신학교에서 일어난 회개와 부흥", 「부경교회사연구」 18 (2009.1), 57-73.

1
6.25 전쟁

  1950년 6월 25일 가랑비가 내리던 새벽 4시 40분 소련과 중공의 지원을 업은 북한의 김일성, 박헌영 집단은 북한군 7개 보병 사단, 1개 기갑 사단, 특수 독립연대 등 총병력 11만 1천여 명과 소련제 T-34 탱크 등을 앞세워 38선을 넘어 대한민국을 기습 남침했다.[103] 전방초소는 비상경계령이 해제되어 절반에 가까운 병사들이 휴가, 외출 외박을 나가 경계가 해이한 상태였고 그날 새벽은 평화로웠다. 이런 평화를 깨뜨리는 북한군이 포성으로 시작된 6.25 전쟁은 1953년 7월 27일 휴전협정이 체결되기까지 3년 1개월, 곧 1,129일간에 걸친 전쟁으로 대한민국 국민 37만여 명이 목숨을 잃었고, 38만 7천여 명이 북한으로 납치되었거나 행방불명되었다. 이 전쟁으로 한국군 22만 5천 784명이 전사했고, 유엔군의 경우 전사자는 26만 4천 520명에 달했다. 포로로 잡히거나 실종된 한국인과 유엔군 또한 4만 명에 달했다. 북한 민간인 120여만 명이 사망 또는 실종됐다. 이 전쟁으로 고아가 된 사람이 10만 명, 남편을 잃은 과부가 30만 명에 달했다. 이산가족은 1천만 명에 달했다. 그리고 국군포로는 8만 2천명으로 추산된다.[104] 이런 전란

---

[103] 6.25동란 발발시 국군은 10만 5천 752명이었고, 북한군은 남한의 두 배에 가까운 19만 8천 380명에 달했다.
[104] 이중 실제로 돌아온 포로는 8,343명에 불과했고, 북한을 탈출하여 남한으로 돌아온 포로는

을 6.25 동란, 6.25 전쟁, 한국전쟁 등으로 부르지만 오랫동안 6.25 사변이라고 불러왔다. 사변(事變)이란 선전 포고도 없이 국가 간에 이루어지는 무력 충돌을 의미하는데, 이때의 전쟁은 북한이 선전포고 없이 기습적으로 남한을 침략했으니 6.25는 사변이었다. 6.25 사변이라는 표현은 전쟁 초기부터 불러오던 가장 오래된 이름이었다. 어떤 이들은 전쟁 책임을 모호하게 하고 전쟁의 성격을 내전으로 이해하여 한국전쟁이라고 부르지만, 구소련연방의 해체와 함께 1990년 비밀문서가 해제되면서 북한에 의한 남침 전쟁이라는 점이 분명하게 드러났다.

미국의 브르스 커밍스(Bruce Cumings)로 대표되는 수정주의 사관을 주장하는 이들은 6.25 전쟁은 1945년부터 1950년 한국 내부에서 발생한 사회적 모순, 특히 미군정의 남북분단 고착화로 인해 일어난 내전으로 주장하고 남침유도설(provoked invasion)을 말하기도 했으나 그것이 사실이 아니라는 점이 명백하게 밝혀졌다. 북한의 남침이 분명해진 이상 가해자와 피해자를 분명히 하여 '6.25남침 전쟁'이라고 부르는 것이 타당할 것이다.[105] 이 민족 상쟁은 우리나라 역사상 가장 피해가 컸던 전쟁이었다.

남침한 북한군은 침략 당일 11시 포천을, 26일 오후 1시에는 의정부를 점령했다. 개전 3일 만인 28일 11시 30분 서울을 함락시켰다. 그

79명뿐이었다. 「동아일보」 2010. 9. 28.
[105] 2004년 교육인적자원부는 교과서 편수용어를 '6.25 전쟁'으로 공식화했다. 그러나 이 용어는 전쟁의 시발일을 명시하고 있을 뿐 전쟁 유발 주체를 지시하지 않고 있다. 북한은 6.25 전쟁을 '민족해방전쟁'으로 호칭하며 전쟁을 정당화하고 있고, 동국대학교 교수였던 강정구(1945. 3-)는 이를 미화하여 6.25 전쟁을 '통일전쟁'이라 호칭하여 물의를 일으킨 바 있다. 즉 강정구는 인터넷 매체 '데일리 서프라이즈'에 기고한(2005. 7. 27) '맥아더를 알기나 하나요?'란 제목의 칼럼에서 "6.25 전쟁은 후삼국시대 견훤과 궁예, 왕건 등이 모두 삼한통일의 대의를 위해 서로 전쟁을 했듯이 북한의 지도부가 시도한 통일전쟁"이라고 주장했다. 이어서 "집안싸움인 이 통일내전에 미국이 개입하지 않았다면 전쟁은 한 달 이내 끝났을 테고, 물론 우리가 실제 겪었던 그런 살상과 파괴라는 비극은 없었을 것"이라고까지 말해 논란을 빚은 바 있다. http://yesu.net/16646

리고 30일까지 3일 동안 서울에 체류했다. 이들이 계속해서 남하했다면 7월 5일에서 10일 사이에 부산을 점령할 수 있었을 것이다. 그러나 인민군이 3일간 서울에 머문 것은 남한에서 폭동을 기대했기 때문이었다. 기대했던 폭동이나 후방 교란이 없자 김일성은 진격을 명했고, 7월 4일에는 안양을, 6일에는 안성과 평택을, 20일에는 대전을, 25일에는 김천과 영동을 점령했다. 8월 31일에는 온양, 예산, 장항, 군산, 광주, 목포, 순천을 점령하고, 일부는 남원과 구례, 하동을 거쳐 진주로 진격했다. 진주에서 부산까지는 국군이 없었으므로 3일이면 부산까지 점령할 수 있었으나 인민군 6사단은 진주에서 3일 동안 먹고 자고 놀았다. 만일 인민군들이 마산, 창원, 김해를 거쳐 부산으로 쳐들어 왔다면 대혼란이 일어났을 것이다.

    국군과 미군은 인민군이 공격하지 않는 틈을 이용하여 전차와 중포 병력을 낙동강 전선에서 빼내어 마산에서 인민군 6사단과 접전하여 한 달 이상 접전을 벌였다. 그 후 인민군 6사단은 인천상륙작전 때 포위되어 포로가 되거나 괴멸되었고 일부는 지리산으로 들어갔다. 인민군 4사단은 전북과 경북을 휩쓸고 영산을 점령한 후 밀양을 공격하면서 부산을 위협했다. 9월 4일에는 인민군 15사단이 영천을 점령했다. 마산 영산 (대구 위쪽의) 다부동 안강 포항이 위험하여 최대의 위기였다. 맥아더 장군은 국군과 정부요인 등 10만 명을 괌으로 철수시킬 계획을 수립하기도 했다. 이런 가운데 9월 11일 국군 8사단이 영천을 탈환했다. 국군 8사단 21연대가 전멸하는 혈전을 치르며 사수한 결과였다. 이런 상황에서 맥아더는 인천상륙작전을 감행했다. 1950년 9월 13일 일본 나가사끼현의 사세보(佐世保)항과 부산항에서 유엔군 군함 260척과 7만 6천 명의 병력이 인천으로 향했다. 그러나 김일성은 인천상륙작전을 막을 수 있는 수원의 인민군 18사단을 왜관으로 이동시켰다. 결정적인 작전의 실수였다. 후에 김일성은 이 작전 실패를 은폐하기 위해 박헌영과 남로당원 5만 명을 숙청했다. 9월 15일에는 월미도를 기습 상륙하여 인천상륙작전에 성공했고, 다음날 인천을 함락했다. 5천분의 1이라는 성공확률을 딛고 대성공을 거둔 것이다. 인천상륙작전을 통해 월미도와 인천을 장악한 유엔군은 서울로 진격하여 시가전을 전개하여 인민군을 소탕하고 9월 28일 서울을 탈환했다. 이를 보통 '9.28 서울 수복'이라고 말한다.

서울 수복소식이 전해지자 인민군과 지역의 좌익들은 위기를 느끼고 북으로 후퇴했다. 강원도, 경상도, 충청도 지역에서는 백두대간을 통해 약 3만 명이 북으로 후퇴했다. 국군과 유엔군은 패잔병들을 추적하며 빠른 속도로 북상했다. 급속한 후퇴가 어려웠던 전라도 지방 인민군과 좌익들은 지리산 등 인근 산악지대로 들어가 빨치산 활동을 전개했다.

유엔군측은 38선을 넘는 문제에 대해 격론을 벌였다. 중공군의 개입이 확실시됨으로 확전을 우려한 것이다. 그러나 9월 29일 트루만 대통령의 승인으로 38선 이북으로의 북진이 실행되었다. 10월 19일에는 평양을 점령하고 동북쪽으로는 흥남 등 북쪽도시들을 점령했다. 11월 1일에는 국군이 압록강으로 진격했다.

이런 상황에서 압록강 인근에 대기하고 있던 30만 명의 중공군이 유엔군에 대규모 공습을 단행했다. 인해전술로 유엔군을 포위하고 퇴로를 차단했다. 이들은 국군과 유엔군 23만 명을 포위했다. 이때 국군의 전선이 뚫려 중공군이 홍수같이 남하하여 후방에서 미군을 공격했다. 결국 해상 후퇴를 결정하고 흥남항에 집결하게 했다. 미 해병 1사단 미 육군 7사단 등 유엔군은 중공군의 포위망을 뚫기 위해 치열한 접전을 벌였는데, 개마고원 부근의 커다란 호수 장진호에서 있었던 장진호 전투가 그것이다. 영하 30도를 오르내리는 혹한에서 치열한 전투가 벌어졌고, 이들은 흥남항으로 철수하였다. 흥남철수작전은 10만 5천 명에 달하는 군인과 무기, 군수물자를, 그리고 흥남부두로 몰려온 약 9만 1천 명에 달하는 피난민을 배에 태워 남한으로 후송하는 작전이었다. 흥남항을 떠난 날이 1950년 12월 24일이었다.

국군은 중공군에 밀려 평양(1950. 12. 4)과 38선(12. 15)을 포기하고, 1951년 1월 4일에는 다시 38선 이남으로 후퇴했다. 이른바 1.4후퇴였다. 3월에는 평택까지 철수했다. 다시 유엔군이 공세를 가해 1951년 3월 15일 서울을 탈환하고 휴전선 부근에 이르렀다. 전선은 교착상태에 빠졌다. 이런 와중에서 맥아더 장군은 1951년 3월 해임되었다. 미국을 비롯한 참전국들은 전쟁 종결을 희망하며 전투에 소극적이었기 때문이다. 이런 상황에서 휴전협상이 논의되었고, 7월 10일부터 개성에서 휴전회담이 시작되었다. 휴전회담 장소는 상호공격하지 않기로 합의하여 중부전선과 동부전선에서 국군이 원산까지 북진할 수 있었으나 판문점에서 발이 묶여 더 이상 북진할 수 없었다. 그래서 고성 철원에서 북진하지 못한 것이다. 회담은 2년간 계속되었고, 1953년 7월 27일 휴전회담이 성립했다. 이런 전쟁의 와중에서 피난지 부산에서는 목회자들의 기도와 회개의 역사가 있었다.

2
회개 및 구국 기도회

전쟁이 발발하자 피란행렬이 이어졌고 부산은 피난민의 도시로 변해갔다. 앞에서 지적했지만 북한군이 3일 만에 서울을 점령하고 남하하게 되자 8월 31일에는 국군과 미군은 낙동강까지 밀려났다. 남한 면적의 10%를 제외하고는 북한군이 점령해 국가의 운명은 바람 앞의 등불이었다. 피난민들은 부산으로 몰려들기 시작했다. 부산이 임시수도가 된 날이 8월 18일이었다. 전쟁발발 당시 부산의 인구는 50만 정도였으나 인구는 급증하기 시작한다. 수많은 목회자들도 부산으로 몰려왔다. 부산은 '의의 피난처'였다. 부산의 교회들은 피난민들로 가득 찼고, 교회 마당에는 피난민들의 천막이 세워졌고 임시거주지로 변했다. 예배당, 교육관, 사택들도 초만원을 이루고 있었다. 교회만이 아니라 부산시 광복동 1가 7번지에 위치하고 있던 고려신학교 교사도 피난민 수용소로 변해 있었다.[106] 한상동 목사가 시무하던 초량교회에는 한상동 목사와 친분 있는 목회자들이나 성도들, 그리고 해방 후 교회 쇄신운동을 지지하던 이들이 주로 회집했고, 부산중앙교회에는 한경직 목사를 비롯한 그 외의 장로교회 목회자들, 그리고 감리교 성결교 목회

---

[106] 박윤선, 『성경과 나의 생애』 (서울: 영음사, 1992), 101, 허순길, 『고려신학대학원50년사』 (부산: 고려신학대학원 출판부, 1996), 98.

자들이 몰려들었다. 이런 전란의 와중에서 회개와 자성이 일어났고 자연스럽게 기도회 혹은 구국기도회가 개최되었다. 이때가 서울이 함락된 후 인민군이 파죽지세로 남하하여 부산과 그 인근지역만이 적의 수중에 놓이지 않았던 위난한 때였다.

이때의 기도회를 '회개기도회' '회개운동' 혹은 '구국기도회'라고 말하지만 따지고 보면 두 가지 형태였다. 첫째는 목회자만이 아니라 각처에서 피난 온 성도들, 그리고 피난 교역자들이 포함된 '회개집회'였고, 다른 하나는 전란에서 나라를 구하려는 '구국기도회'였다. 전자의 중심지가 초량교회였다면, 후자의 중심교회가 부산중앙교회였다. 물론 이 두 기도운동을 구분하기 어려운 점이 없지 않다. 전시 하에서의 기도회가 위기에 처한 국가를 위한 기도가 제외될 수 없었고, 구국기도회에서 회개와 자성이었기 때문이다.

그런데, 한상동 목사가 시무하던 초량교회는 회개의 역사가 일어난 중심지였다. 당시 경남지사는 초량교회 양성봉 장로였는데, 그는 250여 명의 교역자들이 초량교회에서 거처할 수 있도록 배려하였으므로 자연스럽게 초량교회에서 기도집회가 일어나게 된 것이다. 초량교회 담임이었던 한상동 목사와 고려신학교 교장이었던 박윤선 목사 등은 초량교회에서 전국피난민교역자들을 위한 집회를 갖기로 합의했다. 주 강사는 피난해 온 박형룡, 김치선과 박윤선 한상동 목사 등이었지만 오종덕 이학인 목사 등도 설교자로 동참했다. 그러나 중심인물은 박윤선 목사였다. 이곳에서의 집회가 개최된 때는 1950년 8월말이었다. 집회시간은 일주일로 하되 새벽기도, 낮 성경공부, 저녁 집회로 진행되었다. 고려신학교에 대해 거부감을 가졌던 이들은 자기들을 회개로 이끌기 위한 의도로 생각하고 참석을 원치 않는 이들도 있었으나 점차 많은 이들도 이 집회에 참석했다.[107] 이 집회의 모든 경비는 밥 피어스(Bob Pierce, 1914-1978) 목사가 부담했다.[108]

한상동 목사는 신명기 11장을 중심으로 설교하면서, "여호와 하나님의 명령과 법도를 지켜야 복을 받아 강성하여 하나님의 저주와 진노를 면할 수 있다"고 설교했다. 한상동 목사는 이 설교를 통해 신사참배의 죄, 해방 후의 교권 다툼, 한국교회가 범한 죄를 회개해야 하나님의 자비를 얻을 수 있다고 설교했다. 또 한 사람의 설교자가 한국교회를 대표하는 보수주의 신학자 박형룡 박사였다. 이때 그가 설교했던 11편의 설교문은 기록으로 남아 있다.[109] 그는 이미 7월에 초량교회 낮예배 설교자로 초청받은 바 있는데, 회개 집회에서도 중요한 역할을 했다. 그의 설교 또한 회개를 요청하고 회개만이 살길이라고 설교했다. 6.25동란은 우리 민족의 교회가 범한 죄에 대한 진노의 칼이라고 믿고 있었다.

> "복음을 듣고 믿음을 얻어 우상을 철폐하고 하나님을 공경하며 성전에서 예배하던 우리 성도들이 일본의 강제적인 명령이었기는 하지만 우상 앞에 머리를 숙인 것은 하나님 앞에 용서받기 어려운 큰 죄악이었습니다. 해방 후 신앙의 자유가 회복된 때에도 이 큰 범죄에 대한 반성과 통회의 태도가 희미했기 때문에 사분오열 분파되어 교회의 혼란이 심하여지니 이에 대하여 하나님의 진노가 없을 수 있겠

---

[107] 박윤선, 102, 허순길, 99.
[108] 미래한국신문 편집국, 『한국역사를 움직인 기도』(서울: 언약, 2007), 119.
[109] 이때의 11편의 설교문은 『박형룡 박사 저작 전집』 제18권에 수록되어 있는데, 제목은 다음과 같다. "형통한 날에 기뻐하고, 곤고한 날을 생각하라"(167-174쪽), "파선인이 취할 길"(175-182), "사랑의 모순성"(183-189), "그리스도의 애덕과 겸덕을 사모하자"(190-194), "은사의 마음과 선지자의 마음"(195-200), "수난자의 경건"(201-209), "포도원의 노래"(210-214), "소성의 비결"(215-220), "예수는 왜 죽으셨나?"(221-225), "성도의 새 환경"(226-229), "복 있는 자의 생활"(230-234) 등이다.

습니까?"¹¹⁰

이 당시 설교자들의 공통적인 인식이 신사참배의 죄와, 해방 후 한국교회의 대립과 분열이 전쟁의 직접적인 원인이라는 인식이었다. 비록 손양원은 이 집회에 참석하지 못하고 9월 28일 순교자의 길을 가게 되지만, 그가 체포되었던 9월 13일 수요일 설교문으로 작성해 두었던 "한국에 미친 화벌의 원인"에서도 동일한 죄를 지적하고 회개를 촉구하고 있었다.¹¹¹

이 집회에서 회개의 역사가 나타났지만 특히 집회가 시작된 지 3일째 되는 새벽기도회 때 통회 자복하는 역사가 일어났다.¹¹² 가장 큰 회개는 신사참배의 죄였다.¹¹³ 이날 박윤선 목사의 설교가 회개를 불러일으키는 도전을 준 것이다. 이때의 집회에 대해 박윤선은 다음과 같이 증언하고 있다.

> "이날 새벽기도회 담당이었던 나는 설교도중 한부선 선교사의 신사참배 반대투쟁에 대해, 즉 그가 총회석상에서, 만주에서, 옥중에서 목숨을 아끼지 않고 싸운 사실을 증거 하였다. 그 시간에 나는 한부선 선교사에게 직접 들었던 말을 거의 그대로 소개하였다."

이때 설교했던 신사참배 가결에 대한 보다 자세한 내용은 파수군 55호(1956. 9) 11쪽 이하에 기록되어 있다. 그리고 박윤선 목사는, 한

---

110 박형룡, 『박형룡 박사 저작 전집』 제18권, 171.
111 손양원은 애가 4,5장을 본문으로 "한국에 미친 화벌(禍罰)의 원인"이라는 설교문을 남겼는데, 그가 공산주의자들에 의해 잡히던 9월 13일 수요일 저녁 설교할 원고였다. 설교하기 전에 체포되어 설교되지 못한 설교문이 되었다. 안용준 편, 31-39.
112 박윤선, "우리가 서 있는 역사적 입장" 「파수군」55(1956. 9), 7.
113 박윤선, 102.

부선 선교사의 신사참배 거부, 장로교 제27차 총회시 신사참배 가결에 대한 항의, 만주에서의 활동 등을 소개했다. 이렇게 했을 때 강력한 회개의 역사가 나타났다.

"이 사실을 듣고 그 자리에 참석했던 교역자들이 한 사람씩 한 사람씩 회개하는 기도로 이어져서 그 집회 분위기는 더욱 뜨거워졌다. 이때에 성령의 도우심으로 설교하는 나 자신부터 내 죄를 회개하면서 증거 하게 되었으니 감사한 일이었다. 즉 나도 단 한번이지만 신사참배를 한 범과가 있으므로 나는 언제나 이 일로 인하여 원통함을 금할 수 없었는데, 이때에 그 죄를 회중 앞에 공개적으로 고백하였던 것이다."[114]

실제로 이날 박윤선은 공적으로 회중 앞에서 자신이 신사참배의 죄를 고백하고 회개했다. 이약신 목사도 비록 자의에 의한 것이 아니라할찌라도 일경에 의하여 억지로 신사에 참배했던 일을 회개했다. 기도회를 인도했던 부민교회 담임인 이학인(李學仁) 목사의 목소리는 우렁찼다. 그는 지금이 마지막 때라고 하면서 회개하면 산다며 기도회를 인도했다. 여기서 회개의 역사가 나타났고 회중은 소리를 높여 회개하고 하나님의 자비를 구했다. 이때의 회개집회는 1907년의 대부흥 때와 유사했다. 온갖 죄악이 고백되었고 회개의 눈물이 회중을 압도하였다. 양떼를 버리고 도망친 죄, 금전상의 범죄, 우상을 숭배한 죄, 7계명을 범한 죄 등을 고백했다.

원래 기도회는 1주일간 예정되어 있었으나 참석자들은 집회의 연

---

[114] 박윤선, 106, 박윤선은 하나님은 회개를 기뻐하신다는 점을 말하기 위해 이때의 회개를 사례로 소개하고 있는데 [박윤선, "우리가 서 있는 역사적 입장", 「파수군」 55(1956. 9), 9-15], 그 내용은 자신의 자전 기록인 『성경과 나의 생애』, 102-106의 기록과 거의 동일하다.

장을 원했다. 그래서 집회는 일주일 연장되었다. 이때는 부산만이 아니라 울산과 온산 지방 교역자들도 합류한 가운데 계속되었다.[115] 부산중앙교회에서의 기도회 또한 비슷한 시기에 진행되었고, 박형룡은 이곳에서도 강사로 활동했다.[116] 초량교회에서의 약 2주간에 걸친 기도회가 끝나는 날 인천상륙작전에 성공했다는 소식이 전해졌다. 초량교회에서 모인 이 집회에 참석했던 박성기 목사의 증언에 의하면[117] 기도회가 끝나는 날 신문 호외가 배포되었는데, 인천상륙작전 성공을 알리는 호외였다고 한다.

---

[115] 이때의 집회에 대해 김인서는 "부산초량교회 60년사"라는 글에서 "6,25 동란 중 3년간 피난 동포를 부조(扶助)하는 중 2차에 걸쳐 수백명 교역자를 일당(一堂)에 소집하고 20여일 간 숙식을 지공(支供)하여 가면서 극난수양회를 열었습니다." 「신앙생활」 12/6 (1953), 29.
[116] 박형룡은 초량교회와 부산 중앙교회에서 설교했고, 10월 8일에는 부산진교회에서 설교했다.
[117] 박성기 박사와의 면담(2014년 5월 6일).

3
인천상륙작전

초량교회와 부산중앙교회에서의 기도회는, 전 국토가 침략자의 수중에 들어가고 부산과 인근 지역만이 남아 있는 절박한 상태인 8월 말 시작되었고 10월 7일까지 계속되었다. 이 기도회는 초량교회와 부산중앙교회만이 아니라 다른 교회에서도 있었을 것이다. 해운대에서도 소규모의 기도하는 이들이 있었다고 한다. 부산 송도에서 한경직 목사는 밥 피얼스(Bob Pierce) 목사와 협력하여 4백여 명이 모인 가운데 특별 부흥집회를 개최하기도 했다. 이처럼 공식적인 혹은 비공식적인 기도회가 진행되었는데, 초량교회에서의 경우 2주간의 회개의 역사 후 유엔군의 인천상륙작전 성공 소식을 듣게 된 것이다. 이 작전의 성공은 전세를 급격하게 반전시켰고, 승기를 잡아 9.28 서울 수복을 가능하게 한 것이다.

1950년 8월 23일 일본 동경에 위치한 미군 극동군 사령부 회의실에서 긴급 비밀회동이 있었다. 맥아더 장군이 인천상륙작전계획을 설명하자 콜린스 육군참모총장과 셔먼 해군참모총장이 이를 극구 말렸다. 백전노장의 두 지휘관이 볼 때는 인천으로 상륙하는 것은 무모한 시도로 보였기 때문이다. 파이프 담배만 피우던 맥아더 장군은 "인천상륙작전은 반드시 성공합니다."라고 말했다. 그의 의지는 단호했다. 인천상륙작전에 성공하려면 상륙정 LSD가 해안으로 접근해야 하는데, 접근하려면 수심이 9미터가 넘는 만조 때만 가능했다. 인천 앞바다의 만조는 9월 15일, 10월 11일, 11월 3일뿐이었다. 그래서 성공률은 5천분의 1이라고 말해왔다. 그러나 맥아더 장군은 확신을 가지고 작전을 추진했다. 미군은 9월 15일 상륙작전을 숨기기 위해 "10월 중 반격, 유엔군 준비 진행 중"이라는 허위 사실을 언론에 흘리고 미공군은 9월 5일부터 13일까지 군산 인근을 맹폭격하고, 9월 12일에는 특수부대 5백여 명을 군산해변에 침투시키기도 했다. 적의 관심을 인천에서 멀게 했다. 이를 감지하지 못했던 북한군은 인천상륙작전을 방어할 수 있는 수원의 인민군 18사단을 왜관으로 이동시켰다. 결정적인 작전의 실수였다. 이 덕분에 미군은 9월 15일 새벽 6시 미군 함정 261척과 영국, 호주 등 18척, 한국 15척, 미 해병 1사단과 미 보병 7사단 육군해병대와 17연대 등 7만 5천 명의 전투병이 인천으로 진입하게 된다. 유엔군의 인천상륙작전이 시작되었다. B-29를 비롯한 각종 폭격기의 지원 아래 261척의 함정, 7만 5천 명의 유엔군이 총공세로 인천항을 향해 돌진했다. 작전은 성공했고, 이때의 여세를 몰아 9월 28일에는 서울을 수복했고, 계속 북진하여 10월 19에는 평양을 탈환했다. 상륙작전은 2주간의 회개의 집회 후 얻은 성공이었다.

4
전세의 변화는 회개 기도의 결과인가?

그렇다면 인천상륙작전의 성공, 그리고 이로 인한 전세의 반전은 기도회의 결과인가? 작전의 성공이 기도와 회개의 결과로 얻은 승리라고 증명할 수도 없고 그렇지 않다고 증명할 방법도 없다. 이것은 전적으로 역사해석의 문제이고 해석자의 신념의 문제이기 때문이다. 그러나 다수의 교회 지도자들은 작전의 성공과 전세의 변화를 가져온 것은 기도와 회개의 결과라고 믿었다. 박형룡은, 작전의 성공과 서울 수복은 회개와 간절한 기도에 대한 하나님의 응답이라고 믿었다. 그는 이렇게 말한다.

"이 위험, 이 고난에서 우리가 구출된 것은 하나님이 우리를 아주 버리지 않고 돌아보신 결과입니다. 우리는 물론 유엔군의 도움과 국군의 공로를 잊어버릴 수 없습니다. 그러나 유엔군을 오게 하고 국군을 일으켜 세운이가 하나님이시며 그들에게 용기와 기회를 주어 승전하게 한 이가 하나님이시니 우리는 하나님을 인식하고 보답하여야 합니다."[118]

박윤선의 입장도 동일했다. 그는 양자 관계를 연계하여, "우리 하나님께 감사의 찬송을 드리는 것은 이처럼 교역자들의 통회, 자복의

---

[118] 박형룡, 『박형룡 박사 저작 전집』제18권, 242.

부산 초량교회에서 있었던 회개 집회 기념

부산중앙교회에서 있었던 구국기도회 기념

회개가 있은 후에 유엔군이 승리하고 공산군은 삼팔선 이북으로 물러가게 되었다"고 보고 있다. 회개의 사건에 뒤이어 승전(勝戰)한 것은

우연한 일이 아니라 하나님이 능력으로 도와주신 결과라고 보았다.[119]

이런 인식은 거의 당시 집회에 참석했던 목회자들이나 성도들의 공통된 인식이었다. 부산에서의 집회와 기도회 이후, 인근 울산과 온양에서도 집회를 개최했고, 거기서도 회개의 역사가 일어났다. 그 후에는 제주도 서부교회당에서도 피난민 교역자들을 위한 집회가 개최되었는데, 동일한 역사가 반복되었다.

---

[119] 박윤선, 107, 박윤선, "우리가 서 있는 역사적 입장", 「파수군」 55(1956. 9), 15.

부산경남지방 기독교 연구

제6장

6.25 전쟁기 부산에 설립된 피난민 교회들

6.25 전쟁이 발발한지 70년이 지났다. 전쟁은 인명을 살상하고 산야를 피로 물들게 하는 폭력과 파괴였지만, 역사적으로 볼 때 전쟁은 문명권의 접촉과 교류, 문화의 전파와 유통, 혹은 종교의 전파에도 영향을 끼쳤다. 십자군 전쟁이 동방과 서방의 문화적 교류를 가능하게 했고, 문명권의 충돌을 통해 새로운 문화와 가치를 교류하게 한 경우가 그것이다. 70년 전 한반도에서 발발한 6.25 전쟁은 남북한 간의 적대적 대립, 이데올로기적 갈등의 원인이었지만 결과적으로 미국문화의 전파의 중요한 계기가 되었다. 뿐만 아니라 이슬람의 전파의 실제적 시작이 된다. 이점보다 더 흥미로운 일은 전쟁은 한국교회 지형도의 변화를 가져왔다. 선교사 회가 설정했던 이른바 '선교지 분담정책'의 영향은 오래 남아 있었으나 6.25 전쟁을 통해 경계가 완전히 와해된다. 부산과 경남지방 교회 구성에도 변화를 가져왔다.

　해방 당시 한국교회 성도는 35-40만 정도로 추정하는데 이중 북한지역 성도수는 25-30만에 달했다. 공산정권의 수립 후 투옥되거나 수난당한 자가 3만 명 정도이고, 피난이 여의치 못했던 이들, 교회를 버리고 떠날 수 없다며 순교적 각오로 북한에 체류한자들 일부 외에는 다수의 신자들이 월남했다. 북한에서 반 기독교적인 공산주의의 실체를 경험했기 때문이다. 북한 거주 기독교신자들의 대거 월남으로 교회상황의 변화를 가져왔다. 월남한 이들 일부는 남한의 기존교회로 흡수되었으나 언어와 문화 등 여러 상황으로 지역교회에 적응하지 못한 이들은 북한의 교회를 재건하거나 별도의 교회를 설립하게 된다. 지역 연고주의가 강한 이들에게 기존교회로의 편입은 사실상 어려운 일이었기 때문이다. 그래서 피난지 부산에는 많은 월남 기독교인들의 교회가 세워지게 된다. 그래서 전쟁은 부산교계의 지형을 변화시켰던 것이다.

1940년 당시 부산에는 23개 처의 교회가 있었다. 온천성결교회와 수정동성결교회 등 성결교 2개 처 외에는 장로교회 일색이었다. 1942년 당시 부산(기장면 제외)에는 23개 교회가 있었다.[120] 이때에도 장교교 일색이었다. (0표는 일제의 교회 통폐합정책에 따라 피폐된 교회)

부산부
중도정 항서교회 / 초량정 초량교회 / 영주정 산리교회(0) / 좌천정 부산진교회 / 영선정 영선정교회(현 제일영도교회) / 朝島 조도교회(0) / 남부민정 항남교회 / 부전리 부전교회 / 초읍리 초읍교회(0) / 대연리 대연교회 / 우암리 우암교회(0)

동래군
사하면 감천교회 / 사하면 다대교회 / 사하면 하단교회 / 사하면 엄궁교회(0) / 사하면 사상교회 / 구포면 구포교회 / 구포면 화명교회(0) / 구포면 금성교회 / 동래읍 수안교회 / 동래읍 금사리교회(0) / 남면 해운대교회 / 남면 수영교회(0) / 기장면 기장교회 / 기장면 송정교회(0) / 기장면 월전교회.

1945년 광복 당시 부산의 교회는 약 35-40여 개 처에 불과했고, 6.25 전쟁이 일어나던 당시 부산의 교회는 50여 개 처에 불과했다. 목사가 15여 명, 전도사가 30명 정도였다. 이중 장로교회가 41개 처였다. 장로교회 외에는 성결교회와 감리교회가 있었으나 불과 몇 교회에 지나지 않았다. 그러나 전쟁은 많은 변화를 가져왔다. 마지막 피난지 부산에는 수만의 외지인들, 특히 월남 기독교인들이 몰려들기 시작했다. 전쟁 발발 당시 부산인구는 40만 정도였으나 몰려오는 피난민

---

[120] 『경남기독교회 폐합명부』 (경남노회, 昭和 17년 4월 말 현재).

으로 부산 인구는 급증했다. 1.4후퇴 이후 부산 인구는 약 84만 명이었으나 곧 100만 명을 헤아리게 되었다. 식량은 말할 것도 없지만 주택, 수도, 전기 등은 턱없이 부족했다. 학교와 교회, 공공시설, 극장, 공장 등이 피난민의 임시처소가 되었고, 지금의 남구 적기(赤崎)에 위치한 일제 강점기 소(牛) 수출 검역소, 영도의 대한도기, 영도 해안가와 청학동 일대, 대연 고개, 남부민동, 괴정과 당리 등 40여 곳에 임시 수용소를 만들었으나 수용인원은 고작 7만 명 정도에 불과했다. 불가피한 현실에서 곳곳에 판잣집이 등장했다. 국제 시장 주변의 용두산, 복병산, 대청동, 영주동, 초량동, 수정동, 범일동, 영도 해안가 주변인 태평동, 보수천을 중심으로 한 보수공원과 충무동 해안가, 자갈치 등에 집중되었다. 정확한 자료라고 볼 수 없으나, 1953년 10월 당시 도로변과 하천변에 2만 2000호, 산마루에 1만여 호가 있었다는 기록이 있다. 1953년 7월 4일, 부산시 당국이 조사한 판잣집이 2만 8619호였는데, 영주동 산기슭에 약 1,000호, 영도 대교로 해안가에 약 700호, 보수동에 약 600호, 송도에 약 300호, 국제 시장에 약 1,200호의 다소 규모가 큰 판자촌이 있었고, 제3, 4부둣가에도 적지 않은 판잣집들이 있었다.

이런 피곤한 전쟁의 와중에서도 부산에 새로운 교회가 설립되기 시작했다. 전쟁기(1950-1953) 부산에 세워진 교회는 130여 개 처로 파악되는데, 이중 월남 기독교인들에 의해 설립된 피난민 교회는 50여 개 처에 달했다. 이중 장로교회가 40여 처였고 나머지는 감리교 등 다른 종파였다. 피난민 중심의 교회를 설립 년 순으로 정리하면 아래와 같다.

북성교회(현 대성교회, 1950. 2), 성도교회(1950. 12), 구덕교회(1951), 영락교회(1951. 1. 7), 서북교회(1951. 2), 철산교회(현 산성교회, 1951.3), 선천교회(현 산성교회, 1951.3), 우암교회(1951.3), 부평교회(1951. 4), 영도교회(1951), 평광교회(1951. 6), 수정동교회(1951. 7), 평북교회(현 산성교회, 1951. 8), 평동교회(1951), 남성교회(1951. 10), 산정현교회(1951.10), 평양교회(1951.6.10, 평광교회와 대청교회로 분리된다), 모라교회(1951), 양정중앙교회(1951), 연산제일교회(1951), 원산제일교회(현 성덕교회, 1951. 12), 서북교회(현 동광교회, 1952.1. 6), 거양교회(1952. 1), 한양교회(1952. 3. 2. 이 교회에서 그해 6월 남부민교회가 분리되었으나 1973년 은성교회라는 이름으로 통합되었다), 삼성교회(1952), 영도중앙교회(1952), 부산서교회(1952. 4. 27), 감만교회(1952. 6), 신암교회(1952. 10), 양정교회(1953. 7), 영주교회(1953. 8), 영도 명신교회(1954. 5) 등이다.

그리고 감리교회로는 원산지역 피난민 중심의 부산제2교회(충무로교회), 해주 출신 교인들로 구성된 일신교회, 평양 출신 중심의 시온중앙교회, 그리고 서울아현교회 성도들 중심의 보수교회 등이었다.[121] 이렇게 되어 1953년 당시 부산에는 160여 개의 교회가 있었다.[122] 이 중 몇 교회의 설립 배경을 보면 아래와 같다.

철산교회 (1949. 7, 1951. 3)

철산교회는 6.25 전쟁 이전에 월남한 철산 출신 신자들을 중심으로 시작되었다. 북한에 공산정권이 수립되자 자유를 찾아 월남하여 연고가 없는 부산까지 온 이들은 국제시장에서 일용직 노동자로 출발했

---

[121] 기독교대한감리회 삼남연회 편, 『삼남연회 40년사』, 108-114.
[122] 전쟁 중이던 1952년 3월 부산을 방문한 호주빅토리아장로교 해외선교부 총무였던 조지 앤더슨(안다손, George Anderson)은 당시 부산에는 156개 교회가 있다고 보고했다. 양명득, 『호주선교사열전』(부산, 서울), 267.

으나 절망 중에서도 믿음으로 살고자 노력했고, 이들이 중심이 되어 1948년 7월 노의선(盧義善) 목사 집에서 예배드리기 시작하였다. 이것이 철산교회의 시작이었다. 철산 출신 가정을 역방하여 신도를 규합하였는데, 그 결과 철산읍교회 장로 김기임, 동천교회 장로 최석중, 주안교회 집사, 노선준, 송유교회 집사 정근수 등 남자 7인, 여자 20여 명으로 교회를 시작하게 되었다.[123] 그러나 한경직 목사가 세운 부산 영락교회가 확장되는 과정에서 철산교회 교인들 다수가 흡수되어 감으로 4개월 후 철산교회는 폐쇄되었다. 그러나 1951년 1.4후퇴로 다시금 많은 실향민들이 부산으로 유입되고, 특히 서울에서 철산교회를 설립하려했던 이들이 피난지 부산으로 이동하게 됨에 따라 다시 교회가 문을 열게 된다. 노의선 목사가 대신동에 위치한 피난 목사 집단 천막촌에 거주하고 있을 때 이창도, 김희주, 정영철, 김형태, 최석숭 등은 노의선 목사를 방문하고 피난 기간이 길어질 것 같으니 철산교회 출신 성도들을 중심으로 다시 교회를 설립하자고 제안하였다. 이런 제안에 따라 1951년 3월 남자 60명, 여자 50명 정도가 모여 철산교회를 다시 세우게 되었다. 집회는 서대신동의 구덕교회를 빌려 오후 2시에 회집했다. 이때에는 남하한 독신자들이 다수였다. 노의선 목사가 담임목사였고, 부교역자는 문영호 전도사였다. 장로는 정용, 이창도, 최석승, 김봉환, 방지언 등이었고, 집사는 정영철, 김형태, 정은산 등이었다.

영락교회(1951. 1)

영락교회는 1.4후퇴 때 부산으로 피난 온 서울의 영락교회 교인

---

[123] 『대한예수교장로회 평북노회 100년사, 100년사 감사로 돌아보고 기대로 바라본다』 (대한예수교장로회 평북노회, 2014), 368.

30여 명이 한경직, 강신명 목사를 중심으로 광복동 1가 7번지의 고려신학교 강당에서 1951년 1월 7일 예배를 드린 것이 교회의 시작이 된다. 이들은 첫 예배를 드린 후 당회를 소집하고, "피난 중에는 영락교회 당회를 부산에 둔다."고 결의했다. 그다음 주일, 곧 1월 14일부터는 대청동에 있는 사회복지시설인 새들원 강당에 모여 예배드리기 시작했다. 점차 피난 성도들의 수가 증가되자 새들원 뜰에 천막을 치고 예배를 드리게 된다. 1951년 7월에는 이응하 목사가 부임하였다. 곧 교회가 성장하여 천막교회로는 수용하기가 어렵게 되고, 또 서울에 두고 온 석조예배당을 사모하는 마음이 모아져 예배당을 건축하기로 결의하고, 1952년 11월 9일 부산 서구 부민1가 22 (현 위치)에 180평의 대지를 구입하게 된다. 9월 28일 서울이 수복되자 많은 성도들이 서울로 복귀하고 부산영락교회에는 다섯 분의 예배위원을 두어 교회 제반사를 관장하게 했다.

당시 교인들은 가난한 피난민이었고, 아미동, 보수천 주변, 혹은 영도 산비탈의 판자집이나 토굴에 살았지만 눈물 어린 헌금과 서울영락교회에서 일백만 환의 후원을 받아 총3억8천만 환으로 교회당을 건축하기로 하고, 1953년 1월 5일 기공하여 그해 6월 105평의 단층 석조예배당을 준공하고, 7월 초 입당했다. 이응화 담임 목사는 헌당식을 보지 못하고 1953년 8월 사임하고 1953년 9월에는 백리언 목사가 부임했으나 곧 미국으로 이민 갔다. 1954년 4월에는 이순경 목사가 부임했다. 새 예배당 입당 1주년이 되는 1954년 7월 4일에는 예배당 뜰 정원 130평을 구입하고, 그해 8월 26일 영락유치원을 설립하였다. 이순경 목사는 5년간 시무하고 1959년 3월 사임했다. 그 후 신의주제일교회 윤하영 목사의 아들 윤병식 목사(1959. 4-1968. 5), 고현봉(1969. 2-1990. 3)에 이어 윤성진 목사(1990. 3-)가 시무하고 있다.

서북교회(1951. 2)

월남한 피난 성도들이 1951년 2월 4일 주일 엄영기 목사를 중심으로 부산시 동구 범일동 소재 조선방직회사 구내에 천막을 치고 첫 예배를 드림으로 시작되었다. 2월 11일 설립 둘째 주일에는 제직회를 구성하고 서북교회라 명명했다. 1951년 7월에는 목조예배당을 건축했다. 1955년 1월부터 서북교회를 부산제일교회로 개칭했고, 1956년 8월에는 부산 동구 범일 2동 321번지의 대지 80평과 불교사찰 성광사를 구입하여 보수하여 이전 하였다. 엄영기 설립 목사는 1958년 6월 초 사임하고 그해 7월 채종묵 목사가 부임하여 1985년 말까지 시무했다. 1984년 2월에는 연제구 연산 9동 149-11번지의 1,975평의 대지를 구입하였고, 이곳에 새 예배당을 건축하고 1997년 이전하여 오늘에 이르고 있다.

부평교회(1951. 4. 5)

부산시 중국 보수대로 72번지에 소재한 부평교회는 1951년 4월 5일 설립되었는데, 피난민과 현지인이 공동으로 설립한 특수한 경우라고 할 수 있다. 1.4후퇴 때 피난 온 윤수현 가족 외 40여 명이 1952년 5월 3일 보수동 1가 42번지의 보리밭을 매입하여 예배드리기 시작했는데, 피난민교회이자 현지인들이 참여한 교회였다. 윤수현 가족은 황해도에서 살다가 월남한 김성실 가족을 만나 서울에서 신앙생활을 같이 하다가 1.4후퇴 때 대구를 거쳐 부산으로 오게 된 것이다. 이들은 중구 보수동의 광복교회 마당에서 임시로 1주간 정도 지내다가 보수산(전 애린원 유스호스텔 근처)에서 기도소를 마련하고 피난민교회라는 이름으로 출발했다. 첫 교역자는 채병화 장로였고 교인은 40여 명 정도였다. 그러다가 고려고등성경학교에서 수학하던 김상완 집사가

1952년 10월 5일 전도사로 부임하였고, 1953년에는 보수동 성결교 회당을 매입하여 보수동교회로 칭했다. 이때 교역자는 최종린 전도사, 남녀서리 집사는 14명이었다. 1953년 10월에는 대한예수교장로회 고신 부산노회에 가입하였고, 오종덕 목사가 임시 당회장이었다. 1956년 5월에는 기옥을 매입하여 입주했는데 당시 교인은 약 60여 명에 달했다. 이때 '부평교회'로 개칭되어 오늘에 이르고 있다.

평양교회(1951. 6)

평양에서 피난해 온 김윤찬, 김세진 목사와 임종호 전도사는 1951년 6월 10일 오전 11시, 보수동 언덕(보수산)에 모여 첫 예배를 드림으로 '평양교회'를 설립했다. 사실상 첫 피난민교회라고 할 수 있다. 이 날 독립된 교회로 출발하기 전 북한기독청년면려회 주관으로 광복교회당에서 매 주일 오후 2시 예배를 드리고 있었다. 이들은 대청동의 부산중앙교회, 혹은 보수동의 광복교회를 전전하며 예배를 드려왔으나 늘 손님으로 치부되었고 안정적인 소속감을 가질 수 없었다. 그러던 중 1951년 6월 3일, 광복교회에서 주일 예배 시 광고를 통해 이북에서 피난온 성도들을 중심으로 보수산 중턱에 모여 북한 성도연합예배를 드리고 교회 설립을 광고했다. 말씨나 생활습관 등에서 남한교회에 적응하기 어려웠던 성도들은 이를 크게 환영하고 예정대로 6월 10일 보수산 중턱 송림에 모여 첫 예배를 드린 것이 평양교회의 시작이었다. 이날 예배에는 100여 명이 출석했으나 두 번째 회집 주일이던 6월 17일에는 더 많은 인원이 회집하였고, 점차 그 수는 증가하였다. 세 번째 예배인 6월 24일 보수산 서편 애린원 뒤쪽 현재의 평광교회당 자리에 군용 천막을 설치하여 임시 예배처소를 만들었고, 점차 천막을 추가로 설치하여 예배처소를 확장했다. 첫 교역자가 평양 연화동교회에서 시무했던 김윤찬 목사였고, 만주 안동교회를 시무한 후 김윤찬 목사와 함께 연화동교회를 섬겼던 김세진 목사가 동사목사로 일했다. 또 평양 연화동교회 전도사였던 최창덕, 평양 여자신학교 교수였던 임종호 전도사가 남녀 전도사로 봉사했다. 교회 설립 당시 장로는 임찬익, 임이걸, 김광신, 김덕명, 김병준, 조영복, 김원보, 이종훈, 최억태, 이춘태 등 월남 이전에 장립 받은 이들이었다.

평양교회는 보수산 공터에서 시작되었으나 2년 뒤에는 70평 정도의 목조건물을 지었다. 이 교회는 1959년 평광교회와 대청교회 분리되었다. 분리된 대청교회는 대청동 미문화원 맞은편에 위치하고 있었으나 1988년 부산시 금정구 구서동으로 이전하였다.

선천교회(1951. 3)

선천교회는 평북 선천출신 신자들을 중심으로 설립되었다. 선천출신 박괄채 집사[124]는 동향 신자들을 규합하여 가정에서 예배드렸는데, 회집 인원이 증가하자 대청동 미문화원 건너편에 소재한 북성교회(현 대성교회)의 허락을 얻고 1951년 3월 첫 주 오후 2시 남자 11명, 여자 22명이 모여 선천교회라는 이름으로 출발했다. 이 일을 성사시키기 위해 헌신했던 인물이 이성호 전도사였다. 이북에서 순교한 이성주 목사의 동생인 이성호 전도사는 선천 출신 신자들의 집을 방문하고 이들을 규합했다. 첫 담임 목사는 방화열 목사였고 전도사는 이성호였다. 장로는 박찬빈 김왕택, 집사는 박괄채였다. 1951년 4월에는 용

---

[124] 이봉은 의사가 원장으로 있던 부산기독병원 약제사 겸 서무과장이었다. 1955년 부산을 떠나 대구로 이거하여 1962년에는 대구 평북교회(현 남성교회) 장로가 되었고, 서울로 이주하여 신흥교회에 출석하던 중 1994년에는 원로장로로 추대되었다. 서울에 설립된 평북교회가 평광교회와 신흥교회로 분립되었는데, 이 신흥교회에서 원로장로로 추대되었다. 신흥교회에서 함께 장로로 시무한 이가 한영제(韓永濟, 1925-2008) 장로였다.

두산 인근의 한성중학교 교실 한 칸을 빌려 예배당으로 사용하였는데, 이때 86명이 회집했다. 피난민이 증가하자 교인수도 증가하였다. 후에는 초량교회 장로이자 경남도지사였던 양성봉 장로의 도움을 입어 한성중고교 주변부지 150평을 매입하여 50평 규모의 예배당을 건립하였다. 1951년 6월 20일 기공하여 두 달 후인 8월 12일 헌당예배를 드렸다. 이때 참석인원은 112명이었다.[125]

평북교회(현 산성교회, 1951. 8)

평북교회는 철산교회와 선천교회가 통합되어 시작된 교회였다. 방화일 목사는 양교회의 통합을 추진하였고 그 결과 1951년 8월 27일 구덕동 소재 철산교회와 선천교회가 하나의 교회로 통합하기로 결의했다. 이 결의에 따라 철산교회 대표 노의선 이창도 최석숭, 선천교회 대표 방화일 이성호 박찬빈 김왕택 박괄채 등은 부산 중구 대청동 265번지의 부산기독병원에 모여 양 교회의 통합을 논의하였고, 교회 합동 합병협의회를 조직하여 이 일을 추진하게 했다. 그 결과 위원회는 교회명칭은 평북교회로, 예배당 위치는 대청동 용두산의 선천교회당을 사용하되 당회장은 노의선, 협동목사 방화일, 부교역자는 이성호 전도사로 정하고, 양 교회의 제직은 그대로 인정하여 통합하는 것으로 합의했다.

합병이 결정되자 임시제직회를 열어 기존의 선천교회 예배당은 철거하고 새로운 예배당을 건축하기로 하고, 용두산 기슭의 50평을 매입하여 70평 규모의 목조판자 가건물을 세웠다. 그래서 두 교회는 1952

---

[125] 『대한예수교장로회 평북노회 100년사』, 371.

년 1월 공식적으로 통합하여 하나의 교회가 되었다.[126] 그런데 1954년 12월 10일 발생한 용두산 대화재로 교회당이 소실되어 이 교회가 1955년 4월 15일에는 토성동 3가 4번지로 이전하면서 교회 이름을 '산성교회'로 개칭했고, 1967년 3월에는 부민동으로, 1971년 5월에는 다시 남구 대연동으로 이전하여 오늘에 이르고 있다.

산정현교회(1951. 10)

부산 산정현교회는 평양 산정현교회 성도들의 월남으로 시작된 교회인데, 본래 이 교회는 1906년 1월 26일 설립되었다. 평양장대현교회로부터 분리 개척된 이 교회의 초대 교역자는 편하설 선교사, 영수는 계택선 조사였다. 1909년 4월 1일에는 평양 계리 산정현에 대지를 매입하고 예배당을 건축하여 산정현교회로 불리게 된다. 후일 이 교회에 주기철 목사가 부임하고 그의 신사참배 거부와 순교, 그리고 조만식, 김동원, 유계준 같은 민족의 지도자들이 이 교회 장로였음으로 산정현교회는 널리 알려지게 되었다. 그런데 전쟁으로 월남한 산정현교회 성도들은 처음에는 부산지역교회에 출석했으나 장기려 장로와 박덕술 권사가 중심이 되어 북에 두고 온 산정현 교회를 재건하기로 하고 1951년 10월 7일 부산 중구 동광동에서 천막을 치고 첫 예배를 드림으로 부산 산정현교회가 시작되었다. 첫 교역자는 이일하 전도사였

---

[126] 부산 평북교회에 출석하던 일부 교인들이 대구로 가 1952년 4월 설립한 교회가 대구 평북교회였다. 노이심, 노이각, 정학선, 김리관, 김정욱 등 젊은 집사들과 총회신학교 학생들이 교회의 중심이었다. 이 교회는 현재 남산동의 남성교회로 존속되고 있다 (『대한예수교장로회 평북노회 100년사』, 379). 휴전이 된 후 부산과 대구에 살던 평북교회 교인들이 다수 서울로 이주하였다. 이들이 박찬빈, 이원옥, 이신경, 이창도, 황길헌, 차용철, 윤재천, 김형록, 최석숭, 정승민, 김만일, 이기은, 차길원, 김득herbs, 길경은, 전기복 등이었다. 이들은 1953년 봄 서울 중구 회현동의 일본 사찰 자리를 임시처소로 시작된 교회가 서울 평북교회였다. 그런데 1961년 4월에는 일부 성도들이 신흥교회라는 이름으로 분립하였고, 1965년 12월 새 예배당 입당과 함께 교회 이름을 서울 평광교회로 개칭했다. 『대한예수교장로회 평북노회 100년사』, 402.

다. 1952년 7월에는 백준걸 목사가 월남하여 교회에 합류하여 당회를 구성하였고, 1953년 천막교회가 화재로 소실되어 어려움을 겪었으나 1956년 6월 17일에는 부산 중구 부평동 4가 13번지에 판자교회를 다시 세웠다. 1957년 2월 18일에는 김진호 정대용 한광설 이경수 송리섭 조하진 등 남집사 6명, 이정순 김윤옥 박순조 박귀여 이상애 김경숙 오인환 등 여집사 7명을 임명하였다. 교회 재건 후 첫 집사 임명이었다. 1960년 10월에는 벽돌로 교회당을 신축했다. 1982년 10월에는 부평동에서 괴정동의 신성교회당을 인수하여 이전하여 오늘에 이르고 있다. 2012년 10월 이후 남병식 목사가 시무하고 있다.

평동교회 (1951)

피난민들이 부산으로 몰려오고 전쟁이 장기화 되자 피난민들은 도로변이나 고지대에 판자집을 집고 정착하기 시작했다. 용두산 공원 주변과 대신동, 아미동 지역은 판자촌으로 가득 찼다. 이런 환경에서 평동노회 출신인 위두찬 목사는 대청동 길가에 평동교회를 설립했다. 판자로 가건물을 세우고 가마니로 벽을 치고 바닥은 맨 흙이었다. 여기서 30여 명의 교인이 모여 출발한 교회가 평동교회였다. 그러나 1952년 당시 용두산 피난민 촌이 대청동으로까지 확장됨에 따라 판자로 지은 평동교회는 철거되었고 다시 복구될 희망이 사라졌다. 위두찬 목사는 안명세 장로 등 20여 명의 교인을 평북교회로 보내고 자신은 서울로 이거하여 평동교회는 사라지고 말았다.

피난 원산제일교회 (현 성덕교회, 1951. 12)[127]

원산제일교회에 출석하던 성도 30여 명이 피난지 부산으로 와 처음에는 대청동에서 교회를 개척했는데 후에 성덕교회로 불리게 되었다. 원산은 함경남도 남부의 항구도시로서 부산에 이은 두 번째 개항 도시였다. 이곳은 1898년 이래로 캐나다장로교회 선교지였는데, 이보다 앞서 내한한 게일 선교사가 이곳에서 일한 바 있다. 이곳에 설립된 첫 교회가 광석동(廣石洞)교회인데, 1893년 봉수동에 있는 게일 선교사 자택에서 10여 명이 모여 시작된 교회였다. 처음에는 창앞교회 혹은 창전교회로 불렸는데, 이 교회가 함북지방 모교회로 알려져 있다. 1899년에는 교인들이 800냥의 헌금을 모아 원산항 바닷가 삼리 193번지에 교회당을 건축했는데, 한국인의 힘으로 건축한 함북지방 첫 교회였다. 이 교회는 주변 지역 전도에 힘써 14년간 성진, 함흥, 단천 지역까지 64개 교회를 설립했다. 교세가 확장됨에 따라 1917년에는 광석동 5번지에 600여 평의 대지를 매입하여 ㄱ자 형 교회를 건축하고 '광석동교회'로 개칭했다. 1941년에는 다시 연건평 300평 규모의 새로운 예배당을 건축하고 교회명칭을 원산제일교회로 칭했다.

그런데 6.25 전쟁이 발발하자 많은 교인들이 월남했는데, 특히 1950년 12월 27일의 함흥철수는 함흥과 그 인근 지역민의 대 이동이었다. 이들은 월남하여 부산, 거제도, 제주도 등지로 흩어졌는데, 부산으로 피난 해 온 원산제일교회 김성호 장로는 1951년 12월 13일 원산제일교회 출신 성도들을 부산시 대청동 2가 5번지 자신의 집으로 모아 원산제일교회 시무했던 이창섭 목사와 김봉서, 박홍서, 이제문 등 세 장로를 중심으로 교회 설립을 의논하고, 운영위원회를 조직했다. 이창

---

[127] 이 교회에 관한 주요 정보는 『성덕교회 35년사』 (부산: 성덕교회, 1986)에 근거함.

섭 목사가 위원장이었고, 위원은 김성호(서기), 이병식, 김봉서, 홍순묵, 이제문, 박홍서, 정현철, 박승길 장로 등이었다. 첫 예배 장소는 광복동의 중앙교회당 하층에서 주일 오후 2시 회집하기로 했다. 그래서 1951년 12월 16일 첫 예배를 드렸는데 이것이 부산에 설립된 피난원산제일교회였다. 그 다음 주일인 12월 23일 주일부터는 동광동 2가에 위치한 경남부녀회관을 빌려 예배처소로 정했고, 낮 11시 밤 7시에 예배드리기 시작했다. 그러다가 김성호 장로의 주도로 1952년 3월 대청동에 약 30평 규모의 판자집 교회당을 건축하고 3월 30일 이곳으로 이전했다. 1952년 11월 16일 주일에는 비록 피난지의 판자집 교회였으나 원산제일교회 설립 60주년 기념예배를 드렸다. 이날 예배에는 1대 목사 박례헌, 5대 목사 정재면, 6대 목사 김상권을 비롯하여 김영제 이학봉 이승길 이창섭 목사, 그리고 배례사 선교사가 참석하여 60년의 역사를 기념했다. 휴전이 되자 일부의 성도들은 서울로 옮겨갔고 동대문구 용두동에 광석교회를 설립하였다.

　　1956년 1월부터 원산제일교회를 성덕(聖德)교회로 개칭하기로 하였고, 그해 3월 15일에는 교회당을 충무동 남부민세무청사 하층으로 이전하였다. 1957년 6월 23일에는 충무동 경찰병원 청사로 이전하여 1959년 10월 20일까지 거기서 예배드렸다. 이 기간 중인 1958년 7월 6일 남부민교회 일부 성도들의 합류했다. 교회당은 다시 충무동 골목시장으로, 충무동 4가로 전전하다가 1975년 2월말 현재의 남부민 1동 45번지로 이전하여 오늘에 이르고 있다. 본래 이곳은 한국의 신유은사로 유명한 변계단 권사의 기도원 자리였다. 2018년 4월 이래로 김찬효 목사가 담임하고 있다.

삼성교회(1952)

부산 서구 남부민동의 방파제 앞에 돌꼴이라고 불렸는데, 이곳이 지금의 남부민 2동의 대림아파트 자리이다. 이곳에 채석장이 있었는데, 이곳에서 피난민 노동자들이 생계를 이어가고 있었고, 그 주변에 피난민의 판자촌이 형성되었다. 당시만 해도 인가는 많지 않고 소나무가 무성한 야산이었다. 이곳에도 피난민 교회가 세워졌는데, 그것이 삼성교회였다. 교회 구성원 중에는 황해도 출신이 많아 황해도교회라고 불리기도 했다. 이 교회를 설립한 이는 유상근 전도사였고, 서울 수복 후 일부 성도들은 서울로 이동하기도 했으나 그 이후 교회는 유백근, 박영신, 김창식 전도사, 그 후에는 오인선 목사에 의해 교회가 유지되고 있었다. 그러던 중 1959년 9월 17일 사라호 태풍으로 교회당과 교인들의 가옥이 유실되자 다시 교회를 세울 상황이 되지 못했다. 이때 비슷한 곳에 1952년 봄에 설립된 남부교회와 합병하게 되는데, 남부교회는 설립 당시에는 성산교회로 불렸다. 남부교회로 개칭한 것은 1955년이었다. 남부교회도 예배당이 파괴되는 등 상당한 어려움을 겪었다. 이런 상황에서 남부교회와 삼성교회의 합동 논의가 일어났고, 1960년 11월 13일 삼성교회는 남부교회와 합병되어 남부민중앙교회가 되었다.[128]

서북교회 (현 동광교회, 1952. 1)

월남한 평양 창동교회 교인들은 1952년 1월 6일 자갈치 시장 조덕성 집사댁에서 이순경 목사와 이연희 장로와 60여 명의 교우들이 서북교회를 설립했다. 곧 부산시 중구 충무동 1가 9번지로 이사하였고,

---

[128] 남부민중앙교회, 『돌꼴 위에 핀 사명』 (부산: 남부민중앙교회, 2010), 40-47.

1952년 9월 12일에는 채필근 목사가 부임하였다. 그는 1960년 10월 2일 원로목사로 추대되었다. 1953년 11월 1일에는 채필근 목사 외에도 임관덕 임원근 함정옥 장로 등으로 당회를 조직하였고, 대한예수교장로회 평양노회에 가입했다. 1957년 1월 25일에는 용두산공원 아래쪽인 중구 동광동 2가 17번지에 296평의 교회부지로 매입하였고, 이듬해 이곳에 예배당을 기공하여 1958년 8월 10일 준공하였다. 1961년 7월 23일에는 서북교회를 동광(東光)교회로 개칭했다.[129] 현재 이 교회의 지번이 부산광역시 중구 동광동 2가 17-18번지인데, 이 교회에서 이순경, 채필근, 림인식, 김광명, 장윤성, 이석근, 김정광 목사 등이 시무했다.

한양교회(1952. 3)

한양교회는 1952년 3월 2일 한양공과대학 가교사에서 시작되었다. 서울의 한양대학교는 부산으로 피난 와 부산 서구 남부민동 465번지 산동네에 가교사를 짓고 한양대학을 복교했는데 이 학교 가교사에서 한양대학 직원들과 피난민들이 모여 염명수(廉明秀) 목사의 인도로 예배드린 것이 한양교회의 시작이었다. 중신 인물은 한양공대 학장이었던 김연준(金連俊, 1914-2008) 집사였다. 이 교회 구성원들은 이북의 평안도 출신과 함경도 출신, 그리고 서울에서 온 한양대 관계자 등 크게 3부류로 구성되어 있었는데, 이들 간의 약간의 갈등도 있었지만 한양대 관계자들은 염명수 목사의 설교에 만족하지 못했다. 결국 3개월 후 염 목사는 20여 명의 교인을 데리고 한양교회를 떠나 남부민교회를 개척했다. 이때 대체적으로 함경도 출신은 한양교회에 남았으

---

[129] 림인식, "막역한 친구 동역자",『내가 본 김계용 목사』(서울: 보이스 사, 1991), 38.

나 평안도 출신 피난민들은 남부민교회로 분리되었다. 이렇게 되자 한양교회는 함흥 출신으로 거제도에서 피난생활을 하던 유형심 목사를 담임목사로 초빙했다.

1953년 7월 27일 휴전이 이루어지고 한양대학도 서울로 복귀하게 되자 다수의 교인들이 서울로 이동하여 교회가 어렵게 되었다. 또 약 2년간 시무했던 유형심 목사도 1953년 3월, 용두산공원 중턱에 세워진 관북교회로 이동하게 되었다.[130] 이런 상황에서 유형심 목사의 후임으로 최순직(崔順直, 1923-1999) 강도사가 부임했다. 그는 유형심 목사와 동향으로 유형심 목사의 천거로 거제도에서 부산으로 옮겨 오게 된 것이다. 그런데 이때 거제도에서 체류하던 함경도 출신 72세대, 210명은 1953년 3월 31일 마지막 수요예배를 드리고 최순직을 따라 부산으로 이거하여[131] 교회가 다시 활기를 찾게 되었다. 최순직은 1955년 5월 12일 함남노회에서 목사 안수를 받았고, 브엘모자원과 야간 과정의 브엘고등공민학교를 설립하여 전후(戰後)의 가난한 이들을 위한 보금자리를 만들었다. 학교는 약 10년간 유지되었고 모자원은 1982년 폐쇄되었다. 당시 한양교회 성도였던 김허남은 1955년 송도상업고등학교를 설립했다. 1973년 3월 11일에는 한양교회가 분리되었던 남부민교회와 합동하여 은성(恩聖)교회라는 이름으로 개칭되었다. 은혜로운 성도들의 공동체라는 의미였다고 한다.

---

[130] 관북교회는 용두산공원 대화재 때 예배당이 불타고 그후 중구 부평동에 교회를 건축하여 성동교회라고 개칭했다.
[131] 김동화, 오직 한길 (서울: 기독교연합신문사, 2004), 114. 『은성교회 50년사』에서는 거제도에서 이주해 온 성도가 30세대 80여 명이라고 말하고 있다. 『은성교회 50년사』, 83.

부산서교회(1952. 4)

부산서교회는 평양 서문밖교회에 출석하던 이들에 의해 1952년 4월 설립되었다. 황해도 송화군 풍천면 출신인 정관모 장로와 그 가족, 홍종락, 윤기하 장로, 신의주 출신인 김신도 등이 초기 인물들이다. 1.4. 후퇴 때 월남하여 부산으로 온 이들은 판자촌에 거주하면서도 두고 온 교회를 복원하기 위해 1952년 4월 구덕산에 천막을 치고 첫 예배를 드렸다. 후에는 충무동 초등학교로 이전하여 예배드리다가 아미동에 대지를 확보하고 교회당을 건축했다. 이때 미군 부대로부터 목재 등 물자를 지원받았지만 성도들의 땀과 기도로 건축했다. 정관모 장로는 숭실학교 출신으로 서문밖교회에서 장로로 장립 받았는데, 서교회 설립 때부터 긴 기간동안 교회를 위해 헌신했다. 슬하에 2남4녀를 두었는데 둘째 딸 정성숙 권사는 대를 이어 교회를 위해 헌신하고 있고, 김신도 권사와 함께 70여년 간 교회를 지키고 봉사하고 있다. 초기 인물 중 김성완 집사는 교회를 위해 물질적으로도 지원을 아끼지 않았고, 충심으로 교회를 위해 헌신했던 인물이다. 후에 미국으로 이민하였고 미국에서 세상을 떠났다. 첫 교역자는 평양서문밖교회 출신인 이광수 목사였다. 초기에 윤기화 장로의 아들 윤명호가 전도사로 일한 바 있다. 고신 총회에 속한 이 교회의 현재 담임목사는 최삼순 목사이다.

감만교회(1952. 6)

부산의 감만동은 부산의 오지라 할 수 있는데, 전쟁기 피난민의 거점이었다. 1.4후퇴 후 이것으로 몰려든 피난민들이 1952년 설립한 교회가 감만교회였다. 특정지역민 중심으로 구성된 것은 아니었으나 함경도 출신이 다수였고, 후에는 남한지역 피난민도 동참하였다. 처음에는 김희열, 유종섭, 이두섭, 이봉화, 심도찬 등 다섯 사람이 중심이 되어 심도찬 씨 집에서 모이기 시작하였고, 곧 교회설립기성회를 조직하였다. 1952년 8월 3일 주일 예배 후에는 예배당을 건축하기로 결의하고 김영엽, 김희태, 유종섭, 이두섭, 최재호 씨를 건축위원으로 선정하였다. 8월 4일부터 신축 공사를 시작하였으나 미군수품 보급기지(OBD-Ordnance Base Depot) 담장과 근접하다는 이유로 공사는 중단되었고, 그곳에서 멀지 않는 감만동 85번지에 천막으로 된 가건물을 매입하고 김영엽 전도사를 임시 교역자로 임명했다. 1952년 8월 17일 주일 공식적인 교회 설립예배를 드렸다. 곧 평양노회에 가입하였다.[132]

신암교회(1952. 10)

신암교회는 평양에서 살던 중 남하한 8명의 교인이 강도일 집사를 중심으로 신암동에 모여 안명진 목사를 모시고 첫 예배를 드리면서 시작되었다. 1953년 2월에는 천막으로 예배당을 가설하고 임시 예배처를 확보했다. 1953년 8월에는 림인식 목사가 부임하여 2년 간 사역하고 1955년 7월 사임했다. 1954년에는 신암동에 예배당 신축 기공식을 하여 1955년 10월 예배당을 준공했다. 준공 두 달 전에 이찬영 목사가 부임하였으나 1년 4개월간 시무하고 1956년 12월 사임했다. 그 후 이동희(1956. 12-1958. 12), 임종은(1959. 3-1960. 2), 배순직(1960. 5-1964. 4), 고용일(1964. 5-1968. 2), 최오균(1968. 4-1972. 7), 김태헌(1972. 7-2006. 12) 목사가 시무했다. 1977년 4월에는 연건평 194평의 신축예배당을 준공했다. 현재에는 권태일 목사가 담임하고 있다.

---

[132] 감만교회, 『감만교회40년사』 (부산: 감만교회, 1993), 21-22.

동신교회

이상과 같은 월남 피난민들에 의해 설립된 교회 외에도, 서울에 있던 교회가 부산으로 피난와 설립된 교회도 있다. 그 교회가 부산 사하구 당리동에 위치한 동신교회이다. 1950년 12월 10일 남하한 서울 창신교회의 이봉수 장로를 비롯하여 김창명, 이광수, 임상국, 정대선 집사 등 20여 명은 함께 모여 신앙생활을 하기로 하고 1951년 초 국제시장 내의 건국중학교 교실을 빌려 예배드리기 시작했다. 이렇게 시작된 교회가 부산창신교회인데, 담임목사는 권연호 목사였다. 그가 서울 창신교회에 부임한 것은 1946년 5월이었는데, 당회를 조직하고 교회의 면모를 일신하였고, 부임 2년 만에 교인이 3배 정도 증가되었다고 한다. 그런데 전쟁이 발발하여 그가 부산으로 피난 오게 되자 서울에 있던 교회를 부산에 재건한 것이다. 1953년 국제시장 대화재로 예배처를 광복동 동주여상 교사로 이전하였다. 화재 수습 후 안정을 되찾게 되자 다시 건국중학교로 옮겨 갔다. 이후 부평동에 교회당을 마련하고 예배드리다가 1963년 동신교회로 개명했다. 1983년 11월 13일에는 현재의 당리동에 새 예배당을 건축하고 이전하여 오늘에 이르고 있다.

찾아보기

ㄱ

가고시마(鹿縣島) / 8
가브랄(Francesco de Cabral) / 11
가토 기요마사(加藤淸正) / 13, 14
강성갑(姜成甲) / 356, 358, 365, 407
게일, 제임스(James Gale) / 30, 36, 37, 40, 41, 42, 43, 45, 48, 70, 74, 114, 235, 277
경남노회 / 248, 359, 365, 366, 368, 370, 394, 395, 396, 398, 399
고니시 유키나가(小西行長) / 13, 14
고려신학교 / 296, 297, 335, 358, 369, 370, 371, 380, 427, 432, 438, 439, 455
고명우(高明宇) / 133, 210, 276, 277, 280, 281
고학윤(高學崙, 고윤하) / 99, 105, 114, 122, 133, 209, 210, 266, 273, 275, 276, 277, 278, 279, 311
곽재우(郭再祐) / 15
광림학교 / 247
구로다 나가마사(黑田長政) / 13
구포교회 / 209, 210, 211, 217, 313, 358, 359, 367, 389, 397, 415, 451

국내외선교(*The Missionary at Home and Abroad*) / 61
권남선(權南善) / 354, 358, 360, 365
권율(權慄) / 15
기독교여자청년회(YWCA) / 152, 190
기독교청년회(YMCA) / 38, 50, 64, 75, 237, 241, 242, 249, 258, 259, 262, 292, 422, 423, 424, 426, 427, 428, 429
기독의원(基督醫院) / 426
기포드, 다니엘(Daniel L. Gifford) / 83
길리시단자(吉利是段者) / 21
김관식(金觀植) / 364, 400, 401
김귀주(金貴珠) / 102, 103, 258, 260, 261
김기원(金基源) / 165, 224
김길창(金吉昌) / 354, 358, 360, 365, 366, 367, 400, 401
김명원(金命元) / 14
김상준(金相濬) / 280, 281
김세민(金世民) / 199
김시민(金時敏) / 15
김재수(金在洙) / 149, 153, 164, 165, 175, 188

찾아보기 · 471

김종함 / 100, 101, 107
김주관(金周寬) / 208

ㄴ

내피어(南性眞, Gertrude Napier) / 247, 248
노진현(盧震鉉) / 145, 358, 359, 360, 362, 365, 367, 425, 426, 427
로즈(盧解理, Harry A. Rhodes) / 28, 221

ㄷ

대구제일교회 / 153, 154, 164, 165, 174, 175, 188, 192, 332, 341, 342, 343
대구지부 / 80, 112, 113, 148, 149, 159, 162, 165, 166, 170, 172, 173, 175, 176, 188, 190, 191, 192, 196, 197, 198, 200, 202, 205, 216, 340
대영성서공회(The British and Foreign Bible Society) / 241
데이비스, 마가렛(Miss Margaret Davies) / 235, 249, 286, 318, 320, 322, 323
데이비스, 메리(Mary T. Davies) / 44, 54, 56, 71, 234
데이비스, 진(Dr. Jean Davies) / 77, 235
데이비스, 조셉(德培時, J. H. Davies) / 54, 55, 59, 61, 62, 67, 68, 70, 75, 234, 235, 251, 346

도꾸가와 이에야스(德川家康 / 20
도리스, 안나(都信女, Anna S. Doris) / 220, 221, 222, 223
『동방견문록』/ 7, 8
동산병원 / 138, 165, 192, 329, 333, 339, 340-343
또레스(Cosme de Torres) / 5, 8, 9, 10, 11

ㄹ

라이트, 알버트(A. C. Wright) / 243, 244, 247
러트, 리차드 (Richard Rutt) / 30, 49
레이놀즈, 윌리엄(William D. Reynolds) / 50, 151
로바트, 윌리엄(魯富, William Nelson Lovatt) / 24, 25, 26
로스, 시릴(盧世永, Cyril Ross) / 161, 162, 176, 186, 193, 198, 200, 206
로스, 존(John Ross) / 63, 254, 268
로즈, 해리(盧解理, Harry A. Rhodes) / 28, 131, 221, 256
루미스, 헨리(Henry Loomis) / 87, 251
리, 그래함(李吉咸, Graham Lee) / 84, 223

ㅁ

마펫, 사무엘(馬布三悅, Samuel A. Moffett) / 46, 83, 84, 114, 170, 196, 239, 351

마펫, 하워드(馬布和悅, H. F. Moffett) / 340
매카이, 제임스(James H. Mackay) / 32, 76, 93, 124, 236, 238, 258, 331
매카이, 사라(Sarah A. Mackay) / 94, 236, 238, 251
매켄지, 노블(梅見施, Noble Mackenzie) / 245, 286
맥코믹신학교 / 82, 83, 84, 87, 113, 151, 187, 198, 223
메카트니(H. B. Macartney) / 65, 235
멘지스(閔之使, Belle Menzies) / 76, 93, 236, 242, 258, 293, 295, 309, 319, 331, 338
무어(Elizabeth Moore) / 103, 242, 257, 258, 292, 295, 309, 337
문복숙(文福淑) / 324
미국남장로교(PCUS) / 137, 170
미국북장로교(PCUSA) / 45, 49, 104, 123, 124, 130, 140, 142, 165, 170, 172, 182, 186, 187, 193, 198, 199, 216, 218, 220, 221, 223, 239, 245, 278, 331, 339, 351
미오라고아원 / 109, 337
민영석(閔泳石) / 351, 360, 379, 380

ㅂ

박신연(朴信淵) / 285, 286, 287, 288, 289
박원표 / 32, 132, 233

배성두 / 101
백도명(白道明) / 162, 199
벙커(D. A. Buncker) / 66
베어드, 애니(安愛理, Annie L. A. Baird) / 85, 111, 187, 191, 230, 239
베어드, 윌리엄(William M. Baird) / 80, 81, 88, 89, 96, 97, 99, 100, 104, 105, 108, 112, 113, 114, 148, 150, 159, 162, 170, 223, 230, 239, 256, 259, 261, 270, 273, 277, 278, 280, 331
베일리(Wellesley C. Bailey) / 134, 137, 139, 140
베커, 아더(Arthur L. Becker) / 408
벨트브레(Jan Janesz Weltevree) / 5
복병산(伏兵山) / 44, 70, 71, 95, 230-236, 238, 239-242, 244, 245, 247, 345, 346, 452
부산선교부 / 112, 142, 143, 176, 177, 182, 202, 205, 208, 210, 292, 334
부산신학교 / 297, 335, 415
부산중앙교회 / 145, 359, 425, 438, 439, 443, 444, 447, 457
부산진교회 / 246, 258, 286, 288, 292, 325, 334, 337, 338, 339, 358, 405, 451
부산해관 / 24, 25, 27, 28, 32
브라운(A. J. Brown) / 140, 307
브라운(Hugh M. Brown) / 118, 120, 124, 130, 186, 287

브루엔, 헨리(傅海利, Henry M. Bruen) / 165, 174
빅토리아장로교회 / 64, 65, 75

ㅅ

사역자훈련원 / 249
상애원(相愛園) / 135, 137, 358, 359
서경조(徐景祚) 97-99, 105, 114, 148, 149, 164, 165, 210, 266-268, 270-278
서상륜(徐相崙) / 68, 97, 114, 160, 210, 266-271, 273-277
서자명(徐子明) / 153, 174, 188
세스뻬데스(Gregorio / de Cespedes) / 5, 7, 17, 19
소래교회 / 40, 266, 268, 280
손양원(孫良源) / 137, 138, 358, 441
수안교회 / 288, 313, 359, 389, 394, 423, 451
숭실전문학교 / 113, 396
스미스, 월터(沈翊舜, Walter E. Smith) / 179, 186, 202, 208, 210, 218, 223, 314
스왈론, 윌리엄(蘇安論, W. L. Swallen) / 45, 84, 180, 223, 307
스코틀랜드연합장로교회 / 254, 268
시더보탐, 리차드(史保淡 · 謝普淡, Richard H. Sidebotham) / 134, 170, 175, 177, 181, 186, 202, 205, 206, 207, 278, 312, 314
신립(申砬) / 14

심문태(沈文泰) / 358, 359, 365, 395, 396, 398, 399
심상현(沈相炫) / 102, 103, 257, 258, 259, 262
심취명 / 263, 286, 288, 312, 325, 338, 339

ㅇ

아담스, 애니(Annie L. Adams) / 85, 111, 187, 239
아담스, 엔드루(孫安路, Andrew Adams) / 76, 103, 241, 242, 259, 262, 287, 314, 331
아담스, 에드워드(安斗華, Edward Adams) / 153, 166, 187, 188, 190, 192
아담스, 제임스(安義窩, James E. Adams) / 113, 148, 160, 164, 166, 168, 173, 186, 187, 193, 196, 331
알렌(安蘭藹, A. W. Allen) / 247, 251
애락원(愛樂園) / 138, 343
양화진 / 45, 230, 232
어빈, 찰스(漁乙彬, Charles H. Irvin) / 109, 130, 132, 140, 161, 176, 186, 196, 202, 278, 312
언더우드, 호레스(元杜于, H. G. Underwood) / 29, 30, 67, 68, 114, 268, 269, 277, 280
언약도(言約徒, Covenanters) / 82, 113

엘린우드(F. F. Ellingwood) / 86, 153, 161, 162, 168, 196

엥겔, 겔손(王吉志, Gelson Engel) / 203, 218, 245 263, 288, 312, 314, 331

여전도회연합회(PWMU) / 76, 242, 243, 248, 249, 292, 308

영도교회(절영도교회, 현 제일영도교회) / 177, 178, 205, 218, 358, 359, 366, 453

영선현(瀛仙峴) / 89, 132, 153, 159, 168, 208, 209, 218, 270

영주동교회 / 103, 177

예수회 / 5, 8, 9, 11, 12, 17, 18, 20

오다 노부나가(織田信長) / 11, 12

오몬드신학교(Ormond College) / 247

왕립아시아학회(Royal Asiatic Society) / 47, 50

용두산 신사 / 351, 374, 375, 377-380

우라타(楠田斧三郞) / 232, 233, 240

월프(J. R. Wolfe) / 65

위더스(偉大恕, Muriel Withers) / 394

위트컴(Richard S. Whitcomb) / 409

윈, 로거(印魯節, Roger E. Winn) / 136, 220, 223, 224, 225

윈, 조지(George H. Winn) / 182, 186, 216, 221

윌리엄 테일러(William Taylor) / 251

윌슨(R. M. Wilson) / 137

육영공원(育英公院) / 66

윤인구(尹仁駒) / 355, 356, 362, 382-385, 387-389, 391, 392, 394-402, 404, 406-419, 426

이도염(李道恬) / 103, 257, 258, 260, 261

이승만 / 212-215, 422

이승원 / 209, 379, 380

이양선(異樣船) / 4

이여송(李如松) / 15

이원진(李元鎭) / 21

이윙, 존(John F. Ewing) / 63, 65

이일(李鎰) / 14, 62, 396

이창직(李昌稙) / 40, 41, 42, 45, 74, 236, 277

일신여학교 / 109, 243, 249, 286, 288, 289, 292-297, 318-325, 329, 333-335, 337, 346

임진왜란 / 13-18, 20, 21, 321

ㅈ

자갈치교회(현 항서교회) / 177, 205

전킨기념병원 / 132, 207, 280

정빈(鄭彬) / 280, 281

제생의원(濟生醫院) / 132

제일영도교회 / 162, 177, 199, 206, 209, 217, 218, 313

제중원(濟衆院) / 31, 45, 138, 154, 165, 188, 192, 201, 342

조선신궁(朝鮮神宮) / 350, 372,
376-378, 380
조선신학교 / 365, 369-372, 382,
399-402, 416, 418
조헌(趙憲) / 15
존슨, 우드브릿지(張仁車, Wood-
bridge O. Johnson) / 165, 173,
188, 191, 196, 331, 342
『주일학교와 선교』(Sabbath School and
Missionary Record) / 63
중국내지선교회(CIM) / 38
진주교회 / 394-396, 398, 418
진주옥봉리교회 / 395

ㅊ

『천로직해』(天路直解) / 261
체이스, 루이스(Miss Louise M.
Chase) / 161
초량교회 / 98, 102-104, 106, 162,
177, 199, 200, 205, 206, 208,
217, 272, 313, 345, 358-360,
366, 367, 388, 389, 394, 395,
425, 438-440, 443, 444, 447,
451, 459
총회신학교 / 371, 372, 460

ㅋ

커를, 휴(Dr. Hugh Currell) / 76, 314
코메즈(Pierre Comez) / 17
클라크 카운티(Clark County) / 81,
82

클라크(郭安連, C. A. Clark) / 114,
223

ㅌ

테일러 / 38, 249
『텬로역정』 / 40, 45, 50
『텬로지귀』(天路指歸) / 110

ㅍ

퍼셋, 메리(Miss Mary Fawcett) / 77,
93, 236
페르난데스(Juan Fernańdez) / 8
페리, 진(Miss Jean Perry) / 76, 93,
236, 238, 260
평양지부 / 130, 221, 222, 224
피병원(避病院) / 93

ㅎ

하디, 로버트(河鯉泳, Robert Hardie)
/ 28, 31, 32, 92-94, 103, 104,
164, 200, 237-239, 304-306, 311
하멜(Hendrick Hamel) / 20, 21
하비에르(Francisco de Xavier) / 5, 8,
9, 18
학생자원운동(SVM) / 37, 38, 83, 84,
165, 171
한문서당 / 108, 159, 160, 273, 278
한상동(韓尙東) / 358, 366, 367, 369,
370, 438, 439, 440
『한영자전』 / 42, 46, 50

해외선교부(Heathen mission) / 64, 65, 81, 86, 124, 142, 143, 144, 160, 187, 193, 423, 453
헌트, 브루스(韓富善, Bruce Hunt) / 370
헌트, 조너슨(Jonathan H. Hunt) / 24, 26, 27, 29, 30, 32, 92
헐버트, 호머(Homer Bezaleel Hulbert) / 42, 66

헤론, 존(John W. Heron) / 30, 31, 45, 66, 73, 75, 230, 254
호주선교부 / 32, 102, 133, 135, 177, 207, 218, 221, 245, 292, 293, 295, 297, 314, 334, 346, 396
호주장로교회 / 54, 75, 234, 310, 311, 396, 423
홀, 어네스트(Earnest F. Hall) / 212, 213